高等医药院校实训教学规划教材

药品生产质量管理规范教程

主　编　夏忠玉
副主编　孙国兵　王　胤　邹　旋
编　者　（按姓氏汉语拼音排序）
何　庆　贾　俊　刘　谦
马　虹　彭贵云　孙国兵
王　胤　吴成忠　吴　颖
夏忠玉　袁桂秀　邹　旋

科学出版社
北　京

内 容 简 介

本教材是药学专业实训教学规划教材之一。全书共分14章，包括总则、质量管理、机构与人员、厂房与设施、设备、物料与产品、确认与验证、文件管理、生产管理、质量控制与质量保证、委托生产与委托检验、产品发运与召回、自检、附则，系统讲解了GMP的内容。书中设置的实训教学内容，不但能使学生掌握基本知识和原理，还能指导学生适应将来的工作。最后的附录可作为学习和工作的参考。

本教材是校企合作教材，适用于药学专业学生使用，也可以作为医药企业工作人员的参考用书。

图书在版编目（CIP）数据

药品生产质量管理规范教程／夏忠玉主编．—北京：科学出版社，2014．1
高等医药院校实训教学规划教材
ISBN 978-7-03-039545-0

Ⅰ．药…　Ⅱ．夏…　Ⅲ．制药工业-产品质量-质量管理-规范-中国-医学院校-教材　Ⅳ．F426．7-65

中国版本图书馆CIP数据核字（2014）第007812号

责任编辑：许贵强／责任校对：宋玲玲
责任印制：赵　博／封面设计：范璧合

科学出版社 出版
北京东黄城根北街16号
邮政编码：100717
http://www.sciencep.com
北京厚诚则铭印刷科技有限公司印刷
科学出版社发行　各地新华书店经销
*
2014年1月第　一　版　　开本：787×1092　1/16
2024年8月第十二次印刷　　印张：18
字数：399 000
定价：79.80元
（如有印装质量问题，我社负责调换）

前　言

为了贯彻教育部精神，更好地适应我国高等职业教育跨越式发展的需要，坚持“以服务为宗旨，以就业为导向，以能力为本位，以培养高素质技能型专门人才为核心”的指导思想和原则，按照全国高职高专医药类药学专业和中药专业的培养目标，结合贵阳护理职业学院药学系实际情况，在行业的参与下，参照并选用了药学生产岗位操作规程、标准规程、岗位职责等，编写了《药品生产质量管理规范》（简称《GMP》）教材和《药品生产质量管理规范实训教学》，拟定了教学大纲。

《GMP》在编写中始终贯彻以“实用为主，必须，够用和管用为度”的原则，注重其思想性、科学性、规范性、先进行、实用性，树立以素质教育为基础，以能力为本位的教育观念。本教材分为14章。

本教材的主要编写特点如下：

1. 内容编写模块化。为了增强学生的学习目的性、自觉性，激发学生学习的主动性，突出培养学生分析问题和解决问题的能力，提高学习质量，本教材结合工作实际要求，把教学内容划分为不同的模块。每个模块都与工作岗位直接对应。

2. 内容新颖、权威。本教材的内容根据国家食品药品监督管理局颁布的《药品生产质量管理规范》2010年版编写，参照《中国药典》2010年版的相关要求，内容权威可靠。

3. 案例真实。本教材附录中所列举的案例，均来源于药品生产一线，实用性和操作性强，和现实工作要求达到“零距离”。

4. 习题精炼。本教材每章都附有课后习题，能及时强化学生的学习效果，习题经典、适量。完全能够达到培养目标和参加国家相关执业资格考试的要求。

本教材由夏忠玉（生产部分）、孙国兵（质量部分）主编，贾俊、马虹、吴颖、吴成忠、何庆（贵阳护理职业学院）、邹旋（贵州三力制药有限公司）、袁桂秀（贵州圣济堂制药有限公司）、刘谦（贵州柏强药业有限公司）、彭贵云（贵阳润丰制药有限公司）参编。

在本教材的编写过程中，得到了贵州神奇制药股份有限公司、贵州浩诚制药有限公司\贵阳维康制药有限公司、贵州瑞和制药有限公司的大力支持和帮助，在此表达诚挚的谢意。由于编者水平和编写时间有限，教材中难免有缺点和错误，恳请读者提出宝贵意见，以便我们修订完善。

编　者

2013年8月10日

目　录

第一章

总　　则

学习目标

1. 熟悉《药品生产质量管理规范》颁布实施的部门及时间。
2. 了解《中华人民共和国药品管理法》的相关内容。
3. 掌握《药品生产质量管理规范》的宗旨及要求。

课堂互动

药品生产质量管理规范的由来。

第一条　为规范药品生产质量管理，根据《中华人民共和国药品管理法》、《中华人民共和国药品管理法实施条例》，制定本规范。

第二条　企业应当建立药品质量管理体系。该体系应当涵盖影响药品质量的所有因素，包括确保药品质量符合预定用途的有组织、有计划的全部活动。

第三条　本规范作为质量管理体系的一部分，是药品生产管理和质量控制的基本要求，旨在最大限度地降低药品生产过程中污染、交叉污染以及混淆、差错等风险，确保持续稳定地生产出符合预定用途和注册要求的药品。

第四条　企业应当严格执行本规范，坚持诚实守信，禁止任何虚假、欺骗行为。

知识链接

反应停事件

人类发明的化学药物，给人类带来了极大的益处，但也给自己造成了意想不到的伤害。对化学药物的盲目依赖和滥服药物，已造成了许多不应有的悲剧。其中最典型的案例之一，就是“(沙利度胺)反应停”这一著名的事件。

20 世纪 60 年代前后，欧美至少 15 个国家的医生都使用反应停治疗妇女妊娠反应，很多人吃了药后的确就不吐了，恶心的症状得到了明显的改善，于是它成了“孕妇的理想选择”(当时的广告用语)。于是，反应停被大量生产、销售，仅在前联邦德国就有近 100 万人服用过反应停，反应停每月的销量达到了 1 吨的水平。在前联邦德国的某些州，患者甚至不需要医生处方就能购买到反应停。

但随即而来的是，许多出生的婴儿都是短肢畸形，形同海豹，被称为“海豹肢畸形”。1961 年，这种症状终于被证实是孕妇服用反应停所导致的。于是，该药被禁用，然而受其影响的婴儿已多达 1.2 万名。

经过媒体的进一步披露，人们才发现，这起丑闻的产生是因为在反应停出售之前，有关机构并未仔细检验其可能产生的不良反应。这震惊了世界，引起了公众极大愤怒，并最终迫使反应停的销售者支付了赔偿。

知识链接

GMP 是英文单词 good manufacturing practices 的缩写，它最初是由美国坦普尔大学 6 名教授编写制订，20 世纪 60 ~ 70 年代欧美发达国家以法令形式加以颁布，要求制药企业广泛采用。

1963 年，美国首先开始实施 GMP 制度。经过了几年的实践后，证明 GMP 确有实效，故 1967 年世界卫生组织（WHO）在《国际药典》的附录中收录了该制度，并在 1969 年第 22 届世界卫生大会上建议各成员国采用 GMP 体系作为药品生产的监督制度。

1979 年第 28 届世界卫生大会上，世界卫生组织再次向成员国推荐 GMP，并确定为世界卫生组织的法规。

目前，日本、英国以及大部分的欧洲国家都先后建立了本国的 GMP 制度。到目前为止，全世界一共有 100 多个国家颁布了有关 GMP 的法规。GMP 的诞生是制药工业史上的里程碑，它标志着制药业全面质量管理的开始。

知识链接

制订和实施 GMP 的目的、意义

为了保护消费者的利益，保证人们用药安全有效，同时也是为了保护药品生产企业，使企业有法可依、有章可循。

GMP 的推行不仅是药品生产企业对人民用药安全有效高度负责精神的具体体现，是企业的重要象征，也是企业和产品竞争力的重要保证，是与国际标准接轨，使医药产品进入国际市场的先决条件。因此，可以说实施 GMP 标准是药品生产企业生存和发展的基础，通过 GMP 认证是产品通向世界的“准入证”。

中国自 1988 年正式推广 GMP 标准以来，先后于 1992 年和 1998 年进行了两次修订。GMP 最新版本是 2010 年修订的。

知识链接

1. 1988 年 3 月，中华人民共和国卫生部颁布了《药品生产质量管理规范》（简称药品 GMP），标志着我国实施药品 GMP 管理拉开了序幕。

2. 1999 年 6 月 18 日，国家药品监督管理局发布《药品生产质量管理规范》，并从 1999 年 8 月 1 日起开始正式实施。

3. 我国最早实施 GMP 的剂型。

（1）凡在 2000 年 10 月 31 日后申请的企业今年不再安排现场检查。

（2）凡在认证检查中被判定为不合格的企业，按照“药品 GMP 认证管理办法”规定，一年内不再安排检查。

（3）自 2001 年 1 月 1 日起，未取得粉针剂、大容量注射剂“药品 GMP 证书”的药品生产企业，不得再生产此两种剂型的药品，在换发《药品生产企业许可证》中取消该两种剂型的生产范围。

复习思考题

一、填空题

1. 新版《药品生产质量管理规范》是________年修订的。

2. 新版《药品生产质量管理规范》________开始

实施。

3. 新版《药品生产质量管理规范》是________颁布的。

4. 新版《药品生产质量管理规范》依据________和________制定的。

5. 企业应当建立________。该体系应当涵盖________,包括确保________、________的全部活动。

6.《药品生产质量管理规范》作为________的一部分,是________和________的基本要求,旨在________、________以及________、________等风险,确保________生产出符合________和________的药品。

7. 企业应当严格执行《药品生产质量管理规范》,坚持________,禁止任何________。

二、选择题

1.《药品生产质量管理规范》的英文简称是(　　)

A. PC　　B. GMP

C. GSP　　D. GLP

E. GAP

2. 新版《药品生产质量管理规范(年修订)》经卫生部部务会议审议通过,自(　　)起施行。

A. 2011 年 3 月 1 日　　B. 2011 年 5 月 1 日

C. 2010 年 5 月 1 日　　D. 2010 年 3 月 1 日

E. 2011 年 2 月 1 日

3.《药品 GMP 证书》的有效期为(　　)

A. 一年　　B. 2 年

C. 3 年　　D. 4 年

E. 5 年

第二章

质 量 管 理

学习目标

1. 掌握生产企业建立符合药品质量管理要求的质量目标。
2. 了解不同层次的人员以及供应商、经销商应当共同参与并承担各自的责任。
3. 掌握质量保证系统的职责。
4. 掌握药品生产质量管理的基本要求。
5. 掌握质量控制的内容及基本要求。
6. 掌握质量风险管理的内容。

第一节　原　　则

第五条　企业应当建立符合药品质量管理要求的质量目标，将药品注册的有关安全、有效和质量可控的所有要求，系统地贯彻到药品生产、控制及产品放行、贮存、发运的全过程中，确保所生产的药品符合预定用途和注册要求。

第六条　企业高层管理人员应当确保实现既定的质量目标，不同层次的人员以及供应商、经销商应当共同参与并承担各自的责任。

第七条　企业应当配备足够的、符合要求的人员、厂房、设施和设备，为实现质量目标提供必要的条件(图 2-1)。

图 2-1　某药厂生产厂区

图 2-2　某药厂质检部

第二节 质量保证

第八条 质量保证是质量管理体系的一部分。企业必须建立质量保证系统,同时建立完整的文件体系(见附录),以保证系统有效运行(图 2-2)。

第九条 质量保证系统应当确保:

(一) 药品的设计与研发体现本规范的要求;

(二) 生产管理和质量控制活动符合本规范的要求(见附录);

(三) 管理职责明确;

(四) 采购和使用的原辅料(见附录“原辅料接收标准操作规程”、“原辅料储存标准操作规程”、“ 原辅料发放标准操作规程”)和包装材料正确无误;

(五) 中间产品得到有效控制;

(六) 确认、验证的实施;

(七) 严格按照规程进行生产、检查、检验和复核;

(八) 每批产品经质量受权人批准后方可放行;

(九) 在贮存、发运(见附录)和随后的各种操作过程中有保证药品质量的适当措施;

(十) 按照自检操作规程(见附录“《GMP》自检标准管理规程”),定期检查评估质量保证系统的有效性和适用性。

课堂互动

思考一下,作为 QA 应该有哪些职责?

第十条 药品生产质量管理的基本要求:

(一) 制定生产工艺,系统地回顾并证明其可持续稳定地生产出符合要求的产品;

(二) 生产工艺及其重大变更均经过验证;

(三) 配备所需的资源,至少包括:

1. 具有适当的资质并经培训合格的人员(见附录);
2. 足够的厂房和空间;
3. 适用的设备和维修保障(图 2-3);
4. 正确的原辅料、包装材料和标签;
5. 经批准的工艺规程和操作规程;
6. 适当的贮运条件。

(四) 应当使用准确、易懂的语言制定操作规程;

(五) 操作人员经过培训,能够按照操作规程正确操作;

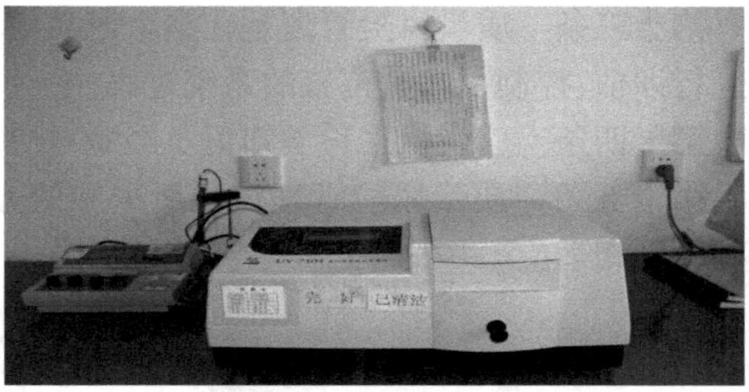

图 2-3 紫外分光光度计

(六) 生产全过程应当有记录,偏差均经过调查并记录;

(七) 批记录和发运记录应当能够追溯批产品的完整历史,并妥善保存、便于查阅;

(八) 降低药品发运过程中的质量风险(见附录“成品放行审核标准管理规程”);

(九) 建立药品召回系统(见附录“产品紧急收回管理规程”),确保能够召回任何一批已发运销售的产品；

（十）调查导致药品投诉和质量缺陷的原因，并采取措施，防止类似质量缺陷再次发生。

课堂互动

记录能够追溯批产品的完整历史，并妥善保存、便于查阅，比如“欣氟事件”。

第三节　质量控制

第十一条　质量控制包括相应的组织机构、文件系统以及取样、检验等，确保物料或产品在放行前完成必要的检验，确认其质量符合要求。

第十二条　质量控制的基本要求：

（一）应当配备适当的设施、设备、仪器和经过培训的人员，有效、可靠地完成所有质量控制的相关活动；

（二）应当有批准的操作规程，用于原辅料、包装材料、中间产品、待包装产品和成品的取样、检查、检验以及产品的稳定性考察，必要时进行环境监测，以确保符合本规范的要求；

（三）由经授权的人员按照规定的方法对原辅料、包装材料、中间产品、待包装产品和成品取样；

（四）检验方法应当经过验证或确认；

（五）取样、检查、检验应当有记录，偏差应当经过调查并记录；

（六）物料、中间产品、待包装产品和成品必须按照质量标准进行检查和检验，并有记录；

（七）物料和最终包装的成品应当有足够的留样，以备必要的检查或检验；除最终包装容器过大的成品外，成品的留样包装应当与最终包装相同。

第四节　质量风险管理

第十三条　质量风险管理是在整个产品生命周期中采用前瞻或回顾的方式，对质量风险进行评估、控制、沟通、审核的系统过程。

第十四条　应当根据科学知识及经验对质量风险进行评估，以保证产品质量。

第十五条　质量风险管理过程所采用的方法、措施、形式及形成的文件应当与存在风险的级别相适应。

复习思考题

一、填空题

1. 企业应当建立符合药品质量管理要求的____________，将药品注册的有关________、________和________的所有要求，系统地贯彻到________、________及产品________、________、________的全过程中，确保所生产的药品符合预定用途和注册要求。

2. 企业应当配备足够的、符合要求的________、________、________和________，为实现质量目标提供必要的条件。

3. ________是质量管理体系的一部分。企业必须建立________,同时建立完整的________,以保证系统有效运行。
4. 药品生产质量管理的基本要求中配备________人员。
5. 药品生产质量管理的基本要求中配备足够的________。
6. 质量控制包括相应的________、________以及________等,确保物料或产品在放行前完成必要的检验,确认其质量符合要求。
7. 质量风险管理是在整个产品生命周期中采用________方式,对质量风险进行________、________、________、________的系统过程。

二、判断题(对的标√,错的标×)

1. 药品生产企业只要企业高层管理人员确保实现既定的质量目标并承担的责任即可。( )
2. 药品生产质量管理的基本要求中配备相应的工艺规程和操作规程。( )
3. 药品生产质量管理的基本要求中配备.正确的原辅料、包装材料和标签。( )
4. 质量控制的基本要求中应当操作规程,用于原辅料、包装材料、中间产品、待包装产品和成品的取样、检查、检验以及产品的稳定性考察,必要时进行环境监测,以确保符合本规范的要求。( )
5. 质量控制的基本要求中物料和最终包装的成品应当有留样,以备必要的检查或检验;除最终包装容器过大的成品外,成品的留样包装应当与最终包装相同。( )
6. 质量风险管理过程所采用的方法、措施、形式及形成的文件应当与存在风险的级别相适应。( )

三、问答题

1. 质量保证系统应当确保哪些方面的问题?
2. 药品生产质量管理的基本要求有哪些?
3. 质量控制的基本要求有哪些?

四、选择题

1. 生产管理负责人应当至少具有( )学历。
   A. 药学或相关专业本科
   B. 企业管理或相关专业本科
   C. 药学或相关专业专科
   D. 企业管理或相关专业专科
   E. 工程管理或相关专业专科
2. 除下列( )外,生产管理负责人和质量管理负责人通常有下列共同的职责。
   A. 审核和批准产品的工艺规程、操作规程等文件
   B. 确保关键设备经过确认
   C. 确保完成生产工艺验证
   D. 确保完成产品质量回顾分析
   E. 评估和批准物料供应商
3. 所有人员应当明确并理解自己的职责,职责通常不得委托给他人。确需委托的,其职责可委托给具有相当( )的指定人员。
   A. 水平 B. 学历
   C. 资质 D. 级别
   E. 学位
4. 质量控制和质量保证人员都要经过必要的( )
   A. 上岗前培训和继续培训
   B. 考核
   C. 职业技能鉴定
   D. 考试
   E. 岗位培训
5. 除( )外,均是质量控制的基本要求。
   A. 应当配备适当的设施、设备、仪器和经过培训的人员,有效、可靠地完成所有质量控制的相关活动
   B. 检验方法应当经过验证或确认
   C. 取样、检查、检验应当有记录,偏差应当经过调查并记录
   D. 物料、中间产品、待包装产品和成品必须按照质量标准进行检查和检验,并有记录
   E. 应当根据科学知识及经验对质量风险进行评估,以保证产品质量

第三章

机构与人员

学习目标

1. 掌握生产企业组织机构图、质量管理机构图及相关职责。
2. 掌握药品生产企业的关键人员的资质、职责。
3. 熟悉药品生产企业的培训计划及相关内容。
4. 掌握药品生产企业人员卫生操作规程。

第一节　原　　则

第十六条　企业应当建立与药品生产相适应的管理机构,并有组织机构图(见附录)。

企业应当设立独立的质量管理部门,履行质量保证和质量控制的职责。质量管理部门可以分别设立质量保证部门和质量控制部门(职责见附录)。

第十七条　质量管理部门应当参与所有与质量有关的活动,负责审核所有与本规范有关的文件。质量管理部门人员不得将职责委托给其他部门的人员。

第十八条　企业应当配备足够数量并具有适当资质(含学历、培训和实践经验)的管理和操作人员,应当明确规定每个部门和每个岗位的职责。岗位职责不得遗漏,交叉的职责应当有明确规定。每个人所承担的职责不应当过多。

所有人员应当明确并理解自己的职责,熟悉与其职责相关的要求,并接受必要的培训,包括上岗前培训和继续培训。

课堂互动

同学们模拟进入生产企业顶岗实习与工作,作为最基层的员工。(生产、技术员工、检验员工的职责是什么?)

第十九条　职责通常不得委托给他人。确需委托的,其职责可委托给具有相当资质的指定人员。

第二节　关 键 人 员

第二十条　关键人员应当为企业的全职人员,至少应当包括企业负责人、生产管理负责人、质量管理负责人和质量受权人。

质量管理负责人和生产管理负责人不得互相兼任。质量管理负责人和质量受权人可以兼任。应当制定操作规程确保质量受权人独立履行职责，不受企业负责人和其他人员的干扰。

第二十一条　企业负责人

企业负责人是药品质量的主要责任人，全面负责企业日常管理。为确保企业实现质量目标并按照本规范要求生产药品，企业负责人应当负责提供必要的资源，合理计划、组织和协调，保证质量管理部门独立履行其职责。

课堂互动

企业负责人可以是企业销售总监吗？

第二十二条　生产管理负责人

（一）资质：

生产管理负责人应当至少具有药学或相关专业本科学历（或中级专业技术职称或执业药师资格），具有至少三年从事药品生产和质量管理的实践经验，其中至少有一年的药品生产管理经验，接受过与所生产产品相关的专业知识培训。

（二）主要职责：

1. 确保药品按照批准的工艺规程生产、贮存，以保证药品质量；
2. 确保严格执行与生产操作相关的各种操作规程；
3. 确保批生产记录和批包装记录经过指定人员审核并送交质量管理部门；
4. 确保厂房和设备的维护保养，以保持其良好的运行状态；
5. 确保完成各种必要的验证工作；
6. 确保生产相关人员经过必要的上岗前培训和继续培训，并根据实际需要调整培训内容。

第二十三条　质量管理负责人

（一）资质：

质量管理负责人应当至少具有药学或相关专业本科学历（或中级专业技术职称或执业药师资格），具有至少五年从事药品生产和质量管理的实践经验，其中至少一年的药品质量管理经验，接受过与所生产产品相关的专业知识培训。

（二）主要职责：

1. 确保原辅料、包装材料、中间产品、待包装产品和成品符合经注册批准的要求和质量标准；
2. 确保在产品放行前完成对批记录的审核；
3. 确保完成所有必要的检验；
4. 批准质量标准、取样方法、检验方法和其他质量管理的操作规程；
5. 审核和批准所有与质量有关的变更；
6. 确保所有重大偏差和检验结果超标已经过调查并得到及时处理；
7. 批准并监督委托检验；
8. 监督厂房和设备的维护，以保持其良好的运行状态；
9. 确保完成各种必要的确认或验证工作，审核和批准确认或验证方案和报告；

10. 确保完成自检；

11. 评估和批准物料供应商；

12. 确保所有与产品质量有关的投诉已经过调查，并得到及时、正确的处理；

13. 确保完成产品的持续稳定性考察计划，提供稳定性考察的数据；

14. 确保完成产品质量回顾分析；

15. 确保质量控制和质量保证人员都已经过必要的上岗前培训和继续培训，并根据实际需要调整培训内容。

课堂互动

质量管理负责人与质量生产负责人的资质有区别吗？

第二十四条　生产管理负责人和质量管理负责人通常有下列共同的职责：

（一）审核和批准产品的工艺规程、操作规程等文件；

（二）监督厂区卫生状况；

（三）确保关键设备经过确认；

（四）确保完成生产工艺验证；

（五）确保企业所有相关人员都已经过必要的上岗前培训和继续培训，并根据实际需要调整培训内容；

（六）批准并监督委托生产；

（七）确定和监控物料和产品的贮存条件；

（八）保存记录；

（九）监督本规范执行状况；

（十）监控影响产品质量的因素。

第二十五条　质量受权人

（一）资质：

质量受权人应当至少具有药学或相关专业本科学历（或中级专业技术职称或执业药师资格），具有至少五年从事药品生产和质量管理的实践经验，从事过药品生产过程控制和质量检验工作。

质量受权人应当具有必要的专业理论知识，并经过与产品放行有关的培训，方能独立履行其职责。

（二）主要职责：

1. 参与企业质量体系建立、内部自检、外部质量审计、验证以及药品不良反应报告、产品召回等质量管理活动；

2. 承担产品放行的职责，确保每批已放行产品的生产、检验均符合相关法规、药品注册要求和质量标准；

3. 在产品放行前，质量受权人必须按照上述第 2 项的要求出具产品放行审核记录，并纳入批记录。

第三节　培　训

第二十六条　企业应当指定部门或专人负责培训管理工作，应当有经生产管理负责人或质量管理负责人审核或批准的培训方案或计划，培训记录应当予以保存。

第二十七条　与药品生产、质量有关的所有人员都应当经过培训，培训的内容应当与岗位的要求相适应。除进行本规范理论和实践的培训外，还应当有相关法规、相应岗位的职责、技能的培训，并定期评估培训的实际效果。

课堂互动

培训的实际效果怎样评价？

第二十八条　高风险操作区（如高活性、高毒性、传染性、高致敏性物料的生产区）的工作人员应当接受专门的培训。

第四节　人员卫生

第二十九条　所有人员都应当接受卫生要求的培训，企业应当建立人员卫生操作规程（见附录），最大限度地降低人员对药品生产造成污染的风险。

第三十条　人员卫生操作规程应当包括与健康、卫生习惯及人员着装相关的内容。生产区和质量控制区的人员应当正确理解相关的人员卫生操作规程。企业应当采取措施确保人员卫生操作规程的执行（图 3-1 ~图 3-6）。

第三十一条　企业应当对人员健康（见附录）进行管理，并建立健康档案（见附录）。直接接触药品的生产人员上岗前应当接受健康检查，以后每年至少进行一次健康检查。

图 3-1　生产部人员入口

图 3-2　存放雨具处（左边）、鞋柜（右边）

图 3-3　换鞋大厅

图 3-4　更衣室

图 3-5　整衣间(内含洗衣间)

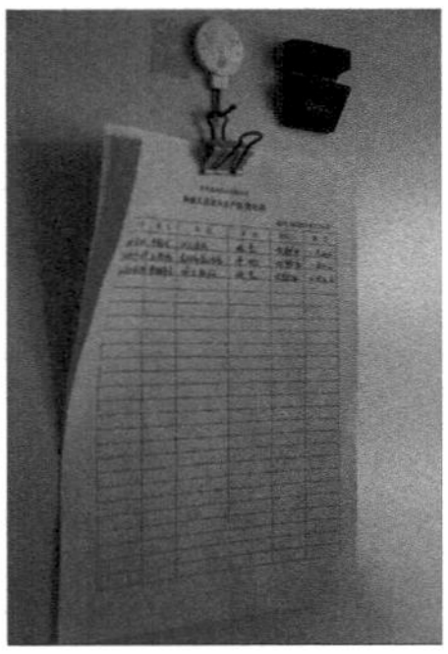

图 3-6　外来人员登记表

第三十二条　企业应当采取适当措施，避免体表有伤口、患有传染病或其他可能污染药品疾病的人员从事直接接触药品的生产。

课堂互动

患有传染病或其他可能污染药品的人员能否从事药品生产企业行政相关工作？

知识链接

生产企业健康要求

传染病(包括隐性传染病)、精神病、皮肤病、体表有伤口。不适合的工种：直接接触药品的生产岗位。

传染病(包括隐性传染病)、精神病、皮肤病、体表有伤口者及制品质量有潜在不利影响者。不适合的工种：进入生物制品生产区操作或质量检验人员、实验动物工作人员。

裸视力 0.9 以下。不适合的工种：灯检工、化验员、质监员。

色弱。不适合的工种：化验员、仓管员、质监员、验收员、发料员、领料员、包衣工、压片工、灯检工。

过敏。不适合的工种：会产生过敏的工种。

第三十三条　参观人员和未经培训的人员不得进入生产区和质量控制区，特殊情况确需进入的，应当事先对个人卫生、更衣等事项进行指导。

第三十四条　任何进入生产区的人员均应当按照规定更衣。工作服的选材、式样及穿戴方式应当与所从事的工作和空气洁净度级别要求相适应。

第三十五条　进入洁净生产区的人员不得化妆和佩带饰物。

第三十六条　生产区、仓储区应当禁止吸烟和饮食，禁止存放食品、饮料、香烟和个人用药品等非生产用物品。

第三十七条　操作人员应当避免裸手直接接触药品、与药品直接接触的包装材料和设备表面。

复习思考题

一、填空题

1. 企业应当建立与药品生产相适应的________，并有________。

2. 企业应当设立独立的________，履行________和________的职责。质量管理部门可以分别设立________和________。

3. 企业应当配备________并具有________的管理和操作人员，应当明确规定________的职责。
4. 职责通常不得委托给他人。确需委托的，其职责可委托给________的人员。
5. 关键人员应当为________人员，至少应当包括________、________、________和________。
6. 企业负责人是药品质量的________人，全面负责企业日常管理。为确保企业实现质量目标并按照本规范要求生产药品，企业负责人应当负责提供必要的________，________、________，保证________独立履行其职责。
7. 生产管理负责人应当至少具有________，具有至少________从事药品生产和质量管理的实践经验，其中至少有________的药品生产管理经验，接受过与所生产产品相关的专业知识培训。
8. 质量受权人应当至少________，具有至少________从事药品生产和质量管理的实践经验，从事过________。
9. 质量受权人应当具有必要的专业理论知识，并经过________有关的培训，方能________履行其职责。
10. 企业应当________培训管理工作，应当有经________审核或批准的培训方案或计划，培训记录应当________。
11. 与________有关的所有人员都应当经过培训。
12. 培训的内容应当与________相适应。除进行药品生产质量管理规范理论和实践的培训外，还应当有________、________、________，并定期________。
13. 高风险操作区________的工作人员应当接受________。
14. 所有人员都应当接受________，企业应当建立________，________对药品生产造成污染的风险。
15. 人员卫生操作规程应当包括________、________及________相关的内容。
16. 企业应当对人员健康进行管理，并建立________。
17. 直接接触药品的生产人员上岗前应当接受健康检查，以后________健康检查。
18. 任何进入生产区的人员均应当________、________、________及________应当与所从事的工作和空气________要求相适应。
19. 生产区、仓储区应当禁止________，禁止________等非生产用物品。
20. 操作人员应当避免________、________和________。

二、判断题（对的标√，错的标×）

1. 质量管理部门应当参与所有与质量有关的活动，负责审核所有与本规范有关的文件。质量管理部门人员可以将职责委托给其他部门的人员（　　）
2. 所有人员应当明确并理解自己的职责，熟悉与其职责相关的要求，并接受必要的培训，只要上岗前培训即可。（　　）
3. 质量管理负责人和生产管理负责人可以互相兼任。（　　）
4. 质量管理负责人和质量受权人可以兼任。（　　）
5. 制定操作规程确保质量受权人独立履行职责，但必须受企业负责人和其他人员的干扰。（　　）
6. 生产管理负责人和质量管理负责人共同审核和批准产品的工艺规程、操作规程等文件。（　　）
7. 生产管理负责人和质量管理负责人共同确保完成生产工艺验证。（　　）
8. 生产管理负责人和质量管理负责人共同确保企业所有相关人员都已经过必要的上岗前培训和继续培训，并根据实际需要调整培训内容。（　　）
9. 生产管理负责人和质量管理负责人共同监控影响产品质量的因素。（　　）
10. 生产区和质量控制区的人员应当正确理解相关的人员卫生操作规程。企业应当采取措施确保人员卫生操作规程的执行。（　　）
11. 体表有伤口、患有传染病或其他可能污染药品疾病的人员可以从事直接接触药品的生产。（　　）
12. 参观人员和未经培训的人员不得进入生产区和质量控制区。（　　）
13. 进入洁净生产区的人员可以化妆和佩带饰物。（　　）

三、问答题

1. 生产管理负责人主要职责哪些？
2. 质量管理负责人主要职责哪些？

第四章

厂房与设施

学习目标

1. 了解厂房的选址、设计、布局、建造、改造和维护的相关内容。
2. 掌握药品的生产环境的相关要求。
3. 掌握仓储区的功能区域及相关要求。
4. 掌握质量控制区相关要求。
5. 熟悉辅助区的相关要求。

第一节　原　　则

第三十八条　厂房的选址、设计、布局、建造、改造和维护(见附录)必须符合药品生产要求,应当能够最大限度地避免污染、交叉污染、混淆和差错,便于清洁、操作和维护。

第三十九条　应当根据厂房及生产防护措施综合考虑选址,厂房所处的环境应当能够最大限度地降低物料或产品遭受污染的风险。

第四十条　企业应当有整洁的生产环境;厂区的地面、路面及运输等不应当对药品的生产造成污染;生产、行政、生活和辅助区的总体布局应当合理,不得互相妨碍;厂区和厂房内的人、物流走向应当合理(图 4-1)。

课堂互动

生产企业为了整个环境的美观可以栽种花卉和果树吗?

第四十一条　应当对厂房进行适当维护,并确保维修活动不影响药品的质量。应当按照详细的书面操作规程对厂房进行清洁或必要的消毒。

第四十二条　厂房应当有适当的照明(见附录)、温度、湿度和通风,确保生产和贮存的产品质量以及相关设备性能不会直接或间接地受到影响。

课堂互动

厂房应当有适当的照明、温度、湿度,区域不同有区别吗?分别应该是多少?

第四十三条　厂房、设施的设计和安装应当能够有效防止昆虫或其他动物进入。应当采取必要的措施,避免所使用的灭鼠药、杀虫剂、烟熏剂等对设备、物料、产品造成污染(图

4-2、图 4-3)。

图 4-1　企业有整洁的生产环境

图 4-2　灭蚊虫灯

图 4-3　档鼠板

第四十四条　应当采取适当措施,防止未经批准人员的进入。生产、贮存和质量控制区不应当作为非本区工作人员的直接通道。

第四十五条　应当保存厂房、公用设施、固定管道建造或改造后的竣工图纸。

第二节　生　产　区

第四十六条　为降低污染和交叉污染的风险,厂房、生产设施和设备应当根据所生产药品的特性、工艺流程及相应洁净度级别要求合理设计、布局和使用,并符合下列要求:

(一) 应当综合考虑药品的特性、工艺和预定用途等因素,确定厂房、生产设施和设备多产品共用的可行性,并有相应评估报告;

(二) 生产特殊性质的药品,如高致敏性药品(如青霉素类)或生物制品(如卡介苗或其他用活性微生物制备而成的药品),必须采用专用和独立的厂房、生产设施和设备。青霉素类药品产尘量大的操作区域应当保持相对负压,排至室外的废气应当经过净化处理并符合要求，排风口应当远离其他空气净化系统的进风口；

（三）生产 β-内酰胺结构类药品、性激素类避孕药品必须使用专用设施（如独立的空气净化系统）和设备，并与其他药品生产区严格分开；

（四）生产某些激素类、细胞毒性类、高活性化学药品应当使用专用设施（如独立的空气净化系统）和设备；特殊情况下，如采取特别防护措施并经过必要的验证，上述药品制剂则可通过阶段性生产方式共用同一生产设施和设备；

（五）用于上述第（二）、（三）、（四）项的空气净化系统，其排风应当经过净化处理；

（六）药品生产厂房不得用于生产对药品质量有不利影响的非药用产品。

第四十七条　生产区和贮存区应当有足够的空间，确保有序地存放设备、物料、中间产品、待包装产品和成品，避免不同产品或物料的混淆、交叉污染，避免生产或质量控制操作发生遗漏或差错（图 4-4、图 4-5）。

图 4-4　生产区

图 4-5　贮存区

第四十八条　应当根据药品品种、生产操作要求及外部环境状况等配置空调净化系统，使生产区有效通风，并有温度、湿度控制和空气净化过滤，保证药品的生产环境符合要求（图 4-6）。

图 4-6　空调净化系统

图 4-7 不同洁净区的压差表

洁净区与非洁净区之间、不同级别洁净区之间的压差应当不低于 10 帕斯卡。必要时，相同洁净度级别的不同功能区域（操作间）之间也应当保持适当的压差梯度（图 4-7）。

口服液体和固体制剂、腔道用药（含直肠用药）、表皮外用药品等非无菌制剂生产的暴露工序区域及其直接接触药品的包装材料最终处理的暴露工序区域，应当参照“无菌药品”附录中 D 级洁净区的要求设置，企业可根据产品的标准和特性对该区域采取适当的微生物监控措施。

第四十九条 洁净区的内表面（墙壁、地面、天棚）应当平整光滑、无裂缝、接口严密、无颗粒物脱落，避免积尘，便于有效清洁，必要时应当进行消毒（图 4-8）。

图 4-8 洁净区

第五十条 各种管道、照明设施、风口和其他公用设施的设计和安装应当避免出现不易清洁的部位，应当尽可能在生产区外部对其进行维护。

第五十一条 排水设施应当大小适宜，并安装防止倒灌的装置。应当尽可能避免明沟排水；不可避免时，明沟宜浅，以方便清洁和消毒（见附录明沟的清洁规程）。

图 4-9 制粒车间安装了防尘罩

第五十二条 制剂的原辅料称量通常应当在专门设计的称量室内进行。

第五十三条 产尘操作间（如干燥物料或产品的取样、称量、混合、包装等操作间）应当保持相对负压或采取专门的措施，防止粉尘扩散、避免交叉污染并便于清洁（图 4-9）。

第五十四条 用于药品包装的厂房或区域应当合理设计和布局，以避免混淆或交叉污染。如同一区域内有数条包装线，应当有隔离措施（图 4-10）。

第五十五条　生产区应当有适度的照明，目视操作区域的照明应当满足操作要求（见附录）。

第五十六条　生产区内可设中间控制区域，但中间控制操作不得给药品带来质量风险（表4-11）。

图4-10　隔离措施

图4-11　生产区内的中间控制区域

图4-12　各类物品的存放

第三节　仓　储　区

第五十七条　仓储区应当有足够的空间，确保有序存放待验、合格、不合格、退货或召回的原辅料、包装材料、中间产品、待包装产品和成品等各类物料和产品（图4-12）。

第五十八条　仓储区的设计和建造应当确保良好的仓储条件，并有通风和照明设施。仓储区应当能够满足物料或产品的贮存条件（如温湿度、避光）和安全贮存的要求，并进行检查和监控。

第五十九条　高活性的物料或产品以及印刷包装材料应当贮存于安全的区域。

第六十条　接收、发放和发运区域应当能够保护物料、产品免受外界天气（如雨、雪）的影响。接收区的布局和设施应当能够确保到货物料在进入仓储区前可对外包装进行必要的清洁。

第六十一条　如采用单独的隔离区域贮存待验物料，待验区应当有醒目的标识，且只限于经批准的人员出入。

不合格、退货或召回的物料或产品应当隔离存放。

如果采用其他方法替代物理隔离，则该方法应当具有同等的安全性。

第六十二条　通常应当有单独的物料取样区。取样区的空气洁净度级别应当与生产要求一致。如在其他区域或采用其他方式取样，应当能够防止污染或交叉污染（图4-13）。

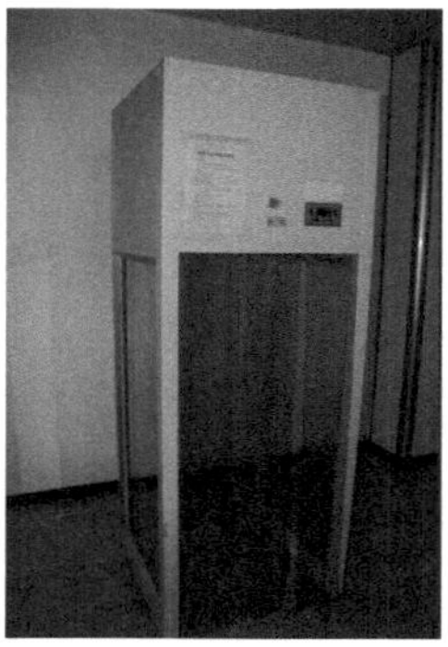

图4-13　与洁净级别相同的取样车

第四节 质量控制区

第六十三条 质量控制实验室通常应当与生产区分开。生物检定、微生物和放射性同位素的实验室还应当彼此分开。

第六十四条 实验室的设计应当确保其适用于预定的用途,并能够避免混淆和交叉污染,应当有足够的区域用于样品处置、留样和稳定性考察样品的存放以及记录的保存(图 4-14 ~ 图 4-16)。

图 4-14 留样观察室

图 4-15 阴凉观察室

图 4-16 重点留样观察至

第六十五条 必要时,应当设置专门的仪器室,使灵敏度高的仪器免受静电、震动、潮湿或其他外界因素的干扰。

第六十六条 处理生物样品或放射性样品等特殊物品的实验室应当符合国家的有关要求。

第六十七条 实验动物房应当与其他区域严格分开,其设计、建造应当符合国家有关规定,并设有独立的空气处理设施以及动物的专用通道。

图 4-17 男女更衣室

第五节 辅 助 区

第六十八条 休息室的设置不应当对生产区、仓储区和质量控制区造成不良影响。

第六十九条 更衣室和盥洗室应当方便人员进出,并与使用人数相适应。盥洗室不得与生产区和仓储区直接相通(图 4-17 ~ 图 4-19)。

图 4-18 更衣柜

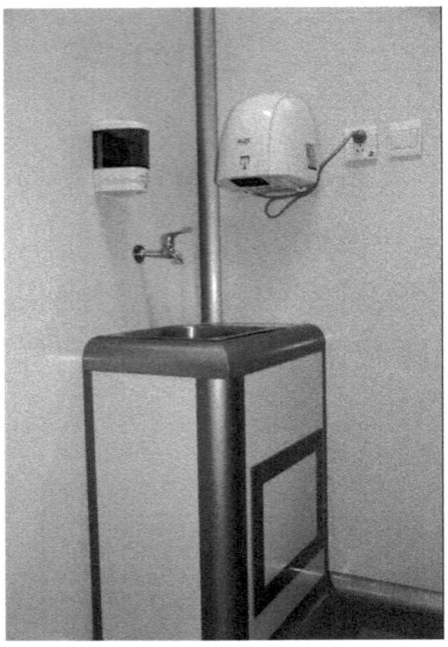

图 4-19 盥洗室

第七十条 维修间应当尽可能远离生产区。存放在洁净区内的维修用备件和工具，应当放置在专门的房间或工具柜中。

复习思考题

一、填空题

1. 厂房的________、________、________、________、________和________必须符合药品生产要求，应当能够________、________、________，便于________、________和________。
2. 厂房应当有适当的________、________、________和________，确保________的产品质量以及相关设备性能不会直接或间接地受到影响。
3. 应当保存厂房、公用设施、固定管道建造或改造后的________。
4. 生产特殊性质的药品，如________或________必须采用专用和独立的厂房、生产设施和设备。
5. 青霉素类药品产尘量大的操作区域应当保持________，排至室外的废气应当经过________，排风口应当________。
6. 生产区有效通风，并有________和________，保证药品的生产环境符合要求。
7. 洁净区与非洁净区之间、不同级别洁净区之间的压差应当不低于________帕斯卡。
8. 口服液体和固体制剂可根据产品的标准和特性对该区域采取适当的________。
9. 洁净区的内表面________应当________、________、________、________，________，便于有效________，必要时应当进行消毒。
10. 排水设施应当大小适宜，并安装防止________的装置。
11. 产尘操作间________应当保持________，防止粉尘扩散、避免交叉污染并便于清洁。
12. 仓储区应当有足够的空间，确保有序存放________、________、________、________或________的________、________、________、________和________等各类物料和产品。
13. 通常应当有单独的物料取样区。取样区的________应当与生产要求一致。
14. ________实验室通常应当与生产区分开。________、________和放射性同位素的实验室还应当彼此分开。

二、判断题(对的标√，错的标×)

1. 根据厂房及生产防护措施综合考虑选址，厂房所处的环境应当能够最大限度地降低物料或产品遭受污染的风险。(　　)
2. 企业应当有整洁的生产环境；厂区的地面、路面及运输等不得对药品的生产造成污染。(　　)
3. 厂区和厂房内应该有人流、物流通到。(　　)
4. 厂房、设施的设计和安装应当能够有效防止昆虫或其他动物进入。可以使用的灭鼠药、杀虫剂、烟熏剂等对设备、物料、产品造成污染。(　　)
5. 生产 β-内酰胺结构类药品、性激素类避孕药品

必须使用独立厂房。(　　)

6. 生产某些激素类、细胞毒性类、高活性化学药品应当使用专用设施(如独立的空气净化系统)和设备。(　　)
7. 药品生产厂房可以生产非药用产品。(　　)
8. 各种管道、照明设施、风口和其他公用设施的设计和安装应当避免死角。(　　)
9. 制剂的原辅料称量在称量室内进行。(　　)
10. 同一区域内可以有数条包装线。(　　)
11. 不合格、退货或召回的物料或产品应当隔离存放。(　　)
12. 必要时,应当设置专门的仪器室,使灵敏度高的仪器免受静电、震动、潮湿或其他外界因素的干扰。(　　)
13. 实验动物房应当独立的空气处理设施以及动物的专用通道。(　　)
14. 盥洗室不得与生产区和仓储区直接相通。(　　)
15. 所有维修用备件和工具全部放在一起方便使用。(　　)

第五章

设　　备

学习目标

1. 掌握设备及仪器使用、清洁、维护和维修的操作规程及相应的操作记录。
2. 熟悉生产用模具的采购、验收、保管、维护、发放及报废应当制定相应操作规程及相应记录。
3. 掌握生产设备及仪器状态标识操作规程。
4. 熟悉相关的设备及仪器的校验。
5. 掌握制药用水制备的工艺流程及检验、贮存要求。

第一节　原　　则

第七十一条　设备的设计、选型、安装、改造(见附录)和维护必须符合预定用途,应当尽可能降低产生污染、交叉污染、混淆和差错的风险,便于操作、清洁、维护,以及必要时进行的消毒或灭菌。

第七十二条　应当建立设备使用、清洁、维护和维修的操作规程(见附录),并保存相应的操作记录。

第七十三条　应当建立并保存设备采购、安装、确认的文件和记录。

第二节　设计和安装

第七十四条　生产设备不得对药品质量产生任何不利影响。与药品直接接触的生产设备表面应当平整、光洁、易清洗或消毒、耐腐蚀,不得与药品发生化学反应、吸附药品或向药品中释放物质。

第七十五条　应当配备有适当量程和精度的衡器、量具、仪器和仪表。

第七十六条　应当选择适当的清洗、清洁设备,并防止这类设备成为污染源。

第七十七条　设备所用的润滑剂、冷却剂等不得对药品或容器造成污染,应当尽可能使用食用级或级别相当的润滑剂。

第七十八条　生产用模具的采购、验收、保管、维护、发放及报废(见附录)应当制定相应操作规程,设专人专柜保管,并有相应记录。

第三节　维护和维修

第七十九条　设备的维护和维修不得影响产品质量。

第八十条　应当制定设备的预防性维护计划和操作规程，设备的维护和维修应当有相应的记录。

第八十一条　经改造或重大维修的设备应当进行再确认，符合要求后方可用于生产。

第四节　使用和清洁

第八十二条　主要生产和检验设备都应当有明确的操作规程。

第八十三条　生产设备应当在确认的参数范围内使用。

第八十四条　应当按照详细规定的操作规程清洁生产设备（见附录）。

生产设备清洁的操作规程应当规定具体而完整的清洁方法、清洁用设备或工具、清洁剂的名称和配制方法、去除前一批次标识的方法、保护已清洁设备在使用前免受污染的方法、已清洁设备最长的保存时限、使用前检查设备清洁状况的方法，使操作者能以可重现的、有效的方式对各类设备进行清洁。

如需拆装设备，还应当规定设备拆装的顺序和方法；如需对设备消毒或灭菌，还应当规定消毒或灭菌的具体方法、消毒剂的名称和配制方法。必要时，还应当规定设备生产结束至清洁前所允许的最长间隔时限。

第八十五条　已清洁的生产设备应当在清洁、干燥的条件下存放。

第八十六条　用于药品生产或检验的设备和仪器，应当有使用日志（见附录），记录内容包括使用、清洁、维护和维修情况以及日期、时间、所生产及检验的药品名称、规格和批号等。

第八十七条　生产设备应当有明显的状态标识（见附录），标明设备编号和内容物（如名称、规格、批号）；没有内容物的应当标明清洁状态。

第八十八条　不合格的设备如有可能应当搬出生产和质量控制区，未搬出前，应当有醒目的状态标识。

第八十九条　主要固定管道应当标明内容物名称和流向。

第五节　校　　准

第九十条　应当按照操作规程和校准计划定期对生产和检验用衡器、量具、仪表、记录和控制设备以及仪器进行校准和检查（见附录），并保存相关记录。校准的量程范围应当涵盖实际生产和检验的使用范围。

第九十一条　应当确保生产和检验使用的关键衡器、量具、仪表、记录和控制设备以及仪器经过校准，所得出的数据准确、可靠。

第九十二条　应当使用计量标准器具进行校准，且所用计量标准器具应当符合国家有关规定。校准记录（见附录）应当标明所用计量标准器具的名称、编号、校准有效期和计量合格证明编号，确保记录的可追溯性。

第九十三条　衡器、量具、仪表、用于记录和控制的设备以及仪器应当有明显的标识，标明其校准有效期。

第九十四条　不得使用未经校准、超过校准有效期、失准的衡器、量具、仪表以及用于记录和控制的设备、仪器。

第九十五条　在生产、包装、仓储过程中使用自动或电子设备的，应当按照操作规程定期进行校准和检查，确保其操作功能正常。校准和检查应当有相应的记录。

第六节　制 药 用 水

第九十六条　制药用水应当适合其用途，并符合《中华人民共和国药典》的质量标准及相关要求。制药用水至少应当采用饮用水。

第九十七条　水处理设备及其输送系统的设计、安装、运行和维护应当确保制药用水达到设定的质量标准。水处理设备(见附录)的运行不得超出其设计能力。

第九十八条　纯化水、注射用水储罐和输送管道(见附录)所用材料应当无毒、耐腐蚀；储罐的通气口应当安装不脱落纤维的疏水性除菌滤器；管道的设计和安装应当避免死角、盲管。

第九十九条　纯化水、注射用水的制备、贮存和分配应当能够防止微生物的滋生。纯化水可采用循环，注射用水可采用70℃以上保温循环。

第一百条　应当对制药用水及原水的水质进行定期监测，并有相应的记录。

第一百零一条　应当按照操作规程(见附录)对纯化水、注射用水管道进行清洗消毒，并有相关记录。发现制药用水微生物污染达到警戒限度、纠偏限度时应当按照操作规程处理。

复习思考题

一、填空题

1. 生产设备不得对药品质量产生任何不利影响。与药品直接接触的生产设备表面应当__________、________、________或消毒、耐腐蚀，不得与药品发生________、吸附药品或向药品中释放物质。
2. 主要固定管道应当标明内容物________和________。
3. 用于药品生产或检验的设备和仪器，应当有使用日志，记录内容包括________、________、维护和维修情况以及日期、时间、所生产及检验的药品________、________和________等。
4. 制药用水应当适合其用途，并符合________的质量标准及相关要求。制药用水至少应当采用________。
5. 生产设备应当有明显的状态标识，标明设备________和________(如名称、规格、批号)；没有内容物的应当标明________。
6. 不合格的设备如有可能应当搬出________和________，未搬出前，应当有醒目的________。

二、判断题(对的标√，错的标×)

1. 应当确保生产和检验使用的关键衡器、量具、仪表、记录和控制设备以及仪器经过校准，所得出的数据准确、可靠。(　　)
2. 水处理设备及其输送系统的设计、安装、运行和维护应当确保制药用水达到设定的质量标准。水处理设备的运行可以超出其设计能力。(　　)
3. 纯化水可采用循环，注射用水可采用90℃以上保温循环。(　　)
4. 已清洁的生产设备应当在清洁、干燥的条件下存放。(　　)
5. 经改造或重大维修的设可直接用于生产。(　　)

三、简答题

生产设备清洁的操作规程应当规定哪些内容?

第六章

物料与产品

学习目标

1. 了解药品生产所用的原辅料、与药品直接接触的包装材料应当符合相应的质量标准。
2. 掌握物料供应商的确定及变更。
3. 掌握仓储区内的原辅料、中间产品和待包装产品相关的标识。
4. 了解特殊管理的物料和产品的验收、贮存、管理国家有关的规定。
5. 了解不合格品及退货产品的相关的要求。

第一节　原　　则

物料指原料、辅料和包装材料等。例如:化学药品制剂的原料是指原料药;生物制品的原料是指原材料;中药制剂的原料是指中药材、中药饮片和外购中药提取物;原料药的原料是指用于原料药生产的除包装材料以外的其他物料。

原辅料除包装材料之外,药品生产中使用的任何物料。

印刷包装材料指具有特定式样和印刷内容的包装材料,如印字铝箔、标签、说明书、纸盒等。

中间产品指完成部分加工步骤的产品,尚需进一步加工方可成为待包装产品。

产品包括药品的中间产品、待包装产品和成品。

产品生命周期产品从最初的研发、上市直至退市的所有阶段。

成品已完成所有生产操作步骤和最终包装的产品。

第一百零二条　药品生产所用的原辅料、与药品直接接触的包装材料应当符合相应的质量标准。药品上直接印字所用油墨应当符合食用标准要求。

进口原辅料应当符合国家相关的进口管理规定。

第一百零三条　应当建立物料和产品的操作规程,确保物料和产品的正确接收、贮存、发放(见附录)、使用和发运,防止污染、交叉污染、混淆和差错(图 6-1)。

物料和产品的处理应当按照操作规程或工艺规程执行,并有记录(见附录)。

第一百零四条　物料供应商的确定及变更应当进行质量评估,并经质量管理部门批准后方可采购。

第一百零五条　物料和产品的运输应当能够满足其保证质量的要求,对运输有特殊要

图 6-1 生产企业包材检验室

求的，其运输条件应当予以确认。

第一百零六条 原辅料、与药品直接接触的包装材料和印刷包装材料(见附录)的接收应当有操作规程，所有到货物料均应当检查，以确保与订单一致，并确认供应商已经质量管理部门批准。

课堂互动

物料的外包装有什么要求？

物料的外包装应当有标签，并注明规定的信息。必要时，还应当进行清洁，发现外包装损坏或其他可能影响物料质量的问题，应当向质量管理部门报告并进行调查和记录。

每次接收均应当有记录，内容包括：

(一) 交货单和包装容器上所注物料的名称；

(二) 企业内部所用物料名称和(或)代码；

(三) 接收日期；

(四) 供应商和生产商(如不同)的名称；

(五) 供应商和生产商(如不同)标识的批号；

(六) 接收总量和包装容器数量；

(七) 接收后企业指定的批号或流水号；

(八) 有关说明(如包装状况)。

第一百零七条 物料接收和成品生产后应当及时按照待验管理，直至放行。

第一百零八条 物料和产品应当根据其性质有序分批贮存和周转，发放及发运应当符合先进先出和近效期先出的原则。

第一百零九条 使用计算机化仓储管理的，应当有相应的操作规程，防止因系统故障、停机等特殊情况而造成物料和产品的混淆和差错。

使用完全计算机化仓储管理系统进行识别的，物料、产品等相关信息可不必以书面可读的方式标出。

第二节 原 辅 料

第一百一十条 应当制定相应的操作规程，采取核对或检验等适当措施，确认每一包装内的原辅料正确无误。

第一百一十一条 一次接收数个批次的物料，应当按批取样、检验、放行。

第一百一十二条 仓储区内的原辅料应当有适当的标识，并至少标明下述内容：

(一) 指定的物料名称和企业内部的物料代码；

(二) 企业接收时设定的批号；

(三) 物料质量状态(如待验、合格、不合格、已取样)；

(四) 有效期或复验期。

第一百一十三条　只有经质量管理部门批准放行并在有效期或复验期内的原辅料方可使用。

第一百一十四条　原辅料应当按照有效期或复验期贮存。贮存期内，如发现对质量有不良影响的特殊情况，应当进行复验。

第一百一十五条　应当由指定人员按照操作规程进行配料，核对物料后，精确称量或计量，并作好标识。

第一百一十六条　配制的每一物料及其重量或体积应当由他人独立进行复核，并有复核记录。

课堂互动

有单独的复核记录吗？

第一百一十七条　用于同一批药品生产的所有配料应当集中存放，并作好标识。

第三节　中间产品和待包装产品

第一百一十八条　中间产品和待包装产品应当在适当的条件下贮存。

第一百一十九条　中间产品和待包装产品应当有明确的标识，并至少标明下述内容：

（一）产品名称和企业内部的产品代码；

（二）产品批号；

（三）数量或重量（如毛重、净重等）；

（四）生产工序（必要时）；

（五）产品质量状态（必要时，如待验、合格、不合格、已取样）。

第四节　包装材料

第一百二十条　与药品直接接触的包装材料（见附录）和印刷包装材料的管理和控制要求与原辅料相同。

第一百二十一条　包装材料应当由专人按照操作规程发放（见附录），并采取措施避免混淆和差错，确保用于药品生产的包装材料正确无误。

第一百二十二条　应当建立印刷包装材料设计、审核、批准的操作规程，确保印刷包装材料印制的内容与药品监督管理部门核准的一致，并建立专门的文档，保存经签名批准的印刷包装材料原版实样。

第一百二十三条　印刷包装材料的版本变更时，应当采取措施，确保产品所用印刷包装材料的版本正确无误。宜收回作废的旧版印刷模版并予以销毁。

第一百二十四条　印刷包装材料应当设置专门区域妥善存放，未经批准人员不得进入。切割式标签或其他散装印刷包装材料应当分别置于密闭容器内储运，以防混淆。

第一百二十五条　印刷包装材料应当由专人保管，并按照操作规程和需求量发放。

第一百二十六条　每批或每次发放的与药品直接接触的包装材料或印刷包装材料，均应当有识别标志，标明所用产品的名称和批号。

第一百二十七条　过期或废弃的印刷包装材料应当予以销毁并记录(见附录)。

第五节　成　　品

第一百二十八条　成品放行前应当待验贮存。

第一百二十九条　成品的贮存条件应当符合药品注册批准的要求。

第六节　特殊管理的物料和产品

第一百三十条　麻醉药品、精神药品、医疗用毒性药品(包括药材)、放射性药品、药品类易制毒化学品及易燃、易爆和其他危险品的验收、贮存、管理应当执行国家有关的规定。

第七节　其　　他

第一百三十一条　不合格的物料(见附录)、中间产品、待包装产品和成品的每个包装容器上均应当有清晰醒目的标志,并在隔离区内妥善保存。

第一百三十二条　不合格的物料、中间产品、待包装产品和成品的处理应当经质量管理负责人批准,并有记录。

第一百三十三条　产品回收需经预先批准,并对相关的质量风险进行充分评估,根据评估结论决定是否回收。回收应当按照预定的操作规程进行,并有相应记录。回收处理后的产品应当按照回收处理中最早批次产品的生产日期确定有效期。

第一百三十四条　制剂产品不得进行重新加工。不合格的制剂中间产品、待包装产品和成品一般不得进行返工。只有不影响产品质量、符合相应质量标准,且根据预定、经批准的操作规程以及对相关风险充分评估后,才允许返工处理。返工应当有相应记录。

第一百三十五条　对返工或重新加工或回收合并后生产的成品,质量管理部门应当考虑需要进行额外相关项目的检验和稳定性考察。

第一百三十六条　企业应当建立药品退货的操作规程(见附录),并有相应的记录,内容至少应当包括:产品名称、批号、规格、数量、退货单位及地址、退货原因及日期、最终处理意见。

同一产品同一批号不同渠道的退货应当分别记录、存放和处理。

第一百三十七条　只有经检查、检验和调查,有证据证明退货质量未受影响,且经质量管理部门根据操作规程评价后,方可考虑将退货重新包装、重新发运销售。评价考虑的因素至少应当包括药品的性质、所需的贮存条件、药品的现状、历史,以及发运与退货之间的间隔时间等因素。不符合贮存和运输要求的退货,应当在质量管理部门监督下予以销毁。对退货质量存有怀疑时,不得重新发运。

对退货进行回收处理的,回收后的产品应当符合预定的质量标准和第一百三十三条的要求。

退货处理的过程和结果应当有相应记录。

课堂互动

药品退货有和没有质量问题怎么处理？

复习思考题

一、填空题

1. 药品生产所用的原辅料、与药品直接接触的包装材料应当符合相应的________。药品上直接印字所用油墨应当符合________要求。
2. 原辅料应当按照有效期或________贮存。贮存期内，如发现对质量有不良影响的特殊情况，应当进行________。
3. 过期或废弃的印刷包装材料应当予以________并________。
4. 成品的贮存条件应当符合________的要求。
5. 麻醉药品、精神药品、医疗用毒性药品（包括药材）、放射性药品、药品类易制毒化学品及易燃、易爆和其他危险品的________、________、________应当执行国家有关的规定。

二、判断题（对的标√，错的标×）

1. 一次接收数个批次的物料，可以只对其中三批物料进行取样、检验、放行。（　　）
2. 只有经质量管理部门批准放行并在有效期或复验期内的原辅料方可使用。（　　）

三、简答题

1. 药品生产企业每次接受物料应当有记录，记录内容应当包括什么？
2. 仓储区内的原辅料应当有适当的标识，并至少标明哪些内容？
3. 中间产品和待包装产品应当有明确的标识，并至少标明哪些内容？

第七章

确认与验证

学习目标

1. 掌握确认与验证的文件和记录的相关内容。
2. 掌握生产工艺、操作等的验证计划及方案。

第一百三十八条　企业应当确定需要进行的确认或验证(见附录)工作,以证明有关操作的关键要素能够得到有效控制。确认或验证的范围和程度应当经过风险评估来确定。

第一百三十九条　企业的厂房、设施、设备和检验仪器应当经过确认,应当采用经过验证的生产工艺、操作规程和检验方法进行生产、操作和检验,并保持持续的验证状态。

第一百四十条　应当建立确认与验证的文件和记录,并能以文件和记录证明达到以下预定的目标:

(一) 设计确认应当证明厂房、设施、设备的设计符合预定用途和本规范要求;

(二) 安装确认应当证明厂房、设施、设备的建造和安装符合设计标准;

(三) 运行确认应当证明厂房、设施、设备的运行符合设计标准;

(四) 性能确认应当证明厂房、设施、设备在正常操作方法和工艺条件下能够持续符合标准;

(五) 工艺验证应当证明一个生产工艺按照规定的工艺参数能够持续生产出符合预定用途和注册要求的产品。

第一百四十一条　采用新的生产处方或生产工艺前,应当验证其常规生产的适用性。生产工艺在使用规定的原辅料和设备条件下,应当能够始终生产出符合预定用途和注册要求的产品。

第一百四十二条　当影响产品质量的主要因素,如原辅料、与药品直接接触的包装材料、生产设备、生产环境(或厂房)、生产工艺、检验方法等发生变更时,应当进行确认或验证。必要时,还应当经药品监督管理部门批准。

第一百四十三条　清洁方法应当经过验证,证实其清洁的效果,以有效防止污染和交叉污染。清洁验证(见附录)应当综合考虑设备使用情况、所使用的清洁剂和消毒剂、取样方法和位置以及相应的取样回收率、残留物的性质和限度、残留物检验方法的灵敏度等因素。

第一百四十四条　确认和验证不是一次性的行为。首次确认或验证后,应当根据产品质量回顾分析情况进行再确认或再验证。关键的生产工艺和操作规程应当定期进行再验证,确保其能够达到预期结果。

第一百四十五条　企业应当制定验证总计划，以文件形式说明确认与验证工作的关键信息。

第一百四十六条　验证总计划或其他相关文件中应当作出规定，确保厂房、设施、设备、检验仪器、生产工艺、操作规程和检验方法等能够保持持续稳定。

第一百四十七条　应当根据确认或验证的对象制定确认或验证方案（见附录），并经审核、批准。确认或验证方案应当明确职责。

第一百四十八条　确认或验证应当按照预先确定和批准的方案实施，并有记录。确认或验证工作完成后，应当写出报告，并经审核、批准。确认或验证的结果和结论（包括评价和建议）应当有记录并存档。

第一百四十九条　应当根据验证的结果确认工艺规程和操作规程。

复习思考题

一、填空题

1. 企业应当确定需要进行的________工作，以证明有关操作的关键要素能够得到有效控制。确认或验证的范围和程度应当经过________来确定。
2. 企业的________、________、________和________应当经过确认，应当采用经过验证的________、操作规程和________进行生产、操作和检验，并保持________验证状态。
3. 清洁方法应当经过验证，证实其清洁的效果，以有效防止________。
4. 首次确认或验证后，应当根据产品质量回顾分析情况进行________。关键的生产工艺和操作规程应当________，确保其能够达到预期结果。
5. 验证总计划或其他相关文件中应当作出规定，确保厂房、设施、设备、检验仪器、生产工艺、操作规程和检验方法等能够保持________。
6. 确认或验证应当按照________实施，并有记录。确认或验证工作完成后，应当写出报告，并经________，确认或验证的结果和结论（包括评价和建议）应当有记录并存档。

二、判断题（对的标√，错的标×）

1. 采用新的生产处方或生产工艺前，应当验证其常规生产的适用性。（　　）
2. 规定了生产工艺就能够生产出符合预定用途和注册要求的产品。（　　）
3. 确认和验证是一次性的行为。（　　）
4. 企业应当制定验证总计划，以文件形式说明确认与验证工作的关键信息。（　　）

三、选择题

1. 应当建立确认与验证的文件和记录，并能以文件和记录证明达到以下预定的目标，下列叙述错误的是（　　）
   A. 设计确认应当证明厂房、设施、设备的设计符合预定用途和本规范要求
   B. 安装确认应当证明厂房、设施、设备的建造和安装符合设计标准
   C. 运行确认应当证明厂房、设施、设备的运行符合设计标准
   D. 性能确认应当证明厂房、设施、设备在静止条件下能够符合标准
   E. 工艺验证应当证明一个生产工艺按照规定的工艺参数能够持续生产出符合预定用途和注册要求的产品。
2. 影响产品质量的因素发生改变时，应当进行确认或验证。下列哪项不用确认或验证（　　）
   A. 原辅料
   B. 与药品直接接触的包装材料
   C. 生产人员
   D. 生产设备
   E. 生产环境（或厂房）
3. 下列叙述正确的是清洁验证应当综合考虑（　　）
   A. 设备使用情况
   B. 所使用的清洁剂和消毒剂
   C. 取样方法和位置以及相应的取样回收率
   D. 残留物的性质和限度、残留物检验方法的灵敏度等因素
   E. 以上答案均正确

第八章

文 件 管 理

学习目标

1. 掌握企业的文件管理的操作规程。
2. 熟悉文件的起草、修订、审核、批准、替换或撤销、复制、保管和销毁等应当按照操作规程管理。
3. 掌握文件标明题目、种类、目的以及文件编号和版本号的意义。
4. 掌握质量标准的所有内容。
5. 掌握制剂工艺规程的相关内容。
6. 掌握生产企业的操作规程、会填写相关记录及记录的相关要求。

第一节 原 则

第一百五十条 文件是质量保证系统的基本要素。企业必须有内容正确的书面质量标准、生产处方和工艺规程、操作规程以及记录等文件。

文件指的是包括质量标准、工艺规程、操作规程、记录、报告等。

第一百五十一条 企业应当建立文件管理的操作规程(见附录),系统地设计、制定、审核、批准和发放文件。与本规范有关的文件应当经质量管理部门的审核。

第一百五十二条 文件的内容应当与药品生产许可、药品注册等相关要求一致,并有助于追溯每批产品的历史情况。

知识链接

文件的表头

文件名称: 个人健康管理制度

文件编号: ××/SMP-RS002-00

起 草: 年 月 日 修 订: 年 月 日

审 核: 年 月 日 批 准: 年 月 日

执行日期: 年 月 日

编订依据:《GMP》

编订部门:人事行政部 颁发部门:人事行政部

分发部门:工程部、生产部、物资部、质量部、人事行政部

第一百五十三条 文件的起草、修订、审核、批准、替换或撤销、复制、保管和销毁等应

当按照操作规程管理(见附录),并有相应的文件分发、撤销、复制、销毁记录。

第一百五十四条 文件的起草、修订、审核、批准均应当由适当的人员签名并注明日期。

第一百五十五条 文件应当标明题目、种类、目的以及文件编号和版本号(见附录)。文字应当确切、清晰、易懂,不能模棱两可。

第一百五十六条 文件应当分类存放、条理分明,便于查阅。

第一百五十七条 原版文件复制时,不得产生任何差错;复制的文件应当清晰可辨。

第一百五十八条 文件应当定期审核、修订;文件修订后,应当按照规定管理,防止旧版文件的误用。分发、使用的文件应当为批准的现行文本,已撤销的或旧版文件除留档备查外,不得在工作现场出现。

第一百五十九条 与本规范有关的每项活动均应当有记录,以保证产品生产、质量控制和质量保证等活动可以追溯。记录应当留有填写数据的足够空格。记录应当及时填写,内容真实,字迹清晰、易读,不易擦除。

第一百六十条 应当尽可能采用生产和检验设备自动打印的记录、图谱和曲线图等,并标明产品或样品的名称、批号和记录设备的信息,操作人应当签注姓名和日期。

第一百六十一条 记录应当保持清洁,不得撕毁和任意涂改。记录填写的任何更改都应当签注姓名和日期,并使原有信息仍清晰可辨,必要时,应当说明更改的理由。记录如需重新誊写,则原有记录不得销毁,应当作为重新誊写记录的附件保存。

第一百六十二条 每批药品应当有批记录,包括批生产记录、批包装记录、批检验记录和药品放行审核记录等与本批产品有关的记录。批记录应当由质量管理部门负责管理,至少保存至药品有效期后一年。

质量标准、工艺规程、操作规程、稳定性考察、确认、验证、变更等其他重要文件应当长期保存。

课堂互动

除了纸质记录还有哪项记录,应该怎么管理?

第一百六十三条 如使用电子数据处理系统、照相技术或其他可靠方式记录数据资料,应当有所用系统的操作规程;记录的准确性应当经过核对。

使用电子数据处理系统的,只有经授权的人员方可输入或更改数据,更改和删除情况应当有记录;应当使用密码或其他方式来控制系统的登录;关键数据输入后,应当由他人独立进行复核。

用电子方法保存的批记录,应当采用磁带、缩微胶卷、纸质副本或其他方法进行备份,以确保记录的安全,且数据资料在保存期内便于查阅。

第二节 质量标准

第一百六十四条 物料和成品应当有经批准的现行质量标准;必要时,中间产品或待包装产品也应当有质量标准。

第一百六十五条 物料的质量标准一般应当包括:

（一）物料的基本信息：

1. 企业统一指定的物料名称和内部使用的物料代码；

2. 质量标准的依据；

3. 经批准的供应商；

4. 印刷包装材料的实样或样稿。

（二）取样、检验方法或相关操作规程编号；

（三）定性和定量的限度要求；

（四）贮存条件和注意事项；

（五）有效期或复验期。（见附录）

第一百六十六条　外购或外销的中间产品和待包装产品应当有质量标准；如果中间产品的检验结果用于成品的质量评价，则应当制定与成品质量标准相对应的中间产品质量标准。

第一百六十七条　成品的质量标准应当包括：

（一）产品名称以及产品代码；

（二）对应的产品处方编号（如有）；

（三）产品规格和包装形式；

（四）取样、检验方法或相关操作规程编号；

（五）定性和定量的限度要求；

（六）贮存条件和注意事项；

（七）有效期。（见附录）

第三节　工艺规程

第一百六十八条　每种药品的每个生产批量均应当有经企业批准的工艺规程（见附录），不同药品规格的每种包装形式均应当有各自的包装操作要求。工艺规程的制定应当以注册批准的工艺为依据。

第一百六十九条　工艺规程不得任意更改。如需更改，应当按照相关的操作规程修订、审核、批准。

第一百七十条　制剂的工艺规程的内容至少应当包括：

（一）生产处方：

1. 产品名称和产品代码；

2. 产品剂型、规格和批量；

3. 所用原辅料清单（包括生产过程中使用，但不在成品中出现的物料），阐明每一物料的指定名称、代码和用量；如原辅料的用量需要折算时，还应当说明计算方法。

（二）生产操作要求：

1. 对生产场所和所用设备的说明（如操作间的位置和编号、洁净度级别、必要的温湿度要求、设备型号和编号等）；

2. 关键设备的准备（如清洗、组装、校准、灭菌等）所采用的方法或相应操作规程编号；

3. 详细的生产步骤和工艺参数说明（如物料的核对、预处理、加入物料的顺序、混合时间、温度等）；

4. 所有中间控制方法及标准；

5. 预期的最终产量限度，必要时，还应当说明中间产品的产量限度，以及物料平衡的计算方法和限度；

6. 待包装产品的贮存要求，包括容器、标签及特殊贮存条件；

7. 需要说明的注意事项。

（三）包装操作要求：

1. 以最终包装容器中产品的数量、重量或体积表示的包装形式；

2. 所需全部包装材料的完整清单，包括包装材料的名称、数量、规格、类型以及与质量标准有关的每一包装材料的代码；

3. 印刷包装材料的实样或复制品，并标明产品批号、有效期打印位置；

4. 需要说明的注意事项，包括对生产区和设备进行的检查，在包装操作开始前，确认包装生产线的清场已经完成等；

5. 包装操作步骤的说明，包括重要的辅助性操作和所用设备的注意事项、包装材料使用前的核对；

6. 中间控制的详细操作，包括取样方法及标准；

7. 待包装产品、印刷包装材料的物料平衡计算方法和限度。

第四节 批生产记录

第一百七十一条 每批产品均应当有相应的批生产记录（见附录），可追溯该批产品的生产历史以及与质量有关的情况。

批记录指用于记述每批药品生产、质量检验和放行审核的所有文件和记录，可追溯所有与成品质量有关的历史信息。

第一百七十二条 批生产记录应当依据现行批准的工艺规程的相关内容制定。记录的设计应当避免填写差错。批生产记录的每一页应当标注产品的名称、规格和批号。

第一百七十三条 原版空白的批生产记录应当经生产管理负责人和质量管理负责人审核和批准。批生产记录的复制和发放均应当按照操作规程进行控制并有记录，每批产品的生产只能发放一份原版空白批生产记录的复制件。

第一百七十四条 在生产过程中，进行每项操作时应当及时记录，操作结束后，应当由生产操作人员确认并签注姓名和日期。

第一百七十五条 批生产记录的内容应当包括：

（一）产品名称、规格、批号；

（二）生产以及中间工序开始、结束的日期和时间；

（三）每一生产工序的负责人签名；

（四）生产步骤操作人员的签名；必要时，还应当有操作（如称量）复核人员的签名；

（五）每一原辅料的批号以及实际称量的数量（包括投入的回收或返工处理产品的批号及数量）；

（六）相关生产操作或活动、工艺参数及控制范围，以及所用主要生产设备的编号；

（七）中间控制结果的记录以及操作人员的签名；

（八）不同生产工序所得产量及必要时的物料平衡计算；

（九）对特殊问题或异常事件的记录，包括对偏离工艺规程的偏差情况的详细说明或调查报告，并经签字批准。

第五节　批包装记录

第一百七十六条　每批产品或每批中部分产品的包装，都应当有批包装记录（见附录），以便追溯该批产品包装操作以及与质量有关的情况。

第一百七十七条　批包装记录应当依据工艺规程中与包装相关的内容制定。记录的设计应当注意避免填写差错。批包装记录的每一页均应当标注所包装产品的名称、规格、包装形式和批号。

第一百七十八条　批包装记录应当有待包装产品的批号、数量以及成品的批号和计划数量。原版空白的批包装记录的审核、批准、复制和发放的要求与原版空白的批生产记录相同。

第一百七十九条　在包装过程中，进行每项操作时应当及时记录，操作结束后，应当由包装操作人员确认并签注姓名和日期。

第一百八十条　批包装记录的内容包括：

（一）产品名称、规格、包装形式、批号、生产日期和有效期；

（二）包装操作日期和时间；

（三）包装操作负责人签名；

（四）包装工序的操作人员签名；

（五）每一包装材料的名称、批号和实际使用的数量；

（六）根据工艺规程所进行的检查记录，包括中间控制结果；

（七）包装操作的详细情况，包括所用设备及包装生产线的编号；

（八）所用印刷包装材料的实样，并印有批号、有效期及其他打印内容；不易随批包装记录归档的印刷包装材料可采用印有上述内容的复制品；

（九）对特殊问题或异常事件的记录，包括对偏离工艺规程的偏差情况的详细说明或调查报告，并经签字批准；

（十）所有印刷包装材料和待包装产品的名称、代码，以及发放、使用、销毁或退库的数量、实际产量以及物料平衡检查。

第六节　操作规程和记录

第一百八十一条　操作规程的内容应当包括：题目、编号、版本号、颁发部门、生效日期、分发部门以及制定人、审核人、批准人的签名并注明日期，标题、正文及变更历史。

第一百八十二条　厂房、设备、物料、文件和记录应当有编号（或代码），并制定编制编号（或代码）（见附录）的操作规程，确保编号（或代码）的唯一性。

第一百八十三条　下述活动也应当有相应的操作规程，其过程和结果应当有记录：

（一）确认和验证；

（二）设备的装配和校准；

（三）厂房和设备的维护、清洁和消毒；

（四）培训、更衣及卫生等与人员相关的事宜；

（五）环境监测；

（六）虫害控制；

（七）变更控制；

（八）偏差处理；

（九）投诉；

（十）药品召回；

（十一）退货。

复习思考题

一、名词解释

1. 文件
2. 批生产记录
3. 批记录

二、填空题

1. 企业应当建立文件管理的操作规程，系统地设计、制定、审核、批准和发放文件。与本规范有关的文件应当经________的审核。
2. 文件的起草、修订、审核、批准、替换或撤销、复制、保管和销毁等应当按照________管理，并有相应的文件分发、撤销、复制、销毁记录。
3. 外购或外销的中间产品和待包装产品应当有________；如果中间产品的检验结果用于成品的质量评价，则应当制定与成品质量标准相对应的________。
4. 每批产品均应当有相应的________，可追溯该批产品的生产历史以及与质量有关的情况。
   批生产记录的设计应当避免填写差错。批生产记录的每一页应当标注产品的______、______和________。
5. 原版空白的批生产记录应当经________和________审核和批准。批生产记录的复制和发放均应当按照操作规程进行控制并有记录，每批产品的生产只能发放一份________的复制件。
6. 在生产过程中，进行每项操作时应当及时记录，操作结束后，应当由生产操作人员________并签注姓名和日期。
7. 每批产品或每批中部分产品的包装，都应当有________，以便追溯该批产品包装操作以及与质量有关的情况。
8. 批包装记录应当依据________中与包装相关的内容制定。
9. 厂房、设备、物料、文件和记录应当有编号（或代码代码）的操作规程，确保编号（或代码）的________。

三、判断题（对的标√，错的标×）

1. 文件的内容应当与药品生产许可、药品注册等相关要求一致，并有助于追溯每批产品的历史情况。（　　）
2. 文件的起草、修订、审核、批准均应当由适当的人员签名即可。（　　）
3. 文件应当标明题目、种类、目的以及文件编号和版本号。文字应当确切、清晰、易懂，不能模棱两可。（　　）
4. 与药品生产质量管理规范有关的每项活动均应当有记录，以保证产品生产、质量控制和质量保证等活动可以追溯。
5. 记录应当保持清洁，记录填写的任何更改都应当签注姓名和日期，原有信息可以销毁。（　　）
6. 尽可能采用生产和检验设备自动打印的记录、图谱和曲线图等。（　　）
7. 每种药品的每个生产批量均应当有经企业批准的工艺规程。（　　）
8. 不同药品规格的包装形式均有相同的包装操作要求。（　　）
9. 工艺规程不得任意更改。如需更改，需要签名。（　　）
10. 批生产记录应当依据现行批准的工艺规程的相关内容制定。（　　）
11. 在包装过程中，进行每项操作时应当及时记录，操作结束后，应当由包装操作人员确认并签注姓名和日期。（　　）
12. 操作规程的内容应当包括：题目、编号、版本号、颁发部门、生效日期、分发部门以及制定人、批

准人的签名并注明日期，标题、正文及变更历史。（　　）

四、选择题

1. 物料和成品应当有经批准的质量标准（　　）
   A. 产品或样品的名称
   B. 批号
   C. 质量管理部负责人
   D. 记录设备的信息
   E. 操作人姓名和日期
2. 每批药品应当有批记录，下列叙述正确的是（　　）
   A. 批生产记录
   B. 批包装记录
   C. 批检验记录
   D. 药品放行审核记录
   E. 以上答案均正确
3. 批记录应当由质量管理部门负责管理，保存时间正确的是（　　）
   A. 保存至药品有效期后一年
   B. 一年
   C. 二年
   D. 两年半
   E. 四年
4. 下列哪项不是生产企业长期保存的文件（　　）
   A. 质量标准
   B. 工艺规程、操作规程
   C. 人员健康证
   D. 稳定性考察
   E. 确认、验证、变更
5. 物料的质量标准一般应当包括的内容正确的是（　　）
   A. 物料的基本信息
   B. 取样、检验方法或相关操作规程编号
   C. 定性和定量的限度要求
   D. 贮存条件，注意事项，有效期或复验期
   E. 以上答案均正确
6. 成品的质量标准包括的内容不正确的是（　　）
   A. 成品的批号
   B. 产品名称以及产品代码
   C. 对应的产品处方编号（如有）
   D. 取样、检验方法或相关操作规程编号
   E. 定性和定量的限度要求
7. 制剂的工艺规程的内容不正确的是（　　）
   A. 质量管理部的任务书
   B. 生产操作要求
   C. 包装操作要求
   D. 产品名称和产品代码
   E. 产品剂型、规格和批量
8. 批生产记录的内容下列叙述正确的是（　　）
   A. 产品名称、规格、批号
   B. 生产以及中间工序开始、结束的日期和时间
   C. 每一生产工序的负责人签名
   D. 生产步骤操作人员的签名；必要时，还应当有操作（如称量）复核人员的签名
   E. 以上答案均正确
9. 批生产记录的内容下列叙述正确的是（　　）
   A. 每一原辅料的批号以及实际称量的数量（包括投入的回收或返工处理产品的批号及数量）
   B. 相关生产操作或活动、工艺参数及控制范围，以及所用主要生产设备的编号
   C. 中间控制结果的记录以及操作人员的签名
   D. 不同生产工序所得产量及必要时的物料平衡计算
   E. 以上答案均正确
10. 批包装记录的每一页均应当标注的内容下列叙述正确的是（　　）
    A. 包装产品的名称
    B. 包装产品的规格
    C. 包装产品的包装形式
    D. 包装产品的批号
    E. 以上答案均正确
11. 下列批包装记录的内容叙述错误的是（　　）
    A. 产品名称、规格、包装形式、批号、生产日期和有效期
    B. 包装操作日期和时间
    C. QC 人员的签名
    D. 包装操作负责人签名
    E. 包装工序的操作人员签名
12. 下列批包装记录的内容叙述错误的是（　　）
    A. 每一包装材料的名称、批号和领用的数量
    B. 根据工艺规程所进行的检查记录，包括中间控制结果
    C. 包装操作的详细情况，包括所用设备及包装生产线的编号
    D. 所有印刷包装材料和待包装产品的名称、代码，以及发放、使用、销毁或退库的数量、实际产量以及物料平衡检查。

E. 所用印刷包装材料的实样,并印有批号、有效期及其他打印内容;不易随批包装记录归档的印刷包装材料可采用印有上述内容的复制品

五、填写下列记录

1. 作为下列岗位的操作人,写出 2011 年 4 月 20 日维生素 C 片(规格 100mg,批量 300Kg,过筛目数 100 目)磨粉的原始记录,记录中的人员由你拟定。

××××药业有限公司

磨粉岗位原始记录

品名		规格		批号	
批量		磨粉筛目数		生产日期	年 月 日

物料名称	领取数量(kg)	磨粉收得量(kg)	物料收率计算及结论:
合计			

备注:							
操作人		复核人		车间负责人		QA 质监员	

2. 对以上工序进行清场并填写清场记录。

××××药业有限公司

清场原始记录

清场工序:

产品名称		产品批号		产品规格		清场日期	年 月 日	
清场项目及要求						检查结果	清场人	复核人
1. 中间产品清点送至中间站暂存;剩余物料退回中间站或暂存间(更换产品时退库)								
2. 生产操作间无遗留包装材料、标签、半成品或成品,无与生产无关的杂品								
3. 废弃物、垃圾清离现场、置规定地点。清洁废品箱								
4. 不合格品收集、计数,销毁处理并记录								

续表

清 场 项 目 及 要 求			检查结果	清场人	复核人
5. 清洁生产设备、管道。做到内外无油污、无生产遗留物，见本色。挂上“已清洁”、“完好”标志牌					
6. 生产操作间所有设备、容器、管道、工具等，应按规定拆洗或消毒、灭菌					
7. 清洁生产用工具、容器。做到清洁、无异物。清洁后置生产工器具存放间，挂上“已清洁”标志牌					
8. 清洁地面、墙壁、门窗、天棚、回风口、开关箱外壳、灯具等设施。做到干净无积灰、无积水、无污迹。在操作间挂上“已清场”标志牌					
9. 有地漏的工序按《洁净区地漏清洁、消毒操作规程》清洁及消毒。地漏清洁无污迹，盖密闭并加消毒液					
10. 清洁毛巾、拖把等卫生工具。清洁后置洁具存放间，摆放整齐挂上“已清洁”标志牌					
11. 擦去生产状态标志牌上填写的内容					
12. 下班前，关阀门、关灯、关电源、关门					
清场结论		QA 质监员		符合规定打√，不符合规定打×	

第九章

生 产 管 理

学习目标

1. 掌握药品的生产和包装按照批准的工艺规程和操作规程进行操作并有相关记录。
2. 掌握编制药品批号和确定生产日期的操作规程。
3. 掌握每批产品产量和物料平衡的计算。
4. 掌握生产结束后清场操作的相关规定。
5. 掌握生产过程中的污染和交叉污染的管理程序。

第一节　原　　则

第一百八十四条　所有药品的生产和包装均应当按照批准的工艺规程和操作规程(见附录)进行操作并有相关记录,以确保药品达到规定的质量标准,并符合药品生产许可和注册批准的要求。

工艺规程指为生产特定数量的成品而制定的一个或一套文件,包括生产处方、生产操作要求和包装操作要求,规定原辅料和包装材料的数量、工艺参数和条件、加工说明(包括中间控制)、注意事项等内容。

第一百八十五条　应当建立划分产品生产批次的操作规程(见附录),生产批次的划分应当能够确保同一批次产品质量和特性的均一性。

第一百八十六条　应当建立编制药品批号和确定生产日期的操作规程。每批药品均应当编制唯一的批号。除另有法定要求外,生产日期不得迟于产品成型或灌装(封)前经最后混合的操作开始日期,不得以产品包装日期作为生产日期。

课堂互动

批:例如,口服或外用的固体、半固体制剂在成型或分装前使用同一台混合设备一次混合所生产的均质产品为一批;口服或外用的液体制剂以灌装(封)前经最后混合的药液所生产的均质产品为一批。

第一百八十七条　每批产品应当检查产量和物料平衡(见附录),确保物料平衡符合设定的限度。如有差异,必须查明原因,确认无潜在质量风险后,方可按照正常产品处理。

第一百八十八条　不得在同一生产操作间同时进行不同品种和规格药品的生产操作,除非没有发生混淆或交叉污染(见附录)的可能。

交叉污染指不同原料、辅料及产品之间发生的相互污染。

第一百八十九条　在生产的每一阶段，应当保护产品和物料免受微生物和其他污染。

第一百九十条　在干燥物料或产品，尤其是高活性、高毒性或高致敏性物料或产品的生产过程中，应当采取特殊措施，防止粉尘的产生和扩散（图 9-1、图 9-2）。

图 9-1　有独立通风设备的微波干燥设备

图 9-2　热风循环干燥设备（有独立的风口）

第一百九十一条　生产期间使用的所有物料、中间产品或待包装产品的容器及主要设备、必要的操作室应当贴签标识或以其他方式标明（见附录）生产中的产品或物料名称、规格和批号，如有必要，还应当标明生产工序。

第一百九十二条　容器、设备或设施所用标识应当清晰明了，标识的格式应当经企业相关部门批准。除在标识上使用文字说明外，还可采用不同的颜色区分被标识物的状态（见附录）（如待验、合格、不合格或已清洁等）（图 9-3 ~ 图 9-5）。

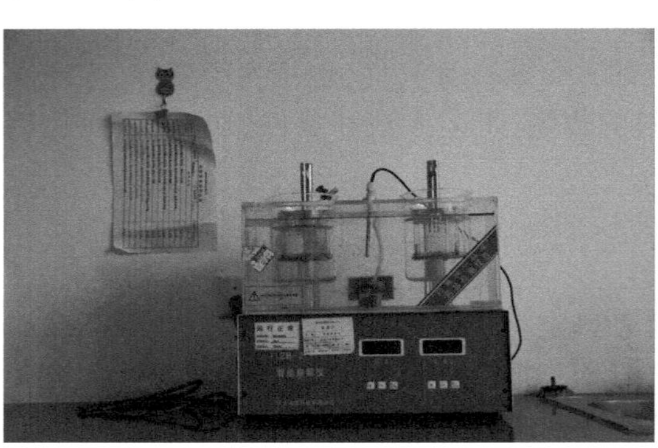

图 9-3　绿色标签为检验合格证

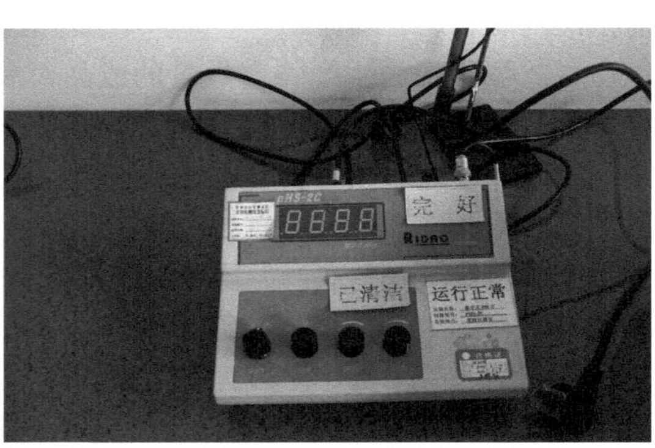

图 9-4　标识清楚的状态卡（酸度计）

第一百九十三条　应当检查产品从一个区域输送至另一个区域的管道和其他设备连接，确保连接正确无误（图 9-6）。

第一百九十四条　每次生产结束后应当进行清场（见附录），确保设备和工作场所没有遗留与本次生产有关的物料、产品和文件。下次生产开始前，应当对前次清场情况进行确认。

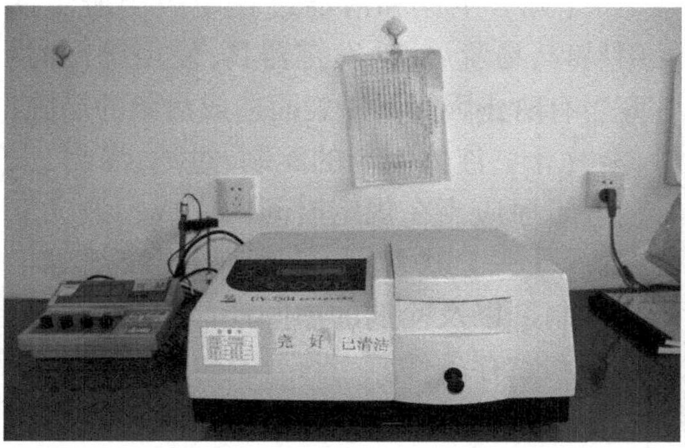

图 9-5　标识清楚的状态卡(紫外分光光度计及使用记录)

图 9-6　一个区域至另一个区域的传递窗连接紧密(卫检室)

第一百九十五条　应当尽可能避免出现任何偏离工艺规程或操作规程的偏差。一旦出现偏差,应当按照偏差处理操作规程(见附录)执行。

第一百九十六条　生产厂房应当仅限于经批准的人员出入。

第二节　防止生产过程中的污染和交叉污染

第一百九十七条　生产过程中应当尽可能采取措施,防止污染和交叉污染,如:

(一)在分隔的区域内生产不同品种的药品;

(二)采用阶段性生产方式;

(三)设置必要的气锁间和排风;空气洁净度级别不同的区域应当有压差控制;

气锁间指设置于两个或数个房间之间(如不同洁净度级别的房间之间)的具有两扇或多扇门的隔离空间。设置气锁间的目的是在人员或物料出入时,对气流进行控制。气锁间有人员气锁间和物料气锁间(图 9-7)。

(四)应当降低未经处理或未经充分处理的空气再次进入生产区导致污染的风险;

(五)在易产生交叉污染的生产区内,操作人员应当穿戴该区域专用的防护服;

(六)采用经过验证或已知有效的清洁和去污染操作规程进行设备清洁;必要时,应当对与物料直接接触的设备表面的残留物进行检测;

(七)采用密闭系统生产(图 9-8);

(八)干燥设备的进风应当有空气过滤器,排风应当有防止空气倒流装置(图 9-9);

图 9-7　气锁间(两扇门均开着会发出警报)

图 9-8　密闭的薄膜包衣设备

图 9-9 有独立通风设备的微波干燥设备

（九）生产和清洁过程中应当避免使用易碎、易脱屑、易发霉器具；使用筛网时，应当有防止因筛网断裂而造成污染的措施；

（十）液体制剂的配制、过滤、灌封、灭菌等工序应当在规定时间内完成；

（十一）软膏剂、乳膏剂、凝胶剂等半固体制剂以及栓剂的中间产品应当规定贮存期和贮存条件。

第一百九十八条 应当定期检查防止污染和交叉污染的措施并评估其适用性和有效性。

第三节 生产操作

批记录指用于记述每批药品生产、质量检验和放行审核的所有文件和记录，可追溯所有与成品质量有关的历史信息。

批号指用于识别一个特定批的具有唯一性的数字和（或）字母的组合。

洁净区指需要对环境中尘粒及微生物数量进行控制的房间（区域），其建筑结构、装备及其使用应当能够减少该区域内污染物的引入、产生和滞留。

阶段性生产方式指在共用生产区内，在一段时间内集中生产某一产品，再对相应的共用生产区、设施、设备、工器具等进行彻底清洁，更换生产另一种产品的方式。

返工指将某一生产工序生产的不符合质量标准的一批中间产品或待包装产品、成品的一部分或全部返回到之前的工序，采用相同的生产工艺进行再加工，以符合预定的质量标准。

第一百九十九条 生产开始前（见附录）应当进行检查，确保设备和工作场所没有上批遗留的产品、文件或与本批产品生产无关的物料，设备处于已清洁及待用状态。检查结果应当有记录。

生产操作前，还应当核对物料或中间产品的名称、代码、批号和标识，确保生产所用物料或中间产品正确且符合要求。

第二百条 应当进行中间控制和必要的环境监测，并予以记录。

第二百零一条 每批药品的每一生产阶段完成后必须由生产操作人员清场，并填写清场记录（见附录）。清场记录内容包括：操作间编号、产品名称、批号、生产工序、清场日期、检查项目及结果、清场负责人及复核人签名。清场记录应当纳入批生产记录。

第四节 包装操作

包装指待包装产品变成成品所需的所有操作步骤，包括分装、贴签等。但无菌生产工艺中产品的无菌灌装，以及最终灭菌产品的灌装等不视为包装。

包装材料指药品包装所用的材料,包括与药品直接接触的包装材料和容器、印刷包装材料,但不包括发运用的外包装材料。

待包装产品指尚未进行包装但已完成所有其他加工工序的产品。

第二百零二条　包装操作规程(见附录)应当规定降低污染和交叉污染、混淆或差错风险的措施。

第二百零三条　包装开始前应当进行检查,确保工作场所、包装生产线、印刷机及其他设备已处于清洁或待用状态,无上批遗留的产品、文件或与本批产品包装无关的物料。检查结果应当有记录。

第二百零四条　包装操作前,还应当检查所领用的包装材料正确无误,核对待包装产品和所用包装材料的名称、规格、数量、质量状态,且与工艺规程相符。

第二百零五条　每一包装操作场所或包装生产线,应当有标识标明包装中的产品名称、规格、批号和批量的生产状态。

第二百零六条　有数条包装线同时进行包装时,应当采取隔离或其他有效防止污染、交叉污染或混淆的措施。

第二百零七条　待用分装容器在分装前应当保持清洁,避免容器中有玻璃碎屑、金属颗粒等污染物。

第二百零八条　产品分装、封口后应当及时贴签。未能及时贴签时,应当按照相关的操作规程操作,避免发生混淆或贴错标签等差错。

第二百零九条　单独打印或包装过程中在线打印的信息[如产品批号(见附录)或有效期]均应当进行检查,确保其正确无误,并予以记录。如手工打印,应当增加检查频次。

第二百一十条　使用切割式标签或在包装线以外单独打印标签,应当采取专门措施,防止混淆。

第二百一十一条　应当对电子读码机、标签计数器或其他类似装置的功能进行检查,确保其准确运行。检查应当有记录。

第二百一十二条　包装材料(见附录)上印刷或模压的内容应当清晰,不易褪色和擦除。

第二百一十三条　包装期间,产品的中间控制检查应当至少包括下述内容:

(一) 包装外观;

(二) 包装是否完整;

(三) 产品和包装材料是否正确;

(四) 打印信息是否正确;

(五) 在线监控装置的功能是否正常。

样品从包装生产线取走后不应当再返还,以防止产品混淆或污染。

第二百一十四条　因包装过程产生异常情况而需要重新包装产品的,必须经专门检查、调查并由指定人员批准。重新包装应当有详细记录。

第二百一十五条　在物料平衡检查中,发现待包装产品、印刷包装材料以及成品数量有显著差异时,应当进行调查,未得出结论前,成品不得放行。

第二百一十六条　包装结束时,已打印批号的剩余包装材料应当由专人负责全部计数销毁,并有记录。如将未打印批号的印刷包装材料退库,应当按照操作规程执行。

复习思考题

一、名词解释

1. 批
2. 批号
3. 物料平衡

二、填空题

1. 所有药品的生产和包装均应当按照________进行操作并有相关________，以确保药品达到规定的________，并符合________。
2. 应当建立划分产品生产批次的操作规程，生产批次的划分应当能够确保同一批次________。
3. 应当建立编制药品批号和确定生产日期的操作规程。每批药品均应当编制________批号。
4. 每批产品应当检查________和________，确保物料平衡符合设定的________。如有差异，必须查明原因，确认无潜在质量风险后，方可按照正常产品处理。
5. 不得在同一生产操作间同时进行_________和_______药品的生产操作，除非没有发生________的可能。
6. 在生产的每一阶段，应当保护产品和物料免受________。
7. 在干燥物料或产品，尤其是________的生产过程中，应当采取特殊措施，防止________。
8. 容器、设备或设施所用标识应当清晰明了，标识的格式应当经企业相关部门批准。除在标识上使用文字说明外，还可采用________区分被标识物的状态。
9. 每次生产结束后应当进行________，确保设备和工作场所没有遗留与________生产有关的物料、产品和文件。
10. 应当定期检查防止污染和交叉污染的措施并评估其________和________。
11. 生产操作还应当进行________和________，并予以记录。
12. 包装操作规程应当规定降低_______、_______或________。
13. 单独打印或包装过程中在线打印的信息均应当进行检查（如________或________）。
14. 包装结束时，已打印批号的剩余包装材料应当由________销毁，并有记录。如将未打印批号的印刷包装材料退库，应当按照操作规程执行。

三、判断题（对的标√，错的标×）

1. 除另有法定要求外，生产日期可以迟于产品成型或灌装（封）前经最后混合的操作开始日期。（　　）
2. 可以将产品包装日期作为生产日期。（　　）
3. 生产期间使用的所有物料、中间产品或待包装产品的容器及主要设备、必要的操作室应当4. 贴签标识或以其他方式标明生产中的产品或物料名称、规格和批号。（　　）
5. 每次生产开始前，应当对前次清场情况进行确认。（　　）
6. 应当尽可能避免出现任何偏离工艺规程或操作规程的偏差。（　　）
7. 生产厂房只要是公司的人员均可以出入。（　　）
8. 每批药品的每一生产阶段完成后必须由生产操作人员清场，并填写清场记录。称、批号、生产工序、清场日期、检查项目及结果、清场负责人及复核人签名。清场记录不纳入批生产记录。（　　）
9. 每一包装操作场所或包装生产线，应当有标识标明包装中的产品名称、规格、批号和批量的生产状态。（　　）
10. 生产企业同一时间不允许有数条包装线。（　　）
11. 产品分装、封口后应当及时贴签。未能及时贴签时，应当按照相关的操作规程操作，避免发生混淆或贴错标签等差错。（　　）
12. 因包装过程产生异常情况而需要重新包装产品的，必须经专门检查、调查并由指定人员批准。重新包装可以不记录。（　　）
13. 在物料平衡检查中，发现待包装产品、印刷包装材料以及成品数量有显著差异时，应当进行调查，未得出结论前，成品可以放行。（　　）

三、选择题

1. 生产过程中应当尽可能采取措施，防止污染和交叉污染的方式正确的是（　　）
   A. 在分隔的区域内生产不同品种的药品
   B. 采用阶段性生产方式
   C. 设置必要的气锁间和排风；空气洁净度级别不同的区域应当有压差控制

D. 采用密闭系统生产

E. 以上答案均正确

2. 生产过程中应当尽可能采取措施,防止污染和交叉污染的方式正确的是( )

A. 在易产生交叉污染的生产区内,操作人员应当穿戴该区域专用的防护服

B. 采用经过验证或已知有效的清洁和去污染操作规程进行设备清洁;必要时,应当对与物料直接接触的设备表面的残留物进行检测

C. 干燥设备的进风应当有空气过滤器,排风应当有防止空气倒流装置

D. 生产和清洁过程中应当避免使用易碎、易脱屑、易发霉器具;使用筛网时应当有防止因筛网断裂而造成污染的措施

E. 以上答案均正确

3. 生产开始前应当进行检查,下列哪项不用进行检查( )

A. 没有上批遗留的产品

B. 没有上批遗留的文件

C. 要检查但结果可以不记录

D. 设备处于已清洁及待用状态

E. 本批产品生产无关的物料

4. 生产操作前,确保生产所用物料或中间产品正确且符合要求,应当核对

A. 物料或中间产品的名称

B. 物料或中间产品的代码

C. 物料或中间产品的批号

D. 物料或中间产品的标识

E. 以上答案均正确

5. 下列哪项不属于包装开始前检查内容是( )

A. 工作场所、包装生产线、印刷机及其他设备已处于清洁或待用状态

B. 物料粉碎的清场记录

C. 无上批遗留的产品

D. 无上批遗留的文件

E. 与本批产品包装无关的物料。

6. 包装操作前,还应当检查所领用的包装材料正确无误,下列哪项不属于核对内容是( )

A. 核对批生产记录

B. 待包装产品和所用包装材料的名称

C. 待包装产品和所用包装材料的规格

D. 待包装产品和所用包装材料的数量

E. 质量状态,且相关内容与工艺规程相符

7. 包装期间,产品的中间控制检查正确的是( )

A. 包装外观,包装是否完整

B. 产品和包装材料是否正确

C. 打印信息是否正确

D. 样品从包装生产线取走后不应当再返还,以防止产品混淆或污染

E. 以上答案均正确

第十章

质量控制与质量保证

学习目标

1. 掌握质量控制实验室的所有人员的资质及职责。
2. 掌握质量控制实验室的所有文件及要求。
3. 掌握取样的整个过程及要求。
4. 熟悉检验结果超标调查的操作规程。
5. 掌握留样(成品、物料)的整个操作及要求。
6. 掌握质量控制实验室所有物品的要求。

第一节　质量控制实验室管理

第二百一十七条　质量控制实验室的人员、设施、设备应当与产品性质和生产规模相适应。

企业通常不得进行委托检验,确需委托检验的,应当按照第十一章中委托检验部分的规定,委托外部实验室进行检验,但应当在检验报告中予以说明。

第二百一十八条　质量控制负责人应当具有足够的管理实验室的资质和经验,可以管理同一企业的一个或多个实验室。

第二百一十九条　质量控制实验室的检验人员至少应当具有相关专业中专或高中以上学历,并经过与所从事的检验操作相关的实践培训且通过考核。

第二百二十条　质量控制实验室应当配备药典、标准图谱等必要的工具书,以及标准品或对照品等相关的标准物质。

第二百二十一条　质量控制实验室的文件应当符合第八章的原则,并符合下列要求:

(一) 质量控制实验室应当至少有下列详细文件:

1. 质量标准;
2. 取样操作规程和记录(见附录取样操作规程);
3. 检验操作规程和记录(包括检验记录或实验室工作记事簿)(见附录检验操作规程);
4. 检验报告或证书;
5. 必要的环境监测操作规程、记录和报告(见附录环境监测操作规程);

6. 必要的检验方法验证报告和记录；

7. 仪器校准和设备使用、清洁、维护的操作规程及记录(见附录仪器校准、设备使用、清洁、维护操作规程)。

(二) 每批药品的检验记录应当包括中间产品、待包装产品和成品的质量检验记录,可追溯该批药品所有相关的质量检验情况；

(三) 宜采用便于趋势分析的方法保存某些数据(如检验数据、环境监测数据、制药用水的微生物监测数据)；

(四) 除与批记录相关的资料信息外,还应当保存其他原始资料或记录,以方便查阅。

第二百二十二条　取样应当至少符合以下要求：

(一) 质量管理部门的人员有权进入生产区和仓储区进行取样及调查；

(二) 应当按照经批准的操作规程取样,操作规程应当详细规定：

1. 经授权的取样人；

2. 取样方法；

3. 所用器具；

4. 样品量；

5. 分样的方法；

6. 存放样品容器的类型和状态；

7. 取样后剩余部分及样品的处置和标识；

8. 取样注意事项,包括为降低取样过程产生的各种风险所采取的预防措施,尤其是无菌或有害物料的取样以及防止取样过程中污染和交叉污染的注意事项；

9. 贮存条件；

10. 取样器具的清洁方法和贮存要求。

(三) 取样方法应当科学、合理,以保证样品的代表性；

(四) 留样应当能够代表被取样批次的产品或物料,也可抽取其他样品来监控生产过程中最重要的环节(如生产的开始或结束)；

(五) 样品的容器应当贴有标签,注明样品名称、批号、取样日期、取自哪一包装容器、取样人等信息；

(六) 样品应当按照规定的贮存要求保存。

第二百二十三条　物料和不同生产阶段产品的检验应当至少符合以下要求：

(一) 企业应当确保药品按照注册批准的方法进行全项检验；

(二) 符合下列情形之一的,应当对检验方法进行验证：

1. 采用新的检验方法；

2. 检验方法需变更的；

3. 采用《中华人民共和国药典》及其他法定标准未收载的检验方法；

4. 法规规定的其他需要验证的检验方法。

(三) 对不需要进行验证的检验方法,企业应当对检验方法进行确认,以确保检验数据准确、可靠；

(四) 检验应当有书面操作规程,规定所用方法、仪器和设备,检验操作规程的内容应当与经确认或验证的检验方法一致；

(五) 检验应当有可追溯的记录并应当复核,确保结果与记录一致。所有计算均应当严格核对；

（六）检验记录应当至少包括以下内容：

1. 产品或物料的名称、剂型、规格、批号或供货批号，必要时注明供应商和生产商（如不同）的名称或来源；

2. 依据的质量标准和检验操作规程；

3. 检验所用的仪器或设备的型号和编号；

4. 检验所用的试液和培养基的配制批号、对照品或标准品的来源和批号；

5. 检验所用动物的相关信息；

6. 检验过程，包括对照品溶液的配制、各项具体的检验操作、必要的环境温湿度；（见附录各项具体的检验操作操作规程）

7. 检验结果，包括观察情况、计算和图谱或曲线图，以及依据的检验报告编号；

8. 检验日期；

9. 检验人员的签名和日期；

10. 检验、计算复核人员的签名和日期。

（七）所有中间控制（包括生产人员所进行的中间控制），均应当按照经质量管理部门批准的方法进行，检验应当有记录；

（八）应当对实验室容量分析用玻璃仪器、试剂、试液、对照品以及培养基进行质量检查；（见附录培养基配制标准管理规程、培养基灭菌标准管理规程、培养基标准管理规程）

（九）必要时应当将检验用实验动物在使用前进行检验或隔离检疫。饲养和管理应当符合相关的实验动物管理规定。动物应当有标识，并应当保存使用的历史记录。

第二百二十四条　质量控制实验室应当建立检验结果超标调查的操作规程。（见附录检验故障及结果超标处理标准管理规程）任何检验结果超标都必须按照操作规程进行完整的调查，并有相应的记录。

第二百二十五条　企业按规定保存的、用于药品质量追溯或调查的物料、产品样品为留样。用于产品稳定性考察的样品不属于留样。

留样应当至少符合以下要求：

（一）应当按照操作规程对留样进行管理；

（二）留样应当能够代表被取样批次的物料或产品；

（三）成品的留样：

1. 每批药品均应当有留样；如果一批药品分成数次进行包装，则每次包装至少应当保留一件最小市售包装的成品；

2. 留样的包装形式应当与药品市售包装形式相同，原料药的留样如无法采用市售包装形式的，可采用模拟包装；

3. 每批药品的留样数量一般至少应当能够确保按照注册批准的质量标准完成两次全检（无菌检查和热原检查等除外）；

4. 如果不影响留样的包装完整性，保存期间内至少应当每年对留样进行一次目检观察，如有异常，应当进行彻底调查并采取相应的处理措施；

5. 留样观察应当有记录；（见附录留样观察标准管理规程）

6. 留样应当按照注册批准的贮存条件至少保存至药品有效期后一年；

7. 如企业终止药品生产或关闭的，应当将留样转交受权单位保存，并告知当地药品监督管理部门，以便在必要时可随时取得留样。

（四）物料的留样：

1. 制剂生产用每批原辅料和与药品直接接触的包装材料均应当有留样。与药品直接接触的包装材料（如输液瓶），如成品已有留样，可不必单独留样；

2. 物料的留样量应当至少满足鉴别的需要；

3. 除稳定性较差的原辅料外，用于制剂生产的原辅料（不包括生产过程中使用的溶剂、气体或制药用水）和与药品直接接触的包装材料的留样应当至少保存至产品放行后两年。如果物料的有效期较短，则留样时间可相应缩短；

4. 物料的留样应当按照规定的条件贮存，必要时还应当适当包装密封。

第二百二十六条　试剂、试液、培养基和检定菌的管理应当至少符合以下要求：

（一）试剂和培养基应当从可靠的供应商处采购，必要时应当对供应商进行评估；（见附录供应商申请报告、供应商审计报告、供应商基本情况调查表）

（二）应当有接收试剂、试液、培养基的记录，必要时，应当在试剂、试液、培养基的容器上标注接收日期；

（三）应当按照相关规定或使用说明配制、贮存和使用试剂、试液和培养基。特殊情况下，在接收或使用前，还应当对试剂进行鉴别或其他检验；

（四）试液和已配制的培养基应当标注配制批号、配制日期和配制人员姓名，并有配制（包括灭菌）记录。不稳定的试剂、试液和培养基应当标注有效期及特殊贮存条件。标准液、滴定液还应当标注最后一次标化的日期和校正因子，并有标化记录；

（五）配制的培养基应当进行适用性检查，并有相关记录。应当有培养基使用记录；

（六）应当有检验所需的各种检定菌，并建立检定菌保存、传代、使用、销毁的操作规程和相应记录；（见附录菌种标准管理规程）

（七）检定菌应当有适当的标识，内容至少包括菌种名称、编号、代次、传代日期、传代操作人；

（八）检定菌应当按照规定的条件贮存，贮存的方式和时间不应当对检定菌的生长特性有不利影响。

第二百二十七条　标准品或对照品的管理应当至少符合以下要求：（见附录标准品、对照品标准管理规程）

（一）标准品或对照品应当按照规定贮存和使用；

（二）标准品或对照品应当有适当的标识，内容至少包括名称、批号、制备日期（如有）、有效期（如有）、首次开启日期、含量或效价、贮存条件；

（三）企业如需自制工作标准品或对照品，应当建立工作标准品或对照品的质量标准以及制备、鉴别、检验、批准和贮存的操作规程，每批工作标准品或对照品应当用法定标准品或对照品进行标化，并确定有效期，还应当通过定期标化证明工作标准品或对照品的效价或含量在有效期内保持稳定。标化的过程和结果应当有相应的记录。

第二节　物料和产品放行

第二百二十八条　应当分别建立物料和产品批准放行的操作规程（见附录原辅料审核放行标准操作规程、中间体审核放行标准操作规程、成品审核放行标准操作规程），明确批准放行的标准、职责,并有相应的记录。

第二百二十九条 物料的放行应当至少符合以下要求:(见附录)

(一) 物料的质量评价内容应当至少包括生产商的检验报告、物料包装完整性和密封性的检查情况和检验结果;

(二) 物料的质量评价应当有明确的结论,如批准放行、不合格或其他决定;

(三) 物料应当由指定人员签名批准放行。

第二百三十条 产品的放行应当至少符合以下要求:

(一) 在批准放行前,应当对每批药品进行质量评价,保证药品及其生产应当符合注册和本规范要求,并确认以下各项内容:

1. 主要生产工艺和检验方法经过验证;

2. 已完成所有必需的检查、检验,并综合考虑实际生产条件和生产记录;

3. 所有必需的生产和质量控制均已完成并经相关主管人员签名;

4. 变更已按照相关规程处理完毕,需要经药品监督管理部门批准的变更已得到批准;

5. 对变更或偏差已完成所有必要的取样、检查、检验和审核;

6. 所有与该批产品有关的偏差均已有明确的解释或说明,或者已经过彻底调查和适当处理;如偏差还涉及其他批次产品,应当一并处理。

(二) 药品的质量评价应当有明确的结论,如批准放行、不合格或其他决定;

(三) 每批药品均应当由质量受权人签名批准放行;

(四) 疫苗类制品、血液制品、用于血源筛查的体外诊断试剂以及国家食品药品监督管理局规定的其他生物制品放行前还应当取得批签发合格证明。

第三节 持续稳定性考察

第二百三十一条 持续稳定性考察的目的是在有效期内监控已上市药品的质量,以发现药品与生产相关的稳定性问题(如杂质含量或溶出度特性的变化),并确定药品能够在标示的贮存条件下,符合质量标准的各项要求。

第二百三十二条 持续稳定性考察主要针对市售包装药品,但也需兼顾待包装产品。例如,当待包装产品在完成包装前,或从生产厂运输到包装厂,还需要长期贮存时,应当在相应的环境条件下,评估其对包装后产品稳定性的影响。此外,还应当考虑对贮存时间较长的中间产品进行考察。

第二百三十三条 持续稳定性考察(见附录成品稳定性实验标准管理规程)应当有考察方案,结果应当有报告。用于持续稳定性考察的设备(尤其是稳定性试验设备或设施)应当按照第七章和第五章的要求进行确认和维护。

第二百三十四条 持续稳定性考察的时间应当涵盖药品有效期,考察方案应当至少包括以下内容:

(一) 每种规格、每个生产批量药品的考察批次数;

(二) 相关的物理、化学、微生物和生物学检验方法,可考虑采用稳定性考察专属的检验方法;

(三) 检验方法依据;

(四) 合格标准;

（五）容器密封系统的描述；

（六）试验间隔时间(测试时间点)；

（七）贮存条件(应当采用与药品标示贮存条件相对应的《中华人民共和国药典》规定的长期稳定性试验标准条件)；

（八）检验项目,如检验项目少于成品质量标准所包含的项目,应当说明理由。

第二百三十五条　考察批次数和检验频次应当能够获得足够的数据,以供趋势分析。通常情况下,每种规格、每种内包装形式的药品,至少每年应当考察一个批次,除非当年没有生产。

第二百三十六条　某些情况下,持续稳定性考察中应当额外增加批次数,如重大变更或生产和包装有重大偏差的药品应当列入稳定性考察。此外,重新加工、返工或回收的批次,也应当考虑列入考察,除非已经过验证和稳定性考察。

第二百三十七条　关键人员,尤其是质量受权人,应当了解持续稳定性考察的结果。当持续稳定性考察不在待包装产品和成品的生产企业进行时,则相关各方之间应当有书面协议,且均应当保存持续稳定性考察的结果以供药品监督管理部门审查。

第二百三十八条　应当对不符合质量标准的结果或重要的异常趋势进行调查。对任何已确认的不符合质量标准的结果或重大不良趋势,企业都应当考虑是否可能对已上市药品造成影响,必要时应当实施召回,调查结果以及采取的措施应当报告当地药品监督管理部门。

第二百三十九条　应当根据所获得的全部数据资料,包括考察的阶段性结论,撰写总结报告并保存。应当定期审核总结报告。

第四节　变更控制

第二百四十条　企业应当建立变更控制系统,对所有影响产品质量的变更进行评估和管理。需要经药品监督管理部门批准的变更应当在得到批准后方可实施。

第二百四十一条　应当建立操作规程(见附录),规定原辅料、包装材料、质量标准、检验方法、操作规程、厂房、设施、设备、仪器、生产工艺和计算机软件变更的申请、评估、审核、批准和实施。质量管理部门应当指定专人负责变更控制。

第二百四十二条　变更都应当评估其对产品质量的潜在影响。企业可以根据变更的性质、范围、对产品质量潜在影响的程度将变更分类(如主要、次要变更)。判断变更所需的验证、额外的检验以及稳定性考察应当有科学依据。

第二百四十三条　与产品质量有关的变更由申请部门提出后,应当经评估、制定实施计划并明确实施职责,最终由质量管理部门审核批准。变更实施应当有相应的完整记录。

第二百四十四条　改变原辅料、与药品直接接触的包装材料、生产工艺、主要生产设备以及其他影响药品质量的主要因素时,还应当对变更实施后最初至少三个批次的药品质量进行评估。如果变更可能影响药品的有效期,则质量评估还应当包括对变更实施后生产的药品进行稳定性考察。

第二百四十五条　变更实施时,应当确保与变更相关的文件均已修订。

第二百四十六条　质量管理部门应当保存所有变更的文件和记录。

第五节　偏差处理

第二百四十七条　各部门负责人应当确保所有人员正确执行生产工艺、质量标准、检验方法和操作规程,防止偏差的产生。

第二百四十八条　企业应当建立偏差处理的操作规程(见附录偏差及异常情况标准管理规程),规定偏差的报告、记录、调查、处理以及所采取的纠正措施,并有相应的记录。

第二百四十九条　任何偏差都应当评估其对产品质量的潜在影响。企业可以根据偏差的性质、范围、对产品质量潜在影响的程度将偏差分类(如重大、次要偏差),对重大偏差的评估还应当考虑是否需要对产品进行额外的检验以及对产品有效期的影响,必要时,应当对涉及重大偏差的产品进行稳定性考察。

第二百五十条　任何偏离生产工艺、物料平衡限度、质量标准、检验方法、操作规程等的情况均应当有记录,并立即报告主管人员及质量管理部门,应当有清楚的说明,重大偏差应当由质量管理部门会同其他部门进行彻底调查,并有调查报告。偏差调查报告应当由质量管理部门的指定人员审核并签字。

企业还应当采取预防措施有效防止类似偏差的再次发生。

第二百五十一条　质量管理部门应当负责偏差的分类,保存偏差调查、处理的文件和记录。

第六节　纠正措施和预防措施

第二百五十二条　企业应当建立纠正措施和预防措施系统,对投诉、召回、偏差、自检或外部检查结果、工艺性能和质量监测趋势等进行调查并采取纠正和预防措施。调查的深度和形式应当与风险的级别相适应。纠正措施和预防措施系统应当能够增进对产品和工艺的理解,改进产品和工艺。

第二百五十三条　企业应当建立实施纠正和预防措施的操作规程,内容至少包括:

(一) 对投诉、召回、偏差、自检或外部检查结果、工艺性能和质量监测趋势以及其他来源的质量数据进行分析,确定已有和潜在的质量问题。必要时,应当采用适当的统计学方法;

(二) 调查与产品、工艺和质量保证系统有关的原因;

(三) 确定所需采取的纠正和预防措施,防止问题的再次发生;

(四) 评估纠正和预防措施的合理性、有效性和充分性;

(五) 对实施纠正和预防措施过程中所有发生的变更应当予以记录;

(六) 确保相关信息已传递到质量受权人和预防问题再次发生的直接负责人;

(七) 确保相关信息及其纠正和预防措施已通过高层管理人员的评审。

第二百五十四条　实施纠正和预防措施应当有文件记录,并由质量管理部门保存。

第七节　供应商的评估和批准

第二百五十五条　质量管理部门应当对所有生产用物料的供应商进行质量评估(见附

录供应商审计标准管理规程),会同有关部门对主要物料供应商(尤其是生产商)的质量体系进行现场质量审计,并对质量评估不符合要求的供应商行使否决权。

主要物料的确定应当综合考虑企业所生产的药品质量风险、物料用量以及物料对药品质量的影响程度等因素。

企业法定代表人、企业负责人及其他部门的人员不得干扰或妨碍质量管理部门对物料供应商独立作出质量评估。

第二百五十六条 应当建立物料供应商评估和批准的操作规程(见附录供应商标准管理规程),明确供应商的资质、选择的原则、质量评估方式、评估标准、物料供应商批准的程序。

如质量评估需采用现场质量审计方式的,还应当明确审计内容、周期、审计人员的组成及资质。需采用样品小批量试生产的,还应当明确生产批量、生产工艺、产品质量标准、稳定性考察方案。

第二百五十七条 质量管理部门应当指定专人负责物料供应商质量评估和现场质量审计(见附录供应商标准管理规程),分发经批准的合格供应商名单。被指定的人员应当具有相关的法规和专业知识,具有足够的质量评估和现场质量审计的实践经验。

第二百五十八条 现场质量审计应当核实供应商资质证明文件和检验报告的真实性,核实是否具备检验条件。应当对其人员机构、厂房设施和设备、物料管理、生产工艺流程和生产管理、质量控制实验室的设备、仪器、文件管理等进行检查,以全面评估其质量保证系统。现场质量审计应当有报告(见附录供应商审计标准管理规程)。

第二百五十九条 必要时,应当对主要物料供应商提供的样品进行小批量试生产,并对试生产的药品进行稳定性考察。

第二百六十条 质量管理部门对物料供应商的评估至少应当包括:供应商的资质证明文件、质量标准、检验报告、企业对物料样品的检验数据和报告。如进行现场质量审计和样品小批量试生产的,还应当包括现场质量审计报告,以及小试产品的质量检验报告和稳定性考察报告。

第二百六十一条 改变物料供应商,应当对新的供应商进行质量评估;改变主要物料供应商的,还需要对产品进行相关的验证及稳定性考察。

第二百六十二条 质量管理部门应当向物料管理部门分发经批准的合格供应商名单(见附录供应商目录),该名单内容至少包括物料名称、规格、质量标准、生产商名称和地址、经销商(如有)名称等,并及时更新。

第二百六十三条 质量管理部门应当与主要物料供应商签订质量协议,在协议中应当明确双方所承担的质量责任。

第二百六十四条 质量管理部门应当定期对物料供应商进行评估或现场质量审计,回顾分析物料质量检验结果、质量投诉和不合格处理记录。如物料出现质量问题或生产条件、工艺、质量标准和检验方法等可能影响质量的关键因素发生重大改变时,还应当尽快进行相关的现场质量审计。

第二百六十五条 企业应当对每家物料供应商建立质量档案(见附录供应商档案标准管理规程),档案内容应当包括供应商的资质证明文件、质量协议、质量标准、样品检验数据和报告、供应商的检验报告、现场质量审计报告、产品稳定性考察报告、定期的质量回顾分析报告等。

第八节　产品质量回顾分析

第二百六十六条　应当按照操作规程(见附录质量报表汇总标准管理规程),每年对所有生产的药品按品种进行产品质量回顾分析,以确认工艺稳定可靠,以及原辅料、成品现行质量标准的适用性,及时发现不良趋势,确定产品及工艺改进的方向。应当考虑以往回顾分析的历史数据,还应当对产品质量回顾分析的有效性进行自检。

当有合理的科学依据时,可按照产品的剂型分类进行质量回顾,如固体制剂、液体制剂和无菌制剂等。

回顾分析应当有报告。

企业至少应当对下列情形进行回顾分析:

(一) 产品所用原辅料的所有变更,尤其是来自新供应商的原辅料;

(二) 关键中间控制点及成品的检验结果;

(三) 所有不符合质量标准的批次及其调查;

(四) 所有重大偏差及相关的调查、所采取的整改措施和预防措施的有效性;

(五) 生产工艺或检验方法等的所有变更;

(六) 已批准或备案的药品注册所有变更;

(七) 稳定性考察的结果及任何不良趋势;

(八) 所有因质量原因造成的退货、投诉、召回及调查;

(九) 与产品工艺或设备相关的纠正措施的执行情况和效果;

(十) 新获批准和有变更的药品,按照注册要求上市后应当完成的工作情况;

(十一) 相关设备和设施,如空调净化系统、水系统、压缩空气等的确认状态;

(十二) 委托生产或检验的技术合同履行情况。

第二百六十七条　应当对回顾分析的结果进行评估,提出是否需要采取纠正和预防措施或进行再确认或再验证的评估意见及理由,并及时、有效地完成整改。

第二百六十八条　药品委托生产时,委托方和受托方之间应当有书面的技术协议,规定产品质量回顾分析中各方的责任,确保产品质量回顾分析按时进行并符合要求。

第九节　投诉与不良反应报告

第二百六十九条　应当建立药品不良反应报告和监测管理制度(见附录药品不良反应监测报告管理规程),设立专门机构并配备专职人员负责管理。

第二百七十条　应当主动收集药品不良反应,对不良反应应当详细记录、评价、调查和处理(见附录产品紧急收回管理规程、产品退货及处理标准管理规程),及时采取措施控制可能存在的风险,并按照要求向药品监督管理部门报告。

第二百七十一条　应当建立操作规程(见附录用户咨询标准管理规程、用户访问标准管理规程、用户投诉标准管理规程),规定投诉登记、评价、调查和处理的程序,并规定因可能的产品缺陷发生投诉时所采取的措施,包括考虑是否有必要从市场召回药品。

第二百七十二条　应当有专人及足够的辅助人员负责进行质量投诉的调查和处理(见附录产品退货及处理标准管理规程),所有投诉、调查的信息应当向质量受权人通报。

第二百七十三条　所有投诉都应当登记与审核，与产品质量缺陷有关的投诉，应当详细记录投诉的各个细节，并进行调查。

第二百七十四条　发现或怀疑某批药品存在缺陷，应当考虑检查其他批次的药品，查明其是否受到影响。

第二百七十五条　投诉调查和处理应当有记录，并注明所查相关批次产品的信息。

第二百七十六条　应当定期回顾分析投诉记录（见附录用户投诉标准管理规程），以便发现需要警觉、重复出现以及可能需要从市场召回药品的问题，并采取相应措施。

第二百七十七条　企业出现生产失误、药品变质或其他重大质量问题，应当及时采取相应措施，必要时还应当向当地药品监督管理部门报告。

复习思考题

一、填空题

1. 质量控制负责人应当具有足够的管理实验室的________，可以管理同一企业的一个或多个实验室。
2. 质量控制实验室的检验人员至少应当具有________或________，并经过与所从事的________。
3. 每批药品的检验记录应当包括________、________和________的质量检验记录，可追溯该批药品所有相关的质量检验情况。
4. 取样样品的容器应当贴有标签，注明________、________、________、________容器、取样人等信息。
5. 检验应当有书面操作规程，规定________、________，________应当与经确认或验证的检验方法一致。
6. 每批药品均应当有留样；如果一批药品分成数次进行包装，则每次包装至少应当保留________的成品。
7. 在批准产品放行前，应当对每批药品进行________，保证药品及其生产应当符合________。
8. 在批准产品放行前，药品的质量评价应当有明确的结论，如________、________。每批药品均应当由________批准放行。
9. 持续稳定性考察的目的是在________，以发现药品与生产相关的稳定性问题（如杂质含量或溶出度特性的变化），并确定药品能够在标示的贮存条件下，符合________。
10. 企业应当建立________，对所有影响产品质量的变更进行评估和管理。需要经药品监督管理部门批准的变更应当在得到批准后方可实施。
11. 改变原辅料、与药品直接接触的包装材料、生产工艺、主要生产设备以及其他影响药品质量的主要因素时，还应当对变更实施后________质量进行评估。如果变更可能影响药品的有效期，则质量评估还应当包括对变更实施后生产的药品进行________。
12. 各部门负责人应当确保________正确执行生产工艺、质量标准、检验方法和操作规程，防止偏差的产生。
13. 企业应当建立________，对投诉、召回、偏差、自检或外部检查结果、工艺性能和质量监测趋势等进行调查并采取纠正和预防措施。调查的深度和形式应当与________相适应。纠正措施和预防措施系统应当能够增进对产品和工艺的理解，改进产品和工艺。实施纠正和预防措施应当有文件记录，并由________保存。
14. 质量管理部门应当对所有生产用物料的供应商进行________，会同有关部门对主要物料供应商（尤其是生产商）的质量体系进行________，并对质量评估不符合要求的供应商行使________。
15. 主要物料的确定应当综合考虑企业所生产的________、________以及物料对________等因素。
16. 企业法定代表人、企业负责人及其他部门的人员不得干扰或妨碍________对物料供应商________。
17. 改变物料供应商，应当对新的供应商进行________；改变主要物料供应商的，还需要对产品进行相关的________。
18. 质量管理部门应当向物料管理部门分发经批准的合格供应商名单，该名单内容至少包括________、________、________、________、________

____,并及时更新。

19. 应当按照操作规程,每年对所有生产的药品按品种进行________,以确认________,以及________,及时发现不良趋势,确定产品及工艺改进的方向。应当考虑以往回顾分析的历史数据,还应当对产品质量回顾分析的________进行自检。
20. 应当建立药品不良反应报告和监测管理制度,设立________并配备________负责管理。
21. 应当主动收集药品不良反应,对不良反应应当________、________、________,及时采取措施控制可能存在的风险,并按照要求向________报告。

二、判断题(对的标√,错的标×)

1. 质量控制除与批记录相关的资料信息外,其他原始资料或记录不用保存。(　　)
2. 质量管理部门的人员有权进入生产区和仓储区进行取样及调查。(　　)
3. 留样应当能够代表被取样批次的产品或物料,也可抽取其他样品来监控生产过程中最重要的环节。(　　)
4. 企业应当确保药品按照注册批准的方法进行全项检验。(　　)
5. 企业按规定保存的、用于药品质量追溯或调查的物料、产品样品为留样。用于产品稳定性考察的样品也属于留样。(　　)
6. 留样的包装形式应当与药品市售包装形式相同,原料药的留样如无法采用市售包装形式的,可以不留样。(　　)
7. 制剂生产用每批原辅料和与药品直接接触的包装材料均应当有留样。与药品直接接触的包装材料(如输液瓶),如成品已有留样,包装材料也要求单独留样。(　　)
8. 应当建立操作规程,规定原辅料、包装材料、质量标准、检验方法、操作规程、厂房、设施、设备、仪器、生产工艺和计算机软件变更的申请、评估、审核、批准和实施。质量管理部门的任何人均可负责变更控制。(　　)
9. 企业应当建立偏差处理的操作规程,规定偏差的报告、记录、调查、处理以及所采取的纠正措施即可,可以不用记录。(　　)
10. 质量管理部门应当负责物料供应商质量评估和现场质量审计,分发经批准的合格供应商名单。(　　)
11. 质量管理部门指定的人员应当具有相关的法规和专业知识,具有足够的质量评估和现场质量审计的实践经验。(　　)
12. 应当有专人及足够的辅助人员负责进行质量投诉的调查和处理,所有投诉、调查的信息应当向质量管理部通报。(　　)
13. 发现或怀疑某批药品存在缺陷,应当考虑检查本批次的药品,查明其结果。(　　)
14. 企业出现生产失误、药品变质或其他重大质量问题,应当及时采取相应措施,必要时还应当向当地药品监督管理部门报告。(　　)

三、选择题

1. 下列哪项不属于质量控制实验室应当配备的资料物品(　　)
   A. 中国药典
   B. 标准图谱
   C. 相关标准品
   D. 相关设备的材质资料
   E. 相关对照品
2. 下列哪项不属于质量控制实验室应当配备的详细文件(　　)
   A. 质量标准
   B. 取样操作规程和记录
   C. 所有人员的培训资料
   D. 检验操作规程和记录(包括检验记录或实验室工作记事簿)
   E. 检验报告或证书
3. 下列哪项不属于质量控制实验室应当配备的详细文件(　　)
   A. 产品销售的相关记录
   B. 必要的环境监测操作规程、记录和报告
   C. 必要的检验方法验证报告和记录
   D. 仪器校准、使用、清洁、维护的操作规程及记录
   E. 设备使用、清洁、维护的操作规程及记录
4. 按照经批准的操作规程取样,下列哪项不属于操作规程应当详细规定的(　　)
   A. 取样方法
   B. 质量管理部门的人员均可以取样
   C. 样品量
   D. 所用器具
   E. 分样的方法
5. 按照经批准的操作规程取样,下列哪项不属于操作规程应当详细规定的(　　)

A. 存放样品容器是清洁的均可
B. 取样后剩余部分及样品的处置和标识
C. 取样注意事项，包括为降低取样过程产生的各种风险所采取的预防措施，尤其是无菌或有害物料的取样以及防止取样过程中污染和交叉污染的注意事项
D. 贮存条件
E. 取样器具的清洁方法和贮存要求

6. 下列哪项不属于检验记录要求的(　　)
A. 产品或物料的名称、剂型、规格、批号或供货批号，必要时注明供应商和生产商(如不同)的名称或来源
B. 依据的质量标准和检验操作规程
C. 检验所用的仪器清洁所用的纯化水的批号
D. 检验所用的试液和培养基的配制批号、对照品或标准品的来源和批号
E. 检验所用的仪器或设备的型号和编号

7. 下列检验记录要求正确的是(　　)
A. 检验过程，包括对照品溶液的配制、各项具体的检验操作、必要的环境温湿度
B. 检验结果，包括观察情况、计算和图谱或曲线图，以及依据的检验报告编号
C. 检验日期
D. 检验人员的签名和日期
E. 以上答案均正确

8. 下列物料的放行正确的是(　　)
A. 物料的质量评价内容应当至少包括生产商的检验报告、物料包装完整性和密封性的检查情况
B. 物料的质量评价应当有明确的结论，如批准放行、不合格或其他决定
C. 物料的质量评价内容应当至少包括生产商的检验报告、物料包装完整性和密封性的检验结果
D. 物料应当由指定人员签名批准放行
E. 以上答案均正确

9. 持续稳定性考察的时间应当涵盖药品有效期，考察方案包括的内容正确的是(　　)
A. 每种规格、每个生产批量药品的考察批次数
B. 检验方法依据与合格标准
C. 容器密封系统的描述
D. 试验间隔时间(测试时间点)与贮存条件(应当采用与药品标示贮存条件相对应的《中华人民共和国药典》规定的长期稳定性试验标准条件)
E. 以上答案均正确

10. 企业应当对产品质量进行回顾分析，下列说法正确的是(　　)
A. 产品所用原辅料的所有变更，尤其是来自新供应商的原辅料
B. 关键中间控制点及成品的检验结果
C. 所有不符合质量标准的批次及其调查
D. 生产工艺或检验方法等的所有变更
E. 以上答案均正确

第十一章

委托生产与委托检验

学习目标

1. 了解委托生产或委托检验的所有活动的要求。
2. 熟悉委托方应当对受托方进行评估。
3. 熟悉委托方应当对受托生产或检验的全过程监督及委托方确保物料和产品的相关要求。
4. 了解受托方生产或检验工作的要求。
5. 了解委托方与受托方之间签订的合同要求。

第一节 原 则

第二百七十八条 为确保委托生产产品的质量和委托检验的准确性和可靠性，委托方和受托方必须签订书面合同，明确规定各方责任、委托生产或委托检验的内容及相关的技术事项。

知识链接

药品委托生产

药品委托生产指已经取得药品批准文号的企业，委托其他药品生产企业进行该药品品种生产的行为。

第二百七十九条 委托生产或委托检验的所有活动，包括在技术或其他方面拟采取的任何变更，均应当符合药品生产许可和注册的有关要求。

知识链接

委托生产的审批权限

《药品管理法》规定“经国务院药品监督管理部门或者国务院药品监督管理部门授权的省、自治区、直辖市人民政府药品监督管理部门批准，药品生产企业可以接受委托生产。”

第二节 委 托 方

第二百八十条 委托方应当对受托方进行评估，对受托方的条件、技术水平、质量管理情况进行现场考核，确认其具有完成受托工作的能力，并能保证符合本规范的要求。

课堂互动

疫苗、血液制品能委托生产吗?

第二百八十一条　委托方应当向受托方提供所有必要的资料，以使受托方能够按照药品注册和其他法定要求正确实施所委托的操作。

委托方应当使受托方充分了解与产品或操作相关的各种问题，包括产品或操作对受托方的环境、厂房、设备、人员及其他物料或产品可能造成的危害。

第二百八十二条　委托方应当对受托生产或检验的全过程进行监督。

第二百八十三条　委托方应当确保物料和产品符合相应的质量标准。

课堂互动

药品的质量责任由谁来承担?

第三节　受　托　方

第二百八十四条　受托方必须具备足够的厂房、设备、知识和经验以及人员，满足委托方所委托的生产或检验工作的要求。

第二百八十五条　受托方应当确保所收到委托方提供的物料、中间产品和待包装产品适用于预定用途。

第二百八十六条　受托方不得从事对委托生产或检验的产品质量有不利影响的活动。

课堂互动

委托生产的药品品种为注射剂，但受托方没有通过注射剂的 GMP 认证，受托方可以接受委托吗?

第四节　合　　同

第二百八十七条　委托方与受托方之间签订的合同应当详细规定各自的产品生产和控制职责，其中的技术性条款应当由具有制药技术、检验专业知识和熟悉本规范的主管人员拟订。委托生产及检验的各项工作必须符合药品生产许可和药品注册的有关要求并经双方同意。

第二百八十八条　合同应当详细规定质量受权人批准放行每批药品的程序，确保每批产品都已按照药品注册的要求完成生产和检验。

第二百八十九条　合同应当规定何方负责物料的采购、检验、放行、生产和质量控制(包括中间控制)，还应当规定何方负责取样和检验。

在委托检验的情况下，合同应当规定受托方是否在委托方的厂房内取样。

第二百九十条　合同应当规定由受托方保存的生产、检验和发运记录及样品，委托方应当能够随时调阅或检查；出现投诉、怀疑产品有质量缺陷或召回时，委托方应当能够方便地查阅所有与评价产品质量相关的记录。

第二百九十一条　合同应当明确规定委托方可以对受托方进行检查或现场质量审计。

第二百九十二条　委托检验合同应当明确受托方有义务接受药品监督管理部门检查。

课堂互动

案情简介：某药品生产企业A在未取得《药品委托生产批件》的情况下自2007年7月起委托药品生产企业B生产感冒胶囊，由A厂提供原料。药监执法人员根据举报对厂进行检查并查获成品100箱，半成品10万粒，货值总计10万元。对A、B企业的行为该如何处罚？

复习思考题

一、填空题

1. 为确保委托生产产品的质量和委托检验的________和________，委托方和受托方必须签订书面合同，明确规定各方责任、委托生产或委托检验的内容及相关的技术事项。
2. 委托方应当对受托生产或检验的全过程进行________。
3. 委托方应当确保物料和产品符合相应的________。
4. 受托方必须具备足够的________、________、________和________，满足委托方所委托的生产或检验工作的要求。
5. 受托方应当确保所收到委托方提供的物料、中间产品和待包装产品适用于________。
6. 委托方与受托方之间签订的合同应当详细规定各自的________和________，其中的技术性条款应当由具有制药技术、检验专业知识和熟悉本规范的主管人员拟订。

二、判断题(对的标√，错的标×)

1. 委托方应当对受托方进行评估，对受托方的条件、技术水平、质量管理情况进行现场考核，确认其具有完成受托工作的能力，并能保证符合本规范的要求。(　　)
2. 委托方应当使受托方充分了解与产品或操作相关的各种问题，包括产品或操作对受托方的环境、厂房、设备、人员及其他物料或产品可能造成的危害。(　　)

第十二章

产品发运与召回

学习目标

1. 掌握产品召回的标准操作规程。
2. 掌握产品发运的相关记录要求。

第一节　原　　则

第二百九十三条　企业应当建立产品召回系统,必要时可迅速、有效地从市场召回任何一批存在安全隐患的产品。

第二百九十四条　因质量原因退货和召回的产品,均应当按照规定监督销毁,有证据证明退货产品质量未受影响的除外。

知识链接

发运:指企业将产品发送到经销商或用户的一系列操作,包括配货、运输等。

退货:将药品退还给企业的活动。

药品召回:药品生产企业(包括进口药品的境外制药厂商)按照规定的程序收回已上市销售的存在安全隐患的药品。

第二节　发　　运

第二百九十五条　每批产品均应当有发运记录。根据发运记录,应当能够追查每批产品的销售情况,必要时应当能够及时全部追回,发运记录内容应当包括:产品名称、规格、批号、数量、收货单位和地址、联系方式、发货日期、运输方式等。

第二百九十六条　药品发运的零头包装只限两个批号为一个合箱,合箱外应当标明全部批号,并建立合箱记录(见附录)。

第二百九十七条　发运记录应当至少保存至药品有效期后一年。

第三节　召　　回

第二百九十八条　应当制定召回操作规程,确保召回工作的有效性。

知识链接

《药品召回管理办法》规定，药品召回分为两类、三级。两类是主动召回和责令召回。三级为一级召回、二级召回、三级召回。一级召回是指使用该药品可能引起严重健康危害的；二级召回是针对使用该药品可能引起暂时的或者可逆的健康危害的；三级召回是针对使用该药品一般不会引起健康危害，但由于其他原因需要收回的。

第二百九十九条　应当指定专人负责组织协调召回工作，并配备足够数量的人员。产品召回负责人应当独立于销售和市场部门；如产品召回负责人不是质量受权人，则应当向质量受权人通报召回处理情况。

第三百条　召回应当能够随时启动，并迅速实施。

第三百零一条　因产品存在安全隐患决定从市场召回的，应当立即向当地药品监督管理部门报告。

第三百零二条　产品召回负责人应当能够迅速查阅到药品发运记录。

第三百零三条　已召回的产品应当有标识，并单独、妥善贮存，等待最终处理决定。

第三百零四条　召回的进展过程应当有记录，并有最终报告。产品发运数量、已召回数量以及数量平衡情况应当在报告中予以说明。

第三百零五条　应当定期对产品召回系统的有效性进行评估。

课堂互动

1999 年，FDA 批准了药品万洛作为缓解骨关节炎疼痛和炎症以及成年人痛经的治疗药物。2000 年 6 月，默克公司提交 FDA 一项万洛肠胃结果调查的安全研究报告，在使用万洛与萘普生的病人相比下，发现万洛有递增的严重心血管疾病风险，包括心脏病发作和脑卒中。2004 年 9 月 28 日，默克公司和 FDA 官员会面，公司告知 FDA，决定从市场上召回万洛。

讨论：以上案例属于哪类召回？若这家企业在药品出现严重不良反应后未采取召回措施，相应的国家药品监督管理部门应采取哪些措施？

复习思考题

一、填空题

1. 企业应当建立产品召回系统，必要时________、________从市场召回任何一批存在安全隐患的产品。
2. 因质量原因退货和召回的产品，均应当按照规定________，有证据证明退货产品质量未受影响的除外。
3. 发运记录应当至少保存至________。
4. 应当指定专人负责组织协调召回工作，并配备________。产品召回负责人应当独立于________；如产品召回负责人不是________，则应当向质量受权人通报召回处理情况。
5. 因产品存在安全隐患决定从市场召回的，应当立即向当地________报告。
6. 产品召回负责人应当能够迅速查阅到________。

二、判断题(对的标√，错的标×)

1. 每批产品均应当有发运记录。根据发运记录，应当能够追查每批产品的销售情况，必要时应当能够及时全部追回。(　　)
2. 药品发运的零头包装只限三个批号为一个合箱，合箱外应当标明全部批号，并建立合箱记录。(　　)
3. 应当制定召回操作规程，确保召回工作的经济性。(　　)
4. 产品召回应当能够随时启动，并迅速实施。(　　)
5. 已召回的产品应当有标识，等待最终处理决定。(　　)

6. 生产企业应当对产品召回系统的有效性进行评估。(　　)

三、选择题

1. 每批产品均应当有发运记录,下列叙述错误的是(　　)

A. 产品名称、规格

B. 产品批号、数量

C. 产品的生产记录

D. 收货单位和地址、联系方式

E. 发货日期、运输方式

2. 召回的进展过程应当有记录,并有最终报告。下列叙述错误的是(　　)

A. 产品的名称

B. 产品的发运数量

C. 已召回数量

D. 产品的价格

E. 数量平衡情况

第十三章

自　　检

学习目标

掌握质量管理部门对企业进行自检及必要的纠正和预防措施。

第一节　原　　则

第三百零六条　质量管理部门应当定期组织对企业进行自检，监控本规范的实施情况，评估企业是否符合本规范要求，并提出必要的纠正和预防措施。

第二节　自　　检

第三百零七条　自检应当有计划，对机构与人员、厂房与设施、设备、物料与产品、确认与验证、文件管理、生产管理、质量控制与质量保证、委托生产与委托检验、产品发运与召回等项目定期进行检查。

课堂互动

生产企业只要求生产产品的生产部自检吗？

知识链接

某药业有限公司

自检记录

<table>
<tr><td>自检部门</td><td></td><td>自检日期</td><td></td><td>自检人</td><td></td></tr>
<tr><td rowspan="2">自检项目</td><td colspan="3">内容</td><td colspan="2">自检结果</td></tr>
<tr><td colspan="3"></td><td colspan="2"></td></tr>
<tr><td rowspan="2">预防整改措施</td><td colspan="3" rowspan="2"></td><td>评价</td><td></td></tr>
<tr><td>结论</td><td>部门主管：　　日期：</td></tr>
</table>

第三百零八条　应当由企业指定人员进行独立、系统、全面的自检，也可由外部人员或专家进行独立的质量审计。

第三百零九条　自检应当有记录。自检完成后应当有自检报告，内容至少包括自检过程中观察到的所有情况、评价的结论以及提出纠正和预防措施的建议。自检情况应当报告企业高层管理人员。

复习思考题

一、填空题

1. 质量管理部门应当定期组织对企业进行____________，监控规范的实施情况，评估企业是否符合本规范要求，并提出必要的纠正和预防措施。
2. 应当由企业指定人员进行独立、系统、全面的自检，也可由________进行独立的质量审计。

二、判断题（对的标√，错的标×）

1. 应当由企业指定只能自己人员进行独立、系统、全面的自检和质量审计。(　　)
2. 企业自检应当有记录。自检完成后应当有自检报告。(　　)

三、选择题

1. 自检应当有计划，生产企业定期进行检查。下列检查内容叙述错误的是(　　)
   A. 机构与人员
   B. 文件管理
   C. 生产管理
   D. 质量控制与质量保证
   E. 销售计划
2. 自检应当有记录。自检完成后应当有自检报告，下列叙述正确的是(　　)
   A. 自检过程中观察到的所有情况
   B. 评价的结论
   C. 提出纠正和预防措施的建议
   D. 自检情况应当报告企业高层管理人员
   E. 以上答案均正确

第十四章

附　　则

学习目标

掌握质量管理部门对企业进行自检及必要的纠正和预防措施。

第三百一十条　本规范为药品生产质量管理的基本要求。对无菌药品、生物制品、血液制品等药品或生产质量管理活动的特殊要求，由国家食品药品监督管理局以附录方式另行制定。

第三百一十一条　企业可以采用经过验证的替代方法，达到本规范的要求。

第三百一十二条　本规范下列术语（按汉语拼音排序）的含义是：

（一）包装

待包装产品变成成品所需的所有操作步骤，包括分装、贴签等。但无菌生产工艺中产品的无菌灌装，以及最终灭菌产品的灌装等不视为包装。

（二）包装材料

药品包装所用的材料，包括与药品直接接触的包装材料和容器、印刷包装材料，但不包括发运用的外包装材料。

（三）操作规程

经批准用来指导设备操作、维护与清洁、验证、环境控制、取样和检验等药品生产活动的通用性文件，也称标准操作规程。

（四）产品

包括药品的中间产品、待包装产品和成品。

（五）产品生命周期

产品从最初的研发、上市直至退市的所有阶段。

（六）成品

已完成所有生产操作步骤和最终包装的产品。

（七）重新加工

将某一生产工序生产的不符合质量标准的一批中间产品或待包装产品的一部分或全部，采用不同的生产工艺进行再加工，以符合预定的质量标准。

（八）待包装产品

尚未进行包装但已完成所有其他加工工序的产品。

（九）待验

指原辅料、包装材料、中间产品、待包装产品或成品，采用物理手段或其他有效方式将其隔离或区分，在允许用于投料生产或上市销售之前贮存、等待作出放行决定的状态。

（十）发放

指生产过程中物料、中间产品、待包装产品、文件、生产用模具等在企业内部流转的一系列操作。

（十一）复验期

原辅料、包装材料贮存一定时间后，为确保其仍适用于预定用途，由企业确定的需重新检验的日期。

（十二）发运

指企业将产品发送到经销商或用户的一系列操作，包括配货、运输等。

（十三）返工

将某一生产工序生产的不符合质量标准的一批中间产品或待包装产品、成品的一部分或全部返回到之前的工序，采用相同的生产工艺进行再加工，以符合预定的质量标准。

（十四）放行

对一批物料或产品进行质量评价，作出批准使用或投放市场或其他决定的操作。

（十五）高层管理人员

在企业内部最高层指挥和控制企业、具有调动资源的权力和职责的人员。

（十六）工艺规程

为生产特定数量的成品而制定的一个或一套文件，包括生产处方、生产操作要求和包装操作要求，规定原辅料和包装材料的数量、工艺参数和条件、加工说明（包括中间控制）、注意事项等内容。

（十七）供应商

指物料、设备、仪器、试剂、服务等的提供方，如生产商、经销商等。

（十八）回收

在某一特定的生产阶段，将以前生产的一批或数批符合相应质量要求的产品的一部分或全部，加入到另一批次中的操作。

（十九）计算机化系统

用于报告或自动控制的集成系统，包括数据输入、电子处理和信息输出。

（二十）交叉污染

不同原料、辅料及产品之间发生的相互污染。

（二十一）校准

在规定条件下，确定测量、记录、控制仪器或系统的示值（尤指称量）或实物量具所代表的量值，与对应的参照标准量值之间关系的一系列活动。

（二十二）阶段性生产方式

指在共用生产区内，在一段时间内集中生产某一产品，再对相应的共用生产区、设施、设备、工器具等进行彻底清洁，更换生产另一种产品的方式。

（二十三）洁净区

需要对环境中尘粒及微生物数量进行控制的房间（区域），其建筑结构、装备及其使用应当能够减少该区域内污染物的引入、产生和滞留。

（二十四）警戒限度

系统的关键参数超出正常范围，但未达到纠偏限度，需要引起警觉，可能需要采取纠正措施的限度标准。

（二十五）纠偏限度

系统的关键参数超出可接受标准，需要进行调查并采取纠正措施的限度标准。

（二十六）检验结果超标

检验结果超出法定标准及企业制定标准的所有情形。

（二十七）批

经一个或若干加工过程生产的、具有预期均一质量和特性的一定数量的原辅料、包装材料或成品。为完成某些生产操作步骤，可能有必要将一批产品分成若干亚批，最终合并成为一个均一的批。在连续生产情况下，批必须与生产中具有预期均一特性的确定数量的产品相对应，批量可以是固定数量或固定时间段内生产的产品量。

例如：口服或外用的固体、半固体制剂在成型或分装前使用同一台混合设备一次混合所生产的均质产品为一批；口服或外用的液体制剂以灌装（封）前经最后混合的药液所生产的均质产品为一批。

（二十八）批号

用于识别一个特定批的具有唯一性的数字和（或）字母的组合。

（二十九）批记录

用于记述每批药品生产、质量检验和放行审核的所有文件和记录，可追溯所有与成品质量有关的历史信息。

（三十）气锁间

设置于两个或数个房间之间（如不同洁净度级别的房间之间）的具有两扇或多扇门的隔离空间。设置气锁间的目的是在人员或物料出入时，对气流进行控制。气锁间有人员气锁间和物料气锁间。

（三十一）企业

在本规范中如无特别说明，企业特指药品生产企业。

（三十二）确认

证明厂房、设施、设备能正确运行并可达到预期结果的一系列活动。

（三十三）退货

将药品退还给企业的活动。

（三十四）文件

本规范所指的文件包括质量标准、工艺规程、操作规程、记录、报告等。

（三十五）物料

指原料、辅料和包装材料等。

例如：化学药品制剂的原料是指原料药；生物制品的原料是指原材料；中药制剂的原料是指中药材、中药饮片和外购中药提取物；原料药的原料是指用于原料药生产的除包装材料以外的其他物料。

（三十六）物料平衡

产品或物料实际产量或实际用量及收集到的损耗之和与理论产量或理论用量之间的比较，并考虑可允许的偏差范围。

（三十七）污染

在生产、取样、包装或重新包装、贮存或运输等操作过程中，原辅料、中间产品、待包装产品、成品受到具有化学或微生物特性的杂质或异物的不利影响。

（三十八）验证

证明任何操作规程（或方法）、生产工艺或系统能够达到预期结果的一系列活动。

（三十九）印刷包装材料

指具有特定式样和印刷内容的包装材料，如印字铝箔、标签、说明书、纸盒等。

（四十）原辅料

除包装材料之外，药品生产中使用的任何物料。

（四十一）中间产品

指完成部分加工步骤的产品，尚需进一步加工方可成为待包装产品。

（四十二）中间控制

也称过程控制，指为确保产品符合有关标准，生产中对工艺过程加以监控，以便在必要时进行调节而做的各项检查。可将对环境或设备控制视作中间控制的一部分。

第三百一十三条　本规范自2011年3月1日起施行。按照《中华人民共和国药品管理法》第九条规定，具体实施办法和实施步骤由国家食品药品监督管理局规定。

复习思考题

一、填空题

1. 本规范为________的基本要求。对________、________、________等药品或生产质量管理活动的特殊要求，由国家食品药品监督管理局以附录方式另行制定。
2. 企业可以采用经过验证的________，达到本规范的要求。

实训教学内容

一、课程设计的思想、效果以及课程目标

《药品生产质量管理规范》的实训课是药学专业核心的操作能力及综合素养培训课程，以培养学生的技术应用能力为主体。本着这一原则，我们根据生产企业生产实际需求以及学生择业趋向，选择实验项目及内容。

效果：

实训教学内容与理论教学相辅相成，整体优化。通过单项实验教学，使学生掌握基本方法和基本技能，同时配以综合性开放实验的实训教学新体系，培养学生的个性化发展和动手能力、创新性思维和综合实践能力、独立分析问题和解决问题的能力，使技术性、综合性和探索性有机地结合起来。

课程目标：

(1) 通过典型制剂的制备，掌握生产工业流程、生产工业规程，生产质量控制点、生产记录的填写，生产环境的要求及生产过程的所有卫生要求等全过程的质量生产管理。

(2) 通过实验与参观习，了解药品生产过程中常用设备的结构、性能、使用清洁及保养维护方法。

(3) 强化操作技术训练，培养科学的思维方法、正确的观察能力和独立总结实验资料的能力。

(4) 通过实训课的教学，让学生掌握《药品生产质量管理规范》的所有内容，把学生培养成生产企业的生产技术工人，生产技术人员，生产车间负责人，质量管理人员，质量控制人员，质量负责人，工程部人员等。

二、课程内容(详细列出实训项目名称和学时)

序号	章节名称	实训项目	学时分配	备注
2	机构与人员	进入洁净区洗手穿衣的练习	2	
3	设备	清洁维护单冲压片机	2	本实验根据生产企业的清洗验证方案及记录完成
4	确认与验证	胶囊抛光机设备清洗验证	2	本实验根据生产企业的清洗验证方案及记录完成
5	文件管理	填写生产企业实际生产记录	2	
6	物料与产品、生产管理	10% 氯化钾注射液的生产	6 *	

续表

序号	章节名称	实训项目	学时分配	备注
7	质量管理、质量控制与质量保证	10% 氯化钾注射液的检验	10 *	
	合计			24

* 注,实验 6、实验 7 开设时与《药剂学》、《药物分析》及《仪器分析》实训课同时开出(实验 6 多出的 2 节是《药剂学》,实验 7 多出的是《药物分析》的 4 节课),将四门课程的实训内容结合,通过综合实训,加深对各生产、质量管理及质量控制环节的印象,巩固本课程的理论知识。并且学生通过该门实训课程的综合训练大大提高其他专业课学习兴趣,也提高了学生的综合素养。

三、课程组织形式与教师指导方法

1. 组织形式

根据实验内容,安排实验组,学生每 2 人一组,互相配合,完成规定的实验任务。

2. 指导方法

(1) 讲授式:教师首先对实验目的、实验步骤和注意事项等进行讲解,然后学生动手操作,教师帮助解答实验中发现的问题。

(2) 启发式:主要采用联想式启发、对比式启发、由浅入深式启发、总结式启发等方法,使学生举一反三,融会贯通。

(3) 案例式:结合实际案例,针对由于药物制剂原因出现的假药、劣药所导致的重大事故对学生进行警示教育。

(4) 问题式:通过多媒体及教师先提出问题,由学生在实验中去分析,找出问题存在的原因以及解决方法。

(5) 讨论式:共同讨论实验中出现的现象、问题、结果,帮助实验结果不理想的同学分析原因,寻找最合适的解决方法。

(6) 参观式:组织学生去生产企业参观,了解药生产企业 GMP 管理过程、各种制剂生产流程、保证药品质量的措施等。

(7) 演示式:通过视频将生产企业的生产流程及质量管理控制流程展示给学生,让学生有亲临生产企业的感性认识,并且将视频放入网络学生可以反复观看熟悉。

四、创新与特点

1. 创新

(1) 实践内容上创新:结合专业培养目标,开设一些创新性实验,在培养学生动手能力的同时,增强其创新能力。开设药剂综合性实验,由同学根据相应的要求自行设计并通过实验来验证,为同学们提供充分的实践空间,为培养学生的高技能提供一定的施展空间。

(2) 教学手段上创新:改变传统的单一讲授式方法,采用多种方式进行实验指导,如问题式、讨论式、参观式、演示式等

2. 特点

(1) 实验设置上具有综合化和现代化的特点,更好地满足实践教学的要求,进而满足了学生的培养要求与社会的需求。

(2) 实践教学方法科学,实践过程中严格要求,并结合实际,不断改进教学方法,取得了明显效果,学生的科学作风显著增强,发现问题、分析问题、解决问题的能力显著提高。

实训一

人员卫生操作

【实验目的】

1. 掌握人员进出车间洁净区的标准净化程序，防止人员对洁净区产生污染。

【实验器材】

1. 药品　75%乙醇溶液。

2. 器材　洗手台、手烘干器、温湿度表、手消毒器、洗衣机、洁净服(全套包括帽子、口罩)、更衣柜、紫外灯、清洁工具(拖把、不同颜色抹布)。

【实验内容】

1. 正常进入洁净区的人员须是该区域的生产操作人员和该区域有关的生产、质量管理人员，及经培训考核合格的维修、辅助人员。

2. 进入一般生产区

2.1　放置个人物品：人员进入车间大厅后，把雨具等杂物放置在雨具存放间。

2.2　更鞋：面向进门处，坐在更鞋柜上，脱下室外所穿鞋，放入更鞋柜外侧鞋柜中，然后侧身、抬起双脚转180°，面向车间入口方，从更鞋柜内侧取出一般生产区用工作鞋穿上。

2.3　洗手：进入洗手间，开启洗手池上阀门，用流出饮用水润湿双手，用清洁剂搓洗双手至净。

2.4　更衣：进入更衣室，脱去外衣，从各自更衣柜中取出一般生产区工作服换上，戴好工作帽，出更衣间经走道进入各自工作岗位。

3. 进入十万级、三十万级洁净区

3.1　人员按程序2进入车间经走道进入洁净区更鞋间。

3.2　更鞋：面向进门处，坐在更鞋柜上，脱下一般区用工作鞋，放入外侧鞋柜中，然后侧身抬起双脚转180°面向洁净区，从鞋柜内侧取出三十万、十万级洁净区用工作鞋穿上，进入一更，脱下一般区工作服，放入相应更衣柜中。

3.3　洗手：进入洗手间，开启洗手池上阀门，用流出饮用水润湿双手，用清洁剂搓洗双手至净。

3.4　更衣

3.4.1　按编号取下洁净工作服，检查工作服颜色，确认属于所规定的洁净区域，打开并仔细检查包内的衣物及附件。

3.4.2　先戴上帽子,确保将所有的头发均放入帽子内,不得外露。再戴上口罩,将口、鼻全部遮住。

3.4.3　穿好洁净工作服(穿衣时应注意不要让洁净工作服碰到地板上),将拉链完全拉上,并将洁净工作衣扎进洁净工作裤里面。

3.4.4　进入缓冲间,在更衣镜前检查洁净工作服穿戴是否合适。

3.5　手消毒:按《手清洗、消毒操作规程》中有关手消毒的程序消毒手。手消毒烘干后,进入十万、三十万级生产区工作岗位。

4. 进入一万级洁净区

4.1　人员按程序 2 进入车间经走道进入洁净区更鞋间。

4.2　更鞋:面向进门处,坐在更鞋柜上,脱下一般区用工作鞋,放入外侧鞋柜中,然后侧身抬起双脚转 180°面向洁净区,从鞋柜内侧取出万级洁净区用工作鞋穿上,进入一更,脱下一般区工作服,放入相应更衣柜中。

4.3　洗手:进入洗手间,开启洗手池上阀门,用流出饮用水润湿双手,用清洁剂搓洗双手至净。

4.4　按编号取下一万级洁净工作服,检查工作服颜色,确认属于所规定的洁净区域,打开并仔细检查包内的衣物及附件。

4.5　戴上口罩,将口、鼻完全遮住,应确保将所有的头发均放入头罩内,不得外露。

4.6　穿好洁净工作服(穿衣时应注意不要让洁净工作服碰到地板上),将拉链完全拉上。

4.7　进入缓冲间,在更衣镜前检查洁净工作服穿戴是否合适。

4.8　手消毒:按《手清洗、消毒操作规程》中有关手消毒的程序消毒手。手消毒后,进入一万级生产区工作岗位。

5. 离开洁净区时,按进入洁净区的逆向顺序更衣,将工作服换下,集中放置,统一收集、洗涤。

6. 洁净区除生产人员外,进入洁净区的人员不得超过 6 人。

实训二

10%氯化钾注射液的制备

【实验目的】

1. 掌握空安瓿与垂熔玻璃滤器的处理方法。
2. 掌握注射液的配制、滤过、灌封、灭菌等基本操作
3. 熟悉注射剂漏气检查和可见异物检查的方法。
4. 了解干燥箱和净化工作台的使用。

【实验器材】

1. 药品　注射用氯化钾、稀盐酸、稀氢氧化钠、注射用水、纯化水等。
2. 器材　空安瓿、pH 计、灌注器、G_3 垂熔玻璃漏斗、安瓿熔封仪。

【课时】

4 节

【分组】

1 人/组

【实验内容】

1. 处方

注射用氯化钾		100g
注射用水	加至	1000ml

2. 制备步骤

（1）取氯化钠加适量注射用水，配成 20% ~30% 浓溶液。

（2）加入 0.1% ~0.5% 的药用炭，搅匀，煮沸 20 ~ 30 分钟，滤除药用炭。

（3）加注射用水至 1000ml，测定 pH 值。必要时用 0.1mol/L 氢氧化钠或盐酸溶液调整 pH 值至 5.4 ~ 5.6，测定含量。

（4）用垂熔玻璃滤器粗滤，用微孔滤膜精滤。

（5）灌装于中性玻璃易折安瓿中，熔封。

（6）用流通蒸汽 100℃ 加热 30 分钟灭菌，灭菌后立即放入冷的 1% 亚甲蓝溶液中检漏。

（7）质检、印字、包装。

3. 注意事项　①配液采用稀配法；②灌注时注意不要将药液沾在安瓿颈上，以防焦头；③2ml 注射剂可用流通蒸汽 100℃ 加热 30 分钟灭菌；④ 熔封时注意安全，避免事故发生。

4. 质量要求

（1）漏气检查：将灭菌后的安瓿趁热置于 1% 亚甲蓝溶液中，稍冷取出除被染色的安额，并记录漏气支数。

（2）可见异物检查：将安瓿外壁擦干净，1～2ml 注射剂每次拿取 6 支，于伞棚边处，手持安瓿颈部使药液轻轻翻转，用目检视。每次检查 18 秒钟。50ml 或 50ml 以上的注射液按直立、倒立、平视三步法旋转检视。按以上装置及方法检查，除特殊规定品种外，未发现有异物或仅带微量白点者作合格论。

（3）记录检查结果：记录可见异物检查结果。

不合格原因	漏气	玻屑	纤维	白点	白块	焦头	其他
总检支数							
废品支效							
成品合格率							

5. 可见异物检查结果记录

（1）白块：系指用规定的检查方法，能看到有明显的平面或棱角的白色物质。

（2）白点：不能辨清平面或棱角的按白点计。但有的白色物质虽不易看清平面、棱角（如球形），但与上述白块同等大小或更大者，应作白块论。在检查中见似有似无或若隐若现的微细物，不作白点计数。

（3）微量白点：50ml 或 50ml 以下的注射液，在规定的检查时间内仅见到 3 个或 3 个以下白点者，作为微量白点 100ml 或 100ml 以上的注射液，在规定检查时间内仅见到 5 个或 5 个以下的白点时，作为微量白点。

（4）少量白点：药液澄明、白点数量比微量白点较多，在规定检查时间内较难准确计数者。

（5）微量沉积物：指某些生化制剂或高分子化合物制剂，静置后有微小的质点沉积，轻轻倒转时有烟雾状细线浮起，轻摇即散失者。

（6）异物：包括玻璃屑、纤维、色点、色块及其他外来异物。

（7）特殊异物：指金属屑及明显可见的玻璃屑、玻璃块、玻璃砂、硬毛或粗纤维等异物。一面闪光者即是，玻璃屑有闪烁性或有棱角的透明物即是。

实训三

10%氯化钾注射液的含量测定

【实验目的】

1. 简述药物折光率因素的测定方法及用折光率因素法测定药物含量的基本原理及方法,并能进行测定和计算。

2. 学会阿贝折光计的使用和维护。

【实验原理】

根据药物浓度与折光率的关系式:

$$C=(n-n_0)/F$$

可知,计算药物的浓度,必须先测出药物在一定浓度(与所求供试品浓度相近)范围内的折光率因素 F 值,然后将 F 值代入上式,根据测定的折光率(n)与同温度水的折光率(n_0),计算药物的浓度。

【课时】

4 节

【分组】

7 人/组

【样品】

10% 氯化钾注射液、纯化水。

【试剂】

氯化钾(A. R.)

【仪器】

阿贝折光计

【操作】

1. 标准溶液的配制(实验员操作)

取130℃干燥至恒重的氯化钾(A. R)约5g,精密称定,用水溶解后,转移至50ml量瓶中并喜事至刻度,摇匀,即得。同法配制四份标准氯化钾溶液。

2. 折光率的测定

2.1 仪器的安装(实验员操作)

将折光计置于有充分光线的平台上(光线不可太强,如太阳光线直射),使棱镜上透光处朝向光源,并装上温度计。必要时用橡皮管将测量棱镜和辅助棱镜上保温夹套的进出口与恒温水浴串联起来,恒温温度以折光计上的实测温度为准。

2.2 仪器的校正(老师演示,学生操作)

折光计的校正时使用的标准物质是纯化水,20℃时的折光率为1.3330。

(1) 棱镜的清洗:松开锁钮,将辅助棱镜拉开,使其磨砂斜面处于水平位置,用擦镜纸蘸取少许乙醚,轻拭上下棱镜表面。

(2) 加水:待镜面干燥后,用胶头滴管滴加2~3滴纯化水于辅助棱镜的毛镜面上(注意:管尖不要触及镜面),闭合上下棱镜,并所紧锁钮。

(3) 对光:打开圆盘组上的小反光镜,使光线射入,调节棱镜转动手轮,至刻度盘标尺上的示值为最小,调节反光镜,使入射光进入棱镜,同时从目镜观察,使视野中最亮。调节目镜,使视野内十字交叉最清晰。

(4) 粗调:调节棱镜转动手轮,使刻度盘标尺上的示值逐渐增大,直至观察道视野中出现彩色光带或黑白临界线为止。

(5) 消色散:旋转阿米西棱镜手轮,使视野内彩虹消失并成为一清晰的明暗临界线。

(6) 精调:调节棱镜转动手轮,使视野内的明暗临界线恰好位于十字交叉线的交差点上。如此时又呈现微色散,必须重调阿米西棱镜手轮,使临界明暗清晰。

(7) 读数:先打开圆盘组上的消反光镜,使光线射入,然后从读数镜筒中读出标尺上相应的示值及测定时的温度。重复3次,取其平均值(三读数相差不能大于0.0002)。

如在20℃,其折光率在0.3329~1.3331,即表示折光计是正常的,可直接使用。否则,须调节棱镜转动手轮,使刻度盘示值恰好在1.3330,然后用小钥匙插入目镜筒旁"示值调节螺钉"的小方孔内轻轻转动螺丝,直至视野内明暗临界线恰好位于十字交叉点,即可。

2.3 标准溶液的测定

(1) 将已校正好的折光计,用滤纸吸干水分,再用擦镜纸蘸取乙醚,轻拭上下棱镜面。

(2) 待乙醚挥发后用胶头滴管滴2~3滴标准溶液在辅助棱镜的镜面上,合上棱镜,所紧所钮,同上校正法操作。

(3) 读数、记录、计算 F 值。

3. 供试液的测定

3.1 将以上的纯化水或标准溶液用擦镜纸吸干,并用水清洗3次后,吸干,再用擦镜纸蘸取乙醚,轻拭上下棱镜面。

3.2 待乙醚挥发后用胶头滴管滴2~3滴供试液在辅助棱镜的镜面上,合上棱镜,所紧所钮,同上校正法操作。

3.3 读数、记录、计算含量。

【注意事项】

1. 本实验中所涉及的水除另有规定外,是指纯化水,一般指蒸馏水和去离子水。

2. 测定标准溶液或供试液的折光率时，每份实验需要三次读数，三次读数相差不能大于0.0002，取其平均值为测定的折光率。

3. 因温度对折光率测定有影响，故测定时最好采用恒温水浴装置。如恒温水浴温度为20℃，则测定时可不再测同温度水的折光率。

【记录】

实验记录表　10%氯化钾注射液的 *F* 值、样品测定

试验日期：　　试验者：　　T：　℃　　RH：　%

次数	C_{KCl}(%)	折光率 n				n_0	F 值	平均 F 值
		1	2	3	平均值			
1								
2								
3								
4								
供试液								

【计算】

$F=(n-n_0)/C_{标}$

$F_{平均值}=(F_1+F_2+F_3+F_4)/4$

$C_{供}=(n_{供}-n_0)/F$

【结论】

【讨论】

【思考题】

1. 测定折光率因素 *F* 值用的标准液浓度为什么应与供试品浓度接近？
2. 配制标准溶液时应采用什么方法称量？
3. 折光率的测定为什么要读三次数，取平均值计算呢？

附　　录

1　人事部

1.1　总经理职责
1.2　总工程师岗位职责
1.3　人事行政部工作职责
1.4　人事行政部经理岗位职责
1.5　办公室工作职责
1.6　办公室主任岗位职责
1.7　人事文员岗位职责
1.8　办公室打字文员岗位职责
1.9　办公室档案文员岗位职责
1.10　办公室内勤文员岗位职责
1.11　驾驶员岗位职责
1.12　保安员岗位职责
1.13　食堂炊事员岗位职责
1.14　绿化清洁工岗位职责
1.15　厂区环境卫生、绿化管理制度
1.16　个人健康管理制度
1.17　公司行政环境卫生管理制度
1.18　环境卫生考核管理办法
1.19 人员健康管理及定期体检制度
1.20　行政生活区环境卫生管理制度
1.21　人事管理制度
1.22　员工聘用调配标准管理规程
1.23　临时用工标准管理规程
1.24　员工辞职、辞退标准管理规程
1.25　关于违反厂有关规章制度的处罚规定
1.26　组织机构定编定岗标准管理规程
1.27　职工考勤管理制度
1.28　工作质量检查与考核办法标准管理规程
1.29　人员培训管理规定
1.30　保卫值班管理规定
1.31　集体宿舍管理规定
1.32　食堂标准管理规程
1.33　劳保用品标准管理规程
1.34　文件分类管理办法
1.35　文件编码管理规定
1.36　GMP 标准管理文件的编制规程
1.37　档案管理制度
1.38　保密管理制度
1.39　会议纪要编发管理规程
1.40　车辆管理制度
1.41　员工培训档案管理规程
1.42　新进厂员工培训管理规程
1.43　员工奖罚制度
1.44　公司来宾参观接待标准管理规程
1.45　办公室标准管理规程
1.46　草坪标准管理规程
1.47　员工礼仪守则标准管理规程
1.48　文件标准管理规程
1.49　人事档案标准管理规程
1.50　操作人员上岗、调岗培训标准管理规程
1.51　文件的印刷、发放、保管、收回及销毁程序
1.52　草坪灯、路灯清洁规程
1.53　厂区道路清洁规程
1.54　明沟清洁规程
1.55　室外设施清洁规程
1.56　厂区环境卫生、绿化检查记录表
1.57　外来人员进入洁区审批单
1.58　员工体检统计表
1.59　个人健康档案表
1.60　员工体检登记表
1.61　员工体(复)检表
1.62　安全检查记录
1.63　员工个人培训记录
1.64　员工个人、培训、考核记录表
1.65　员工培训合格证
1.66　收文登记
1.67　查阅档案登记表
1.68　个人培训记录
1.69　培训效果评价调查表

1.70 培训档案
1.71 车辆派出单
1.72 行车月报表
1.73 派车单
1.74 员工培训签到表
1.75 员工培训计划
1.76 草坪管理记录
1.77 厂区清洁检查记录
1.78 厂区清洁月记录表
1.79 灭虫记录
1.80 明沟清洁记录
1.81 人员招聘申请书
1.82 试用通知单
1.83 试用员工登记表
1.84 求职人员登记表
1.85 自我鉴定表
1.86 在职进修申请表
1.87 临时用工申请表
1.88 人员健康档案统计表
1.89 查阅人事档案审批表
1.90 员工调动通知单
1.91 职工缴纳基本养老保险费月报表
1.92 保密协议
1.93 员工培训台帐
1.94 面试记录表
1.95 录取通知书
1.96 员工转正申请表

2 物　资　部

2.1 物资部工作职责
2.2 物资部经理岗位职责
2.3 仓库保管员岗位职责
2.4 搬运工岗位职责 *
2.5 采购员岗位职责 *
2.6 物料采购标准管理规程
2.7 采购计划标准管理规程
2.8 供应经济合同标准管理规程
2.9 申请付款标准管理规程 *
2.10 物料财务报帐标准管理规程 *
2.11 物料标准管理规程
2.12 物料定置标准管理规程
2.13 物料状态标记标准管理规程
2.14 物料编号标准管理规程
2.15 物料拒收标准管理规程
2.16 合格物料标准管理规程
2.17 包装材料验收、贮存、发放标准管理规程
2.18 标签、使用说明书验收、贮存、发放标准管理规程
2.19 原辅料验收、贮存、发放标准管理规程
2.20 五金材料标准管理规程 *
2.21 成品标准管理规程
2.22 在库化学试剂标准管理规程 *
2.23 危险品标准管理规程 *
2.24 不合格品处理标准管理规程
2.25 不合格品标准管理规程
2.26 仓库温、湿度监测标准管理规程
2.27 产品退库标准管理规程 *
2.28 物资消耗定额标准管理规程 *
2.29 印刷模具标准管理规程
2.30 虫鼠的防范标准管理规程 *
2.31 垫板标准管理规程 *
2.32 仓库安全标准管理规程
2.33 包装破损的物料处理标准管理规程
2.34 物料、中间产品、成品报废标准管理规程
2.35 库房盘点标准管理规程
2.36 中药材库标准管理规程
2.37 在库产品、物料申请复验标准管理规程
2.38 外购物料退货标准管理规程 *
2.39 剩余物料退库标准管理规程 *
2.40 标签、说明书保管和发放标准操作规程
2.41 危险品发放、使用标准操作规程
2.42 物料补料标准操作规程 *
2.43 物料退料标准操作规程 *
2.44 物料、中间产品、产品报废标准操作规程
2.45 物料发放标准操作规程
2.46 物料入库标准操作规程
2.47 物料移交的标准操作规程 *
2.48 物料储存、养护标准操作规程 *
2.49 中药材入库标准操作规程 *
2.50 仓库清洁卫生标准操作规程
2.51 在库标签、说明书销毁标准操作规程
2.52 化学试剂接收、储存、发放操作标准规程
2.53 物料采购标准操作规程

2.54　在库产品申请复验操作规程 *
2.55　中药材、中药饮片接收、储存、发放标准操作规程 *
2.56　内包装材料接收标准操作规程
2.57　内包装材料储存标准操作规程
2.58　内包装材料发放标准操作规程
2.59　原辅料接收标准操作规程 *
2.60　原辅料储存标准操作规程 *
2.61　原辅料发放标准操作规程 *
2.62　包材货位卡 *
2.63　包装材料样版记录 *
2.64　报废品销毁单 *
2.65　标签、使用说明书收发明细帐 *
2.66　标签、使用说明书清样校对表 *
2.67　不合格品处理记录
2.68　不合格品处理审批表
2.69　不合格品销毁申请单
2.70　不合格物料例外使用申请单 *
2.71　不合格物料台帐
2.72　不合格品销毁记录
2.73　仓库温、湿度记录表
2.74　仓库巡查记录 *
2.75　车间标签(使用说明书、小盒)领发台帐
2.76　车间标签、说明书发放领用记录
2.77　车间标签、使用说明书销毁记录
2.78　车间标签、使用说明书领用登记表
2.79　车间物料领用记录 *
2.80　车间中间产品盘点表 *
2.81　成品货位卡
2.82　成品入库明细帐
2.83　供应商申请审计表
2.84　盘点表
2.85　主要物料供应户名册 *
2.86　退料记录 *
2.87　物料、成品结存表 *
2.88　物料、中间产品、产成品报废审批表 *
2.89　物料补料记录 *
2.90　物料发放记录
2.91　物料复验记录
2.92　物料拒收记录
2.93　物料来货登记表
2.94　物料领料单
2.95　物料入库通知单
2.96　物料限额领料单 *
2.97　物料验收记录
2.98　印刷模具档案 *
2.99　印刷模具使用登记表 *
2.100　原辅材料明细帐
2.101　原辅料货位卡 *
2.102　物料包装破损检查记录
2.103　退库产品记录
2.104　主要物料供应商资质汇审表
2.105　物料采购申请单 *

3　工　程　部

3.1　工程部工作职责
3.2　工程部经理岗位职责
3.3　工程部制水员岗位职责
3.4　机修工岗位职责
3.5　电工岗位职责 *
3.6　计量员岗位职责
3.7　空调员岗位职责 *
3.8　锅炉工岗位职责 *
3.9　工艺设备维修工岗位职责
3.10　设备科岗位职责
3.11　设备科科长岗位职责
3.12　机动科岗位职责 *
3.13　机动科科长岗位职责 *
3.14　厂房设计标准管理规程
3.15　厂房施工标准管理规程
3.16　厂房验收标准管理规程
3.17　厂房维修、保养标准管理规程
3.18　洁净厂房标准管理规程
3.19　电话系统标准管理规程 *
3.20　空调净化系统标准管理规程
3.21　空调房交接班标准管理规程 *
3.22　空气压缩系统标准管理规程 *
3.23　纯化水系统标准管理规程
3.24　供水系统标准管理规程 *
3.25　用水标准管理规程 *
3.26　锅炉、 压力容器标准管理规程 *
3.27　计量标准管理规程
3.28　计量仪器具标准管理规程
3.29　计量仪器具校验标准管理规程
3.30　安全生产标准管理规程
3.31　电工安全作业标准管理规程
3.32　配电系统标准管理规程 *

3.33 动力系统标准管理规程 *
3.34 用电标准管理规程 *
3.35 照明系统标准管理规程
3.36 安全教育标准管理规程
3.37 安全操作标准管理规程
3.38 环境保护标准管理规程
3.39 消防安全标准管理规程
3.40 设备标准管理规程
3.41 设备开箱验收标准管理规程
3.42 设备安装调试验收移交标准管理规程 *
3.43 设备维护保养标准管理规程
3.44 设备备品备件标准管理规程 *
3.45 滑标准管理规程 *
3.46 常巡回检查标准管理规程 *
3.47 全标准管理规程 *
3.48 态标志标准管理规程 *
3.49 标准管理规程 *
3.50 设备更新、改造与报废标准管理规程 *
3.51 设备技术档案标准管理规程
3.52 设备规划、选购标准管理规程
3.53 闲置设备的封存标准管理规程 *
3.54 设备检查、评比标准管理规程 *
3.55 设备统计标准管理规程 *
3.56 设备防腐蚀标准管理规程 *
3.57 设备清洁标准管理规程
3.58 设备定置标准管理规程 *
3.59 设备维修标准管理规程
3.60 设备及管路涂色标准管理规程
3.61 机修工具标准管理规程
3.62 仓库安全标准管理规程
3.63 空调净化系统操作规程
3.64 空压机组标准操作规程
3.65 无油螺杆空压机维护保养程序 *
3.66 纯化水系统标准操作规程
3.67 空气净化系统清洁操作规程
3.68 自动捆包机标准操作规程 *
3.69 高效过滤器更换规程
3.70 热打码机操作规程
3.71 回风网及回风网道的清洗规程
3.72 洗衣机操作及清洁规程
3.73 初、中效空气过滤器清洁操作规程
3.74 洗衣干衣机维护保养规程 *
3.75 电子秤标准操作规程
3.76 电子秤维护、保养规程
3.77 灌封机清洗、消毒规程 *
3.78 快装管道安装、清洁、消毒标准操作程序 *
3.79 纯化水系统设备清洗、消毒标准操作规程
3.80 水系统管道、泵和罐的钝化标准操作规程
3.81 纯化水管道、贮罐、泵清洁消毒标准操作规程
3.82 HVAC 系统维修、保养操作程序 *
3.83 反渗透设备维护、保养规程 *
3.84 计量器具校验计划表
3.85 压力表使用检验记录表 *
3.86 二级反渗透设备运行记录 *
3.87 计量器具台帐
3.88 计量器具校验记录
3.89 计量检定合格证
3.90 设备开箱检查记录 *
3.91 主要设备运行记录
3.92 设备登记台帐
3.93 设备定期检修和监测记录
3.94 设备润滑记录 *
3.95 空调机组运行记录 *
3.96 一级反渗透设备运行记录 *
3.97 仪器使用登记表
3.98 设备员巡检记录
3.99 设备事故报告单 *
3.100 设备维护检修记录
3.101 压力容器登记表 *
3.102 设备调拨报废审批记录
3.103 仪器仪表校验、检定、维修记录卡
3.104 设备档案卡
3.105 初、中效过滤器清洁记录
3.106 纯化水设备清洁记录 *
3.107 纯化水系统清洁记录
3.108 空调净化系统清洁记录
3.109 设备清洁记录
3.110 注射用水系统清洗、钝化、消毒记录
3.111 设备单机调试运转记录
3.112 管道压力试验记录 *
3.113 设备系统联合试运转记录 *
3.114 风管漏风检查记录 *
3.115 管线隐蔽工程系统封闭记录 *

3.116　厂房设施检查记录表＊
3.117　设计更改(补充)通知单＊
3.118　土建隐蔽工程记录＊
3.119　管道系统吹洗(脱脂)记录＊
3.120　工程竣工验收单＊
3.121　LCD(B)-Ⅷ型空压机运行记录＊
3.122　纯化水生产记录
3.123　纯化水系统消毒记录
3.124　设备验收单＊
3.125　设备巡检记录

4　生　产　部

4.1　生产部工作职责
4.2　生产部经理岗位职责
4.3　生产车间工作职责
4.4　车间主任岗位职责
4.5　技术员岗位职责
4.6　车间统计员岗位职责
4.7　车间班组长岗位职责
4.8　车间物料员岗位职责
4.9　生产部调度员岗位职责＊
4.10　生产工人通用岗位职责
4.11　中间站管理员岗位职责＊
4.12　包装材料管理员岗位职责
4.13　车间质检员岗位职责
4.14　车间洗衣工岗位职责＊
4.15　车间清洁工岗位职责
4.16　清场标准管理规程
4.17　批号标准管理规程
4.18　批生产记录标准管理规程
4.19　物料平衡标准管理规程
4.20　偏差及异常情况标准管理规程
4.21　工艺用水标准管理规程
4.22　工艺查证标准管理规程＊
4.23　车间状态标志标准管理规程
4.24　中间站及暂存间标准管理规程＊
4.25　产品拼箱标准管理规程
4.26　中间产品交接标准管理规程＊
4.27　技术分析标准管理规程＊
4.28　生产事故标准管理规程＊
4.29　生产过程复核标准管理规程＊
4.30　原辅料消耗定额标准管理规程＊
4.31　生产用周转容器标准管理规程＊
4.32　生产试验标准管理规程
4.33　交接班标准管理规程＊
4.34　重新加工产品标准管理规程＊
4.35　生产用具、容器标准管理规程
4.36　度量衡器使用标准管理规程
4.37　更衣、换鞋标准管理规程
4.38　环境保护标准管理规程
4.39　防止药品污染和混淆标准管理规程
4.40　新产品投产标准管理规程＊
4.41　缓冲间(传递窗)标准管理规程
4.42　生产区物料、中间产品放置标准管理规程
4.43　一般生产区卫生标准管理规程
4.44　洁净区卫生标准管理规程
4.45　洁净区空气灭菌标准管理规程
4.46　工艺卫生标准管理规程
4.47　生产用具、容器清洁标准管理规程
4.48　清洁卫生工具标准管理规程
4.49　生产区内人员卫生标准管理规程
4.50　外来人员进入洁净区标准管理规程
4.51　工作服的选材与式样标准管理规程＊
4.52　工作服清洗、保管、发放标准管理规程
4.53　洁净区地漏清洁卫生标准管理规程
4.54　生产计划标准管理规程
4.55　生产调度标准管理规程＊
4.56　人员出入生产区标准管理规程
4.57　生产过程标准管理规程
4.58　物料出入生产区标准管理规程
4.59　清洁工具标准管理规程
4.60　车间剩余物料标准管理规程＊
4.61　车间标签、说明书标准管理规程
4.62　车间不合格品处理标准管理规程＊
4.63　卫生状态标志标准管理规程
4.64　生产人员标准管理规程
4.65　生产指令标准管理规程
4.66　特殊清洁标准管理规程＊
4.67　车间物料销毁标准管理规程＊
4.68　工艺规程标准管理规程
4.69　生产状态标志标准管理规程
4.70　生产用模具标准管理规程
4.71　生产计划、生产指令的下达标准操作规程
4.72　物料称量标准操作规程
4.73　开工前生产准备标准操作规程

4.74 包装过程质量控制标准操作规程
4.75 生产废弃物处理标准操作规程
4.76 清场标准操作规程
4.77 打印批号标准操作规程
4.78 车间物料领取、暂存标准操作规程
4.79 产品包装标准操作规程
4.80 配液岗位标准操作规程 *
4.81 一般生产区清洁卫生标准操作规程
4.82 洁净区清洁卫生标准操作规程
4.83 洗手间清洁卫生标准操作规程
4.84 洁净区公用设施清洁卫生标准操作规程
4.85 缓冲间、传递窗清洁、消毒标准操作规程
4.86 地漏的使用、清洁、消毒标准操作规程
4.87 灯具清洁标准操作规程
4.88 清洁卫生工具的使用、清洁、存放标准操作规程
4.89 生产用具、容器清洗、消毒标准操作规程
4.90 周转容器的清洁卫生标准操作规程 *
4.91 人员进出洁净区标准操作规程
4.92 物料进出洁净区标准操作规程
4.93 手清洗、消毒标准操作规程
4.94 一般生产区工作服的清洗、保存、收发标准操作规程
4.95 洁净区工作服的清洗、保存、收发标准操作规程
4.96 人员进出非洁净区标准操作规程
4.97 车间物料结料、退料标准操作规程 *
4.98 缓冲间、传递窗使用标准操作规程 *
4.99 洁净区清洁工具标准操作规程
4.100 不合格中间品处理标准操作规程
4.101 洁净区清洁容器暂存标准操作规程
4.102 包装材料领用标准操作规程
4.103 成品入库标准操作规程
4.104 搬运工标准操作规程
4.105 回收药品处理标准操作规程 *
4.106 领料岗位标准操作规程 *
4.107 中间产品交接标准操作规程
4.108 原辅料备料、称量标准操作规程
4.109 紫外灯使用、维护标准操作规程
4.110 外包岗位标准操作规程
4.111 成品大箱封口、捆扎标准操作规程
4.112 电动圆盘印码机岗位标准操作规程 *
4.113 超声波提取岗位标准操作规程 *
4.114 药材干燥岗位标准操作规程 *
4.115 洗衣机岗位标准操作规程 *
4.116 超声波提取罐机组标准清洁程序 *
4.117 切药岗位标准操作规程 *
4.118 选药、洗药岗位标准操作规程 *
4.119 药材粉碎工序标准操作规程 *
4.120 热风循环烘箱干燥岗位标准操作规程 *
4.121 药品批生产记录
4.122 批生产记录汇总表
4.123 批生产指令
4.124 称量岗位原始记录
4.125 混合、制粒岗位原始记录
4.126 清场原始记录
4.127 干燥岗位原始记录
4.128 磨粉岗位原始记录
4.129 整粒、总混岗位原始记录
4.130 中间产品交接单
4.131 请验单
4.132 中间站物料进出台帐 *
4.133 生产计划表
4.134 胶囊充填、抛光岗位原始记录
4.135 颗粒包装岗位原始记录 *
4.136 打码岗位原始记录
4.137 外包装材料记录
4.138 外包装岗位原始记录
4.139 批包装指令
4.140 一般生产区清洁卫生检查记录
4.141 洁净区清洁消毒记录
4.142 传递窗(传递柜)清洁消毒记录
4.143 洁净区设施清洁记录
4.144 清洁卫生工具清洁消毒记录
4.145 生产用具、容器清洁消毒记录
4.146 工作服清洁、消毒记录
4.147 工作服收发记录
4.148 紫外灯使用记录

5 质量部

5.1 质量部工作职责
5.2 质量部经理岗位职责
5.3 质量部 QA 办工作职责

5.4　QA 主任岗位职责
5.5　质量部 QC 办工作职责
5.6　QC 主任岗位职责
5.7　QA 人员岗位职责
5.8　QC 人员岗位职责
5.9　质量档案管理员岗位职责 *
5.10　标化管理员岗位职责
5.11　剧毒试剂管理员岗位职责 *
5.12　精密仪器管理人员工作职责
5.13　检验记录、报告单复核员岗位职责

质量部 QC

5.14　检验标准管理规程
5.15　检验文件书写管理规程
5.16　精密仪器清洁标准管理规程
5.17　检验记录复核标准管理规程
5.18　检验报告书标准管理规程
5.19　检品复检标准管理规程 *
5.20　检验差错事故处理标准管理规程
5.21　理化检验室标准管理规程
5.22　仪器分析室标准管理规程
5.23　实验室安全标准管理规程
5.24　生物测定检查室标准管理规程
5.25　检验室环境“三废”处理标准管理规程
5.26　检测仪器、设备标准管理规程
5.27　容量玻璃器具的校验标准管理规程
5.28　标准品、对照品标准管理规程
5.29　试剂标准管理规程
5.30　剧毒化学试剂(试药)管理规程
5.31　滴定液与试液标准管理规程
5.32　玻璃量器使用标准管理规程
5.33　培养基配制标准管理规程
5.34　培养基灭菌标准管理规程
5.35　培养基标准管理规程
5.36　洁净区(室)环境监测标准管理规程
5.37　洁净度检测异常的处理标准管理规程
5.38　菌种标准管理规程
5.39　产品送检标准管理规程
5.40　菌检室清洁、消毒标准管理规程
5.41　原辅包材、成品和中间体检验标准管理规程
5.42　物料、中间体、成品质量台帐标准管理规程
5.43　检验故障及结果超标处理标准管理规程
5.44　留样观察标准管理规程
5.45　委托检测管理规程
5.46　成品稳定性试验标准管理规程
5.47　中药标本室标准管理规程
5.48　消毒剂的配制及使用标准管理规程
5.49　玻璃仪器清洁标准管理规程
5.50　糊精检验标准操作规程 *
5.51　药用空心胶囊检验标准操作规程
5.52　薄层色谱法检验标准操作规程
5.53　纯化水检验标准操作规程
5.54　塑料打包带检验标准操作规程
5.55　产品合格证检验标准操作规程
5.56　封口签检验标准操作规程
5.57　封箱胶检验标准操作规程
5.58　复合膜袋检验标准操作规程
5.69　说明书检验标准操作规程
5.60　中盒检验标准操作规程
5.61　外箱检验标准操作规程
5.62　小盒检验标准操作规程
5.63　聚氯乙烯(PVC)检验标准操作规程 *
5.64　铝箔(PTP)检验标准操作规程 *
5.65　微生物限度检查标准操作规程
5.66　pH 值测定标准操作规程
5.67　炽灼残渣检查标准操作规程
5.68　干燥失重检查标准操作规程
5.69　重金属检查标准操作规程
5.70　中药材杂质检查标准操作规程
5.71　最低装量检查标准操作规程
5.72　水分测定标准操作规程
5.73　浸出物测定标准操作规程
5.74　溶液颜色检查标准操作规程
5.75　灰分测定标准操作规程
5.76　相对密度测定标准操作规程 *
5.77　药材显微鉴别法标准操作规程 *
5.78　高效液相色谱法标准操作规程
5.79　洁净室尘埃粒子测定标准操作程序
5.80　紫外可见分光光度计标准操作程序
5.81　净化工作台标准操作程序
5.82　高效液相色谱仪标准操作程序
5.83　高压蒸汽灭菌消毒锅标准操作程序
5.84　玻璃仪器校验标准操作程序
5.85　三用紫外分析仪标准操作程序 *
5.86　酸度计标准操作程序
5.87　滴定管、量瓶、移液管、刻度吸管标准操

作程序

5.88 取样器具清洁标准操作程序

5.89 玻璃仪器清洁标准操作程序

5.90 菌检用具清洁标准操作程序

5.91 培养基灭菌标准操作程序

5.92 洁净(区)室沉降菌测试标准操作程序

5.93 电子天平标准操作程序

5.94 尘埃粒子计数器标准操作程序

5.95 培养基配制标准操作程序

5.96 消毒液配制标准操作程序

5.97 微生物限度检查室清洁、消毒标准操作程序

5.98 超声波清洗器标准操作程序

5.99 温度计和温、湿度计校验标准操作程序

5.100 崩解时限检查法标准操作程序

5.101 水分快速测定仪标准操作程序

5.102 薄层色谱法标准操作

5.103 包装材料检验台帐 *

5.104 成品检验台帐 *

5.105 菌种、对照药材、标准品(对照品)入库台帐 *

5.106 样品留样台帐 *

5.107 试剂、玻璃仪器领用台帐 *

5.108 洁净区(室)环境监测台帐

5.109 工艺用水检验台帐 * *

5.110 取样台帐 *

5.111 产品检验原始记录 *

5.112 产品中间体检验原始记录 *

质量部 QA

5.113 质量否决标准管理规程

5.114 质量管理教育标准管理规程 *

5.115 量活动标准管理规程 *

5.116 质量奖惩标准管理规程 *

5.117 质量事故标准管理规程

5.118 质量管理系统规程

5.119 质量责任制标准管理规程 *

5.120 质量“三检”标准管理规程 *

5.121 产品质量档案标准管理规程 *

5.122 质量分析会议标准管理规程 *

5.123 质量报表汇总标准管理规程

5.124 质量分析标准管理规程

5.125 质量统计报告标准管理规程

5.126 供应商标准管理规程

5.127 供应商审计标准管理规程 *

5.128 供应商档案标准管理规程 *

5.129 标签、说明书的设计、审核标准管理规程

5.130 企业内控标准的制定、修改、审核、批准、管理规程 *

5.131 变更控制标准管理规程

5.132 检验文件标准管理规程 *

5.133 岗位质量检查标准管理规程

5.134 《GMP》自检标准管理规程

5.135 起始物料审核放行标准管理规程 *

5.136 中间体审核放行标准管理规程 *

5.137 成品放行审核标准管理规程

5.138 成品批质量评价标准管理规程 *

5.139 成品使用期限标准管理规程

5.140 工艺用水监测标准管理规程 *

5.141 物料贮存期(使用期限)及复验监控标准管理规程 *

5.142 物料进入洁净区检查标准管理规程 *

5.143 车间物料监控标准管理规程 *

5.144 生产过程质量监控标准管理规程 *

5.145 洁净区环境监测标准管理规程

5.146 车间清洁卫生监控标准管理规程

5.147 合格证发放标准管理规程

5.148 不合格中间体、成品监控标准管理规程 *

5.149 不合格品报告及处理标准管理规程

5.150 销毁标准管理规程

5.151 实验超出规定的结果及异常结果标准管理规程

5.152 状态标志编制标准管理规程

5.153 用户咨询标准管理规程 *

5.154 用户访问标准管理规程 *

5.155 用户投诉标准管理规程 *

5.156 药品不良反应监测报告管理规程

5.157 产品紧急收回管理规程

5.158 产品退货及处理标准管理规程

5.159 验证标准管理规程

5.160 取样车标准管理规程

5.161 取样标准管理规程

5.162 包装材料样本标准管理规程 *

5.163 产品重新加工标准管理规程 *

5.164 质量部检验工作标准操作规程

5.165 企业内控标准的制定、修改、审核、批准标准操作规程

5.166 中药材取样标准操作规程
5.167 原辅料取样标准操作规程
5.168 中间体取样标准操作规程 *
5.169 内包装材料取样标准操作规程 *
5.170 外包装材料取样标准操作规程 *
5.171 成品取样标准操作规程
5.172 退货取样标准操作规程 *
5.173 纯化水取样标准操作规程
5.174 原辅料审核放行标准操作规程
5.175 中间体审核放行标准操作规程
5.176 成品审核放行标准操作规程
5.177 不合格原辅料、包装材料的处理标准操作规程
5.178 不合格中间体、成品处理标准操作规程
5.179 设备清洁监测取样标准操作规程
5.180 工艺用水质量监控标准操作规程
5.181 原辅料质量监控标准操作规程 *
5.182 内包材监控标准操作规程 *
5.183 标签、说明书及包材的质量监控标准操作规程 *
5.184 成品质量监控标准操作规程
5.185 车间原辅料暂存室现场监控标准操作规程
5.186 车间内包材暂存室现场监控标准操作规程 *
5.187 车间外包材暂存室现场监控标准操作规程 *
5.188 车间中间站现场监控标准操作规程 *
5.189 外包装现场监控标准操作规程
5.190 用户投诉处理标准操作规程
5.191 药品不良反应监测处理标准操作规程
5.192 成品紧急收回标准操作规程
5.193 退货、收回和不合格品监控标准操作规程
5.194 取样车标准操作规程
5.195 取样车清洁标准操作规程
5.196 粉碎现场监控标准操作规程 *
5.197 胶囊填充、抛光现场监控标准操作规程
5.198 铝塑包装现场监控标准操作规程
5.199 车间原辅料暂存室现场监控记录 *
5.200 车间中间站现场监控记录 *
5.201 车间内包材暂存室现场监控记录 *
5.202 车间外包材暂存室现场监控记录 *
5.203 成品库质量监控记录
5.204 外包装现场监控记录
5.205 成品入库现场监控记录
5.206 标签、说明书及包材质量监控记录
5.207 原辅料质量监控记录 *
5.208 原辅材料质量月报 *
5.209 包装材料质量月报 *
5.210 成品质量月报
5.211 成品质量审核台帐 *
5.212 报告书发放记录 *
5.213 供应商申请报告 *
5.214 供应商审计报告 *
5.215 供应商基本情况调查表 *
5.216 定点供应商通知单 *
5.217 用户投诉处理记录
5.218 自检报告
5.219 质量部自检记录
5.220 用户投诉记录
5.221 质量事故处理记录
5.222 不合格物料、退库产品监控记录

6 财　务　部

6.1 财务部工作职责
6.2 财务部经理岗位职责 *
6.3 主办会计岗位职责 *
6.4 出纳岗位职责 *
6.5 会计岗位职责 *
6.6 财务标准管理规程 *
6.7 财务计划标准管理规程 *

7 市　场　部

7.1 市场部工作职责
7.2 市场部副总经理工作职责 *
7.3 市场部经理岗位职责 *
7.4 市场部地区经理岗位职责 *
7.5 市场部销售内勤岗位职责 *
7.6 市场部销售人员岗位职责
7.7 市场部医学顾问岗位职责
7.8 销售合同使用管理规定
7.9 销售记录存档管理制度

7.10 销售产品发货管理规定
7.11 市场发票申请审核制度
7.12 销售样品及资料发放管理规定
7.13 用户来信来访接待管理规定
7.14 产品销售记录及存档记录
7.15 产品退货处理单
7.16 发票申请单 *
7.17 产品退货申请通知单 *
7.18 产品销售退货申请单 *
7.19 发货单
7.20 来信来访接待处理单
7.21 退货记录
7.22 样品及资料申请单 *
7.23 成品报废申请单 *
7.24 要货计划单 *
7.25 发票、回款记录 *

1 人 事 部

1.1 总经理职责

文件名称：	总经理职责		
文件编号：	XX/RY-RS001		
起 草： 年 月 日		修 订：	
审 核： 年 月 日		审 核：	
批 准： 年 月 日		批 准： 年 月 日	
执行日期： 年 月 日		执行日期： 年 月 日	
编订依据：2010年版《GMP》			
编订部门：人事行政部		颁发部门：人事行政部	
分发部门：人事行政部、总经理			

目的：制定公司总经理的职责、工作内容。

范围：全面主持公司的生产经营活动。

责任人：总经理

内容：

1. 总经理是企业的生产、经营、行政管理、计划、政策的总执行人，对企业的生产经营活动全面负责。

2. 在组织企业生产经营活动中，必须遵守《中华人民共和国公司法》、《中华人民共和国药品法》及其他有关法律、法规。

3. 负有保证公司的财产和职工正当利益不受侵犯的责任，正确处理国家、企业、职工三者间的利益关系。

4. 定期向董事会报告工作，接受监督。

5. 接受药监、税务、工商行政、劳动等国家部门的指导和监督。

6. 代表公司对外处理重要业务。

7. 建立以总经理为首的生产经营管理系统，由总经理全面负责，统一指挥。

8. 根据市场需求，拟定公司的中长期发展规划、年度经营计划、年度财务决策方案。经董事会审议后，组织实施。

9. 按公司年度经营目标，对各部门下达分解后的目标指令。使各部门清楚明白各自的职责、权限。

10. 督促各部门建立健全严格的工作标准和管理标准，做到人人责权分明，实行责任与经济利益相结合的检查、考核制度和激励机制，根据考核结果定期予以奖罚。

11. 根据公司生产经营需要设置组织机构，任免和调配公司副总以下的所有员工。

12. 决定对本公司副总以下员工的录用、奖惩、升降级、聘用、解聘、辞退。

13. 不断改善企业的劳动条件，保证安全生产，做好环境保护，并逐步改善员工的物质文化生活条件。

14. 加强对员工的思想文化和业务教育，进行合理的智力投资和人力资源开发。支持和鼓励合理化建议及技术革新，促进企业两个“文明建设”的健康发展。充分发挥员工办好企业的主动性、积极性和创造性，增强企业的凝聚力和向心力。

15. 正确处理和协调公司内、外部关系，为实现经营目标打下良好基础。

16. 接受董事长及董事会的领导和监督，重大问题勤于汇报，有争执的问题善于协调。

17. 爱护下级，平等相处，以诚相待。

18. 对外联络要热情、公平、客观，坚持平等互利、相互协作原则。

19. 组织、指挥、协调、监督检查各部门负责人的工作。

20. 合理设置公司部门机构，因事设职，责权一致，指挥统一，跨度适宜。

21. 通过公司综合办公室经常检查和评定各部门的工作，调查研究、了解和掌握各部门工作情况，善于利用各种统计和报告记录，做出实事求是的有效评价，以调动各部门的积极性和创造性，充分发挥各自的职能作用。

22. 主持公司的生产经营管理工作，贯彻实施董事会其他决议。

23. 组织实施年度经营计划和投资方案。

24. 拟定公司内部管理机构设置方案。

25. 提请董事会聘任公司厂长、总工、副总经理、财务负责人。

26. 行使公司章程和董事会授予的其他职权。

27. 落实和检查公司质量责任制完成情况，并按规定对有关人员实行奖罚。

28. 有效行使总经理职权。

1.2 总工程师岗位职责

文件名称：	总工程师岗位职责		
文件编号：	XX /RY-RS002		
起　　草： 年　月　日		修　　订：	
审　　核： 年　月　日		审　　核：	
批　　准： 年　月　日		批　　准：	年　月　日
执行日期： 年　月　日		执行日期：	年　月　日
编订依据：2010 年版《GMP》			
编订部门：人事行政部		颁发部门：人事行政部	
分发部门：人事行政部、总工程师			

目的：明确总工程师职责、基本技能和工作内容。

范围：生产技术管理，新产品、新工艺、新技术开发，质量管理。

责任人：总工程师

内容：

1. 负责组织质量部门、医学部开展日常工作，采取切实措施，配合总经理做好企业的质量、技术工作。采用严格的质量保证措施，使产品质量稳定地达到各项国家标准。

2. 负责编制技术革新、改造、发展规划，对新产品、新剂型、新工艺、新技术进行设计、试制，对重大技术难题攻关。

3. 负责公司全面的 GMP 认证工作，协助总经理组织质量部门对产品质量进行全面认真地监督、检查、验证，对产品质量负责。

4. 负责质量管理制度、工艺规程、操作规程、技术质量标准的制定、审核、监督实施工作。

5. 负责技术、质量档案的监督管理工作，组织技术交流活动，抓好技术、质量培训工作，提高本企业职工质量意识和技术业务水平。

6. 负责处理设备调试、大修中发现的重要技术问题，审批设备部门编制的大、中修和保养计划。

7. 负责技术安全工作，并监督和负责对技术安全事故的处理。

8. 负责检查技术、质量部门职责执行情况，发现问题及时解决处理。对有关技术、质量的建议意见及时研究和答复。

9. 对技术人员进行业务考核，并向总经理提出奖罚和人员调整建议。

10. 贯彻执行国家有关药品生产技术和各项政策，规定有关标准，并制定出本企业具体实施办法。

11. 技术发展趋势及本企业发展需要，编制新产品试制计划，组织会议审定，并报上级批准，组织实施。

12. 上级批准后,编制分项的新产品年度实施计划,组织讨论并批准实施计划,发布实施。

13. 持新产品的公司内鉴定,参与工业性试验、鉴定或就上级委托主持工业性试验鉴、审批有关技术文件。

14. 组织编制企业长远和近期技术发展规划,技术改造规划和技术引进计划。

15. 企业的重大技术问题作出最后决定并承担责任。

16. 企业的重大技术革新、技术改造和技术攻关等方案的审定,组织实施和技术鉴定。

17. 科技成果的申报、奖励和科技资料的整理和归档。

18. 职工工艺技术教育,组织应用现代化管理技术,推动群众性的技术革新活动,总结推广工艺管理及技术革新成果。

19. 负责解决产品的质量问题,组织有关人员制定产品的质量升级规划和研究提高产品质量的措施,督促检查质量工作。

20. 对重大技术条件、技术经济指标的变动、各种技术方案的制定提出指导意见。

21. 审定技术类的标准和规章制度。

22. 对企业各技术部门进行技术检查、监督及指导。

23. 对技术人员的任免、调动、技术考核、培训和晋级提出意见。

24. 本企业标准化领导小组的日常工作。

25. 行使公司授予的其他职权。

1.14　绿化清洁工岗位职责

文件名称:	绿化清洁工岗位职责		
文件编号:	XX /RY-RS014		
起　草: 　年　月　日		修　订:	
审　核: 　年　月　日		审　核:	
批　准: 　年　月　日		批　准:	年　月　日
执行日期: 　年　月　日		执行日期:	年　月　日
编订依据:2010 年版《GMP》			
编订部门:人事行政部		颁发部门:人事行政部	
分发部门:人事行政部、办公室			

目的:明确绿化工的岗位职责范围。

范围:厂区内的绿化、清洁。

责任人:绿化清洁工

内容:

1. 按照厂办公室绿化管理的要求及时对草坪、树木进行日常养护工作,定期对草坪、树木松土、施肥、剔除杂草、清除垃圾、浇水,使草坪、树木常保青翠。

2. 清扫厂区内道路,保证厂区环境清洁、整齐,排水通畅,无杂草、无积水、无蚊蝇滋生地。

3. 垃圾箱及时清倒、清洁,不出现外溢或有异味。

4. 办公楼卫生定时清洁,每天两次(上午上班前及下午下班后)。

5. 办公楼公共区域随时清扫,不得出现废纸、杂物、痰迹,保持区域卫生合格。

6. 厕所每天下班后清洗,不能有污渍及臭味。

7. 定期清洗厂区内公共设施及办公楼内外 2 米以下的外墙、门窗,不得有积尘。

1.15 厂区环境卫生、绿化管理制度

文件名称：	厂区环境卫生、绿化管理制度		
文件编号：	XX /SMP-RS001		
起　草：	年　月　日	修　订：	
审　核：	年　月　日	审　核：	
批　准：	年　月　日	批　准：	年　月　日
执行日期：	年　月　日	执行日期：	年　月　日
编订依据：2010 年版《GMP》			
编订部门：人事行政部		颁发部门：人事行政部	
分发部门：工程部、生产部、物资部、质量部、人事行政部			

目的：规范厂区环境卫生、绿化的管理。

范围：厂区公共卫生和厂区绿化。

责任人：清洁工、绿化员、卫生区划分的责任者，办公室主任。

内容：

1. 厂区环境卫生、绿化情况由办公室主任监督管理。同时由厂公共卫生检查小组对全厂的公共卫生进行监督。公共卫生检查小组由办公室主任、车间主任、QA 主任组成。检查小组每周检查一次，时间每周末下午，检查结果记录在《厂区环境卫生、绿化检查记录表》，记录内容为：检查内容、卫生状态等。

2. 厂区的环境卫生以及室内的公共卫生，实行分区分人负责制。

3. 厂区内汽车应在指定地点定量放置。

4. 各部门的垃圾运送到垃圾池集中堆放，不得在厂区其他任何地方乱倒乱放。垃圾在运送过程要密闭，避免污染周围环境。

5. 厂区道路不得随意堆放物品，必须保证其畅通无阻，清扫过程必须洒水（下雨天除外）。每天至少清扫一次。

6. 厂区排水明渠，必须每天清理一次，每周用自来水冲洗一次，暗沟每季清理一次，每月用自来水冲洗一次。废物阻留闸栅的放置能有效阻留废物，被阻留废物要及时清理，使排水畅通。

7. 公用卫生间必须每天清洁一次，清洁范围包括天花、墙面、地板、门窗、便斗以及洗手池等，有污迹的地方可选用清洁剂进行清洁，直至无任何污迹为止。公用卫生间的清洁按《洗手间清洁卫生规程》进行。

8. 各部门办公室内卫生主要由办公人员自行负责。办公桌、椅、办公用品必须摆放整齐，每天清洁一次。天花、地面、门窗卫生主要由清洁工负责，天花、墙壁每月清洁一次，门窗每周清洁一次，地面每天清扫、拖洗一次。

9. 各幢楼房的楼梯、非生产区内的走廊必须每天洒水清扫、拖地一次，天花、墙壁每周清洁一次。应保持楼梯、走廊无废物，无污迹。

10. 各幢楼房的顶楼每周用水冲洗一次，地漏、排水渠畅通无阻。

11. 饮用水贮水池周围要求无杂物、无积水，要求每天清理一次。

12. 厂区绿化由兼职绿化人员负责，厂区内应保证无露土地面。

13. 凡新栽种的草、树，必须选择无开花的品种。草、树栽种按厂区定置规划要求，在指定地点种植。

14. 厂区草、树应根据生长情况不定期进行必要的修剪，草地上插上"严禁踩踏"的字牌。

15. 厂公共卫生检查小组必须在检查完毕后认真填写《厂区环境卫生、绿化检查记录表》记录内容为：检查日期、检查内容、卫生状态、备注、记录人、厂办主任签字等。

1.34　文件分类管理办法

文件名称：	文件分类管理办法		
文件编号：	XX/SMP-RS020		
起　草：	年　月　日	修　订：	
审　核：	年　月　日	审　核：	
批　准：	年　月　日	批　准：	年　月　日
执行日期：	年　月　日	执行日期：	年　月　日
编订依据：2010年版《GMP》			
编订部门：人事行政部		颁发部门：人事行政部	
分发部门：人事行政部、质量部、工程部、生产部、物资部、总工办			

目的：将公司所有文件的分类管理办法明确下来，使文件的管理规范有序，方便查阅。

范围：适用于公司现行的所有文件。

责任人：人事行政部经理、办公室主任、质量部经理、工程部经理、生产部经理、物资部经理、总工。

内容：

1. 文件管理分为两大系统：行政管理文件系统和生产质量管理文件系统。

1.1 行政管理文件系统又可分为行政管理制度和行政管理人员工作职责（责任制）两类。其中行政管理制度分为：人事管理制度、工作（劳动）纪律管理制度、安全消防管理制度、卫生管理制度；行政管理人员工作职责（责任制）系指：从总经理到中层管理人员的各级行政管理人员的工作职责（责任制）。

1.2 生产和质量管理文件系统包括标准类和记录（凭证）类，其中标准类分为：技术标准、管理标准、工作标准三部分；记录类分为：生产管理记录、质量管理记录、质量检验记录、销售记录、验证记录、监测维修校验记录。

1.2.1 技术标准文件是由国家与地方、行业与企业所颁布和制定的技术性规范、准则、规定、办法、标准、规程和程序等书面要求，包括：产品工艺规程、质量标准（原料、辅料、工艺用水、半成品、中间体、包装材料、成品）检验操作规程。

1.2.2 制药行业的管理标准文件是指医药企业为了行使生产计划、指挥、控制等管理职能并使之标准化、规范化而制定的制度、规定、标准、办法等书面要求，包括：生产管理、质量管理、卫生管理、验证管理、人员培训、文件管理、辅助部门管理、紧急情况处理。

1.2.3 制药企业工作标准文件是指以人或人群为工作对象，对工作范围、职责、权限以及工作内容考核等所提出的规定、标准、程序等书面要求。包括：工作指令、岗位责任制、岗位操作法、各项工作标准操作规程。

1.2.4 记录（凭证）是反映实际生产和质量控制活动中执行标准情况的实施结果。其中 记录包括：生产操作记录、质控质检记录、报表、帐等。凭证是表示物料、物件、设备、房间等状态的单、证、卡、牌等，如产品合格证等。

2. 该文件自总经理批准之日起，公司的文件分类管理一律按上述办法执行。

3. 公司文件分类管理图。

行政管理文件系统
- 行政管理制度
- 行政管理人员工作职责（责任制）

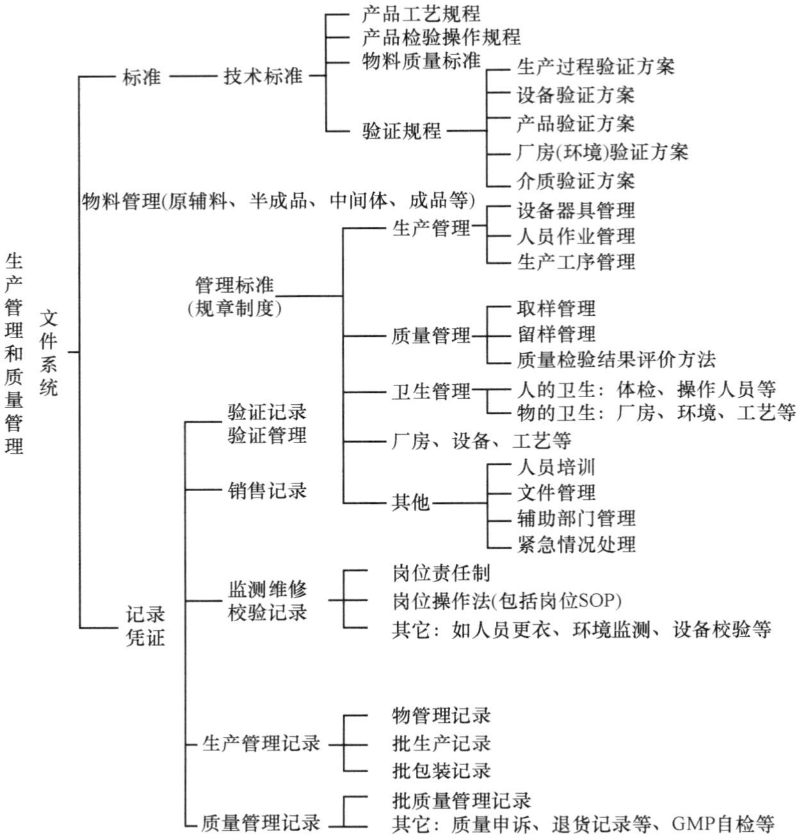

表附1　生产管理和质量管理文件系统

1.35　文件编码管理规定

文件名称：	文件编码管理规定		
文件编号：	XX /SMP-RS021		
起　　草：	年　月　日	修　　订：	
审　　核：	年　月　日	审　　核：	
批　　准：	年　月　日	批　　准：	年　月　日
执行日期：	年　月　日	执行日期：	年　月　日
编订依据：2010 年版《GMP》			
编订部门：人事行政部		颁发部门：人事行政部	
分发部门：人事行政部、质量部、工程部、生产部、物资部、总工办			

目的：为了使公司的管理文件便于查阅、识别、控制和追踪，同时可避免使用或发放过时的文件，需要对公司的管理文件加编码。

范围：适用于公司所有的行政管理、生产管理和质量文件，不适用于公司的文秘性文件。

责任人：人事行政部经理、办公室主任、质量部经理、工程部经理、生产部经理、物资部经理、总工。

内容：

1. 管理文件编码由五大部分组成，即公司代号、文件类别、文件所属部门、文件序号、修订次数。

1.1 公司代号："XXXX 药业有限公司" 的汉语拼音" XXXX yaoye youxiangongsi"，选用有代表的大写字母代表公司名称，即"XX"。

1.2 文件分类：文件按其性质进行分类，现将按性质分类的文件类别、字母代码列表如下：

文件类型	字母代号
岗位职责(责任制)	RY
技术标准	TS
管理标准	SMP
工作标准	SOP
记录	RD

1.3 部门代码：按每个部门汉语拼音有代表的大写字母作为部门代码，列表如下：

部门名称	字母代码
生产部	SC
质量部	ZL(QA、QC)
物资部	WZ
工程部	GC
人事行政部	RS
市场部	XS
财务部	CW
产品技术开发部	JS

1.4 文件的序号以三位阿拉伯数字表示，某类文件的最后序号数就等于该类文件的现有数目。

1.5 文件最后两个阿拉伯数字表示文件的修订次数，如"00"表示为新制定文件，01 表示修订过一次，依此类推。

2. 举例说明

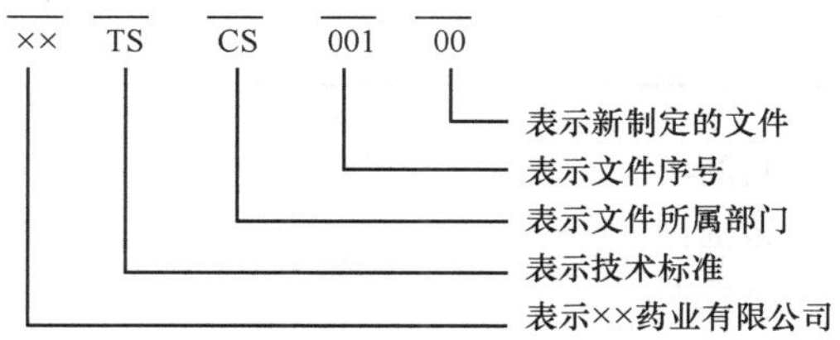

3. 该规定总经理批准后，公司所有管理文件发布前均由 GMP 认证办公室按上述编码规定编制编码。

4. 编码一经给定，就必须登记在案，当文件有修改时，从左至右的前 9 个代号不变，只对后两个代表修订次数的代号根据第 1.5 条规定进行修改。

5. 该"编码规定"由 GMP 认证办制定，并由 GMP 认证办公室负责解释。

1.36　GMP 标准管理文件的编制规程

文件名称：	GMP 标准管理文件的编制规程		
文件编号：	XX /SMP-RS022		
起　草：	年　月　日	修　订：	
审　核：	年　月　日	审　核：	
批　准：	年　月　日	批　准：	年　月　日
执行日期：	年　月　日	执行日期：	年　月　日
编订依据：2010 年版《GMP》			
编订部门：人事行政部		颁发部门：人事行政部	
分发部门：人事行政部、质量部、工程部、生产部、物资部、总工办			

目的：制定 GMP 标准管理文件的编制规程，规范我公司 GMP 标准管理文件编写格式，制定、初审、会审、批准程序，确定文件格式。

范围：适用于公司所有的 GMP 标准管理文件的制定、初审、会审、批准的全过程。

责任人：人事行政部经理、办公室主任、质量部经理、工程部经理、生产部经理、物资部经理、总工程师

内容：

1. GMP 标准管理文件：即我公司实施 GMP 和 GMP 认证所形成的技术标准、管理标准、工作标准及记录统称 GMP 标准管理文件。

2. GMP 标准管理文件的编写格式：

2.1 每一份文件第一页文头形式如下：

文件名称：			
文件编号：			
起　　草：	年　月　日	修　　订：	
审　　核：	年　月　日	审　　核：	
批　　准：	年　月　日	批　　准：	年　月　日
执行日期：	年　月　日	执行日期：	年　月　日
编订依据：			
编订部门：		颁发部门：	
分发部门：			

目的：

范围：

责任人：

内容：

2.2 目的：简单扼要地说明制定该文件的目的是什么。

2.3 适用范围：该文件适用于哪些范围或应用领域。必要时还应说明不适用的范围和应用领域。

2.4 责任者：对贯彻执行该文件负有责任的部门、岗位或人员。

2.5 内容：文件正文。

3. 产品工艺规程、验证方案、产品质量标准、检验操作规程等技术文件不受规程制约。

4. 编制（修订）、审核、批准程序：

4.1 技术标准、管理标准、工作标准、记录等，由职能部门指定符合条件的管理人员编制（修订）。

4.2 跨职能部门的标准管理文件由总工办指定符合条件的管理人员编制（修订）。

4.3 编制（修订）人员根据有关法规、法定标准、行业管理文件以及公司的内控标准、规定和要求编制（修订）标准管理文件。必要时编制起草说明，详细说明有关内容的依据、内容的解释和其他未尽事宜。

4.4 将文件的草稿和起草说明交本部门领导初审，职能部门的标准管理文件草稿首先由负责起草的单位及有关部门的领导初审。

4.5 公司所有 GMP 标准管理文件由 GMP 认证办公室组织会审。

4.6 会审的组成人员：公司有关领导、各部门负责人及相关人员组成。

4.7 会审时做好记录。

4.8 凡是经过会审通过审定的标准管理文件，交总经理审阅批准执行。会审未通过的或进行重新修订的，由原起草单位负责修改按“4.”款程序进行。

5. 修订：

5.1GMP 标准管理文件按《药品生产质量管理规范》的规定，定期进行修订。

5.2 修订前，总工办指定专人对其复审提出修订意见。

5.3 下列情况必须及时修订：

5.3.1 法定标准、法规或其他依据文件更改，更新版本，使标准有改变。

5.3.2 新设备、新工艺或采用新的设施。

5.3.3 原辅料的供货厂家变更，使生产工艺变更。

5.3.4 其他原因引起的变更。

5.4 需要修订的标准管理文件，交由原编写单位按该程序进行修订、初审、会审、批准执行。

6. 标准文件编写格式

6.1 首页的页眉标明“XXXX 药业有限公司 GMP 文件”，居中，四号字、加粗，GMP 为斜体，且企业名称与“GMP 文件”间间隔为 2 个空格。其他页的页眉标明“XXXX 药业有限公司文件编码（如：/SMP-RD001）”，小四号字，加粗；企业名称位左端，文件编码位右端；页脚右下角注明第 x 页共 y 页，五号字。

6.2 每份文件需在首页设计表头（如上表所示）：表格行宽（或行间距）为 1cm；表宽为 16cm；文件标题用 4 号字加粗；文件编码用 4 号 Times New

Roman 字体加粗;其他文字用小 4 号字。

6.3 文件正文的中文字体采用中文宋体,英文及数字字体采用 Times New Roman 字体,均采用小 4 号字;“目的、范围、责任人、内容”4 个词及正文部分的数字序号的字体加粗;正文文字与数字序号间距离为 1 个空格;正文行间距为 1.5 倍行距;与数字序号同段落的文字转行时,文字与数字序号顶端对齐,而其他段落均地段首缩进 4 个空格。

6.4 文件页边距:上 3cm,下 2cm;左 3cm,右 2cm;页眉 2cm,页脚 1.5cm;装订线距为 0cm。

7. 记录文件编写格式:

7.1 第一行为“XXXX 药业有限公司”,小 4 号字,居中,1.5 倍行间距。

7.2 第二行为记录文件名称,小 3 号字加粗,居中,1.5 倍行间距。

7.3 记录文件为表格形式(或证卡)的,文件编码位于表格或证卡的右上角,为 5(或小 4)号字(视表格或证卡大小而定)。

7.4 记录表格(证卡)中的文字大小根据表格(证卡)内容及大小情况可为小 6 号字~4 号字,以求清晰、美观。

8. 文件用纸采用 A4 复印纸。

1.41　员工培训档案管理规程

文件名称:	员工培训档案管理规程		
文件编号:	XX /SMP-RS027		
起　　草:	年　月　日	修　　订:	
审　　核:	年　月　日	审　　核:	
批　　准:	年　月　日	批　　准:	年　月　日
执行日期:	年　月　日	执行日期:	年　月　日
编订依据:2010 年版《GMP》			
编订部门:人事行政部		颁发部门:人事行政部	
分发部门:人事行政部、质量部、工程部、生产部、物资部、总工办			

目的:在于加强对培训档案的管理。

范围:适用于对公司所有员工的培训档案管理。

责任人:档案管理员。

内容:

1. 公司所有员工均应接受相关内容的培训教育工作,人事行政部应针对其每位员工接受培训的情况为其建立培训档案。培训档案应由人事行政部安排专人进行管理。

2. 培训档案内容包括:

2.1 员工培训记录内容包括:培训日期、培训内容、培训课时、培训教师、培训对象、培训地点、考核成绩等。

2.2 员工培训考核试卷。

2.3 员工培训结业证书复印件。

3. 员工外出参加培训,结业后应将培训详细情况写出书面总结,连同结业证书复印件一起交人事行政部登记、入档。

4. 人事行政部经理应定期检查培训档案管理情况。

5. 员工参加培训的考核结果将作为评选优秀员工、晋升、调薪的依据之一。

1.43　员工奖罚制度

文件名称:	员工奖罚制度		
文件编号:	XX/SMP-RS029		
起　　草:	年　月　日	修　　订:	

续表

审　　核：　　　　　　年　月　日	审　　核：
批　　准：　　　　　　年　月　日	批　　准：　　　　　　年　月　日
执行日期：　　　　　　年　月　日	执行日期：　　　　　　年　月　日
编订依据:2010 年版《GMP》	
编订部门:人事行政部	颁发部门:人事行政部
分发部门:人事行政部	

目的:为了调动全体员工的工作积极性,增强企业员工的责任心,激励员工为企业多作贡献,根据奖优罚劣的原则,制定本制度。

范围:公司全体员工

责任人:人事行政部

内容:

1. 奖励

1.1 奖励类别:共分嘉奖、记功、记大功、晋级晋升四类。

1.2 分类奖励条件:员工符合以下条件者,按类别予以奖励。

1.2.1 嘉奖:

1.2.1.1 品行端正,工作努力,按时完成重大或特殊交办任务。

1.2.1.2 对主办业务政绩突出者。

1.2.2 记功:

1.2.2.1 对生产技术管理制度改革,经采纳施行取得一定经济效益。

1.2.2.2 节约物料或对废料利用,取得成效。

1.2.2.3 检举违规或损害公司利益者。

1.2.3 记大功

1.2.3.1 维护员工安全,冒险执行任务,确有功绩者。

1.2.3.2 维护公司重大利益,使公司利益避免重大损失者。

1.2.3.3 对公司设备维护得宜,或在抢修工作中提早完成而增加效益者。

1.2.4 晋级或晋升

1.2.4.1 一年之内有二次以上记功者。

1.2.4.2 对主管业务表现出卓越的才能、品德优良、政绩突出。

1.2.4.3 工作上有特殊功绩使公司增加重大收益或减少重大损失者。

1.3 奖励标准

1.3.1 凡获得嘉奖者,公司给予 100 元以下奖励。

1.3.2 凡获得记功者,公司给予 500 元以下奖励。

1.3.3 凡获得记大功者,公司给予 1000 元以下奖励。

1.3.4 凡获得晋级或晋升者,公司给予职务晋升一级工资奖励。职务晋升者自晋升之日起按新的岗位晋升工资。

1.4 奖励程序

1.4.1 嘉奖者由部门主管提议,人事行政部调查核实,分管副总经理审核,总经理批准,人事行政部执行。

1.4.2 记功者由部门主管提议,人事行政部调查核实,分管副总经理审核,总经理批准,人事行政部执行。

1.4.3 记大功者,由副总经理提议,人事行政部调查落实,总经理批准,人事行政部执行。

1.4.4 晋级或晋升者由副总经理提议,人事行政部调查落实,总经理办公会研究批准,人事行政部执行。

2. 惩罚

2.1 惩罚分类:员工违犯公司规章制度,给公司造成经济损失或荣誉损失的给予以下惩罚:警告、记过、降级、除名。

2.2 处罚内容:

2.2.1 警告:员工有以下情况者予以警告处分。

2.2.1.1 遇非常情况,故意回避者。

2.2.1.2 办事不力,工作时间内偷闲怠工者。

2.2.1.3 浪费物料者。

2.2.1.4 上班时间私自外出者,每月迟到、早退达到 5 次以上者。

2.2.1.5 破坏公共秩序者。

2.2.2 记过:员工有以下情况者予以记过处分。

2.2.2.1 疏忽过失造成公物损坏者。

2.2.2.2 未经批准带人入厂参观者。

2.2.2.3 工作不力,屡教不改者。

2.2.2.4 在工作场所酗酒滋事影响工作秩序者。

2.2.2.5 偷盗公司财产者。

2.2.2.6 年旷工在 日以上者。

2.2.3 降级:员工有以下情况者予以降级处分。

2.2.3.1 故意浪费公司财物或办事疏忽致使公司遭受重大损失者。

2.2.3.2 徇私舞弊、损公肥私、贪污受贿,给公司造成经济损失者。

2.2.3.3 泄露公司企业、商业、技术机密者。

2.2.3.4 在重点防火部位吸烟或引火者。

2.2.3.5 全年累计旷工在 20 日以下者,或连续旷工在 5 天以下者,不服从主管上级领导,与主管上级争吵,威胁主管上级者。

2.2.3.6 给公司造成荣誉损失者。

2.2.4 除名:员工有以下情况者予以除名。

2.2.4.1 年累计旷工达到 20 天以上或连续旷工 5 天以上者。

2.2.4.2 触犯国家法律,构成犯罪者,以及受刑事挽留者。

2.2.4.3 给公司造成重大经济损失者。

2.2.4.4 记大过二次以上者。

2.3 处罚标准

2.3.1 警告三次的等于记过一次;记过三次予以降级处分;累计二次的予以除名。

2.3.2 记过一次处以 500 元以下罚款。

2.3.3 降级处分者,降低一级职务或降低一级工资,降级者自处分下达之日起降低工资标准。

2.4 惩罚程序

2.4.1 警告处分由主管上级或分管部门负责人执行。

2.4.2 降级处分由主管上级提议,人事行政部调查,主管副总审查,总经理批准,人事行政部执行。

2.4.3 开除处分由主管副总经理提议,由总经理办公会研究批准,人事行政部执行。

3. 附则

3.1 员工奖惩应由人事行政部以书面形式叙明事由,通知本人并简述事由公布周知。

3.2 本办法由人事行政部解释。

1.46　草坪标准管理规程

文件名称:	草坪标准管理规程		
文件编号:	XX/SMP-RS032		
起　　草: 　　　　年　月　日		修　　订:	
审　　核: 　　　　年　月　日		审　　核:	
批　　准: 　　　　年　月　日		批　　准:	年　月　日
执行日期: 　　　　年　月　日		执行日期:	年　月　日
编订依据:2010 年版《GMP》			
编订部门:人事行政部		颁发部门:人事行政部	
分发部门:人事行政部			

目的:建立公司草坪标准管理规程,使公司草坪管理规范化、标准化。

范围:本标准适用于本公司草坪的管理。

责任人:绿化工、办公室主任、人事行政副总

内容:

1. 勤修剪

1.1 草坪应坚持经常性修剪,草的高度最高不得超过 10 厘米,当接近此度时即应进行修剪,留草高度应始终保持在 5 ~ 6 厘米的范围内。

1.2 剪草应在草坪较干燥的中午前后进行,雨天和草坪土壤潮湿时切忌进场作业。

1.3 在盛夏草坪生长危机期,应适当提高草坪草的留草高度(7 ~ 8 厘米)。

1.4 每次剪草时,应及时将剪下的草屑清出草

坪,春夏季,亦可在剪草后用特制的草耙进行梳草(梳去草屑与枯枝叶)。

1.5 应有计划的改变剪草方向,避免在同一点位,用同一方式在相同的方向反复剪草。

1.6 每次剪草前应打磨剪草机的刀片,使其经常保持锋利状态。判别的标准是:被修剪后的草剪口应为整齐的一字形,若产生不齐的丝状物,则表明刀锋利,需打磨。

2. 及时调节水分

2.1 供水

2.1.1 当草坪缺水时应及时浇水。

2.1.2 草坪缺水的表现是:草坪干燥;草坪表现出不同程度的卷曲;草坪呈现出失去光泽的暗黑绿色。此时土表 5~10 厘米层内呈干燥状。

2.1.3 浇水方式可用自动喷灌或高压软管进行雾状或细小水滴状洒灌,切忌采用漫灌方式或直冲式大水柱灌水。每次浇水应一次浇足(使表层 10~20 厘米土层湿透,即接近饱和水)。

2.1.4 在生长季早晨浇水优于傍晚。

2.1.5 在高温季节,可采用短时、间歇性喷水,以达到降温目的。

2.2 排水

2.2.1 草坪地表不应长时间积水,当积水超过 4 小时时,应人工排水。

2.2.2 草坪表层不应始终处于潮湿状态,如出现这种现象应控制供水。

2.2.3 当草坪表层透水性差时,应采取打孔,划破草皮的方式以达到通气透水的目的。

3. 供肥

3.1 当草坪在没有病虫危害时退绿,则表示减肥。

3.2 追肥应以氮肥尿素等为主,每次追肥量,应控制在每平方米不超过 5 克的水平上。

3.3 施肥时一定要均匀撒施(不均匀施肥会事来草坪色泽不一致),施肥后应立即灌水。

3.4 草坪每年应追施 1~2 次有机肥(有机质:砂:+=1:1:1)有机质应是消毒后的饼枯、泥炭土、渣肥及腐熟后的人畜粪便等。

3.5 追施的有机肥最好是复合肥,要控制 N,多施 PK。

4. 病虫害防治

4.1 病害防治

4.1.1 在夏秋高温高湿的条件下,易流行真菌或细菌病(主要有白霉、白粉病、黑粉病等)其症状主要表现为:病区植株色泽呈斑块状发黄;基部发软,围绕植株基部的地表有白色或黑色的孢子群;严重时茎基部霉烂,叶子干枯,成片死亡,形成秃斑。

4.1.2 防治的基本方法是控制病源微生物的侵入(如土壤\肥料消毒,分别剪草,拔除病株等和控制草坪的温度、湿度)。

4.1.3 当病害流行时,应用广谱灭菌剂(多菌灵等)进行防治(方法见药物说明)。

4.1.4 病害防治宜早不宜晚,宜小不宜大,病株应妥善处理(如深埋、烧毁)。

4.2 虫害防治

4.2.1 草坪易流行蛴螬、蝼蛄等地下害虫和螨虫、蚜虫等地上害虫。

4.2.2 对地下害虫使用锌硫磷等药物杀灭,对地上害虫使用敌敌畏,乐果等药物毒杀(使用方法见药物说明)。

4.3 以上喷药时间均应在生产停产期进行。

5. 杂草防除

5.1 双子叶杂草种类主要有:革命草、马齿苋、灰灰菜、鹅嫦草及菊科植物,杂草不多时,可行人工拔除,杂草多时应用 2-4D 杀灭(方法见使用说明)。

5.2 单子叶植物主要有牛盘草、香附子、巴地草等,主要采用人工拔除。

5.3 在春季,低应修剪是防除杂草的有效方法(留槎高度 4~5 厘米)。

6. 其他养护管理

6.1 春季返青前,应认真施肥土或敷沙,以填平凹地,平整表面,利于排水。

6.2 在草坪退化地域,应适时进行打孔,移载补苗或补种。

6.3 草坪过渡湿润时和雨天应禁止进场践踏。

6.4 冬季草坪表面结霜时,禁止践踏草坪。

7. 检查与验收

7.1 由综合办内勤人员每日自查草坪管理。

7.2 由综合办主管组织相关技术人员进行定期(每月一次)全面检查。

1.48　文件标准管理规程

<table>
<tr><td colspan="2">文件名称：文件标准管理规程</td></tr>
<tr><td colspan="2">文件编号：XX/SMP-RS034</td></tr>
<tr><td>起　草：　年　月　日</td><td>修　订：</td></tr>
<tr><td>审　核：　年　月　日</td><td>审　核：</td></tr>
<tr><td>批　准：　年　月　日</td><td>批　准：　年　月　日</td></tr>
<tr><td>执行日期：　年　月　日</td><td>执行日期：　年　月　日</td></tr>
<tr><td colspan="2">编订依据：2010 年版《GMP》</td></tr>
<tr><td>编订部门：技术开发部</td><td>颁发部门：人事行政部</td></tr>
<tr><td colspan="2">分发部门：人事行政部、生产部、质量部、工程部、物资部、技术开发部、财务部、市场部</td></tr>
</table>

目的：推动标准化工作，使本公司文件管理达到科学化、系统化、规范化和高效化。范围：本标准适用于药品生产质量管理的所有文件。

责任人：文件编制者、各级生产质量管理人员、技术开发部档案管理员。

内容：

1. 术语与定义

1.1 文件：一切涉及药品生产质量管理的书面标准和实施中的结果记录都称之为文件。

根据文件的定义，文件可分为两大类：标准和记录。

1.2 标准：指在药品生产质量管理过程中预先制订的书面要求。

标准的分类：标准可分为技术标准、管理标准、操作标准三大类。

1.2.1 技术标准：是指药品生产技术活动中，由国家、地方、行业及企业颁布和制订的技术性规范、准则、规定、办法、标准、规程和程序等书面要求。

1.2.2 管理标准：是指企业为了行使生产计划、指挥、控制等管理职能而使管理过程标准化、规范化而制订的制度、规定、标准、办法等书面要求。

1.2.3 操作标准：是指以人或人群的工作为对象，对工作职责范围、权限、工作方法及工作内容考核等所制订的规定、标准、程序等书面要求。

1.3 记录：指反映药品生产质量管理过程中执行标准情况的结果的书面文件。

如：批生产记录、检验记录、校验记录、各类台帐、编码表、定额表、各类状态卡、标记等。

1.4 标准与记录的关系

1.4.1 记录的依据是标准，即记录类文件的使用往往在标准中已做了详细规定。

1.4.2 记录必须与标准一致，即如何使用记录类文件、记录的内容、记录样张的审核、批准等应与标准要求一致。

1.4.3 在可能的情况下，可将最终记录纳入标准中，以便记录类文件使用者进行对照，同时便于管理人员进行监督检查。

1.5 文件管理

文件管理是指文件的起草、修订、审查、批准、撤销、印制及保管、培训、执行、变更、复审、查阅和销毁等一系列过程的管理活动。

2. 内容

2.1 文件的起草

2.1.1 文件起草的时间要求

2.1.1.1 生产开工前、新产品投产前、新设备安装前

2.1.1.2 引进新处方或新方法前

2.1.1.3 处方或方法有重大变更时

2.1.1.4 验证前和验证后

2.1.1.5 组织机构职能变动时

2.1.1.6 文件编制质量改进时

2.1.1.7 使用中发现问题时

2.1.1.8 接受 GMP 检查认证或质量审计后

2.1.2 文件的编码

文件起草前应向技术开发部档案管理员申请文件编码。文件的编码应具有系统性、准确性、可追踪性、稳定性、相关一致性。

2.1.2.1 系统性：由技术开发部档案管理员统

一分类、编码,同时进行记录。

2.1.2.2 准确性:文件应与编码一一对应,一旦某一文件终止使用,此文件编码即告作废。

2.1.2.3 可追踪性:根据文件编码系统规定,可随时查询文件的变更历史。

2.1.2.4 稳定性:文件编码系统一经规定,一般情况下不得随意变动,以确保文件系统的稳定性。

2.1.2.5 相关一致性:文件经过修订,必须给定新的修订号,同时对相关文件中出现的该文件号同时进行修正。

2.1.2.6 文件的编码规则详见《文件编码管理规程》。

2.1.3 文件的起草规则

2.1.3.1 起草人:由文件主要使用部门起草,以保证内容的全面性和准确性。

2.1.3.2 起草人向技术开发部文件管理员申请文件编码。

2.1.3.3 文件格式和内容要求见《GMP 标准管理文件的编制规程》。

2.2 文件的修订

2.2.1 文件起草完成后,交文件使用者的上级主管审核。

2.2.2 经审核后的文件草案由技术开发部组织相关人员会审。

2.2.2.1 会审人员应由文件的起草人、使用人、相关使用人及相关管理人员组成。

2.2.2.3 技术开发部根据文件的性质确定会审方式。会审方式有会议审核和文稿流转审核两种。

会议审核方式:由技术开发部组织文件的使用人,相关使用人及相关管理人员的代表进行讨论审查。会议审核要有会议记录,记录参加会议的部门、人员及审查结论。

文稿流转审核方式:由技术开发部填写文件会审单,分别将文稿交会审人审查,最后由技术开发部将会审意见汇总,得出审核结论。

2.2.2.4 文件会审应确定文件印制总份数,文件分发单位。

2.2.2.5 会审结束后,由文件的起草人根据会审意见进行修订,形成文件报批稿交上级主管部门。

2.3 文件的审查

部门主管收到修订后的文件报批稿后,进行审查,并交分管副总批准。

2.4 文件的批准

2.4.1 文件的批准人或分管副总根据会审意见批准,同时签发文件印发通知单与文件执行时间。

2.4.2 所有文件应有起草、审核、批准人签字,并注明日期。

2.5 文件的保管

2.5.1;办公室文件管理员负责文件的保管工作,负责保存现行文件原件及文件签收单。

2.5.2 存档文件应根据文件变更情况随时更新,并记录在案。

2.5.3 各种归档文件应建立索引登记以便追踪、调用。

2.5.4 索引的详细内容有:文件编码,文件名称,生效日期,复审日期。

2.5.5 当签发、修订、收回、复审了一份文件后,如有变化,其索引应立即更新。

2.5.6 办公室档案室文件管理员必须保存一份所有文件母件的总索引。

2.5.7 管理员给出一份文件的新的编号后,在正式发放前,应将号码手书于总索引中。

2.5.8 所有文件除以书面文件存档外,还需以文件编码作为文件名存于磁盘中。

2.5.9 与厂房、设施、设备、仪器有关的文件应保存至相应厂房、设施、设备、仪器报废后一年。

2.5.10 档案室所存过期工艺规程、SOP 保存年限为五年。

2.5.10 档案室所存过期管理程序保存年限为三年。

2.6 文件的印制

2.6.1 文件印制的基本要求

2.6.1.1 文件必须经批准后方可允许印制。

2.6.1.2 文件的印制方式有印刷、复印两种。文件印制不允许手抄写。

2.6.1.3 每份印制的文件必须有印制编号,方便管理和回收。

2.6.1.4 印制的文件必须经过两人核对无误,签字后方可使用,印制件必须清晰,易识读。

2.6.2 文件印制程序

2.6.2.1 生产质量管理文件经审核批准后由办公室文件管理员负责印制,达到上述要求后方可发放。

2.6.2.2 除批记录以外的各项记录、台帐、状态标记、凭证一律由实施部门报印刷计划,送交办公室,经批准印刷后送印刷厂印制。印刷的各种记录、状态标记、凭证等需经两人核对无误后方可颁发、使用。

2.7 文件的发放

2.7.1 文件一经批准,文件的原件即交办公室存档,需要使用者只发给复印件。

2.7.2 文件管理员应及时将文件发放到相关人员或部门(执行前应留够培训时间)。

2.7.3 文件管理员将按文件分发单位分发文件给有关部门,接收人必须在签收单上签名。

2.7.4 接收人需对照有关索引检查文件的编码、版本号、生效日期。

2.7.5 新文件执行之日必须收回过时的文件和索引。

2.7.6 没有办公室负责人批准,原始文件不能从文件系统中取走。

2.7.7 各部门如需要(包括那些不在原始发放单上的部门)可申请文件的额外副本。

2.7.7.1 任何申请额外副本的要求必须经部门主管及主管副总经理审核批准后转交管理员。

2.7.7.2 任何部门或个人申请提供额外副本,管理员将分配其一个副本号,并更新发放单和索引,以便反映实际分发情况。

2.7.7.3 任何人不得以个人的名义擅自复印任何文件。

2.8 文件的培训

2.8.1 新文件必须在执行之日前进行培训并记录。

2.8.2 培训者原则上为文件的起草者、审核者或批准者。

2.8.3 必须保证使用者均受到培训。

2.9 文件的执行与检查

2.9.1 新文件初始执行阶段,相关管理人员应特别注意监督检查执行情况以保证文件执行的有效性。

2.9.2 办公室档案员应该每年一次向各相关部门提供现行文件索引,以避免使用过时的文件。

2.9.3 对文件的任何改动均应有签字并注明日期,经文件的批准人批准。

2.10 文件的变更与撤销

任何文件未经批准不得进行更改与撤销。程序文件或标准操作规程不再使用或与其他标准操作规程合并,视同文件变更。

2.10.1 变更的提出:文件的使用者或管理人员有权提出变更。

2.10.2 变更的审批:由文件的批准人评价变更的可行性并批准变更,履行变更手续。

2.10.3 变更的执行:按照变更审批意见执行变更,变更过程可视为一份新文件起草。

2.10.4 变更记载:办公室档案员必须详细记录文件的任何变更以便追踪检查。

2.10.5 变更管理:办公室档案管理员应负责检查文件变更引起的其他相关的变更。

2.11 文件的复审

2.11.1 所有的文件必须在生效两年时完成复审,若有必要可随需要复审。

2.11.2 文件管理员应在复审前两个月将打印的复审清单分发给各部门有关人员复审。

2.11.3 如果文件生效两年时没有完成复审,文件管理员必须通知相关部门主管及质量部主管,以督促复审的及时完成。

2.12 文件的查阅

2.12.1 各部门若需查阅或借阅某文件,需经部门主管批准。查阅或借阅秘级文件应经主管副总批准。

2.12.2 查阅人应办理查阅登记,并在文件查阅记录上签字。

2.13 销毁

2.13.1 要销毁的文件类型:

文件编制过程中的草稿、打印过程中的草稿;

回收的旧版文件,归档一份后的其余文件;

其他废止或到保存期的文件。

2.13.2 确认已到期的文件,应由文件管理人员造册,填写报废申请单,经办公室主任及总经理批准签字后方可销毁。

2.13.3 所有需销毁的文件,由技术开发部专人销毁,并指定监督人进行监督,在销毁的同时要填写文件销毁单。

1.51　文件的印刷、发放、保管、收回及销毁程序

文件名称:	文件的印刷、发放、保管、收回及销毁程序		
文件编号:	XX/SOP-RS001		
起　　草:	年　月　日	修　　订:	

续表

审　　核：	年　月　日	审　　核：	
批　　准：	年　月　日	批　　准：	年　月　日
执行日期：	年　月　日	执行日期：	年　月　日
编订依据：2010 年版《GMP》			
编订部门：人事行政部		颁发部门：人事行政部	
分发部门：人事行政部、质量部、工程部、生产部、物资部、总工办			

目的：建立一个科学、合理的公文管理文件，做到各项政策文件及时发放，有效实施，保管严密。

范围：公司对内、对外签发的红头文件、GMP文件。

责任人：文件管理员。

内容：

1. 发文程序：

1.1 文件撰写出来审核修改后由公司领导研究讨论会签，经过总经理签发同意后方可打印。

1.2 根据要求、文件内容的定向确定其主送、抄送、抄报的相关部门、单位，并确定文件印刷的份数

1.3 文件形成后，统一进行分类、编码、印刷。

1.4 文件批准执行后，加盖公司公章即可生效颁发。

1.5 在执行之日前发放至相关部门或人员，每次颁发文件时，发文者需填写发文登记簿，收文者须进行签名登记。同时发文者需留存保管归档。以此便于统计、查找，有利安全。

1.6 一旦新文生效使用，或人员离开工作岗位，前版文件必须交回。文件收回时收方必须在文件发放回收记录上签字。

2、收文程序：

2.1 收文者收到文件后签收、启封、登记。

2.2 来文登记后，按照内容、性质分别送给有关领导人阅批或直接送给承办部门办理。

2.3 属知晓的文件内容，先上级后下级，先主管后承办部门之间依次快速、准确、安全的传阅。

2.4 文件传阅过程对于了办和拟办的人员进行催办。当文件传阅完，办复后及时将文件上效回收保管。并将办复情况记录下来留存。

2.5 在次年检查齐全后整理立卷归档，并确立归档范围、归档时间、保存期限。

2.6 当文件档案保存到规定保管期限且已失效的档案，认真鉴定，编制销毁清册，该清册永久保存；办理销毁手续，经董事会或总经理批准，方能销毁；销毁时应两人以上监督，并在清册上签字。

2.7 公司应采取严密管理措施，防止文件、档案的泄密。

1.57　外来人员进入洁区审批单

XXXX 药业有限公司

外来人员进入洁净区

审批单

编码：XX/RD-RS002

日期		申请部门			
事由					
人数		进入时间		离开时间	
陪同人			批准人		
备注：					

1.64　员工个人、培训、考核记录表

XXXX 药业有限公司

员工个人、培训、考核记录表

编码:XX\RD-RS009

姓名		性别		出生年月	年　月
最高学历		专业		职称	
部门		工种		入厂时间	年　月
部门变更记录					

日期	培训部门	课时	方式	内容	考核结果	受训人签名

备注

1.65　员工培训合格证

XXXX 药业有限公司

员工培训合格证

编码:XX\RD-RS010

培训合格证

工作部门＿＿＿＿＿＿＿＿

姓名＿＿＿＿＿＿＿＿＿＿性别＿＿＿＿＿＿

出生年月＿＿＿＿＿＿＿＿行政职务＿＿＿＿

技术职务＿＿＿＿＿＿＿＿＿＿＿＿＿＿＿

证书编号:

发证部门:　　　　　　盖章

发证日期:　　　　　年　月　日

主办部门:

学习形式:　　　　学习时间:

学习成绩:

学习内容:

考核部门:　　　　负责人:

年　　月　　日

1.70 培训档案

XXXX 药业有限公司

培训档案

编码:XX\RD-RS017

姓名		所在部门		职位	
入职时间	年 月 日	学历		专业	
岗 位 变 更 记 录					
变更时间	变更前岗位	变更后岗位	变更理由		
年 月 日					
年 月 日					
年 月 日					
年 月 日					
培 训 记 录					
培训时间	培训内容	地点	形式	成绩	培训部门
年 月 日					
年 月 日					
年 月 日					
年 月 日					

1.80 明沟清洁记录

明沟清洁记录

编号:XX/RD-RS027

日期	清洁部门	检验部门

1.88 人员健康档案统计表

人员健康档案统计表

编号:XX/RD-RS035

部门	部门人数(人)	参加体检人数(人)	检查日期	检查医院	检查内容	检查结果	合格率(%)	备注

登记人:

1.93　员工培训台帐

员工培训台帐

编号:XX/RD-RS041

参加培训部门	部门人数	培训人数	培训内容	培训时间	培训地点	培训结果	备注

登记人:

2　物　质　部

2.1　物资部工作职责

文件名称:	物资部工作职责	
文件编号:	XX/RY-WZ001	
起　　草:　　　　年　月　日	修　　订:	
审　　核:　　　　年　月　日	审　　核:	
批　　准:　　　　年　月　日	批　　准:　　　　年　月　日	
执行日期:　　　　年　月　日	执行日期:　　　　年　月　日	
编订依据:国家药品监督管理局2000版《GMP实施指南》规定		
编订部门:物资部	颁发部门:物资部	
分发部门:物资部、人事行政部		

续表

目的:明确物资部的部门职责能及权限。

范围:负责全公司原辅、包材料,五金材料办公用品及其他物品采购及保管工作。

责任人:物资部

内容:

1. 负责全公司原、辅、包材料、五金材料、设备及其他物品的采购工作。

1.2 配合质量部主要原、辅、包材料供应质量体系的评估工作。

1.3 负责收集主要原、辅、包材料、五金材料及设备的资料信息。

1.4 负责和供应商进行谈判,并签订供货合同。

1.5 协助质量部做好原、辅、包材料及其他物品的质量把关工作。

1.6 处处以公司利益为重,在采购过程中不损公肥私。

2. 负责全厂生产用原辅料、包装材料、五金等物资的申购、验收入库、保管、发放任务。确保进出库物资的数量、质量、规格准确、储存期质量不变、保存期损耗低、收发手续健全完善。

3. 负责做好物资的验收入库

3.1 检查数量、品种、质量、规格是否与运货单、发票及合同规定相符,认真做好过磅点数。

3.2 及时向质量部报送请验单,待有相应的检验合格书后,方能点收入库,并开具入库单。

3.3 如发现品种、规格、数量、质量、单据等不符合规定,应及时查明原因、及时报告主管部门,作好处理工作。

4. 负责做好物资的保管

4.1 做到库房清洁、物资堆放科学、整齐、物料卫生、数量准确、质量不变。

4.2 建立帐卡档案,及时反映汇报产、需、耗、存情况。

4.3 经常检查安全设施,搞好防火、防盗、防潮、防霉变、防污染、防虫蛀、防鼠咬等工作,凡因工作失职造成的损失,应负经济和法律责任。

4.4 凡外单位退回的药品,应妥善保管、详细记录品种、批号、规格、数量、退回单位、退货日期、原因等,报送有关部门。

5. 负责物资的发收

5.1 物资发放必须为生产服务,严格执行限量发放、节约使用,避免浪费、损失,生产用物资实行全月一次限额、多次限量发放、分次供料。

5.2 货到厂后,及时通知检验、领用,避免出现由于缺材料而引起的停工待料现象。

6. 负责定期做好清仓盘点

6.1 检查物资的帐、物、卡是否相符。

6.2 检查物资收发有无差错。

6.3 检查各种物资有无超储、积压、损坏、变质等。

6.4 检查安全设施和库房设备有无损坏等。

6.5 发现安全、质量、数量等有问题应及时报告、主动解决,杜绝事故发生。

7. 及时提供物资采购计划,并负责与供应部联系,确保生产用物资的及时供应。

8. 负责做好成品发货工作

8.1 按发货计划或临时指令,及时、准确、安全地完成各项发货转运任务。

8.2 认真填写货票,做到字迹清楚、不错填、漏填、虚填,杜绝差错发生。

8.3 严格执行开票、提货、转运等手续,认真核对货物数量、品种、规格、批号,及时做好发货登记,定期进行核对,做到帐目清楚。

8.4 每日向厂部报告发货情况,以便安排生产和调度车辆。

8.5 退货须注明原因、数量、退货单位。

9. 负责做好搬运工作

9.1 监督执行文明装卸、搬运,严禁摔打、抛丢、倒置,保证货物完整无损。

9.2 及时完成各项搬运装任务。

9.3 完成厂部交办的其他任务。

2.2 物资部经理岗位职责

文件名称:	物资部经理岗位职责		
文件编号:	XX/RY-WZ002		
起　草:	年　月　日	修　订:	
审　核:	年　月　日	审　核:	
批　准:	年　月　日	批　准:	年　月　日
执行日期:	年　月　日	执行日期:	年　月　日
编订依据:国家药品监督管理局 2000 版《GMP 实施指南》规定			
编订部门:物资部		颁发部门:物资部	
分发部门:物资部、人事行政部			

目的:建立物资部经理的工作范围和工作职责

范围:适用于物资部经理

责任人:物资部经理

内容:

1. 负责管理全厂生产物资的申购、采购、验收、入库保管、发放任务,确保进出物资的数量、质量、品种、规格、型号、进出程序准确及时,并做到储存保管质量不变,保存期损耗低、收发手续健全完备。

2. 负责制定落实库内防盗、防火、防爆、防水、防潮、防震、防腐、防磨、防锈、防尘、防霉变、防污染、防虫蛀、防鼠等管理措施,并督促检查,对检查不够、措施不力而发生的事故负责。

3. 负责组织本部门员工工作,并定期考核,提出奖惩意见,经主管领导批准,组织实施。

4. 抓好全厂各项装卸任务的完成，并监督检查执行文明装卸、搬运情况，严禁摔打、抛丢、倒置，保证装卸物资完整无损。

5. 检查、抽查库存物资的数量、品种、质量、规格是否与运料单、发票及合同规定等相符，认真抓好过磅、点数入库工作。

6. 督促、检查保管员及时向有关部门、人员报送入库请验单，凭检验合格证入库。

7. 检查中发现品种、规格、质量、数量、单据等不符合规定的，及时查明原因，及时报告主管部门或领导作好处理工作，及时反馈手续，保持帐、物、卡的一致性。

8. 加强督促检查，做到库房清洁、物资堆放科学、整齐、物料卫生、材质规格、数量准确、质量不变。熟悉物资的物理性能、化学成分，对有毒、易燃、易爆等危险物资的保管，加强检查，发现保管不当，采取措施及时处理，重大问题及时向厂领导报告。

9. 健全帐卡档案，及时反映汇报产、需、耗、存情况。

10. 经常检查安全、消防、保管工作，对检查不够或未采取有效措施而发生的事故负责。

11. 凡外单位退货产品，组织安排作好妥善保管，详细记录品种、批号、规格、数量、退货单位，查明退货原因，及时报告厂领导和有关部门作好妥善处理。

12. 物资发放做到手续完备，为生产服务，限额或适量发放，节约使用，避免浪费、损失，生产用物资实行全月一次限额，留有余地，分次供料。

13. 货到厂后，及时通知检验、领用，避免由缺材料原因引起的停工待料现象，并对此负责。

14. 定期或不定期对库内物资进行盘点，做好盘盈、盘亏的核销处理工作。

15. 在做好经常性盘点的基础上，积极参与上级或厂组织的清仓核资工作，如实反映情况，对核资中发现的问题，认真查清原因，做好处理并认真整改，堵塞漏洞，杜绝事故发生。

16. 及时提供物资采购计划，并负责与供应商联系，确保生产用物资需要。

17. 按发货计划或指令，及时、准确、安全地完成发货、转运任务。并作好详细登记，每月向厂部报告发货库存情况，以便安排组织生产。

2.3　仓库保管员岗位职责

<table>
<tr><td>文件名称：</td><td colspan="3">仓库保管员岗位职责</td></tr>
<tr><td>文件编号：</td><td colspan="3">XX/RY-WZ003</td></tr>
<tr><td>起　　草：</td><td>年　月　日</td><td>修　　订：</td><td></td></tr>
<tr><td>审　　核：</td><td>年　月　日</td><td>审　　核：</td><td></td></tr>
<tr><td>批　　准：</td><td>年　月　日</td><td>批　　准：</td><td>年　月　日</td></tr>
<tr><td>执行日期：</td><td>年　月　日</td><td>执行日期：</td><td>年　月　日</td></tr>
<tr><td colspan="4">编订依据：国家药品监督管理局2000版《GMP实施指南》规定</td></tr>
<tr><td colspan="2">编订部门：物资部</td><td colspan="2">颁发部门：物资部</td></tr>
<tr><td colspan="4">分发部门：人事行政部、物资部</td></tr>
</table>

目的：规定生产厂仓库保管员的基本技能、工作内容要求与方法。

范围：仓库储藏管理

责任人：仓库保管员

内容：

1. 在物资部的领导下，主要负责本公司各类物资、成品入库、保管发放工作。

2. 严格按GMP有关要求，坚决把好入库前的数量关、质量关和单据关，做到四个不收，凭证不全不收，手续不齐不收，数量不符不收，质量不合格不收，只有单据、数量、质量无误后才能办理入库、登帐设卡手续。

3. 物资的存放按定置管理规定，做到标志明显，货物存放离墙、离地距离、按分类、分库、分区、分架妥善保管，做到不丢失、不损坏、不霉烂变质，货位要整齐，通道畅通便于发放，检验、盘点和搬运。

4. 货物出库手续要齐全，手续不齐全可拒绝发料，对所有货物的名称、规格、数量要进行严格审核，做到收、发准确无误，减少或消灭人为的保管损失。

5. 各类货物入库要分清顺序坚持贯彻先进发出,先产先销的原则,按规定定期清仓查库,准确掌握货物变化情况,随时与相关部门保持联系,以防造成货物的积压或脱销。

6. 标签必须专室、专柜存放,专人保管,严格执行标签管理制度。

7. 做到科学保养搞好清洁卫生,做好温、湿度记录,利用好安全、通风、防潮等设施,同时做好安全、防火、防盗,对有毒、有害、易燃、易爆的物品,严格按有关规定管理执行。

8. 认真做好货物进出库的结存,建立台帐,并按规定定时向有关部门提供有关报表。

9. 认真执行公司各项规章制度努力学习专业知识,不断提高自身的科学管理水平,做好本职工作。

2.8 供应经济合同标准管理规程

文件名称:	供应经济合同标准管理规程		
文件编号:	XX/SMP-WZ003		
起　　草:	年　月　日	修　　订:	
审　　核:	年　月　日	审　　核:	
批　　准:	年　月　日	批　　准:	年　月　日
执行日期:	年　月　日	执行日期:	年　月　日
编订依据:2010 年版《GMP》			
编订部门:物资部		颁发部门:物资部	
分发部门:物资部、人事行政部			

目的:建立本公司供应经济合同的培训、授权、主要条款、审批的标准管理规程。

范围:本标准适用于本公司采购原料、辅料、中药材、包装材料、备品备件等经济合同的管理。

责任人:总经理、物资部经理、办公室主任、物料采购员。

1. 内容:

1.1　物料采购员经公司授权后,方有签订合同的资格。

1.2　物料采购员根据采购计划进行大宗物料采购时,必须签订经济合同;小样、零星、微量、小五金、小配件等小金额采购,可酌情不签订经济合同,但必须有详细记录。

1.3　经济合同主要条款

1.3.1　物料的名称、品种、规格和质量要求。

1.3.2　物料的数量和计量单位。

1.3.3　物料的包装要求及包装费用的承担,包装是否回收约定。

1.3.4　物料的运输方式及运费承担。

1.3.5　物料的交货时间和交货地点。

1.3.6　物料的价格。

1.3.7　物料的验收标准。

1.3.8　货款的结算。

1.3.9　违约责任。

1.4　物料采购员必须与供应商或供应商授权人签订合同。

1.5　物料采购员合同草拟后先报物资部部长审批同意,再报分管副总经理审核签字,然后方可盖章;重大合同要经总经理审核签字。

1.6　物料采购员签订的合同必须遵守平等、互利原则,不得损害公司利益。

2.11　物料标准管理规程

文件名称:	物料标准管理规程		
文件编号:	XX/SMP-WZ006		
起　　草:	年　月　日	修　　订:	

续表

审　核：　　　　年　月　日	审　核：
批　准：　　　　年　月　日	批　准：　　　　年　月　日
执行日期：　　　　年　月　日	执行日期：　　　　年　月　日
编订依据：2010年版《GMP》	
编订部门：物资部	颁发部门：物资部
分发部门：物资部、生产部、质量部	

目的：建立物料管理的管理制度。

范围：物料管理的全过程。

责任人：库管员、领料员、质监员。

内容：

1. 物料管理指对物料进行全过程的系统管理，确保能为车间提供合格的物料，保证生产的需要。物料管理包括物料的采购、验收、贮存、发放及退回的管理

2. 采购：建立物料采购标准管理规程，有一个相对稳定的供应系统，规范物料采购过程的管理。

3. 验收：按原辅料、包装材料的不同，制定相应的验收程序，管理制度。

4. 贮存：

4.1 在库物料均应实行色标管理。

合格，不合格，待验，退货物料分别用绿、红、黄、白等色标标明，并印有"合格"、"不合格"、"待验"、"销毁或退货"等字样，且应存放在各自的区域中，不得相互混放。不合格的物料要专区存放，并有易于识别的明显标记，按有关规定及时处理。

4.2 在库物料均应统一编号管理。

4.3 库存物料实行货位卡管理。货位卡记录物料编号、品名、收料日期、供货单位、来料批号、数量、本厂检验单号。

4.4 库存物料与仓库地面、墙、顶、散热器之间应有相应的间距或隔离措施。以能执行先进先出的发料原则。

4.4.1 实行垫板贮存管理；垛与垛间距不少于100厘米；垛与梁间距不少于30厘米；垛与墙间距不少于50厘米；垛与柱间距不少于30厘米；垛与地面间距不少于10厘米；库内主要通道宽度不少于200厘米；照明灯具垂直下方不准堆放物料，其垂直下方与物料垛间距不少于50厘米。

4.4.2 物料应按品种、规格、批号分别堆放，按批号的远近依次分开堆码，并应有明显标志。炮制、整理加工后的净药材应用清洁容器包装，并与加工炮制的药材严格分开。固体、液体、辅料应分开贮存；挥发性物料应注意避免污染其他物料。易串味的物料、中药材、中药饮片以及危险品等应与其他物料分开存放。

4.5 搬运和堆垛应严格遵守物料外包装图式标志的要求，规范操作，怕压物料应控制堆放高度，定期翻垛。

4.6 对有温度、湿度及特殊要求的物料，中间产品及成品，按规定条件贮存。对易燃、易爆、毒性大、腐蚀性强的危险品的验收，储存、保管、要严格执行国家有关规定。毒性药材、贵细药材分别设置专库或专柜存放，外包装并有明显标志。

4.7 待验物料在存放时须保持物料的原有包装状态，放在待验区中，黄色色标。待验的标签、说明书按有关规定进行。经请验后质量部进行检验，根据检验结果物料应执行相应的管理制度。

5. 养护：

5.1 物料按温湿度要求贮存于相应的库中。库区要保持良好的通风状态。

5.2 物料应规定使用期限，并建立管理制度。物料贮存期及复检后的贮存期按相应的管理制度执行。

5.3 制定不合格物料的处理程序，使不合格物料的处理有章可循。

6. 发放

6.1 物料发放制定相应的管理制度。

6.2 物料发放遵循"先进先出、近期先出"和按批号发货的原则。物料发放后，仓库应清点物料，整理帐卡，做到帐、卡、物相符

6.3 标签、说明书的发放与销毁须制定标准管理规程，保证标签、说明书的管理符合有关要求。

7. 退库

生产过程中的剩余物料的退库制定处理程序，规范生产过程中的物料管理。

2.13 物料状态标记标准管理规程

文件名称：	物料状态标记标准管理规程		
文件编号：	XX/SMP-WZ008		
起　　草：	年　月　日	修　　订：	
审　　核：	年　月　日	审　　核：	
批　　准：	年　月　日	批　　准：	年　月　日
执行日期：	年　月　日	执行日期：	年　月　日
编订依据：2010 年版《GMP》			
编订部门：物资部		颁发部门：物资部	
分发部门：物资部 、质量部			

目的：建立本公司物料状态标记的具体内容的标准管理规程，以及状态标记的管理规则，更换包装状态标记的作用。

范围：本标准适用于本公司所有中药材、中药饮片、原料、辅料、包装材料、成品、特殊物料、危险品、化学试剂等物料状态标记的管理。

责任人：库管员、QA 质监员、QC 检验员。

1. 内容：

1.1 物料检验状态标记

1.1.1 待验品种标记：黄色，其中印有“待验”字样。

1.1.2 检验合格品种标记：绿色，其中印有“合格”字样。

1.1.3 检验不合格品种标记：红色，其中印有“不合格”字样。

1.1.4 退回品种标记：白色，其中印有“退回”字样。

1.1.5 更换包装：白色，其中印有“换包装”字样。

1.2 状态标记的管理

1.2.1 各种状态标记应统一制作、保管。

1.2.2 各种状态标记的材质应易于清洁消毒，无臭无味。

1.2.3 所有撤换的状态标记应及时清洁、备用。

1.3 状态标记的作用

1.3.1 物料状态标记的作用：物料进入待检区后，库房保管员要立即挂上黄色待检状态标记，然后依据检验结果及时撤换黄色待检标记，换上绿色合格标记或红色不合格标记，根据标记的状态决定物料的使用。

1.3.2 更换包装状态标记的作用：对破损物料包装的更换应在 QA 监督下，在特定的环境中进行，经 QC 检验合格后填写《更换包装记录》，加贴物料“标志卡”，同时按黄色“待验”、绿色“合格”、红色“不合格”表示相应的状态标志 。

2.14 物料编号标准管理规程

文件名称：	物料编号标准管理规程		
文件编号：	XX/SMP-WZ009		
起　　草：	年　月　日	修　　订：	
审　　核：	年　月　日	审　　核：	
批　　准：	年　月　日	批　　准：	年　月　日
执行日期：	年　月　日	执行日期：	年　月　日
编订依据：2010 年版《GMP》			

续表

编订部门:物资部	颁发部门:物资部
分发部门:物资部、生产部、质量部	

目的:建立原辅材料、包装材料、宣传资料等编号管理规程。

范围:原料、辅料、包装材料、宣传资料等。

责任人:仓库保管员、车间物料员、QA 质监员。

内容:

1. 凡符合要求物料,宣传资料进厂入库,仓库保管员要进行分类统一编号。

2. 进厂编号应能表明物料,宣传资料的进厂入库时间、次数、数量,物料类别、本身性质,同时编号还应能体现物料的先进先出原则。

3. 物料,宣传资料编号方法:

3.1 物料分类及代号

类别	原料	辅料	包装材料	中药材	宣传资料	其他
代 号	Y	F	B	Z	X	Q

3.2 物料,宣传资料分类编号格式

□□□-□□□□□□□

分类代号　　物料编号

物料,宣传资料代号、类别(汉语拼音第一个字头)——进厂年、当年物料进厂入库的累计次数。

例如:Y02-2002018

表示:02 号原料是 2002 年累计第 18 次进货。

3.3 Y (原料)

编号	名称
01	乙醇

3.4 F (辅料)

编号	名称	编号	名称
01	玫瑰香精	05	淀粉
02	蔗糖	06	糊精
03	羧甲淀粉钠	07	空心胶囊
04	硬脂酸镁	08	微晶纤维素

3.5 Z(中药材)

编号	名称	编号	名称	编号	名称
01	黄柏	09	鱼腥草	17	地肤子
02	黄芩	10	茵陈	18	滑石
03	大黄	11	柴胡	19	知母
04	栀子	12	板蓝根	20	甘草
05	半枝莲	13	紫草	21	三七
06	白花蛇舌草	14	全蝎	22	苦参
07	金银花	15	连翘	23	川芎
08	地黄	16	通草	24	椿皮

续表

编号	名称	编号	名称	编号	名称
25	当归	30	红花	35	山楂
26	党参	31	黄芪	36	熟地黄
27	茯苓	32	阿胶	37	五味子
28	葛根	33	白芍	38	炙甘草
29	龟板	34	山药		

3.6 B（包装材料）

编号	名称	编号	名称
01	聚乙烯药用塑料瓶 150ml	21	XXXX 颗粒说明书
02	聚乙烯药用塑料喷瓶 30ml	22	XXXX 颗粒外箱
03	XXXX 洗液小盒 150ml	23	XXXX 颗粒复合膜
04	XXXX 喷雾剂小盒 30ml	24	XXXX 小盒
05	XXXX 喷雾剂中盒 30ml	25	XXXX 说明书
06	XXXX 洗液说明书 150ml	26	XXXX 铝箔
07	XXXX 喷雾剂说明书 30ml	27	XXXX 外箱
08	XXXX 洗液外箱 150ml	28	XXXX 片小盒
09	XXXX 喷雾剂外箱 30ml	29	XXXX 片说明书
10	封口签	30	三七小盒
11	封箱胶	31	三七说明书
12	塑料打包带	32	三七铝箔
13	XXXX 洗液小盒 90ml	33	三七外箱
14	XXXX 洗液说明书 90ml	34	产品装箱单(合格证)
15	XXXX 洗液内衬 90ml	35	XXXX 片外箱
16	XXXX 洗液冲洗器 90ml	36	XXXX 片铝箔
17	XXXX 喷雾剂托盘 30ml	37	聚氯乙烯(PVC)
18	XXXX 洗液外箱 90ml	38	
19	聚乙烯药用塑料瓶 90ml	39	
20	XXXX 颗粒小盒	40	

2.16 合格物料标准管理规程

文件名称：	合格物料标准管理规程		
文件编号：	XX/SMP-WZ011		
起　草：	年　月　日	修　订：	
审　核：	年　月　日	审　核：	
批　准：	年　月　日	批　准：	年　月　日
执行日期：	年　月　日	执行日期：	年　月　日

续表

编订依据:2010年版《GMP》	
编订部门:物资部	颁发部门:物资部
分发部门:物资部、生产部、质量部	

目的:建立合格物料管理的有关规定。

范围:合格物料的管理。

责任人:车间物料员、QA质监员、库管员。

内容:

1. 物料经质量部检验合格后,由质量部发出检验合格报告书。

2. 仓库收到检验合格报告书后,将待检标志取下并换上绿色"合格"标志。

3. 仓库凭检验合格报告书办理入库手续,在相应的仓库明细帐和台帐上作好记录。

4. 入库的合格物料按名称和属性进行分类分库码放,整批物料应上垛,货垛要堆得牢固、整齐、无明显倾斜。零星物料应上架贮存,摆放整齐。

5. 物料应存在垫板上,禁止直接接触地面,垫板应保持清洁,通风防潮。

6. 合格物料存放时要有明显的状态标记,不得与不合格或待验物料存放在一起。

7. 原辅料、包装材料要分区码放,危险品应设专库存放,液体物料、固体物料应分库存放。标签、说明书、已印刷好的包装材料应分库或分柜存放。

8. 物料达到规定的储存期限,须按规定进行复验,复验合格的物料方可供生产使用。

9. 物料的发放须按有关规定执行,发放时须遵循先进先出的原则,发放后应及时记录、调帐。

10. 统一设置、保管台帐与货位卡,货位卡须挂在货垛的明显位置,物料收、发、保管必须进行复核,日清月结。

11. 库内所有合格物料的帐卡、记录表格、单据、状态标记要由专人负责,及时准确填写记录,核对帐卡、实物,以保证帐、卡、物相符。

2.19　原辅料验收、贮存、发放标准管理规程

文件名称:	原辅料验收、贮存、发放标准管理规程		
文件编号:	XX/SMP-WZ014		
起　草:	年　月　日	修　订:	
审　核:	年　月　日	审　核:	
批　准:	年　月　日	批　准:	年　月　日
执行日期:	年　月　日	执行日期:	年　月　日
编订依据:2010年版《GMP》			
编订部门:物资部		颁发部门:物资部	
分发部门:物资部、生产部、质量部			

目的:建立原辅料的验收、贮存、发放管理制度。

范围:适用于原辅料验收、贮存和发放的管理。

责任人:原辅料仓库管理员、QA质监员、车间领料员。

内容:

1. 初验、编号、请验

1.1 一般原辅料进厂,库管员按《物料拒收标准管理规程》审查,药材进厂检查每件包装上是否表明品名、规格、数量、产地、来源。凡不符合要求,应予拒收。

1.2 初验合格后,填写初验记录。库管员按《物料编号标准管理规程》统一编号,合理安排货位。

1.3 按《物料定置标准管理规程》放置,设黄色待验标志,并及时填写《请验单》(要同时附上生产厂家的质量检验报告书),交质量部门申请抽样检验。

1.4 质量部门接到请验单后,派取样员按原辅料取样标准操作规程取样,取样后重新封好,填上《取样证》,并填写《取样记录》。

1.5 检验室取样后，库管员要检查取样后的包装是否密封，是否贴有《取样证》，并检查《取样证》的内容是否正确。

2. 贮存：

2.1 库管员根据检验室的检验结果，解除黄色待验标志。

2.2 检验合格的原辅料，建立货位卡，填写《原辅材料明细帐》执行《合格物料标准管理规程》；不合格原辅料按《不合格品处理标准管理规程》的规定处理，并建立《不合格品台帐》。

3. 发放：

3.1 车间领料员按生产指令填写《物料领料单》，交仓库备料。

3.2 库管员根据车间开具的领料单，备料时应核查名称、规格、数量、用量。车间领料员与库管员核对实物，由QA人员进行监督，确认无误后领发双方与QA均应在领料单上签字。

3.3 办理完发放手续后，车间领料员将原辅料领回车间，需进入洁净区作业的原辅料按《物品进入洁净区标准操作规程》执行。

3.3 每次发料后，库管员在库存货位卡和《原辅材料明细帐》上及时填写货物去向和结存情况。做到帐、物、卡一致。

2.21 成品标准管理规程

文件名称：	成品标准管理规程		
文件编号：	XX/SMP-WZ016		
起　　草：	年　月　日	修　　订：	
审　　核：	年　月　日	审　　核：	
批　　准：	年　月　日	批　　准：	年　月　日
执行日期：	年　月　日	执行日期：	年　月　日
编订依据：2010年版《GMP》			
编订部门：物资部		颁发部门：物资部	
分发部门：物资部、生产部、市场部			

目的：建立成品的入库、储存、发放等的管理制度。

范围：成品的管理。

责任人：外包班班长、QA质监员、成品库库管员。

内容：

1. 成品指完成生产工艺要求的所有工艺，并经检验合格的产品。

2. 成品的管理过程包括成品的入库验收管理、贮存、养护管理、复验管理、出库发放管理、退货产品的管理等。

3. 入库验收管理

3.1 成品入库时，仓库管理员验收《成品入库单》，逐项核对入库单中产品的名称、规格、批号、数量、包装与实际是否相符，字迹是否清楚无误。

3.2 检查产品的外包装；外包装醒目位置上标明品名、批号、规格、包装数量等；外包装是否清洁、完好、无破损。以上入库验收项目中，有一项不符者，须拒收。

3.3 将验收合格的成品填写《成品入库明细帐》。

3.4 收集成品入库单、检验报告书等。仔细核对无误后，归档保存。

4. 贮存养护管理

4.1 在库成品实行色标管理。产品要有醒目的状态标记。合格品存放在合格区内，挂绿色色标；不合格品存放于不合格品区内，挂红色色标；待验品存放于待验区中，挂黄色色标。

4.2 在库成品实行货位卡管理。产品到后要清点同一品种，同一规格产品的库存情况，填写《成品货位卡》。记录收发结存，发货去向情况，要做到日清，月结，帐、卡物相符，可追踪性。

5. 存贮方法

5.1 产品按品种、规格码放。同一品种，不同规格的要分开存放；同一品种、规格的存放时要利先进先出；每块托板只允许码放同一批号的成品，不允许同一品种混批存放；或不同品种、不同规格混放。

5.2 在库成品实行垫板贮存管理。产品不得直接码放在地上，必须放于垫板上，在搬运、堆放等作业中，应严格按商品外包装标志的要求进行搬运、存放，码放整齐，标签对外，不可倒置、或靠墙、壁存放，垛与垛间要有距离，具体要求如下：垛-垛≥100cm；垛-墙≥50cm；垛-顶≥10cm；垛-柱≥30cm；发热物与货物距离≥30cm；照明灯垂直下方与货垛的水平距离≥50cm；主通道宽度≥200cm。

6. 出库发放的管理

6.1 验收市场部门的《发货单》。应逐项填写齐全，字迹清楚，手续齐备准予提货。

6.2 根据提货单的品种、规格、数量，按先进先出的原则，发送成品。

6.3 发货人员与提货人员核对货物，包装无破损，无污染者，准予出库；同时填写发货记录。

6.4 清点库存成品情况，填写、记录、成品出入库台帐，做到帐、卡、物相符。

7. 退货产品的管理。执行《退货产品标准管理规程》。

8. 记录的保存：每批成品发放完后，其《成品货位卡》归入该批产品的批档案；其他所有的记录由仓库保存至药品有效期后一年。

2.24　不合格品处理标准管理规程

文件名称：	不合格品处理标准管理规程		
文件编号：	XX/SMP-WZ019		
起　　草：	年　月　日	修　　订：	
审　　核：	年　月　日	审　　核：	
批　　准：	年　月　日	批　　准：	年　月　日
执行日期：	年　月　日	执行日期：	年　月　日
编订依据：2010 年版《GMP》			
编订部门：物资部		颁发部门：物资部	
分发部门：物资部、生产部、质量部			

目的：建立不合格品处理管理制度，规范不合格品处理工作。

范围：适用于不合格品的处理。

责任人：质量部经理、物资部经理、QA 质监员、仓库保管员、生产部经理。

内容：

1. 不合格品处理方法有销毁、退货和返工。

2. 不合格标签、使用说明书不得退回印刷厂，应及时销毁。

3. 需销毁的不合格品由物料所在部门提出申请，填写《不合格品销毁申请单》，报质量部审核执行销毁。

4.《不合格品销毁申请单》一式二份，执行部门和质量部各一份。

5. 销毁方式或地点有可能对环境造成影响的，必须征得当地环保部门的同意。

6. 销毁执行现场要有质量部质量监督员在现场监控。

7. 销毁执行部门要填写《不合格品销毁记录》，经质量部质监员审核无误后签名保存。销毁记录保存至销毁日期后三年。

8. 不合格的物料（除标签、使用说明书及有印刷文字的包装材料外）由物资部负责联系退货。

9. 退货的不合格物料在帐目上做进货退出。

10. 不合格物料退货时应包装牢固、完整，以免运输中损坏。

11. 不合格物料若不合格项目为非关键项目，能在加工过程中消除，或经适当工艺措施对最终成品质量不产生影响（如水分等），在缺乏合格稳定的供应商而生产急需时，由物资部提出申请，填写《不合格物料例外使用申请单》，说明例外使用的理由，交质量部；质量部质监员负责查明该物料不合格项目的正常指标、该批物料的检验结果以及使用该原料的产品名称及工艺，将结果填表，报公司质量分析会；质量分析会讨论做出决定，若认为不合格项目对产品质量无重大影响，允许使用，应同时明确指示：

11.1 是否需对物料进行进一步处理；

11.2 是否需试生产；

11.3 生产过程中的注意事项；

11.4 中间体、成品需追加的检验项目；

11.5《不合格物料例外使用申请单》应归入使用该批物料的产品批记录。

2.26 仓库温、湿度监测标准管理规程

文件名称：	仓库温、湿度监测标准管理规程		
文件编号：	XX/SMP-WZ021		
起　　草：	年　月　日	修　　订：	
审　　核：	年　月　日	审　　核：	
批　　准：	年　月　日	批　　准：	年　月　日
执行日期：	年　月　日	执行日期：	年　月　日
编订依据：2010 年版《GMP》			
编订部门：物资部		颁发部门：物资部	
分发部门：物资部			

目的：建立仓库温、湿度的监测管理制度。

范围：仓库的温、湿度监测。

责任人：各库管理员、QA 质监员。

内容：

1. 仓库要装必要的设备、设施、进行温、湿度的调控，并在合适的位置安装温、湿度监测设施。

2. 仓库要随时检查库区的温、湿度监测设施是否准确，若发现有偏差，应立即进行更换或维修。

3. 库区要保持良好的通风状态，并随气候的变化，做好防寒、防暑降温及除湿工作，以保证物料和产品在适宜的温、湿度下贮存。

4. 对环境没有特殊要求的物料或成品存放在一般库区。温度在 0～30℃，湿度为 40%～80%。

5. 需要恒温恒湿的原辅料，须贮存在专门恒温恒湿库中，温度在 18～25℃，湿度为 60%～70%，保证其贮存条件的满足。

6. 仓管员每天至少进行两次温、湿度的记录《库房温、湿记录表》，一般在早上 9:00 和下午 15:00 左右各记录一次。

2.29 印刷模具标准管理规程

文件名称：	印刷模具标准管理规程		
文件编号：	XX/SMP-WZ024		
起　　草：	年　月　日	修　　订：	
审　　核：	年　月　日	审　　核：	
批　　准：	年　月　日	批　　准：	年　月　日
执行日期：	年　月　日	执行日期：	年　月　日
编订依据：2010 年版《GMP》			
编订部门：物资部		颁发部门：物资部	
分发部门：物资部			

目的：建立印刷模具的管理规定，确保印刷模具的管理规范进行。

范围：印刷模具的管理。

责任人：物资部经理、采购员。

内容：

1. 印刷模具的范围包括：说明书、标签、瓶签、纸箱、小盒、中盒及胶囊、铝箔印刷模具。

2. 公司与印刷厂商签订印刷合同时应包含模具管理内容；

3. 印刷模具属公司所有，印刷厂商无权任意处置；

4. 印刷完毕，印刷厂商对印刷模具要由专人加锁保管；

5. 因内容修改更换印刷模具时，原模具由公司派人监督销毁；

6. 更换印刷厂时，印刷模具由公司派人收回；

7. 印刷厂商违反印刷模具管理，对本公司造成损失，公司有权要求其赔偿直接和间接经济损失。

2.34　物料、中间产品、成品报废标准管理规程

文件名称：	物料、中间产品、成品报废标准管理规程		
文件编号：	XX/SMP-WZ029		
起　草：	年　月　日	修　订：	
审　核：	年　月　日	审　核：	
批　准：	年　月　日	批　准：	年　月　日
执行日期：	年　月　日	执行日期：	年　月　日
编订依据：2010 年版《GMP》			
编订部门：物资部		颁发部门：物资部	
分发部门：物资部、生产部、财务部、质量部、市场部			

目的：规范物料、中间产品、成品报废管理。

范围：所有物料、中间产品、成品的报废。

责任人：质量部经理、财务部经理、生产部经理、市场部相关人员、库管员。

内容：

1. 报废物品范围：

1.1 因虫蛀，霉变严重，不能作药用原料的物料。

1.2 到了贮存期限，经复验不合格的库存原辅料。

1.3 因改变包装规格或药品停止生产后不再使用的库存包装材料。

1.4 不符合药品监督管理局颁布的有关药品文字、内容、式样的包装材料；

1.5 因库存时间较长而造成变形，印刷文字或图案模糊的包装材料。

1.6 经质量部门检验，判定为不合格的原辅料、中间产品、成品。

1.7 药品停止生产，其物料、中间产品长期积存的遗留物。

2. 凡属报废范围的物品，按不合格品等同处理，填写《不合格品销毁申请单》，执行《不合格品处理标准管理规程》，并填写《不合格品销毁记录》。

2.37　在库产品、物料申请复验标准管理规程

文件名称：	在库产品、物料申请复验标准管理规程		
文件编号：	XX/SMP-WZ032		
起　草：	年　月　日	修　订：	
审　核：	年　月　日	审　核：	
批　准：	年　月　日	批　准：	年　月　日
执行日期：	年　月　日	执行日期：	年　月　日
编订依据：2010 年版《GMP》			

续表

编订部门:物资部	颁发部门:物资部
分发部门:物资部　质量部	

目的:建立本公司在库成品、物料申请复验的标准管理规程,确保出库成品物料质量符合规定要求。

范围:本标准适用于本公司储存二年以上的品种,近效期或公司方负责期的品种,发现或怀疑有质量问题的品种的管理。

责任人:库管员、QA 质监员、QC 检验员。

1. 内容:

1.1 仓库在需要对产品、物料进行质量确认时,由库管员向质量部提出申请,填写《请验单》交 QC 办,由 QC 办取样员到仓库取样,进行检验后发放检验报告书。

1.2 有下列情况者,库房应提出复验

1.2.1 怀疑有质量问题的品种或物料(储存条件发生异常)。

1.2.2 近效期、公司方负责期的品种(物料)。

1.2.3 储存二年以上的品种(物料)。

1.2.4 外观有变化的品种(物料),可能发生污染的品种(物料)等。

1.3 在成品(物料)到达储存期限(详见附表)前一个月,由库房保管员填写成品(物料)复验申请单,详细写明产品(物料)的品名、批号、数量、包装、申请复验原因、请验人、请验时间等情况,一式二份,一份送交质量部,一份留库房。

1.4 质量部收到请验单后,应立即前往库房抽检或抽取样品,并在规定期内进行复检,将结果送交库房。

1.5 在复验期间,产品(物料)应挂黄色待检标志,不得出库。接报告书后,根据检验结果更换相应的标记。

2.40 标签、说明书保管和发放标准操作规程

文件名称:	标签、说明书保管和发放标准操作规程		
文件编号:	XX/SOP-WZ001		
起　草: 年　月　日		修　订:	
审　核: 年　月　日		审　核:	
批　准: 年　月　日		批　准:	年　月　日
执行日期: 年　月　日		执行日期:	年　月　日
编订依据:2010 年版《GMP》			
编订部门:物资部		颁发部门:物资部	
分发部门:物资部、质量部			

目的:建立标签、使用说明书的保管和发放标准操作程序。

范围:标签、使用说明书和印有标签文字内容包装材料。

责任人:包装材料库管员、QA 质监员。

内容:

1. 标签、使用说明书保管。

1.1 标签、使用说明书必须保管在严密、不易进入的专门贮存房间内,并设锁专人保管。

1.2 标签、使用说明书按品种、规格、批次整齐码放,设专柜或专架存放。在柜或架外应贴有该标签的样张,以便查找发料。

1.3 标签、使用说明书设专帐收发,专帐管理。

2. 发放

2.1 车间领料人员持限额领料单到仓库,领取标签、说明书。

2.2 仓库管理员应根据批包装指令按领料单进行备料,计数发放标签、说明书。

2.3 车间领料人员在接收时,首先核对领取的标签、说明书是否与领料单的内容一致,由 QA 人员进行监督。领、发料人员及 QA 均应在领料单上签字将点好数的标签、说明书,密封后领回包装间。

2.4 发料后,仓管员应详细填写标签、使用说明书发放记录,并在《货位卡》上及《标签、使用说明书收发台帐》上填写标签、说明书的去向及结存数量,做到帐、卡、物相符。

2.41　危险品发放、使用标准操作规程

文件名称:	危险品发放、使用标准操作规程		
文件编号:	XX/SOP-WZ002		
起　　草:	年　月　日	修　　订:	
审　　核:	年　月　日	审　　核:	
批　　准:	年　月　日	批　　准:	年　月　日
执行日期:	年　月　日	执行日期:	年　月　日
编订依据:2010 年版《GMP》			
编订部门:物资部		颁发部门:物资部	
分发部门:物资部			

目的:安全使用危险物品。

范围:危险物料的发放和使用。

责任人:危险品管理员、危险品领用使用者、QA 质监员。

内容:

1. 危险品的定义:指易燃、易爆、毒性大或具有强腐蚀性,对人体构成伤害的物品。

2. 危险品按生产指令领料和发料,车间内不得储存。

3. 易燃、易爆品的发放和使用。

3.1 领料员核对发放的物料名称、数量、规格是否准确无误。

3.2 发放和使用易燃易爆品时,不得穿有钉鞋或敲击铁器等。

3.3 与生产无关人员不得接近生产现场,生产现场严禁烟火。

4. 强腐蚀物质的发放和使用。

4.1 发放和使用强腐蚀性物料,须穿戴好防护用品如风镜、口罩、橡胶围裙、橡胶手套、水靴等。

4.2 领用、使用时须小心操作,轻拿轻放,勿使物料溅出伤人。

4.3 在发放和使用现场,均应配有冲洗设施,以便及时冲走身上的强腐蚀物。

5. 填写《物料发放记录》。

2.44　物料、中间产品、产品报废标准操作规程

文件名称:	物料、中间产品、产品报废标准操作规程		
文件编号:	XX/SOP-WZ005		
起　　草:	年　月　日	修　　订:	
审　　核:	年　月　日	审　　核:	
批　　准:	年　月　日	批　　准:	年　月　日
执行日期:	年　月　日	执行日期:	年　月　日
编订依据:2010 年版《GMP》			
编订部门:物资部		颁发部门:物资部	
分发部门:物资部、质量部、财务部、市场部、生产部			

目的:规范物料、中间产品、成品报废管理。

范围:物料、中间产品、成品报废.

责任人：质量部经理、QA 质监员、QC 质检员、生产部经理、物资部经理、总经理。

内容：

1. 报废范围：

1.1 质量部门检验，确认其已变质或过效期的原辅料、中间产品、成品。

1.2 不符合药品监督管理局所规定的文字、内容、式样的包装材料。

1.3 申请报废流程图：

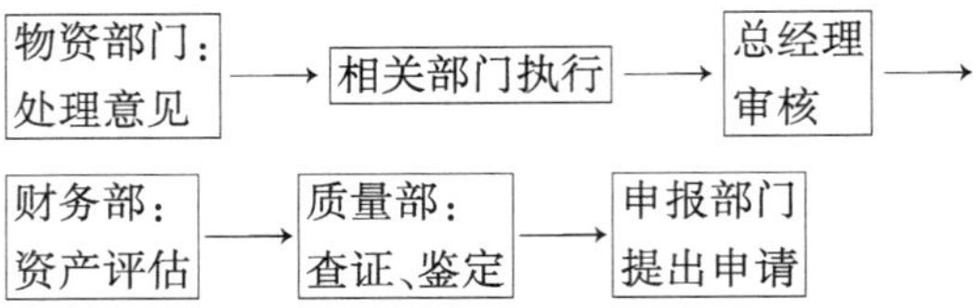

2. 申请报废程序：

2.1 在报废适用范围内的物料、中间产品、成品，由所在部门提出申请，填写《物料、中间产品、成品报废审批表》，说明报废的原因、规格、批号或编号、数量，并附上质量部签发的《产品检验报告书》交质量部。

2.2 质量部收到《物料、中间产品、产品报废审批表》后，对申报部门拟定的报废品进行查证，鉴定并提出处理建议。

2.3 由物资所在的部门主管提出处理意见。

2.4 财务部对拟定的报废品进行资产评估。

2.5 总经理对拟定的报废品进行审核。

2.6 相关部门执行。

2.7 质量部负责全过程报废的传递及送审，并将最后审批的《物料、中间产品、产品报废审批表》分发到申报部门、财务部、市场部、原件由质量部归档保存。

2.52 化学试剂接收、储存、发放操作标准规程

文件名称：	化学试剂接收、储存、发放操作标准规程		
文件编号：	XX/SOP-WZ013		
起　草：	年　月　日	修　订：	
审　核：	年　月　日	审　核：	
批　准：	年　月　日	批　准：	年　月　日
执行日期：	年　月　日	执行日期：	年　月　日
编订依据：2010 年版《GMP》			
编订部门：物资部		颁发部门：物资部	
分发部门：物资部、质量部			

目的：建立本公司化学试剂的接收、储存和发放等标准操作规程，规范其化学试剂的管理。

范围：适用于本公司质量部化验室所用的各种化学试剂的接收、储存和发放。

责任人：物资部经理、库房保管员、QA 质监员、物料采购员。

内容：

1. 接收

1.1 初检

1.1.1 化学试剂进厂时必须有外包装箱，包装上有明显的标记，标明品名、数量、性质、批号、批准文号、规格及生产厂家。

1.1.2 检查化学试剂有无破损、受潮、瓶盖是否完好。

1.1.3 初检发现如有破损，并立即通知物料采购员。

1.1.4 初检合格后，要做好物料的初检记录。

1.1.5 清点数量，库房保管员通知物料采购员办理入库手续，双方在《物料入库单》上签字。

1.2 清洁

1.2.1 化学品在入库前需清洁瓶上的灰尘。

1.2.2 清洁工具、清洁抹布。

1.2.3 将逐瓶清洁干净。

1.3 编号

1.3.1 进厂物品根据进厂《物料编号标准管理规程》进行编号。

1.3.2 将写有编号的标签，贴在物品外包装上。

1.4 储存

1.4.1 化学品的管理与养护。

1.4.1.1 储存室应阴凉避光，防止由于阳光照

射及室温偏高造成试剂变质、失效。

1.4.1.2 化学试剂储存室应设在安全位置，远离实验室、办公室。室内严禁明火，消防灭火设施、器材完备，以防止一旦事故发生造成伤害和损失。

1.4.1.3 库房温度控制在5～30℃，湿度35%～70%，保管员应每天检查库房温湿度，并做好记录。如温湿度不符合规定时，保管员必须用温湿度控制设备进行调节，使之达到规定的范围。

1.4.1.4 化学物品根据不同性质要求分类存放。

1.4.1.5 化学试剂须严格分类存放化学性质或防护、灭火方法相互抵触的化学危险物品（如剧毒、易燃、易爆、易挥发、强腐蚀品等），不得在同一柜或同一储存室内存放。

1.4.1.6 分类：一般按液体、固体分类，分别码放整齐，均贴有状态标记。

1.4.1.7 各种试剂均应包装完好、封口严密、标签完整、内容清晰、贮存条件明确，每瓶均贴有状态标记，根据此标记放到规定柜内。

1.5 发放

1.5.1 领料部门根据所需化学试剂及数量填写《领料单》，经部门负责人签字后，由领料员持单到库房领料，库房保管员根据《领料单》上的品名、数量、分类发放。

1.5.2 领料员检查所领试剂原包装的完整性。要求封口严密、封口条完好，标签、外标识完整等。检查无误后，方可在《领料单》上签字领取。

1.5.3 库房保管员应及时填写货位卡，并做到卡、帐、物相符。

2.53　物料采购标准操作规程

文件名称：	物料采购标准操作规程		
文件编号：	XX/SOP-WZ014		
起　草： 年　月　日		修　订：	
审　核： 年　月　日		审　核：	
批　准： 年　月　日		批　准：	年　月　日
执行日期： 年　月　日		执行日期：	年　月　日
编订依据：2010年版《GMP》			
编订部门：物资部		颁发部门：物资部	
分发部门：物资部、质量部			

目的：建立本公司物料采购的标准操作规程，规范其管理。

范围：适用于本公司供应科采购的所有物料的采购。

责任人：物料采购员、物资部经理、QA主任、质量部经理。

1. 内容：

1.1 总则

1.1.1 物料采购员接到采购申请单后，方可进行采购。不得私自采购，否则一切损失由物料采购员承担。采购中不得任意更改采购申请单数量和要求的采购时间。

1.1.2 物料采购员要按质量标准，定点进行采购；对没有质量标准的，根据采购申请单中要求或申请采购部门提供的实物样品采购。

1.1.3 采购中要求货比三家，择优采购。

1.1.4 大宗物料采购必须签订经济合同；小样、零星、微量、小五金、小配件等小金额采购可酌情不签订经济合同，但必须有详细记录。

1.1.5 延续订货可通过电话或传真通知供应商即可订货。

1.1.6 对采购回的物料，物料采购员要及时办理申请进库、入库手续，并及时办理财务报帐手续。

1.1.7 物料采购员应对自己采购回的物料在《物料采购台帐》上登记并进行质量跟踪，认真填写《质量追踪卡》。

1.2 大宗物料采购程序

1.2.1 大宗物料的《物资采购计划》由物料采购员根据生产需要编制，经物资部经理、财务部经理审核，报分管副总经理审批后，于每月初返回至物料采购员。

1.2.2 物料采购员根据公司采购计划，进行分析、分解，采购时间、数量，报物资部经理审批后交由物料采购员执行。

1.2.3 大宗物料物料采购员必须到公司定点供应商处，根据质量标准进行采购，原辅料、内包材的采购应为近半年内生产的产品。

1.2.4 不能按时采购的物料，要求及时上报物资部经理。

1.3 零星物料采购程序

1.3.1 零星物料是指计划外的、低值易耗品等临时急需的物资。

1.3.2 零星物料采购申请人根据工作需要填写《物料采购申请单》；内容一定要填写完整、字迹清晰。

1.3.3 申请人填写零星《物料采购申请单》后，交本部门经理审核。经本部门经理审核申请是否属实，然后签字后返还申请人。

1.3.4 申请人把经本部门经理批准的零星《物料采购申请单》一份交物料采购员安排采购，并自留一份存档。

1.3.5 重大零星物料的采购申请，审批时需分管副总经理签字同意。

1.3.6 物料采购员不能及时采购到位的物料，必须及时上报物资部经理。

2.56 内包装材料接收标准操作规程

文件名称：	内包装材料接收标准操作规程		
文件编号：	XX/SOP-WZ017		
起　　草： 　年　月　日		修　　订：	
审　　核： 　年　月　日		审　　核：	
批　　准： 　年　月　日		批　　准：	年　月　日
执行日期： 　年　月　日		执行日期：	年　月　日
编订依据：2010 年版《GMP》			
编订部门：物资部		颁发部门：物资部	
分发部门：物资部、质量部			

目的：建立本公司内包装材料接收的准备、初检、编号、请验、取样、入库等标准操作规程，规范其操作。

范围：适用于本公司空塑料推进器、棉条、塑料瓶(盖)等内包装材料的接收。

责任人：库房保管员、搬运工、QA 质监员、物料采购员。

1. 内容：

1.1 接收管理

1.1 准备

1.1.1 将待检区域、收货区清洁干净，清洁方法按《内包装及原辅料库房清洁标准操作规程》执行。

1.1.2 校正称量器具。

1.2 初检

1.2.1 内包装材料入库时，内包装材料按品名、规格在收货区分类堆放整齐，清点数量。

1.2.2 检查物料采购员填写的《进库申请单》、出厂“合格证”是否与实物相符。

1.2.3 库房保管员检查每件包装材料上是否有品名、数量、规格、批号、生产厂家、出厂日期，并贴有合格证，同时检查有无双层洁净袋包装，避免污染。

1.2.4 如包装外无标记，内包材被污染及厂家送货单与《进库申请单》项目不符，即拒收。

1.2.5 拒收的包材请 QA 监控员确认后按《不合格包装材料标准管理规程》执行。并立即通知物料采购员及时处理。

1.2.6 将不合格包材运到不合格品库存放，并挂不合格红色标记。

1.2.7 塑料瓶(盖)清点数量，每件数量应与标示数量一致。

1.2.8 如有数量不符，将按进厂实际数量为准，并将实际数量附在该外包装上。

1.2.9 称量完后，保管员在《进库申请单》上签字，及时填写物料初检记录。

1.3 清洁

1.3.1 对直接接触药品的包装材料,必须清洁储存,封闭的外包装必须严密、不得破损。清洁工具:吸尘器、毛刷等。

1.3.2　凡使用前不能清洁的内包材在接收操作过程中的取样应在与生产要求相适应的洁净级别的取样室中进行。

1.3.3 将清洁后的内包材运至库房待检区,挂上黄色待验状态标记,分类码放整齐。

1.4 请验、取样

1.4.1 经过初检、清洁、编号的物料要及时填写《请验单》一式二份,一份留底,另一份交质量部取样员。

1.4.2 质量部收到库房的请验单后,派取样员在规定的时间内到库房取样。

1.4.3 取样后的内包材,取样员填写《取样证》,贴在被抽验的包件上送回原处。

1.5 入库

1.5.1 收到质量部的"检验报告书"、"合格证"后,将待验牌取下,并挂上绿色合格标记。同时包材贴上合格证,根据《物料编号标准管理规程》进行系统编号,并重新核对品名、规格、批号、件数、数量等。填写《入库单》、《货位卡》和《物料分类帐》,做到帐、卡、物相符。

1.5.2 如有检验不合格的内包材,全部移到不合格区或库房,挂上红色不合格标记,保管员应立即通知物料采购员尽早退货或销毁,不合格物料由库房保管员妥善保管。

1.5.3 不合格品必须在一周内退货或销毁,具体方式按《外购物料退货标准管理规程》或《销毁标准管理规程》执行,同时填写退货记录或销毁记录。

2.67　不合格品处理记录

XXXX 药业有限公司

不合格品处理记录

编码:XX/RD-WZ006

品名		批号		数量		
处理原因				处理报告单号		
处理人		证明人		处理日期		
处理记录						

2.69　不合格品销毁申请单

XXXX 药业有限公司

不合格品销毁申请单

编码:XX/RD-WZ008

品名	规格	批号	数量	提出销毁人	检验单号	所在部门
销毁原因					填报日期	

销毁方法:

部门负责人:

年　　月　　日

质量部审核意见:

质量部经理:

年　　月　　日

2.71 不合格物料台帐

××××有限责任公司

不合格物料台帐

部门：　　　　编号：

日期	品名	来源	批号	不合格项	数量	处置情况		填写人及处理时间
						处置数量	处置方法	

2.72 不合格品销毁记录 XXXX 药业有限公司

不合格品销毁记录

日期	品名	批号	规格	数量	销毁地点	销毁方法	销毁人	监督人

2.75 车间标签(使用说明书、小盒)领发台帐

XXXX 药业有限公司

车间标签(使用说明书、小盒)**领发台帐**

品名：　　　　规格：　　　　编码：XX/RD-WZ014

日期	向仓库领取		发出		班组退回数	结存	备注
	领取数	检验单号	发出数量	发往班组			

2.76　车间标签、说明书发放领用记录

XXXX 药业有限公司

车间标签、说明书发放领用记录

编码:XX/RD-WZ015

日期	标签名称	进厂编号	产品批号	车间领用数(张)	发放人	领用人	备注

2.81　成品货位卡

XXXX 药业有限公司

成品货位卡

产品名称:　　　　编码:XX/RD-WZ020

产品批号		规格			包装规格		/件
贮藏温度		入库日期			入库件数		件
化验单号		有效期			入库数量		
C 出库日期	去向	发货指令	发出量		结存量		经手人
			件		件		

2.84　盘点表

XXXX 药业有限公司

盘点表

填报单位:　　　　日　期:　　　年　　月　　日　　　　编码:XX/RD-WZ023

商品编号	品名	单位	上期结存数量	本期销出										本期盘存									
				数量	单价	金额								数量	单价	金额							
						十	万	千	百	十	元	角	分			十	万	千	百	十	元	角	分

主管　　　　会计　　　　复核

盘点　　　　制表

2.90 物料发放记录

XXXX 药业有限公司

物料发放记录

物料名称： 规格： 编码：XX/RD-WZ029

物料进厂编码	单位	数量	领料部门	产品名称	产品批号	领料人	发放人	发放日期

2.94 物料领料单

XXXX 药业有限公司

物料领料单

编码：XX/RD-WZ033

领料单位		产品批号				批准人	
序号	物料名称	编号或批号	规格	单位	请领量	实发量	检验单号
领 料 人			发 料 人				

年　　月　　日

2.95 物料入库通知单

XXXX 药业有限公司

物料入库通知单

日期： 编码：XX/RD-WZ034

物料名称		规格	
入库日期		购入数量	
供应商		包装形式	
合同号		包装件数	
产地		采购员	
备注			

2.97 物料验收记录

XXXX 药业有限公司
物料验收记录

编码:XX/RD-WZ036

来货日期	供货单位	物料名称	规格	数量	验收发现问题与意见	验收人

2.100 原辅材料明细帐

XXXX 药业有限公司
原辅材料明细帐

物料名称:　　编码:XX/RD-WZ039

日期	进厂编码	供货单位	供货批号	检验单号	收入数量	发出数量	结存数量	备注

3 工　程　部

3.1 工程部工作职责

文件名称:	工程部工作职责		
文件编号:	XX/RY-GC001		
起　草:	年 月 日	修　订:	
审　核:	年 月 日	审　核:	
批　准:	年 月 日	批　准:	年 月 日
执行日期:	年 月 日	执行日期:	年 月 日
编订依据:2010 年版《GMP》			
编订部门:工程部		颁发部门:工程部	
分发部门:工程部、人事行政部			

目的:明确工程部的部门职能和权限。

范围:设备管理维护保养、厂区基础设施修缮。

责任人:工程部全员

内容:

1. 负责厂房、厂区、道路等基础设施的修缮工作。

2. 制定设备维修及保养计划,配合生产车间做好设备的维修保养工作。

3. 做好设备巡检工作，及时发现处理隐患。

4. 对设备操作人员有监督作用，使其按设备标准操作程序进行操作。

5. 积极提供一些设备改进、改良建议，使设备更有效适应生产工艺要求。

6. 提供设备最佳使用方法、提高设备使用率、提高产品质量、达到降耗增效目的。

7. 设备出现故障后负责设备抢修工作，确保生产正常。

8. 协助物资部做好设备、备品、备件的使用登记工作及库存工作。

9. 协助物资部做好设备、备品、备件的采购工作，保障采购质量。

10. 收集制药机械信息及资料、收集收设备更新换代信息、提供给公司有关部门，为公司设备更新或改进提供信息或制订改革方案。

3.2 工程部经理岗位职责

文件名称：	工程部经理岗位职责		
文件编号：	XX/RY-GC 002		
起　草： 年 月 日		修　订：	
审　核： 年 月 日		审　核：	
批　准： 年 月 日		批　准： 年 月 日	
执行日期： 年 月 日		执行日期： 年 月 日	
编订依据：2010 年版《GMP》			
编订部门：工程部		颁发部门：工程部	
分发部门：工程部、人事行政部			

目的：明确工程部经理的职责、基本技能、工作内容。

范围：全公司的设备、动力的安全正常运行，设备改造及其他与设备、动力相关工作。

责任人：工程部经理

内容：

1. 在生产厂长的领导下，认真贯彻上级有关设备动力管理和维修的要求，组织设备动力部搞设备维修和维护工作，确保设备完好率达标，降低设备、动力事故频率和维修成本。

2. 负责编制年、季度设备和动力线的预检计划，设备维修计划，备件制造和供应计划，动力供应计划。

3. 组织编制设备操作规程，对操作工的技术操作进行考核，签发操作合格证。

4. 负责设备自制和维修机械备件的供应工作。

5. 加强对生产厂水、电、汽的技术管理，负责基建自营项目中的动力设计工作，保障生产厂水、电、汽的正常供应。

6. 负责处理一般设备事故，对重大事故负责组织调查，提出处理报告，按时准确填报有关统计报表。

7. 根据公司的目标要求，负责本部门目标的检查和落实工作。

8. 负责完成公司临时布置的各项任务。

9. 严格执行国家颁布的各项设备管理规程和制度。

10. 根据公司生产计划和实际情况，负责编制和审核设备、电器、仪表的维修保养计划，报生产厂长审批后组织实施。

11. 主持大、中修预备会，落实内容，亲临现场，负责检查大修质量和验收工作。

12. 负责组织机修人员、车间技术员搞好生产设备、电器、仪表的使用、保养、维修、更新、调整、使用、报废等工作，及时填写记录。

13. 深入机修、锅炉房、各生产车间、班组督促检查设备、电器的维修保养及检查工作，协助解决出现的种类技术难题。

14. 组织好备品、备件的供应，月初由设备维修员提出所需的数量、规格、型号，由工程部核实后，报厂长审批，当月备齐。

15. 维护正常生产，在全厂内合理调配使用设备，及时向部门负责人反映在设备管理中出现的问题，请示后尽快解决。

16. 监督各车间设备、电器的操作情况，制止违章运行。

17. 有权处理一般设备事故，重大事故提出处理意见，上报厂长审批、处理。

18. 掌握好精密、大型、关键的设备运行情况。

19. 及时、准确无误地上报各项报表，组织对生产设备定期检查，每星期至少到各车间、班组巡视二次，督促各车间、班组加强设备管理，及时消除缺陷和隐患，提高设备完好水平。

3.6 计量员岗位职责

文件名称：	计量员岗位职责		
文件编号：	XX/RY-GC004		
起 草：	年 月 日	修 订：	
审 核：	年 月 日	审 核：	
批 准：	年 月 日	批 准：	年 月 日
执行日期：	年 月 日	执行日期：	年 月 日
编订依据：2010 年版《GMP》			
编订部门：工程部		颁发部门：工程部	
分发部门：工程部、人事行政部			

目的：建立计量员工作范围和标准，明确其责任。

范围：适用于工程部计量员。

责任人：计量员

内容：

1. 贯彻计量法令、法规，严格执行计量管理制度，提出计量工作计划、并将任务分解到车间和部门。

2. 订企业计量器具分类管理目录，健全计量器具总台帐，分类帐，做到帐卡物一致，妥善保管好计量检定、测试、抽检等原始记录及档案资料。根据检定结果给计量器具贴上合格标志。

3. 安排各车间部门按期送检，每季按计划对使用器具进行抽检，确保计量器具同期受检率及合格率达到要求。

4. 经常检查计量器具的使用情况，督促操作者严格按操作程序操作，保证计量器具的完好率。

5. 完成工程部经理安排的其他工作。

3.9 工艺设备维修工岗位职责

文件名称：	工艺设备维修工岗位职责		
文件编号：	XX/RY-GC009		
起 草：	年 月 日	修 订：	
审 核：	年 月 日	审 核：	
批 准：	年 月 日	批 准：	年 月 日
执行日期：	年 月 日	执行日期：	年 月 日
编订依据：2010 年版《GMP》			
编订部门：工程部		颁发部门：工程部	
分发部门：工程部、生产部			

目的：规范工程部工艺设备维修工工作职责。

范围：工艺设备的维护管理，工艺设备项目的技改、设计、组织、实施。

责任人：工程部经理、工艺设备维修工

内容：

1. 编制设备管理文件及工艺设备操作和维护保养等文件。

2. 收集工艺设备资料，跟踪生产设备的最新发展动态。

3. 负责建立工艺设备档案，并进行设备选型，设备采购、安装调试等。

4. 负责编写设备验证方案，并参加设备的验证。

5. 负责管理工艺设备的日常管理及维护保养工作，保证设备的正常运转。

6. 协助工程部经理完成设备的大、中、小修。

7. 负责绘制设备易损件零件图，并联系外协加工。

8. 负责工艺设备操作和维护保养的培训。

9. 定期对公司的工艺设备进行巡检，发现隐患及时处理。

10. 根据生产的要求，提出设备技术改造方案。

11. 负责工艺设备备品备件的申请，保证有足够的备品备件的库存量。

12. 参与能源消耗的控制和管理。

13. 完成工程部经理安排的其他工作。

3.10 设备科岗位职责

文件名称：	设备科岗位职责		
文件编号：	XX/RY-GC010		
起　草： 年　月　日		修　订：	
审　核： 年　月　日		审　核：	
批　准： 年　月　日		批　准：	年　月　日
执行日期： 年　月　日		执行日期：	年　月　日
编订依据：2010年版《GMP》			
编订部门：工程部		颁发部门：工程部	
分发部门：工程部、人事行政部			

目的：建立设备科岗位职责，使其工作规范化、标准化。

范围：适用于设备科。

责任人：设备科全员。

内容：

1. 负责设备管理室文件系统的建立与修订工作。

2. 负责对设备操作人员及车间班组长进行安全操作、设备管理知识的培训与考核。

3. 负责对车间(室)兼职计量员进行计量知识的培训与考核。

4. 参与大型设备及计量检测仪器的选型论证工作并提出可行性报告。

5. 负责对公司有关设备的委外维修，并办理款项事宜。

6. 负责对公司设备的技术改造，工作、报审并组织实施。

7. 负责对所有设备运行记录进行审核并统计设备运行情况。

8. 负责组织对设备的开箱与验收工作，并对新到设备作好建档工作。

9. 负责公司的设备档案及计量档案管理工作。

10. 负责起草设备验证和再验证方案并具体实施。

11. 负责对零配件采购计划进行审核。

12. 负责模具的建档建帐工作，并对新购模具的规格尺寸予以确认。

13. 负责动力的调度，保证动力平衡。

14. 负责锅炉设备的周巡检并作好维护、保养工作。

15. 负责 法定自控仪表的检修和校验工作。

16. 负责锅炉管理，保证锅炉安全经济运行。

17. 负责设备、管道、管线的防腐保温管理工作。

3.16　厂房验收标准管理规程

文件名称：	厂房验收标准管理规程		
文件编号：	XX/SMP-GC003		
起　草： 年　月　日		修　订：	
审　核： 年　月　日		审　核：	
批　准： 年　月　日		批　准：	年　月　日
执行日期： 年　月　日		执行日期：	年　月　日
编订依据：2010 年版《GMP》			
编订部门：工程部		颁发部门：工程部	
分发部门：工程部			

目的：建立厂房验收标准管理规程，使厂房验收规范化、标准化。

范围：本标准适用于本公司厂房验收。

责任人：工程部经理及验收组成员。

内容：

1. 按厂区道路→厂房建筑→公用工程→厂房装修的施工程序逐次进行竣工验收，并做好验收记录。

2. 洁净厂房的工程完成后，应按照国家行业标准 JGJ7190《洁净室施工及验收规范》进行验收。首先进行工程竣工验收，再进行综合性能全面评定。两者必须对洁净室进行性能检测。一般前者常在动态或静态下进行，后者则由建设单位、设计单位和施工单位三方协商确定。

2.1 竣工验收，即应对各部分工程做外观检查，单机试运转、系统联合试运转，并在动态或静态条件下对洁净室的性能进行检测和调整，以及对有关的施工检查记录审查等。质保部的化验室应先于车间进行验收。

2.1.1 外观检查项目，即对洁净室各部分工程的外观检查

2.1.1.1 各种管道（风管、排水管等）、净化空调设备（空调器、风机、净化空调机组、高效空气过滤器等）的安装应正确、牢固、严密。

2.1.1.2 高、中效过滤器与风管及风管与设备连接处要求密封，不得漏风。

2.1.1.3 对于各类调节装置要求严密、调节灵活并且操作方便。

2.1.1.4 洁净室的墙面、天花板、地面要求光滑、平整、色泽均匀、不起尘，同时要求地面不集聚静电。

2.1.1.5 送、回风口及各类末端装置、各类管道、照明及动力线配管穿越洁净室之处应做密封处理。

2.1.1.6 洁净室内各类配电箱、柜门应严密，进入洁净室的电线、管线管口应有可靠密封。

2.1.2 单机试运转指对净化空调器、排风系统、局部净化设备等和其他有试运转要求的设备进行试运转，审查是否符合有关技术文件的规定。

2.1.3 系统联合试运转在单机试运转后进行，运转时各项工程部件联动运转必须协调，动作正确，无异常现象。

2.1.4 施工单位应在竣工验收时提供下列文件

2.1.4.1 设计文件或设计变更证明文件和竣工图。

2.1.4.2 主要材料、设备、调节仪表的出厂合格证书和检验文件。

2.1.4.3 单位工程、分次分部工程质量检验评定表。

2.1.4.4 开工、竣工、报告，各类隐蔽工程系统封闭记录，设备开箱检验记录，管道压力试验记录，管道系统清洗（脱脂）记录，风管漏风检查记录中间验收单和竣工验收单。

2.1.4.5 单机试运转、系统联合试运转的调试检测记录。

2.2 综合性能全面评定

2.2.1 综合性能全面评定检测前，应按洁净室的清洁规程将洁净室和净化空调系统彻底清洗，合

格后再进行检测。

2.2.2 综合性能全面评定项目按下表顺序进行，不能颠倒，所要求的检测项目也不能省略。要做好综合性能全面评定并公正地评价工程质量，必须由有条件的第三方承担（即施工方、设计方以外的局外方承担），这样有利于做出公正、客观、有权威性的结论。

附表：

<table>
<tr><th rowspan="2">序号</th><th rowspan="2">项目</th><th>层流洁净室</th><th>乱流洁净室</th></tr>
<tr><th>洁净度≥100 级</th><th>洁净度≤1000 级</th></tr>
<tr><td>1</td><td>室内送风量、系统总新风量、有排风时室内排风量</td><td>检测</td><td></td></tr>
<tr><td>2</td><td>静压差</td><td>检测</td><td></td></tr>
<tr><td>3</td><td>截面平均风速</td><td>检测</td><td rowspan="2">不测</td></tr>
<tr><td>4</td><td>截面风速不均匀度</td><td>必要时测</td></tr>
<tr><td>5</td><td>洁净度级别</td><td>检测</td><td></td></tr>
<tr><td>6</td><td>浮游菌和沉降菌</td><td>必要时测</td><td></td></tr>
<tr><td>7</td><td>室内温度和相对湿度</td><td>检测</td><td></td></tr>
<tr><td>8</td><td>室温波动范围和区域温差</td><td>必要时测</td><td></td></tr>
<tr><td>9</td><td>室内噪声级</td><td>检测</td><td></td></tr>
<tr><td>10</td><td>室内倍频程声压级</td><td>必要时测</td><td></td></tr>
<tr><td>11</td><td>室内照度和照度均匀度</td><td>检测</td><td></td></tr>
<tr><td>12</td><td>室内微振</td><td>必要时测</td><td></td></tr>
<tr><td>13</td><td>表面导静电性能</td><td></td><td rowspan="2">必要时测</td></tr>
<tr><td>14</td><td>室内气流流型</td><td>不测</td></tr>
<tr><td>15</td><td>流线平行性</td><td rowspan="2">必要时测</td><td>不测</td></tr>
<tr><td>16</td><td>自净时间</td><td>必要时测</td></tr>
</table>

综合性能全面检测的方法及评定标准应符合国家有关规定，即 JGJ71-90《洁净室施工和验收规范》，并按规定提交检测报告。

3.18 洁净厂房标准管理规程

<table>
<tr><td>文件名称：</td><td colspan="3">洁净厂房标准管理规程</td></tr>
<tr><td>文件编号：</td><td colspan="3">XX/SMP-GC005</td></tr>
<tr><td>起　　草：</td><td>年　月　日</td><td>修　　订：</td><td></td></tr>
<tr><td>审　　核：</td><td>年　月　日</td><td>审　　核：</td><td></td></tr>
<tr><td>批　　准：</td><td>年　月　日</td><td>批　　准：</td><td>年　月　日</td></tr>
<tr><td>执行日期：</td><td>年　月　日</td><td>执行日期：</td><td>年　月　日</td></tr>
<tr><td colspan="4">编订依据：2010 年版《GMP》</td></tr>
<tr><td colspan="2">编订部门：工程部</td><td colspan="2">颁发部门：工程部</td></tr>
<tr><td colspan="4">分发部门：工程部</td></tr>
</table>

目的：建立洁净厂房标准管理规程，加强洁净室的运行管理，保证药品质量。

范围:本标准适用于洁净厂房的运行与说明、维护与保养。

责任人:车间主任、工程部经理。

内容:

1. 洁净室的使用和运行

1.1 人员、物料和洁净工作服的管理,应符合GMP卫生要求。详见《洁净室卫生标准管理规程》。

1.2 洁净室内生产操作用设备、物料容器具的管理。

1.2.1 严格控制不必要的设备、物料、容器具等进入洁净室。

1.2.2 对于必须使用的物料、容器具及设备应控制在最低限度,且所用设备等应尽量不产尘或少产尘,所用器具的材料最好选用不锈钢或其他发尘少的材料制作。

1.2.3 记事、记录最好用碳素钢笔,不能采用粉笔和告示板、记事板。

1.3 净化空调系统的运行管理

1.3.1 在启用净化空调系统生产前,应根据系统本身自净时间及温湿度达到恒温恒湿的时间来确定提前开机运行的时间。

1.3.2 为保持洁净室内正压,净化空调系统开机运行时必须先开空调送风系统,后开回风系统、排风系统。停机时则与此相反。

1.4 净化设备过滤器的检测

1.4.1 初、中效过滤器当终阻力达到初阻力的2倍时应清洗。

1.4.2 高效过滤器每年应检查终阻力值,当终阻力达到初阻力的2倍时应及时更换。

1.4.3　高效过滤器安装前还应DOP扫描检漏,安装后对密封部位仍需要再检漏,如油槽密封较好即可启用,此后需每半年检查一次使用情况。

2. 洁净室的监测

为保证洁净室的洁净度,必须对洁净室进行每三个月监测一次。

2.1 洁净室的压差测定

对洁净室内压差要每月进行检测。

采用U形管、倾斜式微压计或微压计。同时需配用毕托管。测定时U形管一端接室内,一端接室外。洁净室内的正压控制是指不同等级洁净室之间静压差一般应大于5Pa即0.5毫米水柱,洁净区与非洁净区的静压差应大于10Pa即1毫米水柱。

2.2 洁净室的风速和风量的测定

洁净室内风速和风量的测定频率为每月一次。测定多采用热球风速仪进行。洁净级别30万级的风口测试风量与设计风量之差应在设计风量的±15%。

2.3 洁净室内温湿度的测定

洁净室内温湿度的测定是指对室内空气温度和相对湿度的测定。

要求温度控制在18～26℃。相对湿度控制在45%～65%之间。

在测定前,净化空调系统需已连续运行至少24小时。

对于有恒温要求的场所,测定宜连续进行8～48小时,每次间隔不大于30分钟。

温度和相对湿度测定仪表应根据温度和相对湿度的波动范围进行选择。

采用0～50℃的1/10分度的水银温度计;当相对湿度波动范围≥±5%时,可采用于湿球温度计,当相对湿度波动范围±5%时,可采用氯化钼电阻式数字型测湿仪表。

2.4 洁净室的洁净度监测

2.4.1 尘埃粒子测定

为了确定洁净室环境所达到的空气洁净级别需对其进行测定。

测定方法依据2000版《药品生产质量管理规范》“药品生产环境的尘粒数及细菌菌落数测定法”进行。

测定仪器采用尘埃粒子计数器,测定频次一般为每季度一次。

另外,为了保证测定结果的准确性,尘埃粒子计数器应每年校验一次。

2.4.2 微生物测定

为确定洁净室空气中生物微粒沉降密度,需对洁净室进行沉降菌测定。测定方法依据同尘埃粒子,采用平板(培养皿)测定,测定频次为每季一次。

3.20 空调净化系统标准管理规程

文件名称:	空调净化系统标准管理规程		
文件编号:	XX/SMP-GC007		
起　　草: 年　月　日		修　　订:	
审　　核: 年　月　日		审　　核:	
批　　准: 年　月　日		批　　准: 年　月　日	
执行日期: 年　月　日		执行日期: 年　月　日	
编订依据:2010 年版《GMP》			
编订部门:工程部		颁发部门:工程部	
分发部门:工程部			

目的:建立空调系统标准管理规程,保证空调系统正常运行,确保药品生产质量。

范围:本标准适用于本公司空调系统的管理。

责任人:空调操作员。

内容:

1. 为满足净化要求,根据净化空调系统本身自净速度和洁净室温湿度要求应提前半小时开机。

2. 净化空调系统开机运行时必须先启动空调送风机、然后启动排风机。

3. 净化空调系统新风量不得小于总送风量的 30% 。

4. 当洁净室内各静压差发生较大变化时(洁净度级别不同的区域静压差应大于 5Pa,洁净区与非洁净区静压差应大于 10Pa),机动科长应及时与净化空调系统管理员对系统进行调整。

5. 净化空调系统应进行维护、保养,并作好净化空调系统的运行及维护保养记录。

6. 为降低设备运行成本,在温度、湿度符合 GMP 要求并能保证生产正常运行的条件下,尽量少用辅助措施而只运行通风系统。

7. 净化系统过滤器的管理

7.1 当初、中效过滤器过滤阻力高于初阻力的 2 倍时进行清洗。

7.2 高效过滤器每半年应检测终阻力值,当终阻力达到初阻力的 2 倍时应及时更换。

7.3 高效过滤器在安装前应进行 DJOP 扫描检漏,安装后仍需要再检漏。

8. 空调机房应随时保持清洁。

9. 每半年对送风机轴承加一次润滑脂。

10. 如需实行两班工作制,则应认真填写交接班记录,接班人员应认真核对交接班记录,如有异常,应及时上报机动科长。

11. 操作人员认真负责设备运行期间的检查,检查各管道、阀门是否有“跑、冒、滴、漏”等现象,如有应及时修复。

12. 严禁无关人员进入空调机房。

3.23 纯化水系统标准管理规程

文件名称:	纯化水系统标准管理规程		
文件编号:	XX/SMP-GC010		
起　　草: 年　月　日		修　　订:	
审　　核: 年　月　日		审　　核:	
批　　准: 年　月　日		批　　准: 年　月　日	
执行日期: 年　月　日		执行日期: 年　月　日	
编订依据:2010 年版《GMP》			
编订部门:工程部		颁发部门:工程部	
分发部门:工程部			

目的:建立纯化水系统标准管理规程,使生产的纯化水能满足水质指标,从而保证药品质量。

范围:本标准适用于纯化水系统标准管理规程。

责任人:纯化水系统管理员。

内容:

1. 纯化水站应有纯化水制备工艺管道图,并标明各取样点。

2. 纯化水站应有纯化水供水管道图,报质量部备案并分发使用部门。

3. 严禁违章操作本系统。

4. 纯化水系统投入使用前,应连续制水,由质量部 QC 办连续三周取样检测,全部合格后准许投入使用。

5. 纯化水制备应根据生产需求量确定本系统运行时间,但反渗透装置每天至少运行或冲洗 2 小时,如准备停机 72 小时以上,应用化学清洗装置向组件内冲灌 1% 的亚硫酸氢钠溶液实施保护。

6. 节假日或生产使用部门停工 3 天后,再开工前应由质量部 QC 办取样检测。

7. 离子交换器树脂的顶端任何时候都必须保证有 30cm 以上的水层,更不得将水放空。

8. 纯化水箱内的纯化水静态保存不得超过 12 小时,动态保存不得超过 24 小时。

9. 系统运行期间,纯化水系统操作员应检查各管道、阀门是否有"跑、冒、滴、漏"等现象,如有应及时修复。

10. 纯化水制备过程中水质检验员每两小时作一次部分项目(酸碱度、氯化物、硫酸盐、钙盐)检测,检测合格方可供水,如不符合规定,应及时采取相应处理措施。

11. 纯化水系统管理员应认真做好本系统维护保养工作,应积极配合维修人员对设备进行检修。

12. 纯化水系统管理员应认真做好设备的运行记录和维护保养记录,水质检验员应认真做好水质检验记录。

13. 如实行两班工作制,纯化水系统管理员则应认真填写设备运行交接班记录,如有异常,应及时上报机动科科长。

14. 纯化水站应随时保持清洁。

3.27　计量标准管理规程

文件名称:	计量标准管理规程		
文件编号:	XX/SMP-GC014		
起　　草:	年　月　日	修　　订:	
审　　核:	年　月　日	审　　核:	
批　　准:	年　月　日	批　　准:	年　月　日
执行日期:	年　月　日	执行日期:	年　月　日
编订依据:2010 年版《GMP》			
编制部门:工程部		颁发部门:工程部	
分发部门:工程部、质量部、生产部			

目的:建立计量标准管理规程,以保证药品生产过程中量值统一准确。

范围:适用于本公司的计量管理。

责任人:总工、工程部经理、计量员、各部门相关人员。

内容:

1. 企业的计量管理工作必须认真贯彻执行中华人民共和国计量法,采用法定计量单位,确保量值的统一准确,为企业生产经营提供计量保证。

2. 企业的计量工作由工程部负责,计量员主管计量的日常管理工作。

3. 应制定相关的计量管理文件,包括计量器具购置检定使用、维护等管理规程,使公司计量管理工作"有章可循,照章办事"。

4. 在生产经营质量管理、检测过程中应使用法定计量单位。如引进设备中的计量器具所用非法定计量单位须按规定办理批准手续；技术人员在设计、编制技术资料（包括图纸、工艺规程、使用说明书等）时，凡涉及计量单位的应一律采用法定计量单位；制订企业标准、内控标准，必须采用法定计量单位；所有文件、报表，统计资料及原始记录中凡涉及计量单位的一律采用法定计量单位。

5. 生产经营中所用计量设备、器具应由工程部统一管理登记，建立计量器具的台帐并负责检测用计量器具的维护、使用、保养、校验的管理。

6. 用于质量检测的计量器具必须按规定制订使用操作程序，操作人员应按其 SOP 进行操作，并对操作过程要有详细的记录。

7. 应建立计量设备、器具的采购、验收、贮存、发放管理程序等作为计量设备器具从采购到报废的全过程进行控制，以防止滥用、误用及损坏。

8. 各部门添置计量器具，请购部门与工程部门共同对拟购计量器具的性能进行分析、选择，以确定所购器具能满足生产工艺的要求，所有新购买的计量器具，必须具有出厂合格证书。严禁使用未经检定合格或超周期使用的计量器具，所有计量器具都应贴上合格且在有效期的检定合格证。

9. 计量器具使用人必须经专业培训，熟悉该器具的正确使用方法和维修保养知识，使用前后均应检查仪器，确保仪器处于正常状态，使用者在计量员不在现场的情况下，严禁擅自拆装计量器具，使用中发现问题应向本部门领导反映。

10. 对使用年限较长的计量器具，无法或无价值恢复原精密度或无法降级使用时，可作报废处理；对于器件老化、精度下降或设计陈旧、质量差等原因已无使用价值的，应作报废处理。作报废的计量器具，应由使用部门提出申请，工程部组织相关人员对于审查确认后，报工程部经理审核后由总经理审批。并在计量器具台帐上予以注销，财务部门做好账务处理。

11. 生产及质检现场使用的计量设备及器具，都应有“完好”的状态标志，暂停使用的计量器具应迁移至使用现场。

12. 企业应逐步创造条件，开展计量器具的自检工作，对尚未能进行自检的，应制定周期送检计划，准时送检，保证生产、质检现场使用的计量器具符合法定要求。

13. 全厂计量器具均由工程部统一组织检定与修理，凡检定合格者，签发《计量检定合格证》。

14. 对所有计量标准器具，在用计量器具，应由专（兼）职计量人员负责建立技术档案和原始资料的收集整理，并建立本部门《计量器具台帐》。

15. 计量器具的检定

15.1 仪器使用部门应依仪器购入时的设备资料、操作说明书等资料制定年度计量器具校验计划《计量器具校验计划》，报工程部审核后，报总工批准。

15.2 按批准的校验计划，工程部应安排检定日期，向有关法定计量检定部门送检或自检，要保证受检率达成 100%，保存检定数据，并填写计量器具校验记录《计量器具校验记录》留档。

15.3 计量器具的检定一般一年 1 次，但在使用过程中，若发现问题或数值出入较大，应立即进行检修和检定，不受校检计划和检定周期限制限并将检修记录，检定数据留档。

15.4 计量管理人员应不定期对计量器具进行抽检，抽检合格率应在 95% 以上，小于 30%

时，应在近期安排全面检定，不受校检计划和检定周期限制。

3.28 计量仪器具标准管理规程

文件名称：	计量仪器具标准管理规程		
文件编号：	XX/SMP-GC015		
起　　草： 　　年　月　日		修　　订：	
审　　核： 　　年　月　日		审　　核：	
批　　准： 　　年　月　日		批　　准： 　　年　月　日	
执行日期： 　　年　月　日		执行日期： 　　年　月　日	
编订依据：2010 年版《GMP》			
编制部门：工程部		颁发部门：工程部	
分发部门：工程部、生产部、质量部			

目的：建立计量仪器具标准管理，使计量仪器具的管理规范化、标准化。

范围：本标准适用于本公司计量仪器具的管理。

责任人：QC 检验员、计量员。

内容：

1. 分析用的仪器容量、灵敏度均应与所从事的分析操作规程相适应，有关部门鉴定达不到要求的应及时修理、更换或报废。

2. 所有仪器设备应安装完好，经过验证，取得计量检定合格证后方可使用。

3. 精密仪器注意防潮，经常更换干燥剂，防止仪器生锈，对不经常使用的仪器应经常通电，以到达除湿目的。

4. 各种精密仪器应制定相应的标准 SOP，内容包括：

4.1 名称、型号、进厂编号设备清洁和保养负责人，实施人。

4.2 使用标准操作程序，步骤及注意事项。

4.4.3 清洁规程和保养规程包括清洁保养内容、方法、步骤所用设备、器具与溶剂等。

4.4 建立设备仪器的清洁规程，保养周期和检定校对周期。

5. 使用人应熟悉操作规程和仪器设备性能，按操作 SOP 进行操作，并做好使用记录。

6. 无关人员严禁动用，特殊情况须经经理批准。

7. 精密仪器设备的拆卸应经部门经理同意，未经批准不得私自拆卸

8. 贵重材料制成的坩埚，乳钵等由专人加锁保管，建立严格的领用制度。

9. 仪器具发生故障时及时检修，并做好检修记录。

10. 由计量员负责对计量仪器具定期送检或校正。

11. 不得使用有故障的仪器，有故障的仪器挂上待检修标志牌。

3.29 计量仪器具校验标准管理规程

文件名称：	计量仪器具校验标准管理规程		
文件编号：	XX/SMP-GC016		
起　草： 年　月　日		修　订；	
审　核： 年　月　日		审　核：	
批　准： 年　月　日		批　准： 年　月　日	
执行日期： 年　月　日		执行日期： 年　月　日	
编订依据：2010 年版《GMP》			
编制部门：工程部		颁发部门：工程部	
分发部门：工程部、生产部、质量部			

目的：保证在全厂进行的计量校准工作规范化和标准化，同时保证厂内用于计量检定和校准的标准器及委外检定的计量器具保质、准时受检。

范围：本标准适用于全厂所有计量器具。

责任人：计量技术员、各部门计量员。

内容：

1. 计量器具的分类

1.1 A 类：本厂的计量标准器及列入本厂强制检定管理目录的计量器具。

1.2 B 类：与产品质量检测和工艺控制有关对测量数据要求较高或有一定要求的校准对象。

1.3 C 类：与产品质量检测和工艺控制有间接联系，不影响岗位操作要求的或不易拆卸，可靠性高、量值不易改变的校准对象。

2. 计量器具校验标准操作程序的制定

由计量技术人员负责按生产要求，并参考有关仪器、仪表、量器、衡器及设备资料后针对每台/种校验对象制定校验标准操作程序，经质部 QA 审核，主管副总批准后统一遵照执行。

2.1 计量校验标准操作程序应包括：

2.1.1 校准对象的名称及型号；

2.1.2 用于校准的标准设备及仪器的名称和型号；

2.1.3 校准操作步骤；

2.1.4 允许误差的范围；

2.1.5 校准周期；

2.1.6 校准结果记录表格及结论；

2.1.6.1 校准中的允许误差范围应根据设备使用部门的使用要求并参考有关技术指标后确定。

2.1.6.2 校准周期应根据计量器具的类别和使用频度等确定。

2.1.6.2.1 A类校准对象为半年校验一次。

2.1.6.2.2 B类校准对象一年校验一次。

2.1.6.23 C类为一次性校准对象，即只进行安装使用前的校准工作，经过校准结果合格后用铅粒锁封或不干胶标记标注。

3. 委托外检

3.1 由计量员通过必要的考察联系外协服务单位。

3.2 A类计量器具以及本厂未开展计量检定(校准)工作的计量器具，由计量员收集统计后送有关单位检定或外协单位人员来本厂进行检定(校准)。

4. 本厂计量周期校准时间的确定。

由计量技术人员和仪器设备使用部门指定人员负责按本规定制定厂内计量器具的年度校准计划时间表，经工程部经理审批后实施。

5. 计量器具校准时间的保证。

各部门的技术人员有责任根据当月校准计划时间表，预留校准时间并安排配合校准人员，以保证定期校准工作的顺利完成。

6. 计量校准工作的质量保证。

由工程部，质量部QA及使用计量器具的部门每月对计量校准工作质量进行监督。

7. 计量器具的校准程序。

7.1 负责实施计量校准工作的人员应严格遵守计量校准操作程序，各项计量检定规程和各项计量器具校验标准操作规程是执行计量校准工作的依据。

7.2 按校准周期计划完成的计量校准，记录应由计量技术人员按类别、时间整理归档，保存期为三年，随时备查。

7.3 校准结果合格应贴绿色合格标签；如校准结果不合格，则立即贴红色禁用标签，如被校准对象因故在一段时间内不使用，经确认后可贴蓝色停用标签，所有标签均应贴于被校准对象易见醒目处。

7.4 对于校准结果不合格的校准对象，除及时贴红色禁用标签外，应立即通知有关技术维修人员检修，并做出处理意见。

7.5 对于贴蓝色停用标签的，一旦重新使用，计量校准人员应立即进行再一次校准工作。

7.6 若计量器具可能影响其计量性能的维修时，应做再一次校准工作，此次校准工作将不影响正常校准周期的执行，其校准记录保留至下次正常校准日期。

7.7 新增计量器具应参照以上条款及生产厂家提供的主要技术指标，并参考使用部门的具体要求对主要数据进行必要的校核，做出标记，记录归纳。

3.37 安全操作标准管理规程

文件名称：	安全操作标准管理规程		
文件编号：	XX/SMP-GC024		
起　　草：	年　月　日	修　　订：	
审　　核：	年　月　日	审　　核：	
批　　准：	年　月　日	批　　准：	年　月　日
执行日期：	年　月　日	执行日期：	年　月　日
编订依据：2010年版《GMP》			
编订部门：工程部		颁发部门：工程部	
分发部门：工程部、生产部			

目的：确保设备安全、人身安全、保证生产持续进行。特制定本管理规程。

范围：本标准适用于本公司安全操作的管理。

责任人：车间主任、机修工、设备操作员。

内容：

1. 设备开机前应做好准备工作

1.1 检查运行记录，确认设备有“完好”标志牌。

1.2 检查设备上是否有异物。

1.3 检查水、电、气是否具备，且正常（如电压、气量）。

1.4 手动设备：查看是否有异常声响及梗阻现象，并确认设备传动部件运转灵活。

1.5 一切正常，方可开机。

2. 设备运行工作

2.1 操作时严格按设备标准操作程序进行操作。

2.2 调试用的工具用完后应放回工具箱，并确保设备现场无工具及其他用具。

2.3 操作员不能靠近设备传动部件，避免伤害自己和他人。

2.4 操作员不能随意切断电源和按下急停开关。

2.5 操作员随时注意设备运行情况及时处理运行中发生的问题。

2.6 操作员应检查水、电、气的情况，如发现电源缺相应立即停机，正常后方能开机。

2.7 操作员关停设备时，应严格按设备标准操作程序进行操作。

3. 设备运行完成后

3.1 按设备清洁标准操作程序对设备进行清洁。清洁时应关闭总电源。

3.2 对设备进行维护保养。

3.3 填写设备运行记录及交班记录。

4. 设备故障处理

4.1 操作员发现设备故障应立即停机，如不能独立解决的应立即通知工程部。

4.2 由工程部派维修人员进行处理。

5. 维修工作

5.1 维修操作应按《设备使用与维修保养的标准管理规程》执行。

5.2 维修机械及电气时，不能在运行或通电情况下进行维修操作。

5.3 维修时，非维修人员不得操作设备，妨碍维修人员维修作业。

5.4 维修完成后，及时对工具进行清点、清洁，并填写检修记录。

3.39　消防安全标准管理规程

文件名称：	消防安全标准管理规程		
文件编号：	XX/SMP-GC026		
起　　草：	年　月　日	修　　订：	
审　　核：	年　月　日	审　　核：	
批　　准：	年　月　日	批　　准：	年　月　日
执行日期：	年　月　日	执行日期：	年　月　日
编订依据：2010 年版《GMP》			
编制部门：工程部		颁发部门：工程部	
分发部门：工程部、生产部、物资部			

目的：规范消防管理制度，加强消防安全的管理。

范围：适用于公司消防安全管理。

责任人：工程部、生产部、物资部相关人员。

内容：

1. 消防设施

公司消防设施主要有火灾自动报警系统、全自动喷淋系统、消火栓系统。

1.1 火灾自动报警系统。

1.1.1 感烟探测器：探测房间及走廊等空间的烟雾浓度，当浓度超过探测器的设定值时，探测器将会动作，当有两个或两个以上的感烟探测器动作时，将会联动声光报警、关闭非消防电源、关闭新风阀等。

1.1.2 感温探测器：探测房间及走廊等空间的温

度,当温度超过探测器的设定值时,探测器将会动作,当有两个或两个以上的感温探测器动作时,将会联动声光报警、关闭非消防电源、关闭新风阀等。

1.1.3 手动报警按钮:在火灾或紧急时可使用手动报警按钮,使用时将按钮中央的有机玻璃按住手动报警按钮便动作。需要复位时,将手动报警按钮的扣押盖往下压,将复位开关拨至复位的位置便可。

1.1.4 事故广播系统:用于紧急情况的广播,可引导疏散。

1.2 全自动喷淋系统。

1.2.1 喷淋主泵及稳压泵:平时用于保持系统内的压力,使其稳定在一个范围;火灾时喷淋主泵启动,保证喷头的水量及压力。

1.2.2 湿式报警阀组:由湿式报警阀、水力警铃、水流指示器、信号蝶阀、压力开关等组成当末端喷头开始喷水时,水流指示器动作,同时压力下降压力开关动作,联动喷淋主泵,及其他相关项目。

1.2.3 喷头:根据环境温度的要求主要有68℃和93℃两种,当环境的温度达到喷头开启的温度,喷头的玻璃球会炸开。

1.2.4 水泵接合器:通过消防泵车及室外消火栓可向系统供水。

1.3 消火栓系统。

1.3.1 室外消火栓:连接室外消防管网,提供水源的快速接口。

1.3.2 室内消火栓:通过水带及水枪提供10米的水柱。用于扑灭火灾。

1.3.3 消火栓主泵及稳压泵:平时用于保持系统内的压力,使其稳定在一个范围;火灾时喷淋主泵启动,保证喷头的水量及压力。

1.3.4 干粉灭火器:主要用于室内消火栓及喷淋系统不易涉及的位置。

1.3.5 水泵接合器:通过消防泵车及室外消火栓可向系统供水。

2. 消防安全管理

2.1 工程部保存公司消防系统设施分布图(即消防竣工图纸)。

2.2 工程部加强对消防控制室的管理,要随时跟踪报警主机及广播主机的运行情况。

2.3 消防设施属于应急自救设施,任何人未经许可,不得擅自使用。

2.4 自动喷淋系统对水质的要求相对较高(因为喷头的直径只有15,水质太差容易堵塞喷头),所以每年应定期更换水池中的水。

2.5 工程部组织相关人员每季对所有消防设施进行检查。

2.6 在检查中发现的问题,及时处理,保证消防设施及系统的正常工作。

3.40 设备标准管理规程

文件名称:	设备标准管理规程		
文件编号:	XX/SMP-GC027		
起　草:	年 月 日	修　订:	
审　核:	年 月 日	审　核:	
批　准:	年 月 日	批　准:	年 月 日
执行日期:	年 月 日	执行日期:	年 月 日
编订依据:2010年版《GMP》			
编制部门:工程部		颁发部门:工程部	
分发部门:工程部、生产部			

目的:建立公司设备标准管理规程,加强设备的管理。

范围:适用于公司内所有设备选型、购置、验收、使用的管理。

责任人:生产副总、工程部经理、设备管理员。

内容:

1. 公司设备管理实行由生产副总、工程部经理。设备管理员三级管理并明确相应的职责。

2. 设备的选型

2.1 生产副总负责参与公司生产工艺设备、公共设施、辅助设施的调研、选型,以及设备更新、改造、报废等的审核,工程部经理负责设备的安装调试、试车、验收和设备在使用过程中相关问题的认定调查以及设备大、中修计划的制订与实施工作;

工程部设备管理员协助做好设备的日常管理工作，以及设备的建档、登记以及计量器具、设备的送检等工作，设备机修人员，负责车间设备日常的维修、保养、润滑等监督管理工作。

2. 2 设备的选型应符合生产工艺要求，易于清洗、消毒或灭菌，便于生产操作和维修、

保养，并能防止和减少污染。

2. 3 与药品直接接触的设备表面应光洁、平整、不挂液，易清洗或消毒，耐腐蚀，不与

药品发生化学变化或吸附药品，固体制剂、外用剂的设备及纯化水贮罐采用 304 不锈钢，针剂的配料罐及药液、注射用水管道输液泵均应采用 316L 不锈钢，纯化水及固体制剂、外用剂管道用阀门可采用 304 不锈钢球阀，针剂管道、阀门均采用 316L 隔膜阀。管道连结应采用快装式结构。

2. 4 设备的选型还应适应生产规模与能力，生产工艺技术水平相配套，对于生产线还须注意与前工序的生产能力的衔接与配套。

2. 5 在设备选型中还应注意新设备、新工艺、新技术的运用与引进，并结合医药装备的发展趋势及本企业产品结构的发展状况的预测，以逐渐提高企业生产工艺装备的现代化水平。

3. 设备的购置

3. 1 购置前应做好充分的调研，可利用国家制药设备行业举办的药机展销会的机会，对欲购设备进行科学周密的调查，索取相关的技术资料并做好对比选购工作。

3. 2 参观、走访同类设备的使用厂家，咨询有关设备的性能特点，质量情况是否能达到设计的要求以及厂家对设备的售后服务的承诺与兑现。

3. 3 必要时对欲购设备的厂家进行现场考察，实地了解设备厂家的生产能力、加工技术条件、厂房设施和人员的技术与管理水平。然后得出较为科学的合理的意见。

3. 4 上述相关工作，应由生产副总牵头，工程部和有经验的设备技术人员，组成调研考察小组，同种设备的参观、考察、调研应在三家以上，并写出调研报告，供领导决策参考。

3. 5 凡新购压力容器、阀门、电器用品都应注意检查生产单位是否具有国家有关部门颁发的许可证、质量证明书及生产厂所具备的相关资质证明等出厂文件。

3. 6 设备选购时，应本着货比三家，质比三家，价比三家，价格服从质量，应避免只图便宜而忽视设备质量的情况发生。

4. 设备的验收

4. 1 新购进的设备进厂时应由公司生产副总、工程部经理、档案管理人员组成验收小组，共同进行验收。

4. 2 开箱验收检查。

4. 2. 1 验收小组成员在现场对设备进行开箱检查，检查设备外观是否锈蚀、碰伤或设备外包装是否破损或其他人为因素造成设备的外部缺损。若有异常应立即通知购置部门，由其及时联系供应商，追查发货、托运或其他相关部门的责任，必要时可退货或索赔。

4. 2. 2 开箱检查随货清单，内容包括：设备及电气图基础图、动力管路配置图、设备组装图、使用说明书（或操作手册）、随机所带的专用工具、模具、配品配件以及厂家提供的设备的 GMP 文件，是否与实物相符，否则应与供应商联系索取。

4. 2. 3 开箱检查时应填写“设备开箱检查记录”参加开箱检查验收人员均应在记录上签字。

4. 2. 4 开箱验收记录等表格，应该同随货清单一并归入设备技术档案中保存。

5. 设备的使用管理

5. 1 公司每年组织 1 ~ 2 次对设备管理人员、维修人员、操作人员的岗位技术培训。未经培训的人员，不允许操作设备。

5. 2 公司所有的设备必须登记造册，设立台帐，建立设备档案。

5. 3 公司设备实行全过程的管理，包括选购、开箱验收、安装调试、验收验证、使用维护、更新改造、闲置设备的处理以及设备的报废。

5. 4 工程部负责设备管理的基础工作，建立健全各种管理制度（SMP）以及标准操作程序（SOP）。加强对设备使用过程中的监督与管理，属于验证范围内的设备，必须按相关规程，对生产工艺设备、空调净化系统设备等进行验证和再验证工作。

5. 5 车间机修人员应注意设备的运行情况，检查操作人员的运行记录，及时纠正不正确操作，及时发现安全隐患，向工程部报告。

5. 6 工程部设备检修计划，根据设备状态变化，并按大、中、小修计划及时组织对设备的维修，并对检修计划的实施进行检查监督。

5. 7 工程部应每季度对公司的设备运行情况进行统计、编制设备综合表，报生产副总。

5. 8 对于压力容器或受市劳动部门监管的专用

设备，应按政府相关的管理规定执行。

5.9 设备的使用必须严格执行标准操作程序，并由工程部、生产部及生产车间管理人员监督执行。

5.10 设备使用要执行定人、定机制，谁使用谁负责，单人使用的设备由操作人员负责，集体使用的设备由班组长负责，必须在相关岗位操作人员的职责中予以规定。

5.11 设备操作者应持证上岗，特殊设备如锅炉、电焊机等还应通过劳动部门的特殊培训，取得劳动部门上岗证后方可操作，并按有关规定定期验审换证。

5.12 设备应挂牌运行，并有明显的状态标志，操作人员应密切注意设备运行中的情况变化，发现异常立即停机，申请维修，严禁设备带“病”运行，工程部应执行设备巡视检查规程，做好对设备运行状态的监控。

5.13 设备操作结束，操作人员应按相关设备的清洁 SOP，对各自负责的设备进行认真清洁保养，并按润滑周期进行润滑。

3.43 设备维护保养标准管理规程

文件名称：	设备维护保养标准管理规程		
文件编号：	XX/SMP-GC030		
起　　草：	年　月　日	修　　订：	
审　　核：	年　月　日	审　　核：	
批　　准：	年　月　日	批　　准：	年　月　日
执行日期：	年　月　日	执行日期：	年　月　日
编订依据：2010 年版《GMP》			
编制部门：工程部		颁发部门：工程部	
分发部门：工程部、生产部			

目的：建立设备维护保养标准管理规程，确保设备正常的维护、保养。

范围：生产设备维护、保养。

责任人：工程部机修人员、车间主任、班组长、操作人员。

内容：

1. 设备的日常保养：

1.1 每天上班后、下班前 15～30min 或设备使用结束后，由操作人员进行。通过对设备的检查、清扫和擦拭，使设备处于整齐、清洁、安全、润滑良好状态。

1.2 保养内容：

1.2.1 设备的完好性，部件、配件是否缺失。

1.2.2 开动设备先行空转，确认声音正确，润滑良好，方可正常操作。特殊不允许空转设备无此项。

1.2.3 检查螺丝，对松动螺丝进行紧固处理，润滑良好，方可正常操作。

1.2.4 检查安全防护装置是否完整、安全、灵活、准确、可靠。

1.2.5 检查润滑装置是否齐全、完整、可靠、油路畅通，油标醒目。

1.2.6 对各传动部位进行润滑加油，检查传动系统各操作手柄，电器开关位置无松动，操作灵活可靠。

1.2.7 检查各种管线，管件完好，无跑、冒、滴、漏现象。

1.2.8 清洁设备各部位，使设备内外干净，滑动导轨和接合处无油污、锈迹、灰尘和杂物，做到漆见本色铁见光。

1.2.9 各种工具，附件应摆放有序，存放整齐。

1.2.10 严格按操作规程使用设备，经常巡回检查，操作中通过听、看、闻等方法观察设备的运转情况，发现问题及时处理。

1.2.11 操作岗位要做到：“一平”、“二净”、“三见”、“四无”。它们的含义是：

一平：即操作间周围平整。

二净：即玻璃、门窗净、地面通道净。

三见：即轴见光、沟见底、设备见本色。

四无：即无油垢、无积水、无杂物、无垃圾。

2. 一级保养：

2.1 设备的一级保养定为三个月左右进行一次，除电器部分由专职电工负责外，其余由机修人员进行，车间操作人员参与。

2.2 保养后设备应达到外观清洁，呈现本色、油路通畅、油窗明亮、润滑良好、设备磨损减少，设备缺陷排除，事故隐患消灭，设备操作灵活，运转正常，保持完好状态。

2.3 清扫、检查、调整电器部分，检查电器接触是否良好，接线是否牢固。

2.4 彻底清洗、擦拭设备内外表面和死角部位，清除表面活动毛刺，做到漆见本色、铁见光，无药垢、无油污。

2.5 检查调整必要的零件，调整各运动部件的间隙，更换易损件。

2.6 检查紧固件和操纵装置，做到齐全可靠。

2.7 检查、更换各种计量仪表和安全附件。

2.8 清洗油污、油管、油标，检查油质，按规定加油，做到油路畅通，油标醒目。

2.9 排除故障，消除隐患。

2.10 必要时对设备局部拆卸检查，调整和修复。

3. 二级保养：

3.1 设备的二级保养视不同设备情况一般一年进行一次，由维修人员为主进行，操作人员参加。

3.2 保养内容：

3.2.1 完成一级保养的全部检查内容。

3.2.2 检查传动系统，修复更换磨损件。

3.2.3 清洗变速箱或传动箱。

3.2.4 调整检查各操作手柄，使其灵活可靠。

3.2.5 清洗电机，更换润滑油，检查电机绝缘。

3.2.6 整理电器线路，做到线路整齐安全。接地线符合规定。

3.2.7 更换新油，消除漏油。

3.2.8 对设备进行部分解体检查，调整修复和更换必要的零部件。

4. 设备的检修：

4.1 设备的检修要坚持预防为主的方针，实行计划检修，主要设备每年至少进行一次设备状况普查，根据设备运行的实际技术状态和普查情况，由工程部编制设备的年度大、中检修计划，并报总工程师批准，一经批准不得任意更改。

4.2 检修计划实施时，应制订出检修方案细则。主要设备要制定检修规程，检修技术标准并严格执行，以保证检修质量。

4.3 重点设备检修或结合检修实现技术革新，要报生产部并附图纸说明，经批准后实施。检修要逐步采用状态监测和现代故障诊断等技术，努力采用新技术、新工艺，新材料、新设备。

4.4 检修前要做好技术准备和材料备件的准备，检修后要做到工完、料净、现场清。设备大、中修计划应与生产计划同时下达，在检查生产完成情况时，同时检查考核设备维修完成情况。检修后的设备要由工程部组织有关人员经验收合格后才能投入正常生产使用，所有记录要认真填写后归档。

4.5 设备检修范围：

4.5.1 大修：分解整个设备，修理基准件，更换或修复全部磨损件，调整电气部分，清除缺陷，恢复设备原有性能，精度及效率翻修外表。

4.5.2 中修：工程部分分解，修复或更换磨损件，对精度性能达不到工艺要求的部件进行针对性修理，恢复设备精度性能。

4.5.3 小修：针对日常检查发现的问题，拆卸部分零件进行检查，修整更换或修复少量磨损件，同时检查、调整紧固机件，恢复设备使用性能。

5. 对主要设备、工艺管道等实行一年一度的大、中修，一般为每年的八月中旬至九月中旬，时间为一个月，由工程部提出大、中修计划，时间安排、资金预算、相关的实施部门、协助部门等报总工程师审批后实施。

6. 要认真做好检修前的准备工作，根据设备实行检修，作为“三定”（即定项目、定时间、定人员）“五落实”（即检修工作落实、检修方案落实、资金落实、所用备品备件落实、技术资料落实）。“四保证”（即保证优质、保证高效、保证安全、保证节约）。

7. 检修工作结束后，工程部写出工作报告，由生产副总、总工程师牵头生产部、质量部等相关人员参加对已完工程进行验收。

8. 设备检修所加用的冷却剂、防腐剂、润滑剂不得对药品或容器造成污染。

9. 压力容器类的设备如锅炉，应遵照国家劳动部门的相关要求，做好年检及许可证登记手续。

10. 设备检修的相关记录，一并存入设备档案中。

3.51 设备技术档案标准管理规程

文件名称:	设备技术档案标准管理规程		
文件编号:	XX/SMP-GC038		
起　　草:	年　月　日	修　　订:	
审　　核:	年　月　日	审　　核:	
批　　准:	年　月　日	批　　准:	年　月　日
执行日期:	年　月　日	执行日期:	年　月　日
编订依据:2010 年版《GMP》			
编制部门:工程部		颁发部门:工程部	
分发部门:工程部、生产部			

目的:建立设备技术档案标准管理规程,规范设备档案的管理。

范围:适用于所有设备档案管理。

责任人:工程部经理、设备管理员。

内容:

1. 设备档案是指生产设备从规划、安装、调试、使用、维修、改造、更新直至报废的全过程中形成的,有保存价值的图纸、文字说明、凭证、记录、声像等文件资料。

2. 档案分类:

2.1 综合性管理资料,包括:

生产设备、主要设备、特殊设备明细表

设备购置、修理、更新及改造计划

设备安装、检修工时、资金、材料等定额文件

设备维护、保养、检修规程

2.2 综合技术资料,包括:

全厂设备(含建筑物)平面布置图

电力系统图

动力管网图

给排水管网图

其他隐蔽工程及施工图

通用设施建筑图

设备基础图

设备机械、电气、仪表、热工专业图

设备使用说明书

设备使用、操作规程,维护检修规程,安全规程及设备完好标准。

设备安装施工验收规范

设备选型、技术经济论证资料

设备购置合同(副本)、产品合格证、设备装箱记录。

设备易损件、易耗品清单及图纸。

安装记录、验收移交书。

设备大修计划、任务书、竣工验收记录。

登记卡片及各类记录如:开箱验收记录、安装调试、试车记录、设备技术状况记录、使用部门变更记录、定期检查检测记录、设备缺陷隐患及事故记录、技术改造记录、压力容器检测记录、设备封(启用)记录、设备报废报告等。

3. 档案管理的要求:

3.1 档案的收集:

3.1.1 采购、保管、安装、使用及各级管理人员必须认真做好各种原始资料的保管工作,认真填写各类原始表格。保证资料齐全整洁,鉴定验收投产后,交总工办档案室统一整理归档。

3.1.2 基建、技改项目移交生产时全部资料须及时移交总工办档案室整理归档,工程部留设备机械、电气、仪表、热工专业图、设备使用说明书、设备使用、操作规程,维护检修规程、安全规程及设备完好标准、全厂设备(含建筑物)平面布置图、电力系统图、动力管网图的备份件。

3.1.3 运行过程中发生的设备后期管理资料如各类记录等,均由工程部负责收集整理归档。

3.2 设备技术档案的整理:

3.2.1 主要设备应坚持一机一档,并应保持固定内容和动态数据的完整性、准确性和连续性。

3.2.2 各类图纸的变动与更改均应有记录备查。

3.3 保管和使用:

3.3.1 设备档案原件应由总工办专人保管、专柜保存。

3.3.2 设备档案分类存放,建立目录以便于

调阅。

3.3.3 常用资料建立备份,并应定期清点,核对,及时补充和修复破损或变质资料。档案移交或管理人员调动必须办理移交手续。

3.3.4 索取、查阅原件资料应经登记、批准方可,不得私自复制资料,需要复制的资料应经总工或总经理批准后,由档案管理人员施行。

3.3.5 常用资料,如使用说明书等可将改写为本公司具体操作 SOP,复印件可发至操作人员所在的生产车间等,但应在档案室作记录。

3.3.6 档案原件一般不得外借,特殊情况需经总工或总经理批准审批,并认真登记后方可外借。

3.52　设备规划、选购标准管理规程

文件名称:	设备规划、选购标准管理规程		
文件编号:	XX/SMP-GC039		
起　　草: 　年　月　日		修　　订:	
审　　核: 　年　月　日		审　　核:	
批　　准: 　年　月　日		批　　准:	年　月　日
执行日期: 　年　月　日		执行日期:	年　月　日
编订依据:2010 年版《GMP》			
编制部门:工程部		颁发部门:工程部	
分发部门:工程部、生产部			

目的:建立设备规划、选购标准管理规程,保证新购置的设备符合生产要求。

范围:购置设备的管理。

责任人:生产部经理、工程部经理。

内容:

1. 各部门根据生产的需要提出需采购具备某种功能,达到某种效率的设备,由工程部具体联系购买。

2. 选择设备供应商的主要条件是技术质量水平和经济实力,但全面分析每一供应商的各方面能力也十分重要,根据所选择设备的生产能力及技术指标从以下几方面选择最适合供应商。

2.1 供应商在此之前提供此类设备的经验。

2.2 供应商的财政稳定程度。

2.3 能否保证在安装、培训和试车方面给予全面支持。

2.4 供应商的信誉。

2.5 供应商提供的技术培训水平。

2.6 能否在供应商所在地进行设备性能测试。

2.7 供应商提供试车资料及测试保障。

2.8 确认用户需求和生产环境。

2.9 从拥有同种设备的厂家了解此类设备的运行情况。

2.10 供应商能否保证执行交货期。

2.11 对供应商成本进行分析。

2.12 是否熟知 GMP。

3.57　设备清洁标准管理规程

文件名称:	设备清洁标准管理规程		
文件编号:	XX/SMP-GC044		
起　　草: 　年　月　日		修　　订:	
审　　核: 　年　月　日		审　　核:	
批　　准: 　年　月　日		批　　准:	年　月　日
执行日期: 　年　月　日		执行日期:	年　月　日
编订依据:2010 年版《GMP》			
编订部门:工程部		颁发部门:工程部	
分发部门:工程部、生产部、质量部			

目的：建立设备清洁管理规程，保证清洁卫生措施有效实施，防止交叉污染及微生物污染。

范围：本标准适用于所有设备（包括闲置设备）清洁管理。

责任人：设备操作员、QA 质监员、车间设备员。

内容：

1. 一般生产区设备清洁管理

1.1 机器、设备、管道按设备标准操作程序、维护保养执行，做到检查、维修、清洗保养。

1.2 产尘而又暴露的设备应加以封闭或遮盖，并有捕、吸尘装置。

1.3 加工的物料与设备接触表面不得发生化学反应，加工物料不得释放出物质粘附在设备表面，以至于难以清洗。

1.4 设备的润滑剂或冷却剂不得与药品原料、容器中间体或药品本身接触，应将所有需要润滑的部位尽可能与药品接触表面分隔开，防止对药品污染。

1.5 设备主体要清洁、整齐，无"跑、冒、滴、漏"等现象，做到轴见光，沟见低，设备见本色，其操作台和周围无污水，无油污及杂物。

1.6 设备尽可能安装为可移动式，便于将设备移至清洁间进行清洁保养，不能移动的设备在安装时，尽可能考虑有利于就地清洁保养。

1.7 设备及管道的保温层要求全部包扎平整，不得有颗粒物质脱落，并能承受冲洗、清洁、消毒而不渗漏。

1.8 不用的工具不得存放在生产区内，应存放指定的工具柜内，整齐排放，专人保管

1.9 一般生产区内的空调滤网、烟道、格栅、气道必须每月清洁，不得有污物及浮尘。

1.10 管道安装要充分考虑到清洁、消毒方便，不得有死角、盲端。

2. 洁净区设备清洁管理

2.1 完成一般生产区的设备清洁内容。

2.2 洁净区的设备、容器、管路在进行饮用水清洁后，必须用无菌纯水冲洗，采取有效的消毒措施。

2.3 传递窗或关闸门应联锁，不能同时打开。

2.4 每日清洁风淋室、房间地面、壁面、顶面及喷嘴，每周检测喷嘴出风的风速和含尘浓度的要求达到设计的规定。

2.5 洁净区的清扫工具最好采用除尘设备，若不具备，必须无纤维的材料进行清扫。

3.59 设备维修标准管理规程

文件名称：	设备维修标准管理规程		
文件编号：	XX/SMP-GC046		
起　草：	年　月　日	修　订：	
审　核：	年　月　日	审　核：	
批　准：	年　月　日	批　准：	年　月　日
执行日期：	年　月　日	执行日期：	年　月　日
编订依据：2010 年版《GMP》			
编制部门：工程部		颁发部门：工程部	
分发部门：工程部、生产部			

目的：建立设备维修管理制度，保证设备及时、正确地得到维修。

范围：适用于公司所有设备维修的管理。

责任人：设备操作人员、维修人员。

内容：

1. 本规程所指维修是设备正常运转后因某种原因突然损坏或突发故障的紧急修理，不包括正常的检修及保养性质的维修。

2. 设备使用部门及管理部门应加强设备的使用管理并做好设备的检测及日常维护保养，防患于未然，力争使设备少出故障甚至不出故障。

3. 突发故障的处理：

3.1 设备突发故障先由设备操作人员作紧急处理，包括紧急制动，切断电源，把造成人身及设备安全的可能性降到最低，然后判断设备故障的原因，确定排除方法。

3.2 操作人员只处理自己力所能及的小故障。但在维修时切不能对生产及周围空间造成污染（特

别是洁净区）。在维修时不可野蛮操作，带电操作。在通电的状态下，严禁用手指、起子等物品挑拨，对传动装置，严禁用手拉传动链条以助其起动。非专业人员严禁私自拆卸乱搭、乱接电源线。

3.3 当设备问题较大不能自行处理时，应立即上报主管人员，请维修部门维修。

3.4 当出现传动卡机，电机冒烟、起火等现象，应立即关掉电源，及时处理。

3.5 当设备维修中有可能对生产环境产生影响时，应由质量部对设备故障及维修期间所进行的物料或中间产品进行确认。对生产周期产生延时，以至于对产品质量造成影响时，生产管理人员应在质量部门的确认下，对生产进行适当的调整。

3.6 设备维修人员应充分了解所维修设备的性能、结构、安全作业、文明作业、严禁违规作业，损坏设备或影响生产环境或人身安全。

3.7 设备维修完成后，维修人员应清理维修现场，清除维修垃圾，并保证维修现场的清洁有序。不可用生产容器、工具，作为维修工器具代用。

3.8 设备的维修应有维修记录，内容包括、设备名称、安装部位、故障原因、排除方法、维修人员、日期等。

3.60　设备及管路涂色标准管理规程

文件名称：	设备及管路涂色标准管理规程		
文件编号：	XX/SMP-GC047		
起　　草：	年　月　日	修　　订；	
审　　核：	年　月　日	审　　核：	
批　　准：	年　月　日	批　　准：	年　月　日
执行日期：	年　月　日	执行日期：	年　月　日
编订依据：2010 年版《GMP》			
编制部门：工程部		颁发部门：工程部	
分发部门：工程部、生产部			

目的：对设备及管路表面涂色识别标志作出规定，加强安全操作管理。

范围：厂内所有设备及管路的表面涂色或标记。

责任人：工程部全员。

内容：

1. 设备涂色：

1.1 定型设备（含制剂与包装设备）的涂色按制造厂的出厂原色。

1.2 非标设备涂色：

1.2.1 室内非标设备应涂绿色。

1.2.2 室外非标设备应涂灰色或铝色。

1.2.3 不锈钢、有色金属、非金属设备不涂色，如需要涂色按 1.2 规定。

1.4 进口设备涂色，按进口设备原色。

2. 仪表涂色：

2.1 表壳的涂色按制造厂的出厂原色。

2.2 仪表盘、仪表箱涂淡绿色或淡灰色。

2.3 槽架、支架涂淡灰色或铝色。

3. 电器装置涂色：

3.1 高压和低压开关柜、油开关、配电箱、配电盘的涂色按制造厂出厂原色。

3.2 本相交流母线涂色按如下规定：

A 相，黄色；B 相，绿色；C 相，红色；零相，黑色。

3.3 电线管涂黑色。

4. 阀门涂色：

4.1 阀门涂色按如下规定：

阀体材质为铸铁，黑色：

阀体材质为碳钢，中灰色：

阀体材质为不锈钢，不涂色：

阀体材质为合金钢，蓝色。

4.2 阀门涂色应符合阀门产品样本的规定。

5. 钢结构涂色：

5.1 操作台、支架、梯子涂铝色或绿色。

5.2 扶手及栏杆涂绿色或灰色。

6. 管路涂色：

6.1 管路涂色采取基本识别色和识别符号同时使用的方法：

6.1.1 基本识别色用于识别管路内流体的种类和状态。

6.1.2 识别符号用于识别管路内流体的性质、名称和流向。

6.2 室内、外地沟内的管路不涂基本识别色和识别符号。

6.3 不锈钢、有色金属、非金属材质的管路，以及保温管外有铝皮(或不锈钢)保护罩时，均可不涂基本识别色，但应有识别符号。

6.4 管路基本识别色及含义：

绿色，水；铝色，蒸汽；棕色，易燃液体、矿物油；黄褐色，气态或液态气体(空气、氧气除外)；紫色，酸；粉红色，碱；蓝色，压缩空气；黑色，三废；白色，真空；天蓝色，氧气；灰色，可燃气体；淡绿色，冷冻水。

6.5 管路基本识别色的涂刷：

6.5.1 管路基本识别色的涂刷用以下方法涂刷在管路全长上。

照明线：白色(原 PVC 管本色)

动力线：黑色(原动力电缆本色)

消防报警线：红色

电话对讲线：黄色

自来水：绿色

注射用水：本色(原 316L 本色)

纯水：本色(原不锈钢管本色)

循环水：浅绿色

空压管：蓝色

真空管：白色

蒸气：银色(铝色)

6.6 流体名称：

6.6.1 流体名称的标识，从以下方法中任选一种：

6.6.1.1 汉字表示(用仿宋体字)：如：硝酸；

6.6.1.2 化学符号表示：如：HNO_3。

6.6.2 涂刷识别符号时，相近管径的字体大小应一致。

6.6.3 流体名称应用对比明显的白色或黑色标在基本识别色上管路醒目位置上。

6.7 流体流向：

6.7.1 流体流向用对比明显的白色或黑色标在基本识别色管路上涂刷指向箭头。

6.7.2 管路内若是双向流体，则涂刷双向箭头。

6.7.3 管路识别符号应涂刷在所有管路叉点、阀门和穿孔两侧的管路上，以及其他需要识别的部位。

6.8 外径小于 80mm 的管路上识别符号的涂刷：

6.8.1 当外径小于 80mm 的管路上涂刷识别符号不易识别时，可采取在需要识别部位挂牌。

6.8.2 标牌为矩形带尖角，矩形尺寸 150×50，指向尖角 90°。

6.8.3 标牌上标明管路内流体名称、尖角指示流体流向。

注：本规定对设备及管路的表面油漆涂色、识别符号作出规定。

本规定是根据医药工业实际情况并参照《工业管路的基本识别色和识别符号》(6B7231-87)、《电气安装工程施工及验收规范》(GB232-82)等国家标准而制订。

本规定所采用的颜色均在《漆膜颜色标准样本》(GB318-82)、《安全色》(GB3181-82)、《安全色》(GB2893-82)及(GB7231-87)的规定颜色范围内。

3.63 空调净化系统操作规程

文件名称：	空调净化系统操作规程		
文件编号：	XX/SOP-GC001		
起　草：	年　月　日	修　订：	
审　核：	年　月　日	审　核：	
批　准：	年　月　日	批　准：	年　月　日
执行日期：	年　月　日	执行日期：	年　月　日
编订依据：2010 年版《GMP》			
编制部门：工程部		颁发部门：工程部	
分发部门：工程部			

目的:建立空调系统的标准操作规程,保证生产所需要的空气净化及温、湿度条件。

范围:适用于空调系统、通风系统的操作。

责任人:空调系统操作员。

内容:

1. 净化系统的灭菌。

1.1 关闭新风进口,约为新风量的90%。

1.2 按空调机启动按钮,让空调机组投入运行。

1.3 用定时器调整好臭氧发生器的灭菌时间为3小时。

1.4 按下启动按钮(绿),电流表显示工作电流,定时器开始工作,臭氧发生器处于正常工作状态。

1.5 当臭氧发生器的电源指示灯(红)亮时,即灭菌工作结束。

1.6 空调机组在内循环的状态下运行一小时后将新风口调回到原来的位置,进入正常运行状态。

2. 空调机组的正常运行。

2.1 空调机组的正常运行可分为连续周期性运行与间歇式运行。

2.2 空调机组的周期性运行。

2.2.1 周期性运行为一星期(灭菌后5天内)。

2.2.2 按1. 对净化系统进行整体灭菌。

2.2.3 空调机组为昼夜运行,到生产的最后一天,停机。

2.3 间歇性运行

2.3.1 间歇性运行即每天运行一次。

2.3.2 运行5天后净化系统进行整体灭菌。

2.3.3 当天生产完后空调机组按4. 进行停机。

2.3.4 第二天生产,又按上述要求进行操作。

3. 温、湿度调节

3.1 温、湿度的标准为温度18~26℃,湿度为45%~65%。

3.2 温、湿度的调节操作。

3.2.1 温、湿度的调节主要是调控空调机组的表冷段,以及加热段的阀门,来满足产生的需要。

4. 停机

4.1 接到停机指令后,先关加热,再关表冷段冷冻水阀门。

4.2 与净化间联系后方可切断电源,空调机组停止运行。

5. 运行中的停电处理

5.1 运行中的突然停电,应及时通知电工进行检查处理。

5.2 停电时间在1小时以内,供电正常后,重新启动空调机组。

6. 清洁

6.1 生产操作完毕后按空调净化系统清洁操作程序进行清洁,使设备保持原来本色。

6.2 清洗完毕后,挂上完好已清洁状态标示牌。

7. 填写空调运行记录。

3.66　纯化水系统标准操作规程

文件名称:	纯化水系统标准操作规程		
文件编号:	XX-SOP-GC005		
起　　草:	年　月　日	修　　订:	
审　　核:	年　月　日	审　　核:	
批　　准:	年　月　日	批　　准:	年　月　日
执行日期:	年　月　日	执行日期:	年　月　日
编订依据:2010年版《GMP》			
编制部门:工程部		颁发部门:工程部	
分发部门:工程部			

目的:建立纯化水系统标准操作程序,使纯化水系统的操作与维修保养规范化、标准化。

范围:本标准适用于本公司纯化水系统的操作与维修保养。

责任人:制水员、维修人员、机动科科长、QA。

内容:

1. 设备型号与主要性能参数

1.1 型号

1.2 主要技术性能参数

	序号	项目	参数
一进水要求	1	污染指数(F1)	<3
	2	淤集密度指数(SDI)	<3
	3	水温/℃	15-35
	4	pH	3-10
	5	COD_{Mn}(高锰酸钾以 O_2 计)	<1.5mg/L
	6	游离氯(Cl_2)	<0.1mg/L
	7	含铁量(以 Fe 计)	<0.05mg/L
二使用条件	1	最高进水温度℃	45
	2	进水 pH 范围	3-10
	3	最高操作压力 Psi(MPa)	600(4.16)
	4	进水最高 SDI(15 分钟)	<4
	5	进水最高浊度	1.0NTU
	6	最高进水自由氯浓度	<0.1ppm
	7	单只膜元件最高压力损失	10Psi(0.7kgf/cm^2)
	8	单只膜元件上浓缩水与透过水量的最大比例	5:1
三、膜前压力		1~1.4 MPa	
四、膜后压力		0.8~1.3 MPa	
五、产水水质		符合 2000 年版《药典》中的“纯化水”的标准	

规格 T	0.5	1	2	3	4	5	6	8	10	12
六、产水量 T/h	0.5	1	2	3	4	5	6	8	10	12
七、耗水量 T/h	0.7	1.4	2.8	4.2	5.6	7	8.4	11.5	14	17
八、耗电量 KW	5	6	7	9	10	14	14	25	25	29

2. 内容

2.1 开机前的准备

2.1.1 检查运行记录，确认设备有“完好”标志牌。

2.1.2 检查各个单元阀门及压力表的开启状况。

2.1.4 打开原水泵进水阀和石英砂过滤器进水阀

2.1.5 合上主电源和控制电源

2.2 操作程序

2.2.1 打开总电源开关，电源指示灯亮。

2.2.1.1 当原水储到原水箱总容量一半时，开启原水泵。

2.2.1.2 石英砂过滤器。

2.2.1.2.1 反洗：打开上污阀，再缓慢打开反洗阀，反洗 10 分钟；

2.2.1.2.2 正洗：打开下污阀和正洗阀，然后关闭上污阀和反洗阀，正洗 10 分钟。

2.2.1.2.3 运行打开出水阀，再关闭下污阀。

2.2.1.3 活性炭过滤器

2.2.1.3.1 反洗(活性炭过滤器清洗为 3 天一次)打开上污阀，正洗 10 分钟。

2.2.1.3.3 运行打开出水阀，再关闭下污阀。

2.2.1.4 反渗透装置

2.2.1.4.1 打开精密过滤器排气阀，待空气排完后(有水排出时)，关闭排气阀，然后关闭上污阀与反洗阀，正洗 10 分钟。

2.2.1.4.1 打开精密过滤排气阀，待空气排完工后(有水排出时)，关闭排气阀，关闭排气阀，打开高压泵排气阀，待空气排完后(有水排出时)，关闭气阀。

2.2.1.4.2 打开浓水排放阀和淡水排放阀。

2.2.1.4.3 开启电导仪，启动高压泵和加药计量泵。

2.2.1.4.4 浓水排放 5 分钟后，且电导率<20μs/cm 时，关闭浓水排放阀。

2.2.1.4.5 浓水排放阀关闭 5 分钟后，且电导率<20μs/cm 时，关闭淡水排放阀。

5.2.1.5 淡水箱

2.2.1.5.1 将淡水箱的排污阀打开，冲洗 2 分钟，关闭排污阀。

2.2.1.5.2 待淡水储备到淡水箱总容量一半时，开启淡水泵。

2.2.1.6 离子交换器

2.2.1.6.1 正洗打开下污阀再缓慢打开进水阀、正洗阀，进水量控制在 2000L/h，正洗 1 分钟。

2.2.1.6.2 打开纯水阀，关闭下污阀，调整进水阀，进水量控制在 3000L/h。

5.2.1.7 开启紫外线灭菌器。

2.2.1.8 打开微孔过滤器排气阀，待空气排完后（有水排出时）关闭。

2.2.1.9 打开纯水箱排放阀，对纯化水箱冲洗 10 分钟后关闭此阀，打开纯水泵进水阀和出水阀，最后开启纯水泵把纯化水输送到所需车间。

2.2.2 停机

2.2.2.1 正常停机

2.2.2.1.1 关闭紫外线灭菌器、淡水泵、纯水阀、离子交换器进水阀及正洗阀。

2.2.2.1.2 打开淡水排污阀和浓水排污阀，膜前压、膜后压、进水压、出水压降低，使反渗透装置在低压条件下运行，运行时间不低于 10 分钟。

2.2.2.1.3 运行结束后，关电导仪，高压泵、加药计量泵和活性炭过滤器出水阀

2.2.2.1.4 活性炭过滤器

2.2.2.1.4.1 对活性炭过滤器进行反洗与正洗（步骤同上 2.2.1.3.1 和 2.2.1.3.2）；

2.2.2.1.4.2 反洗、正洗结束后，关正洗阀、下污阀和石英砂过滤器出水阀。

2.2.2.1.5 石英砂过滤器

2.2.2.1.5.1 对石英砂过滤进行反洗与正洗（步骤同上 2.2.1.2.1 和 2.2.1.2.2）；

2.2.2.1.5.2 反洗、正洗结束后，关正洗阀、下污阀和原水泵进水阀和石英砂过滤器进水阀。

2.2.2.1.6 关原水阀打开原水箱排污阀将剩余的原水排出，排完工后关原水箱排污阀。

2.2.2.1.7 关主电源和控制电源。

2.2.2.2 非正常停机如遇紧急情况，例如，突发停电、停水或遇到一些无法估计的事件发生，首先关原水泵、高压泵、清洗泵、淡水泵及纯水泵电源，然后再关总电源、所有阀和水源。

2.2.3 操作结束后，应先关闭 Y，再关闭 Z，最后关闭总电源。

2.3 安全要求

2.3.1 确保水系统流动畅通。

2.3.2 离子交换器的水压不得超过 0.2MPa。

2.3.3 清洗操作时要有安全防护措施，清洗时要注意室内通风。

2.3.4 电机不能用水冲洗等。

2.3.5 无论任何时候，都不要将浓水调节阀完全关闭，否则会使系统压力突然升高，造成设备的损坏或危机操作员的安全。

2.4 卫生要求

按《纯化水系统标准清洁操作程序》执行。

2.5 维护与保养

2.5.1 当活性炭吸附量达到饱和（可以出水水质判断），应更换活性炭，一般一年更换一次。

2.5.2 严格控制进水水质唯反渗透装置在符合要求的水质条件下运行。

2.5.3 操作压力控制，应在满足产水量与水质的前提下，取尽量低的压力值，这样有利于降低反渗透膜的水通量衰减，减少反渗透膜的更换率。

2.5.4 进水温度控制，应根据实际用水量，取临界压力（进水压力低于该值脱盐率产生明显下降的压力值）不能满足产水量与水质的要求的最低温度来作为该时间阶段内的进水温度，这样可以降低膜的水解速率。排放量控制，由于水、操作压力等因素的变化，控制排放量与产水量之间的比例为 1∶1.25～1∶3。

2.5.5 夏季水温偏高的对策．在保证对水质盐量要求的前提下，降低操作压力，实施减压操作。

2.5.6 装置不得长时间停运。每天至少运行或冲洗 2 小时，如准备停机 72 小时以上，应用化学清洗装置向组件内冲灌 1% 亚硫酸氢钠溶液实施保护。

2.5.7 反渗透每次停机都应让装置在进水压力小于 0.5MPa 条件下运行 10 分钟，然后关闭所有阀门，在高压泵实行母管制供水的，则应开启浓水旁路阀的浓水清洗液出水阀。

2.5.8 在正常运行过程中,任何时候都必须保证离子交换器的树脂的顶端有30cm以上的水垫层,更不得将水放空。

2.5.9 冬季使用时,应具有可靠的防冻措施,工作环境温度不低于5℃。

5.5.10 产水水质不符合要求应对离子交换树脂进行活化。操作方法:

2.5.10.1 排除积水将柱内积水排至树脂层面以上50~100mm处,避免不必要的再稀释。

2.5.10.2 进再生液

2.5.10.2.1 打开进碱阀、下污阀将配好的5%的氢氧化钠溶液打进树脂,关闭下污阀,浸泡2小时以上,再用淡水进行正洗,以排水符合出水水质指标为终点。

2.5.10.2.2 打开进酸阀、中排将5%的盐酸打进树脂,并打开同时进淡水,由中排排出。酸进完后,关闭进酸阀,正洗阀仍继续进淡水,由中排排出,树脂浸泡2小时以上,再将淡水进行正洗,以排水符合出水水质指标为终点。

2.5.10.3 混合用工业氧气进行混合。

2.5.10.4 正洗用RO水进行正洗,以排水符合出水水质指标为终点,正洗加流量为15~30L/h

2.5.11 紫外线灭菌器正常使用2000小时后更换。

2.6 常见故障及处理

当无法排除故障时,应及时上报机动科。

3.67 空气净化系统清洁操作规程

文件名称:	空气净化系统清洁操作规程		
文件编号:	XX/SOP-GC007		
起　草:	年　月　日	修　订:	
审　核:	年　月　日	审　核:	
批　准:	年　月　日	批　准:	年　月　日
执行日期:	年　月　日	执行日期:	年　月　日
编订依据:2010年版《GMP》			
编订部门:工程部		颁发部门:工程部	
分发部门:工程部、生产部			

目的:制订空气净化系统清洁标准操作规程,保障空气净化系统的功效。

范围:空气净化系统的清洁。

责任人:空气净化系统操作员、洁净区操作人员。

内容:

1. 净化空调箱的清洁。

1.1 空调箱内壁的清洁

1.1.1 清洁工具:毛刷、抹布,

1.1.2 清洁剂:饮用水。

1.1.3 清洁周期:每月一次。

1.1.4 清洗方法:先用毛刷扫,后用抹布蘸饮用水擦抹。

1.1.5 清洁标准:用干净手掌抹过不呈灰色为止。

1.2 冷气交换器的清洁。

1.2.1 清洁工具:扫帚、压缩空气。

1.2.2 清洁剂:去污粉。

1.2.3 清洁周期:半年清洁一次。

1.2.4 清洁方法:先用扫帚轻扫交换器表面,将尘埃扫去,再用压缩空气吹走扫帚扫不净的灰尘,然后用扫帚蘸上污粉擦去交换器表面上的污垢,直至擦净为止。

1.2.5 清洁标准:用干净手掌抹过不呈灰色为止。

2. 进风、回风接口软管部位的清洁。

2.1 清洁工具:硬毛刷。

2.2 清洁剂:饮用水。

2.3 清洁周期:每三个月一次。

2.4 清洁方法:首先拆下软管,用饮用水冲走内壁、外壁灰尘,然后用硬毛刷刷净管内、外壁积尘,最后用饮用水冲净,晾干即可。

2.5 清洁标准:无积尘。

3. 初效过滤器、中效过滤器的清洁:

按《初、中效空气净化过滤器清洁操作规程》进行。

4. 高效过滤器更换：执行《高效过滤器更换规程》。

5. 送风网、回风网的清洁：执行《回风网及回风网道的清洗规程》。

6. 填写《空调净化系统清洁记录》。

3.69　高效过滤器更换规程

文件名称：	高效过滤器更换规程		
文件编号：	XX/SOP-GC009		
起　　草：	年　月　日	修　　订：	
审　　核：	年　月　日	审　　核：	
批　　准：	年　月　日	批　　准：	年　月　日
执行日期：	年　月　日	执行日期：	年　月　日
编订依据：2010年版《GMP》			
编订部门：工程部		颁发部门：工程部	
分发部门：工程部			

目的：建立高效过滤器更换的标准操作规程。

范围：高效过滤器的更换过程。

责任人：设备管理人员。

内容：

1. 更换周期：

高效过滤器的更换通过每一次检测房间风量及尘粒数来确定更换时间，当房间尘粒数超标，且风口风速低于设计值的70%时应更换。

2. 更换的操作步骤：

2.1 先拆扩散板固定螺钉，取下密封海绵。

2.2 取下高效过滤器，安装新的过滤器。

2.3 将密封海绵固定好，安装好扩散板，在周围涂密封胶。

2.4 装好后做检漏测试，方法为在过滤器出风面上，匀速拖动风速仪的探头，风速突然升高的地方则为漏风点，边框密封处风速大于0.1m/s则有漏风。即时处理好漏风点。

3. 更换后，填写空调净化系统清洁记录。

3.71　回风网及回风网道的清洗规程

文件名称：	回风网及回风网道的清洗规程		
文件编号：	XX/SOP-GC011		
起　　草：	年　月　日	修　　订：	
审　　核：	年　月　日	审　　核：	
批　　准：	年　月　日	批　　准：	年　月　日
执行日期：	年　月　日	执行日期：	年　月　日
编订依据：2010年版《GMP》			
编订部门：工程部		颁发部门：工程部	
分发部门：生产部、工程部			

目的：建立回风网及回风网道清洗规程。

范围：回风网及回风网道的清洗。

责任人：各使用部门。

内容：

1. 回风网清洗：

1.1 清洗周期：每周对生产场所墙面等进行清

洁的同时，也必须清洗回风网。

1.2 清洁用水：饮用水（一般区域）或纯化水（洁净区）。

1.3 清洁方法：用洁净布擦拭回风网表面及网间孔眼。

1.4 清洁标准：回风网表面无污迹，无灰尘，网眼内无积垢。

2. 回风道的清洗：

2.1 清洗周期：每月一次。

2.2 清洁方法：将回风网由彩钢板上用平口螺丝刀取下，竖置回风网，用洁净布擦拭回风网内外表面及回风道内壁，清洗完毕将回风网重新装上即可。

2.3 清洁标准：回风道内壁及回风网内表面无积灰，无粉尘，无积垢。

3. 清洁结束，填写空调净化系统清洁记录。

3.73 初、中效空气过滤器清洁操作规程

文件名称：	初、中效空气过滤器清洁操作规程		
文件编号：	XX/SOP-GC014		
起　　草：	年　月　日	修　　订：	
审　　核：	年　月　日	审　　核：	
批　　准：	年　月　日	批　　准：	年　月　日
执行日期：	年　月　日	执行日期：	年　月　日
编订依据：2010 年版《GMP》			
编订部门：工程部		颁发部门：工程部	
分发部门：工程部			

目的：规范初、中效空气过滤器的清洁操作。

范围：初、中效空气过滤器清洗。

责任人：空调管理人员

内容：

1. 清洁剂：洗衣粉。

2. 清洁用水：饮用水，纯化水。

3. 清洁周期：

3.1 初效过滤器：每三月清洗一次并更换。

3.2 中效过滤器：每半年清洗一次并更换。

4. 清洁方法：

4.1 关闭机房的门窗以免灰尘进入风道。

4.2 从过滤器上小心拆下空气过滤布。

4.3 用饮用水漂洗两次，每次 3 分钟。

4.4 加洗衣粉洗去污垢或尘土。

4.5 用饮用水漂洗三次，每次 10 分钟。

4.6 用纯化水漂洗两次，每次 10 分钟，自然晾干。

5. 将晾干的滤布装入洁净塑料袋，以备下次更换。

6. 初、中效空气过滤布要单独手工清洗，不能和其他物品混洗。

7. 空气过滤布更换完毕后，应开启空调系统运行两小时后才能生产。

8. 若未到更换期而过滤器清洗后压差达到初阻力 1.5 倍时，应即时更换。

9. 清洗完成，填写清洁记录。

3.75 电子秤标准操作规程

文件名称：	电子秤标准操作规程		
文件编号：	XX-SOP-GC015		
起　　草：	年　月　日	修　　订；	

续表

审　　核：	年　月　日	审　　核：	
批　　准：	年　月　日	批　　准：	年　月　日
执行日期：	年　月　日	执行日期：	年　月　日
编订依据：2010 年版《GMP》			
编制部门：工程部		颁发部门：工程部	
分发部门：生产部、生产部			

目的：建立 ACS-A 系列交直流电两用电子秤标准操作规程。

范围：适用于 ACS-A 系列交直流电两用电子秤的操作。

责任人：操作人员、质监员。

内容：

1. 开机：将电子秤置于稳定平整的台面上，调整四个底脚螺钉使秤处于水平位置，打开电源，显示窗轮流显示各笔划，最后进入零位状态，“零位”标志出现。

2.【置零】键：重量显示置零。（置零范围：≤2% FS，去皮状态下无效）。

3.【去皮】键：（去皮范围：<10kg）

3.1 按此键，重量显示为零，“去皮”标志出现。

3.2 将原称重物取下，重量显示为负值，再按【去皮】键，称重复零，“去皮”标志消失。

4.【0】~【9】键，从右到左循环输入单价，隔 3 秒后再按任何数字键均可清除原单价，同时输入该数字。

5.【累计】键：按此键累计金额，“累计”标志出现，重量窗显示“Add”单价窗显示“×”，其中“×”表示累计的次数，金额窗显示为总计金额。按任何数字键均可退出本次累计（记忆的累计数据仍保留），恢复称重状态，等待下一次累计。

6.【总计】键：在累计状态下，按此键，重量窗显示为“TOTAL”单价窗显示为已累计的次数，金额窗显示为总计金额。按任何数字键均可退出此状态（记忆的累计数据仍保留），恢复称重状态，等待下一次累计。只有按【累清】键才可真正退出累计状态。

7.【累清】键：按此键，清除内存的累计数据，退出累计状态，“累计”标志消失。

8.【清除】键：在称重状态下，按此键清除单价。

9. 报警指示：

9.1 当被称物超过 100% FS+9d 时，重量显示为“——”，并连续发声报警。如 ADC 转换溢出，重量显示为“-Adc-”并连续发声报警。以上情况应将被称物取下。

9.2 当金额超过 9999.99，金额显示为“—OF—”。如果累计的次数超过 10 次，系统将不响应，而原数据仍保持。

9.3 如蓄电池电压不足，当重量显示为零时金额显示“—Lb—”（如加载，则金额显示恢复正常）。此时可短时间再使用，但应尽快插上交流电插头对电池充电。

9.4 当开机时的底秤超过允许范围，重量显示为“HHHHH”或“LLLLL”，表示底秤过高或过低。(5) 如果重量显示为“Err-1”，说明系统参数错误，应立即送修。

9.5 自检完后，如果称重显示“Err-2”，说明称重不稳，应参照三/(一)/2,3。

3.76　电子秤维护、保养规程

文件名称：	电子秤维护、保养规程		
文件编号：	XX/SOP-GC016		
起　　草：	年　月　日	修　　订：	
审　　核：	年　月　日	审　　核：	

续表

批　　准:	年　月　日	批　　准:	年　月　日
执行日期:	年　月　日	执行日期:	年　月　日
编订依据:2010 年版《GMP》			
编制部门:工程部		颁发部门:工程部	
分发部门:生产部、工程部			

目的:建立 ACS-A 系列交直流电两用电子秤维护、保养规程。

范围:适用于 ACS-A 系列交直流电两用电子秤的维护、保养。

责任人:操作人员、维修人员、车间管理人员。

内容:

1. 在重量窗显示为零时金额窗出现"—Lb—",表示电池电压不足,此时可短时间再使用,但应尽快插上交流电插头对电池充电,每次充电时间大于 12 小时。

2. 电子秤不能长期在去皮状态下使用,否则零位自动跟踪功能消失,零位会产生漂移。

3. 长期不用时,请至少 2 个月充电一次,并使电源开关置于"关"的位置,以保持电池不发生过放电而损坏。

4. 为延长电池寿命,充满电后,应切断交流电使用。

5. 运输时应注意防振动、防潮湿。

6. 储存时应避免阳光直晒或淋雨。

7. 严禁用强化学溶剂清洁表面。

8. 外壳清洗应用干、湿布擦拭,严禁用水冲。

9. 不能与大功率的设备共用电源线路,以免大功率设备运转时影响称量。

3.79 纯化水系统设备清洗、消毒标准操作规程

文件名称:	纯化水系统设备清洗、消毒标准操作规程		
文件编号:	XX/SOP-GC019		
起　　草:	年　月　日	修　　订:	
审　　核:	年　月　日	审　　核:	
批　　准:	年　月　日	批　　准:	年　月　日
执行日期:	年　月　日	执行日期:	年　月　日
编订依据:2010 年版《GMP》			
编订部门:工程部		颁发部门:工程部	
分发部门:工程部、质量部、生产部			

目的:建立纯化水系统设备清洗、消毒规程,以确保纯化水的质量。

范围:适用于纯化水砂滤器、活性炭滤器、精密滤器、二级反渗透设备的清洗。

责任人:水处理员、质监员。

内容:

1. 清洗:

1.1 清洁工具:抹布、水桶

1.2 清洁剂:1% 洗衣粉溶液、纯化水。

1.3 清洁周期:每天 1 次,生产结束后。

1.4 清洁方法:先用抹布蘸洗衣粉溶液擦除去表面灰尘,后用纯化水冲洗,抹布擦干。

1.5 清洁标准:用手抹不得有滑腻感为止。

2. 消毒

2.1 消毒工具:抹布、水桶。

2.2 消毒剂:75% 乙醇。

2.3 消毒周期:一周一次。

2.4 消毒方法:先将精密滤器滤芯取出,放入盛有 75% 乙醇的水桶中清洗,最后用纯化水冲洗。

2.5 清洁标准:精密滤器的滤芯无醇味。

3. 二级反渗透设备的清洗、停运保养

3.1 保护液：1% $NaHSO_3$、1% $NaHSO_3$ +20% 丙二醇溶液。

3.2 保养周期：停运 5～30 天、30 天以上。

3.3 保养方法：

3.3.1 短期停运，5～30 天，此期间可采用低压法冲洗 RO 装置，也可采用运行条件下运行 1～2h，每 2 天重复一次，夏季一天一次。

3.3.2 长期停运，30 天以上为长期停运，可采用 pH 值 2～4 的 XXL 溶液把 RO 装置清洗干净，时间为 2h，酸溶液清洗完毕后，再用预处理水（最好为 RO 出水）把 RO 装置冲洗干净，至进水 pH 值等于出水 pH 值，清洗完毕后，RO 装置系统注入 1% $NaHSO_3$ 进行保护。（冬季用 1% $NaHSO_3$ +20% 丙二醇溶液进行保护，以防冻裂），注满保护液后，关闭所有阀门，防止空气进入 RO 装置。

注：pH 值 2～4 的 XXL 溶液，1% $NaHSO_3$ 和 20% 丙二醇溶液保护液均用 RO 出水配制，试剂须用化学纯。

4. 注意：

4.1 避免清洗液或水渗进水泵电机内，以防发生触电事故。

5. 清洗完毕后，填写《设备清洁记录》。

3.81 纯化水管道、贮罐、泵清洁消毒标准操作规程

文件名称：	纯化水管道、贮罐、泵清洁消毒标准操作规程		
文件编号：	XX/SOP-GC021		
起　草： 年　月　日		修　订：	
审　核： 年　月　日		审　核：	
批　准： 年　月　日		批　准： 年　月　日	
执行日期： 年　月　日		执行日期： 年　月　日	
编订依据：2010 年版《GMP》			
编订部门：工程部		颁发部门：工程部	
分发部门：工程部			

目的：建立纯化水管道贮罐泵的清洗、消毒规程，以确保纯化水的质量。

范围：适用于纯化水管道、贮罐、泵清洁消毒规程。

责任人：水处理员、QA 质监员。

内容：

1. 清洁剂：1% NaOH 溶液

2. 消毒剂：臭氧

3. 清洗周期：一星期一次。

4. 清洁方法：

4.1 打开纯化水贮罐盖，将 1% NaOH 溶液注满，加盖密封。

4.2 启动纯化水的循环泵进行循环清洗贮罐和管道、循环泵 30min。

4.3 打开排水阀，边循环边排放至清洁剂排尽。

4.4 关闭排水阀，将纯化水罐贮满纯化水。

4.5 启动纯化水贮罐的循环泵，15min 后，打开排水阀，边循环边排放，至清洗液排尽。

5. 储罐、管道循环泵消毒：

开启臭氧发生器，关闭紫外灯，启动纯水输送泵（各用水点阀门必须关闭，开启输水阀门和回水阀门）。连续运行 40 分钟后，停止纯水输送泵，关闭臭氧发生器，打开纯水储罐排污阀，将罐内含臭氧纯水排放干净。

6. 消毒周期：一月一次。

3.84 计量器具校验计划表

XXXX 药业有限公司
计量器具校验计划表

编码：XX/RD-GC001

序号	部门名称	数量	1月	2月	3月	4月	5月	6月	7月	8月	9月	10月	11月	12月	自检	送检合计

制表：　　　　审核：　　　　批准：

3.88 计 量 器 具 校 验 记 录

XXXX 药业有限公司
计量器具校验记录

编编码:XX/RD-GC005

序号	编号	名称	规格型号	生产厂	使用部门	校验日期	校验单位	校验人	校验结果	备注

3.89 计量检定合格证

XXXX 药业有限公司
计量检定合格证

编码:XX/RD-GC006

合 格 证

检验项目＿＿＿＿＿＿＿＿

检验日期＿＿＿＿＿＿＿＿

3.91　主要设备运行记录

XXXX 药业有限公司
主要设备运行记录

编号:XX/RD-GC008

设备编号		设备名称	
型号规格		使用部门	

运　行　记　录			
日期/班次	开/停机时间	运行(保养、事故)简况	操作者
设备实际开动台时:(小时)		设备故障停机台时;(小时)	

3.93　设备定期检修和监测记录

XXXX 药业有限公司
设备定期检修和监测记录

编码:XX/RD-GC010

设备名称		设备编号		规格型号	
检修内容			检修标准		
检修日期	检修结果		备注		检修人

3.97　仪器使用登记表

XXXX 药业有限公司
仪器使用登记表

仪器名称:　　　　　　　　　　　　　　　　编码:XX/RD-GC015

使用日期	用　　途	使用情况	签　名
年　月　日			

3.100 设备维护检修记录

XXXX 药业有限公司
设备维护检修记录

编码:XX/RD-GC018

<table>
<tr><td>设备名称</td><td></td><td>型号规格</td><td></td><td>设备编号</td><td></td><td>使用部门</td><td></td></tr>
<tr><td>生产厂家</td><td></td><td>维修部门</td><td></td><td>维修人</td><td></td><td>检修日期</td><td></td></tr>
<tr><td rowspan="2">检修内容</td><td>检修部位</td><td></td><td></td><td></td><td colspan="3" rowspan="2">本次检修要点:</td></tr>
<tr><td>更换零部件</td><td></td><td></td><td></td></tr>
<tr><td rowspan="2">试运转情况</td><td colspan="4" rowspan="2"></td><td rowspan="2">验收签名</td><td>主管人员</td><td></td></tr>
<tr><td>操作人员</td><td></td></tr>
<tr><td>完成时间</td><td colspan="2"></td><td>检修耗时</td><td colspan="4"></td></tr>
<tr><td>备注</td><td colspan="7"></td></tr>
</table>

3.102 设备调拨报废审批记录

XXXX 药业有限公司
设备调拨报废审批记录

编码:XX/RD-GC021

<table>
<tr><td rowspan="2">使用部门</td><td rowspan="2">类别</td><td rowspan="2">设备名称</td><td rowspan="2">型号规格</td><td rowspan="2">单位</td><td colspan="8">设备现状</td><td rowspan="2">调拨报废原因</td></tr>
<tr><td>数量</td><td>原值</td><td>已提折旧</td><td>净值</td><td>已使用年限</td><td>尚可使用年限</td><td>估计残值</td></tr>
<tr><td></td><td></td><td></td><td></td><td></td><td colspan="8"></td><td></td></tr>
<tr><td colspan="2">厂审批意见</td><td colspan="5"></td><td colspan="2">有关部门审批意见</td><td colspan="5"></td></tr>
</table>

厂负责人: 财务部门主 管: 生产部门主 管: 设备管理部门主管: 制表:

3.104　设备档案卡

XXXX 药业有限公司

设备档案卡

设备编号：　　　　　　　　　　　　　　　　　　　编码：XX/RD-GC023

设备名称		型号规格			
制造厂		出厂日期		设备重量	
放置地点	车间　　工段	设备图号			
技术经济指标				出厂编号	
启用时间		尚可供用年限		检修周期	

主要附属设备

名称	规格型号	数量	使用年限	检修周期	备　注

固定资产调拨	调拨日期	重置完全价值	固定资产折旧	残值	年基本折旧率	大修理折旧	主管部门意见

设备完好评比检查记录

日　期									
完成级别									
备　考									

3.105　初、中效过滤器清洁记录

XXXX 药业有限公司

初、中效过滤器清洁记录

编码：XX/RD-GC024

日期	名称	数量	清洁剂	操作人	检查人	备注

3.108 空调净化系统清洁记录

XXXX 药业有限公司

空调净化系统清洁记录

编码:XX/RD-GC027

名　称			日期	
清洁项目	清洁剂	清洁结果	清洁人	检查人

3.109 设备清洁记录

XXXX 药业有限公司

设备清洁记录

设备名称: 工序: 编号:XX/RD-GC029

清洗日期	清洗剂名称	清洗剂用量	操作人	检查结果	检查人	备注

3.111 设备单机调试运转记录

设备单机调试运转记录

工程名称及编号:______________

分部分项工程名称及编号:______________

系统名称及编号:______________

试运转日期: 年 月 日 编号:XX/RD-GC031

试运转内容	

续表

<table>
<tr><td>试运转结果</td><td colspan="2"></td></tr>
<tr><td>评定意见</td><td colspan="2"></td></tr>
<tr><td colspan="2">建设单位：　　　　（公章）

年　月　日

代表（签章）</td><td>施工单位：　　　　（公章）

年　月　日

代表（签章）</td></tr>
</table>

3.122　纯化水生产记录

XXXX 药业有限公司

纯化水生产记录

<table>
<tr><td>运行时间</td><td></td><td>纯水产量</td><td></td><td>原水消耗量</td><td></td></tr>
<tr><td>原水泵压力(MPa)</td><td></td><td>一级 RO 泵压力(MPa)</td><td></td><td>二级 RO 泵压力(MPa)</td><td></td></tr>
<tr><td colspan="3">一级 RO 电导率</td><td colspan="3">二级 RO 电导率</td></tr>
<tr><td colspan="3"></td><td colspan="3"></td></tr>
<tr><td colspan="3"></td><td colspan="3"></td></tr>
<tr><td colspan="3"></td><td colspan="3"></td></tr>
<tr><td colspan="3">纯水输送泵压力(MPa)</td><td colspan="3"></td></tr>
<tr><td colspan="3">石英砂过滤器清洗时间</td><td colspan="3"></td></tr>
<tr><td colspan="3">碳纤维过滤器清洗时间</td><td colspan="3"></td></tr>
<tr><td colspan="3">一级 RO 清洗时间</td><td colspan="3"></td></tr>
<tr><td colspan="3">二级 RO 清洗时间</td><td colspan="3"></td></tr>
</table>

备注：

操作员：　　　　日期：

3.123 纯化水系统消毒记录

XXXX药业有限公司

纯化水系统消毒记录

日　期	消毒部位	消毒方法	操作人	复核人	备　注

3.124 设备验收单

XXXX药业有限公司

设备验收单

<table>
<tr><td>设备名称</td><td></td><td>设备型号</td><td></td></tr>
<tr><td colspan="4">安装单位意见：

经办人：　　　　日期：</td></tr>
<tr><td colspan="2">生产部意见：

经办人：　　　　日期：</td><td colspan="2">工程部意见：

经办人：　　　　日期：</td></tr>
<tr><td colspan="4">验收结果：</td></tr>
<tr><td colspan="4">备注：</td></tr>
</table>

4　生　产　部

4.1　生产部工作职责

文件名称：	生产部工作职责		
文件编号：	XX/RY-SC001		
起　草：	年　月　日	修　订：	
审　核：	年　月　日	审　核：	
批　准：	年　月　日	批　准：	年　月　日
执行日期：	年　月　日	执行日期：	年　月　日
编订依据：2010年版《GMP》			
编订部门：生产部		颁发部门：生产部	
分发部门：人事行政部、生产部			

目的：合理组织生产，编制好生产计划，加强日常生产管理。

范围：本标准适用生产部。

责任人：生产部经理。

内容：

1. 在生产副总领导下，具体抓好生产管理工作。

1.1 按期下达下月生产计划。结合市场销售、本月发货、成品库存量等情况，与公司市场部、物料部充分协商，制定下月生产计划，经生产生产副总批准后下达生产指令。

1.2 每周检查一次生产进度。对日常生产活动实行组织、指挥、协调和控制。充分利用现有生产能力、条件，组织均衡生产，克服忙闲不均现象，区分轻重缓急、重点与常规，按计划保质保量完成任务。

1.3 抓好安全生产、安全教育，随时制止违章作业，抓好劳动保护工作，不断改善劳动条件。

1.4 定期到车间收集生产原始记录、分类整理归档，车间、部门借阅要有手续。

1.5 会同总工、车间主任制定、修订新老产品原材料消耗定额，待生产副总批准下达后执行。

2. 在生产副总、总工的领导和指导下，具体抓好技术管理工作。

2.1 负责产品工艺技术的管理工作，对车间在技术上实行有效监督、指导和考核，确保产品质量。

2.2 组织研讨、审定、修订各车间的产品工艺规程、岗位操作法，起草有关的工艺技术文件，报生产副总、总工审批执行。

2.3 编制企业技术发展规划，技术革新和技术改造计划，会同总工审定各车间提出的技术革新、技术方案，协同有关部门、人员解决生产中的重要技术问题。对校改中取得明显经济效益的部门、个人报生产部经理或生产副总批准，给予适当奖励。

2.4 参与科研项目的鉴定和技术交流，推广先进的技术经验，积极配合公司药研所、发展新品种、改进老品种，不断提高药品质量，使药品达到高效、低毒和安全的目的。

2.5 参与新品种、新剂型、新工艺、新技术的设计、试制和技术攻关工作。

2.6 按期收集整理技术资料、技术文件、健全技术档案。对有关技术文件应结合实际进行修订，建立修订审批制度，抓好技术档案的管理工作。

2.7 监督、检查车间对生产工艺规程的执行情况，有权制止违章操作，对违章操作的事故进行调查，报告生产副总处理。

4.2 生产部经理岗位职责

文件名称：	生产部经理岗位职责		
文件编号：	XX/RY-SC002		
起　　草：	年　月　日	修　　订：	
审　　核：	年　月　日	审　　核：	
批　　准：	年　月　日	批　　准：	年　月　日
执行日期：	年　月　日	执行日期：	年　月　日
编订依据：2010 年版《GMP》			
编订部门：生产部		颁发部门：生产部	
分发部门：人事行政部、生产部			

目的：建立生产部经理岗位职责，使经理尽职尽责。

范围：生产部经理岗位。

责任人：生产部经理。

内容：

1. 按 GMP 要求组织生产，保证生产部的人员严格按照生产工艺规程和标准操作规程进行。

2. 负责下达生产计划及对本部门各岗位人员的合理调配以保证生产的正常进行。

3. 负责本部门的考勤工作及组织本部门各级人员的培训。

4. 负责每月底填写生产月报，向生产副总汇报生产产量、产值和各项经济指标。

5. 负责建立自查制度，对生产全过程进行监控，对生产的药品的质量负领导责任。

6. 会同技术部门制订生产工艺规程、标准操作规程等技术文件，并确保有关生产操作指令严格执行。

7. 参与验证及再验证工作。

8. 教育本部门职工遵守国家法令和公司各项管理制度。

9. 按时完成生产副总安排的临时工作。

4.4 车间主任岗位职责

文件名称：	车间主任岗位职责		
文件编号：	XX/RY-SC004		
起　　草：	年　月　日	修　　订：	
审　　核：	年　月　日	审　　核：	
批　　准：	年　月　日	批　　准：	年　月　日
执行日期：	年　月　日	执行日期：	年　月　日
编订依据：2010 年版《GMP》			
编订部门：GMP 文件		颁发部门：生产部	
分发部门：人事行政部、生产部			

目的：规定公司生产部车间主任的职责。

范围：适用于车间主任。

责任人：车间主任。

内容：

1. 接受生产部经理的直接领导对生产部经理负责。

2. 对本车间的行政管理、生产技术等工作行使统一指挥权。

3. 在定员编制内有权调整车间管理人员，调整工人的工作岗位，并按有关规定报主管部门备案。

4. 负责下达的各项生产任务及各项经济技术指标完成。

5. 负责本车间生产产品质量。

6. 在广泛征求群众意见基础上，有权任免班组长，并报生产厂部备案。

7. 对职工的调动、提职、晋级、奖惩有建议权。

8. 对违反操作规程、检修规程、劳动纪律等厂规厂纪人员，有权扣发奖金，停职检查，并按关规定提出给予取消浮动工资和行政处分的建议。

9. 深入工段、班组调查研究，有发现问题和解决问题的能力，密切联系群众、任人唯贤，廉洁奉公。

10. 合理安排车间内的工作量，调动全车间人员的积极性，按时完成年、季、月生产计划，并对其工作质量负责。

11. 加强职工的技术素质、工艺规程及安全意识、环保卫生意识教育。对管辖内的人身、设备、质量事故负有领导权和教育权。

12. 关心职工生活，搞好团结，协调好各工种、各岗位之间的工作关系和生产问题。

13. 按时完成生产部经理安排的临时工作。

4.7　车间班组长岗位职责

文件名称：	车间班组长岗位职责		
文件编号：	XX/RY-SC007		
起　　草：	年　月　日	修　　订：	
审　　核：	年　月　日	审　　核：	
批　　准：	年　月　日	批　　准：	年　月　日
执行日期：	年　月　日	执行日期：	年　月　日
编订依据：2010年版《GMP》			
编订部门：生产部		颁发部门：生产部	
分发部门：人事行政部、生产部			

目的：明确班组长的职责，工作内容。

范围：适用车间班组长。

责任人：车间班组长。

内容：

1. 严格执行技术标准，遵守工艺纪律，提高产品质量，降低物质消耗，开展增产节约活动。

2. 搞好安全技术教育，精心维护保养设备，认真执行劳动保护法规和操作规程，进行安全文明生产。

3. 科学合理地组织和指挥生产，认真搞好班组目标、计划的分解落实，控制生产进度，发现并解决出现的问题；合理地进行劳动组织，提高劳动效率。

4. 组织班组职工参加政治、文化、技术、业务学习，开展岗位练兵和帮教活动，提高全班职工素质。

5. 负责本班组的生产产品质量。

6. 完成班组各岗位的工序质量要求。

7. 对新来工人要组织学习，进行业务教育和安全教育，通过考核，合格后持证上岗。

8. 每月初召开一次班组会，与车间主任一道，总结上月生产情况，找出质量技术管理、设备等方面存在的问题，并及时解决。

4.10　生产工人通用岗位职责

文件名称：	生产工人通用岗位职责		
文件编号：	XX/RY-SC008		
起　　草：	年　月　日	修　　订：	
审　　核：	年　月　日	审　　核：	

续表

批　　准：　　　　年　月　日	批　　准：　　　　年　月　日
执行日期：　　　　年　月　日	执行日期：　　　　年　月　日
编订依据：2010年版《GMP》	
编订部门：生产部	颁发部门：生产部
分发部门：人事行政部、生产部	

目的：明确生产工人的职责、工作内容。

范围：适用生产工人。

责任人：生产工人。

内容：

1. 服从分配调动，听从指挥，遵守厂纪厂规。

2. 遵守劳动纪律，不迟到，不早退，不旷工，有事按规定请假，工作时间坚守岗位、不串岗游荡、睡岗、脱岗、不做与生产无关的事、不妨碍他人工作，尽职尽责，努力提高劳动效率。

3. 执行岗位责任制、技术操作规程、交接班制度、安全生产制度、现场管理制度、保证安全生产、保证产品（工作）质量。

4. 热爱集体，爱护公物（生产机器、工具、原辅材料、包装材料），发扬主人翁精神。

5. 讲究工作环境卫生和个人卫生，严格按照工艺卫生和个人卫生的要求进行岗位操作。

6. 及时完成生产工作任务，不出废品，做到优质、高效、低耗、节能生产。

7. 严格执行各项规章制度和岗位工作、技术、管理标准，做到安全文明生产。

8. 认真履行岗位职责，做好本职工作，保证产品质量。

9. 努力学习，熟悉本岗位业务、技术，不断提高岗位工效，为公司多作贡献。

4.13 车间质检员岗位职责

文件名称：	车间质检员岗位职责
文件编号：	XX/RY-SC013
起　　草：　　　　年　月　日	修　　订：
审　　核：　　　　年　月　日	审　　核：
批　　准：　　　　年　月　日	批　　准：　　　　年　月　日
执行日期：　　　　年　月　日	执行日期：　　　　年　月　日
编订依据：2010年版《GMP》	
编订部门：生产部	颁发部门：生产部
分发部门：生产部、质量部、人事行政部	

目的：建立生产部质检员岗位职责制，促使质检员干好本职工作。

范围：适用于生产部质检员岗位。

责任人：车间质检员。

内容：

1. 业务上接受车间主任和质量部的领导，行使质量监督检查的权力，对产品质量负主要责任。

2. 监督检查各岗位实施GMP管理，执行企业的质量方针、目标。

3. 按生产部质检员岗位操作法要求对各工序巡回检查，对由于不检查，不及时汇报而造成的事故负责，对不合格的产品流入下一工序有否决权。

4. 对新使用的天平、分析天平正确使用，妥善保管负责。

5. 对退回的样品不混淆，不出差错负责。

6. 对做好质检室清洁卫生负责。

7. 对及时正确填写原始记录负责。

4.17　批号标准管理规程

批号标准管理规程

1. 目的:规范产品批号的管理,保障产品质量的可追溯性,确保产品质量。

2. 适用范围:适用于本公司成品生产批号管理。

3. 工作职责:

3.1 生产厂部负责产品的批指令下达,并与生产指令一起下达产品批号。

3.2 其他各相关部门负责根据批指令提供所用物料的相关信息、数据等。

3.3 生产分厂

4. 工作程序

4.1 本公司所有生产产品必须按规定划分批号,批号的划分必须具有质量的代表性。

4.2 用于识别"批"的一组数字或字母加数字称为批号,每批药品均应编制生产批号。

2.1 可灭菌的小容量注射剂,以一个配液罐所配制的均质的药液并使用同一台灭菌设备灭菌的产品为一个批号;当用多台灭菌器灭菌时批号后应加灭菌器编号。

2.2 片剂、胶囊剂以压片前或胶囊灌装前使用同一台混合设备生产的一次混合量作为一个批号。

2.3 中药提取物,以最后混合,质量均一的药液为一个批号。

2.4 外用液体制剂以灌封前同一配料罐一次所配制的药液所生产的均质产品为一批。

3. 产品的批号一旦给定,必须严格按给定的批号执行,不得任意修改。

4. 批号的划分具有质量的代表性,可根据批号查明该批的生产日期和生产记录,进行质量追踪。

5. 根据公司产品生产实际情况(生产能力、规模等)生产批号的编制方法规定如下:

5.1 产品批号的编制方法

5.1.1 正常批号:以生产日期为准,用八位数表示,前四位表示年度、中间两位表示月份、后两位表示生产的流水号,如"年-月-流水号"实例:批号为20050412 即表示2005 年4 月生产的第12 批产品。

5.1.2 返工批号:

按《返工处理规定》重新加工的产品。原批号不变,后面加"F",如"年-月-流水号-F",在批号后加"F"以区别。

6. 中间产品生产批号的编制方法

6.1 提取物批号的编制方法:

以生产日期为准,用八位数表示,前四位表示年度、中间两位表示月份、后两位表示生产日期,如"年-月-日"实例:批号为20050412 即表示2005 年4 月12 日生产。

6.2 中间体批号的编制方法:

中间体以生产日期为准,用八位数表示,前四位表示年度、中间两位表示月份、后两位表示生产的流水号,如"年-月-流水号"实例:批号为20050412 即表示2005 年4 月生产的第12 批产品。

4.19　物料平衡标准管理规程

文件名称:	物料平衡标准管理规程		
文件编号:	XX/SMP-SC004		
起　草:	年　月　日	修　订:	
审　核:	年　月　日	审　核:	
批　准:	年　月　日	批　准:	年　月　日
执行日期:	年　月　日	执行日期:	年　月　日
编订依据:2010 年版《GMP》			
编订部门:生产部		颁发部门:生产部	
分发部门:生产部、质量部			

目的:建立物料平衡管理制度,防止偏差产生,确保产品质量。

范围:生产过程的物料平衡管理。

责任人:操作人员、车间技术员、车间主任、中间站管理员、QA 质监员。

内容:

1. 制剂生产必须按照处方量投料。

2. 产品的理论产量与实际产量之间的比值(收率)有可允许的正常偏差。

3. 每个品种的各关键工序的批记录上,必须明确规定收率的计算方法,及根据验证结果确定的收率范围。

4. 收率计算的基本要求

4.1 计算公式:

收率=实际值/理论值×100%

理论值:按所用的物料量,在生产中无任何损失或差错的情况下得到的最大数量。

实际值:生产过程中的实际产出合格品数量。

4.2 在生产过程中如出现泄漏现象,应及时通知车间管理人员及质量监督人员,详细记录泄漏过程及数量。

5. 物料平衡的计算单位

5.1 固体制剂、前处理、提取车间:固体以重量计算,液体以体积或重量计算。

5.2 外用液体制剂:数量、体积进行计算。

6. 数据处理

6.1 收率在合格范围内,可转入下工序。

6.2 收率不在合格范围内,应贴上待查标志,不得转入下工序,由车间管理人员、QA 质监员、操作人员进行调查后,采取处理措施,并进行详细记录。

7. 每批产品生产结束后均要进行物料平衡,填写《技术经济指标和物料平衡计算汇总表》根据平衡结果当发生偏差时,操作人员应按《偏差处理操作程序》处理。

4.21 工艺用水标准管理规程

文件名称:	工艺用水标准管理规程		
文件编号:	XX/SMP-SC006		
起　　草:	年　月　日	修　　订:	
审　　核:	年　月　日	审　　核:	
批　　准:	年　月　日	批　　准:	年　月　日
执行日期:	年　月　日	执行日期:	年　月　日
编订依据:2010 年版《GMP》			
编制部门:生产部		颁发部门:生产部	
分发部门:生产部、质量部			

目的:建立工艺用水管理制度。

范围:适用于工艺用水的制备及应用监控管理。

责任人:工艺用水制造、应用、检验监控人员,质量部。

内容:

1. 工艺用水指生产中工具、容器清洗、配料等所有的水。按水质分为饮用水、纯化水、注射用水。各工序应根据工艺要求、制定用水标准,按规定使用。

2. 水系统监控工作由质量部负责。检验部门定期对各种用水进行全项测定,发放检验报告书。

3. 制水工序应有水质理化检验的人员及仪器,按规定频次对各种水质进行必要的理化项目快速测定。

4. 饮用水质量要求应符合卫生部“生活饮用水标准 GB-5750-85”;纯化水、注射用水的质量要求应符合《中国药典》2000 版二部质量标准。

5. 纯化水、注射用水系统中应确定用水点、取样点。

6. 应制定纯化水、注射用水制备标准操作规程及纯化水、注射用水设备维护、保养标准操作规程。

7. 应制定纯化水、注射用水系统清洁管理规程及纯化水、注射用水系统清洁标准操作规程。

8. 贮存输送纯化水、注射用水的储罐及输送管道应规定清洁、消毒周期。

9. 每一个用水点在休假日后首次上班、每天上午上班及午休后上班时应先放水冲洗取水口,将阀门完全打开并放水10秒钟后才能使用。

10. 纯化水、注射用水水质要定期检查。

10.1 饮用水每月由厂化验室检验部分项目一次;每年全检一次(送市卫生防疫部门)。

10.2 纯化水每2小时在制水工序检查部分项目(PH值、氯化物、氨盐、电导率)一次;制水点及用水点每周全检一次,用水点轮流取样,但需保证每个用水点每月不少于1次。

10.3 注射用水每周全面检查一次。

10.4 每天检测项目由制水员检测登记,每周每月检查项目由化验室执行。

11. 取样点:一般选在制水点出口,用水点出口,贮水罐出口等。

12. 取样检验时间和频次:

12.1 新安装的制水设备投入供水前,应连续制水,连续取样三周,测定后,全部指标符合规定,方可正式使用。

12.2 节假日或停产一段时间后,开工之前应取样检验,符合规定后,才可使用。

12.3 发生异常情况或出现不符合规定的情况下,应增加取样检验的频次。

13. 纯化水、注射用水的储罐及输送管道所用的材料应316L不锈钢材料制造,注射用水储罐通气口应安装不脱落纤维的疏水性除菌滤器。

14. 注射用水的储存必须采用80℃以上保温、65℃以上保温循环或4℃以下储存。

15. 做好纯化水、注射用水的操作记录,清洁、消毒记录,维修保养记录。水质检验记录,保存三年。

4.23 车间状态标志标准管理规程

文件名称:	车间状态标志标准管理规程		
文件编号:	XX/SMP-SC008		
起　　草: 　　年　月　日		修　　订:	
审　　核: 　　年　月　日		审　　核:	
批　　准: 　　年　月　日		批　　准:	年　月　日
执行日期: 　　年　月　日		执行日期:	年　月　日
编订依据:2010年版《GMP》			
编制部门:生产部		颁发部门:生产部	
分发部门:生产部、质量部			

目的:建立车间状态标志管理制度。使生产现场及暂存间合理有序杜绝安全事故及质量事故的发生。

范围:适用于车间生产操作前工艺、卫生、设备、中间产品状况的标志。

责任人:各工序班组长、操作工、QA质监员。

内容:

1. 生产操作间的状态标志

生产操作间应挂上标志牌,标明所加工产品的名称、规格、批号、数量、操作人、日期。已清场的操作间挂上"已清场"状态标志牌。

2. 生产设备的状态标志

2.1 生产过程中使用的设备应挂上醒目的标志牌,标明设备名称、编号以及状态。合格运行的设备挂上"运行"标志牌;正在检修或停用的设备应挂上"检修" 或"停用"的状态标志。设备清洁完成,挂上"已清洁"状态标志。

2.2 计量器具应有"计量检定合格证"或"准用证"。正在检修或停用的计量器具应挂上"检修"或"停用"的状态标志牌。

3. 容器的状态标志

3.1 装中间体或原料的容器应每个贴上醒目的标签,标明内容物的名称、批号、规格、数量。根据容器内的内容物质量状况,分区围上颜色绳子,挂状态标志牌,将待验的,挂贴上"待验" 牌;检验合格的,挂上"合格" 牌;检验不合格的,挂上"不合格" 牌。不合格品应分开放置。

3.2 容器的清洁状态应挂上标志牌,标明"已清洁"。

4. 灭菌状态标志

4.1 对于灭菌前后的产品,应挂上标志牌,标明产品的名称、批号、数量以及灭菌状态。

4.2 灭菌前后的产品分别贮放。灭菌后的挂上“灭菌” 标志牌,贮存在存放间。

4.3 灭菌后的设备及容器,应挂上“灭菌”状态标志牌。

5. 中间产品状态标志。

5.1 中间产品在中间站要有明显标志,注明品名、批号、规格、数量。

5.2 中间产品在中间站要有明显状态标记,标记“合格”、“不合格”“待验”和“待处理”。

6 状态标志牌要求字体清晰、醒目,并有颜色帮助识别:红色表示“不合格”或“检修”;绿色表示“合格”、“运行”或“已清洁”、“已清场”;黄色表示“待验”、“待灭菌”、“待清洁”或“停用”;白色表示“待处理”。

4.25 产品拼箱标准管理规程

文件名称:	产品拼箱标准管理规程		
文件编号:	XX/SMP-SC010		
起　　草:	年　月　日	修　　订:	
审　　核:	年　月　日	审　　核:	
批　　准:	年　月　日	批　　准:	年　月　日
执行日期:	年　月　日	执行日期:	年　月　日
编订依据:2010 年版《GMP》			
编制部门:生产部		颁发部门:生产部	
分发部门:生产部、质量部			

目的:建立产品拼箱管理规定,保证拼箱符合GMP 要求。

范围:适用于车间药品零头(以中包装为单位)拼箱的管理。

责任人:外包班长,车间质检员。

内容:

1. 拼箱工作由车间外包班长组织完成。

2. 拼箱的产品要求。

2.1 同品名、同规格,以中包装为单位。

2.2 批号只限两个,且批号邻近。

2.3 拼箱外箱应标明全部批号。

2.4 填写“产品拼箱记录”。记录内容包括:品名、规格、拼箱前后批号、数量、拼箱日期、拼箱操作人、复核人。

3. 拼箱时在一个中盒不能放不同批号的产品,由此引起的多余零头药品要专柜存放,按正规渠道销售。

4. 药品外包时必须首先将前一个批号的零头药品和当前待包装批号药品按 4.2 ~ 4.3 要求拼箱后,才能开始待包装批号药品的包装作业。

5. 拼箱记录归入批生产记录。

4.32 生产试验标准管理规程

文件名称:	生产试验标准管理规程		
文件编号:	XX/SMP-SC017		
起　　草:	年　月　日	修　　订:	
审　　核:	年　月　日	审　　核:	
批　　准:	年　月　日	批　　准:	年　月　日
执行日期:	年　月　日	执行日期:	年　月　日
编订依据:2010 年版《GMP》			
编制部门:生产部		颁发部门:生产部	
分发部门:生产部、质量部、总工办			

目的：建立生产试验管理制度，使生产试验有序进行。

范围：新产品的试制、老产品的技术改进。

责任人：生产部经理、车间主任、技术员、总工。

内容：

1. 生产试验的范畴包括新产品的生产试验及对老产品进行技术改进的生产试验。

2. 生产试验必须有充分依据的小试总结报告，有一定数量生产数据的技术分析结论或有一定的工作实际生产经验。

3. 试验前由项目负责人将试验目的、依据、数量、批量、日期以及技术条件等写书面报告，提出申请，同时制定相应的临时岗位操作法上报生产部，生产部接到申请后，及时对试验计划进行审核，报总工批准后即可执行。

4. 试验前由项目负责人对全体参试人员讲解有关知识及操作要点；认真检查原辅料、设备等是否符合项目的要求；确定原始记录项目内容，检查内容及控制标准。

5. 批准试验后，试验所需的原辅料品种、规程、数量由试验小组提出预算，生产部审查、公司技术负责人批准后，供应部门负责采购供应。

6. 试验时应单批进行，确有必要或把握才能连续进行。认真观察试验中各种现象，及时做好原始记录。

7. 试验结束后要做好善后工作，原辅材料、仪器设备都要清理回位，不合格中间体等物料尽量作适当处理回收利用。

8. 项目负责人组织参试人员进行试验总结，得出结论，以此作为确定或修改工艺规程和标准操作规程的依据，并报告生产部、总工备案。

4.35　生产用具、容器标准管理规程

<table>
<tr><td>文件名称：</td><td colspan="3">生产用具、容器标准管理规程</td></tr>
<tr><td>文件编号：</td><td colspan="3">XX/SMP-SC020</td></tr>
<tr><td>起　　草：</td><td>年　月　日</td><td>修　　订：</td><td></td></tr>
<tr><td>审　　核：</td><td>年　月　日</td><td>审　　核：</td><td></td></tr>
<tr><td>批　　准：</td><td>年　月　日</td><td>批　　准：</td><td>年　月　日</td></tr>
<tr><td>执行日期：</td><td>年　月　日</td><td>执行日期：</td><td>年　月　日</td></tr>
<tr><td colspan="4">编订依据：2010 年版《GMP》</td></tr>
<tr><td colspan="2">编制部门：生产部</td><td colspan="2">颁发部门：生产部</td></tr>
<tr><td colspan="4">分发部门：生产部、质量部</td></tr>
</table>

目的：建立生产用具、容器管理制度，确保生产车间卫生符合规定，防止交叉污染。

范围：生产用用具、容器。

责任人：各班班长、生产用具、容器使用者、QA质监员。

内容：

1. 生产用具、容器指生产过程中各班组应用的小工具、器具（如：盆、勺、棒、桶、修理工具等）。

2. 用具、容器不得跨区域使用，限在本班组内使用。

3. 各类生产用具、容器均应制定相应的清洁卫生规程。

4. 生产用具、容器清洗环境应与使用时环境相一致。

4.1 一般区使用的生产用具、容器在一般区清洗。

4.2 洁净区使用的生产用具、容器在相同级别生产容器具清洗间清洗。

5. 用于生产的生产用具、容器应严格保管，防止损坏、丢失。

6. 清洁后的生产用具、容器送到生产容器具存放间存放，挂已清洁牌。

4.36 度量衡器使用标准管理规程

文件名称：	度量衡器使用标准管理规程		
文件编号：	XX/SMP-SC021		
起　　草：	年　月　日	修　　订：	
审　　核：	年　月　日	审　　核：	
批　　准：	年　月　日	批　　准：	年　月　日
执行日期：	年　月　日	执行日期：	年　月　日
编订依据：2010 年版《GMP》			
编制部门：生产部		颁发部门：生产部	
分发部门：生产部、质量部			

目的：明确度量衡器使用管理，使其称量的准确性，确保产品质量。

范围：适用度量衡器，包括各仪表、天平、磅秤、量具、液位计等。

责任人：车间主任，车间各岗位人员，QA 质监员。

内容：

1. 度量衡器均须经国家法定机构认可的计量单位检查合格才可使用。

2. 度量衡器定期由本公司有关职能部门负责校验。

3. 校验合格之度量衡器挂上检验合格证，内容有品名、校验日期、有效期及校验人印章。

4. 凡校验无合格证的度量衡器，岗位人员有权拒绝使用，并报告车间主任。

5. 台秤、磅秤等衡器

5.1 使用前均需检查其指针是否在 0 位，如果偏离应调整后再使用。

5.2 称重量不准超过最大称量。

5.3 要选用称量要求精度的衡器。

5.4 磅秤在使用过程中如发生故障，应及时报告设备管理部门主管人，严禁私自拆修，更不得带病使用。

6. 温度计置于沸水中如不指示在 100℃ 刻度上，在冰水中如不指在 0℃ 刻度上时，应即更换。

7. 计量罐液位计，安装后应进行标化，每次加入一定容积的水，在标尺上画上刻度，使用过程中每年应重新标化一次，以免发生变化而影响计算。

8. 各种仪表在生产过程中应经常注意是否正确，压力表、真空表排气后指针应在 0 位上，否则应更换新表。

4.41 缓冲间(传递窗)标准管理规程

文件名称：	缓冲间(传递窗)标准管理规程		
文件编号：	XX/SMP-SC026		
起　　草：	年　月　日	修　　订：	
审　　核：	年　月　日	审　　核：	
批　　准：	年　月　日	批　　准：	年　月　日
执行日期：	年　月　日	执行日期：	年　月　日
编订依据：2010 年版《GMP》			
编制部门：生产部		颁发部门：生产部	
分发部门：生产部、质量部			

目的：建立缓冲间（传递窗）有关管理制度。有效防止物料进入洁净区时对洁净区环境造成污染。

范围：车间内所有的缓冲间（传递窗）管理。

责任人：缓冲间（传递窗）使用者、车间管理人员、QA质监员。

内容：

1. 缓冲间（传递窗）指设立在不同洁净级别的房间之间，专供物料或器具传递用的设施。

2. 缓冲间（传递窗）必须设计有连锁装置，使用时两边的门不得同时打开。

3. 只供物料或器具的传递用，不得作为它用，人员更不得由此进出。

4. 缓冲间（传递窗）内应安装紫外灯，对进入洁净区物料表面进行消毒。

5. 缓冲间必须按装设有送风口，可不设回风口。

6. 缓冲间（传递窗）班前、班后的清洁、清毒由洁净级别高的一侧的操作人员按照《缓冲间（传递窗）清洁、消毒规程》负责完成。

4.42　生产区物料、中间产品放置标准管理规程

文件名称：	生产区物料、中间产品放置标准管理规程		
文件编号：	XX/SMP-SC027		
起　　草：	年　月　日	修　　订：	
审　　核：	年　月　日	审　　核：	
批　　准：	年　月　日	批　　准：	年　月　日
执行日期：	年　月　日	执行日期：	年　月　日
编订依据：2010年版《GMP》			
编制部门：生产部		颁发部门：生产部	
分发部门：生产部、质量部			

目的：规定物料、中间产品在生产区生产过程的放置，以保证物流畅通，避免混淆及方便操作者的操作。

范围：生产区、生产过程中物料、中间产品的放置。

责任人：操作人员、车间质检员。

内容：

1. 设备应按工艺流程合理布局，使加工物料按同一方向顺序流动，避免重复往返。

2. 设备周围应有足够的空间放置物料、中间产品，便于加速物料流动按规定用途操作，并使操作者体能消耗小。

3. 车间、班组领用的原辅、内外包装材料，应按要求放置在车间规定的存放区，按品种、规格、批号分别堆放，并有明显的状态标志。

4. 中间产品按照产品的性质、贮存条件进行放置，注意防尘、防微生物污染、一律加盖保存。

4.44　洁净区卫生标准管理规程

文件名称：	洁净区卫生标准管理规程		
文件编号：	XX/SMP-SC029		
起　　草：	年　月　日	修　　订：	
审　　核：	年　月　日	审　　核：	
批　　准：	年　月　日	批　　准：	年　月　日
执行日期：	年　月　日	执行日期：	年　月　日
编订依据：2010年版《GMP》			
编订部门：生产部		颁发部门：生产部	
分发部门：工程部、生产部、质量部			

目的：建立洁净区卫生管理制度，保证洁净区域各级别符合 GMP 要求。

范围：适用于洁净区、QC 洁净室卫生管理。

责任人：洁净区内的操作人员、车间主任、QA 质监员。

内容：

除执行《一般生产区卫生管理制度》外，要求：

1. 生产必须在空调净化系统开机运行达到自净时间后方可开始进行。

2. 设备、容器、工具、管道保持清洁。

3. 人员、物料、设备、工器具等进入洁净区必须按相应的净化标准操作程序，净化后才得进入本区域。

4. 洁净室按规定定期进行监测，监测内容：温度、湿度、压差、尘埃粒子数、沉降菌数。

5. 人员进入洁净室必须保持个人清洁卫生，不得化妆，佩戴首饰，应穿戴本区域的工作服装。

6. 洁净室应建立检修制度，定期维修、保养。

7. 洁净室的维护管理应包括对洁净室的空气，净化设备、生产中使用物料，设备和洁净室的操作人员管理，应建立相应管理制度，明确管理内容，方法和责任，并记录。

8. 限制进入洁净区的人数。进入洁净区的人员限于该区域的相关人员和按有关规定批准的人员。

9. 洁净室内操作时，动作要稳、轻、少，不做与操作无关的动作及不必要的交谈。

10. 洁净室应使用无脱落物、易清洗、易消毒的卫生清洁工具，要制定相应的清洁、消毒、存放制度。

11. 洁净区内使用的设备在进行清洁后，必须用相应级别配制的工艺用水冲洗干净，并采取有效的消毒措施方可使用。

12. 洁净室不得安排三班生产，每天应留足够的时间用于清洁及消毒。

13. 清洁工作的内容：

周期 区域	每　日	每　周	每　月
三十万、十万级区	(1)清除并清洗废物贮器； (2)擦门窗、地面、室内用具及设备内外壁； (3)擦去墙面污迹。	(1)以消毒清洁剂擦拭门窗、墙面、室内用具及设备内外壁； (2)以消毒清洁剂刷洗地面、废物贮器、地漏、排水道等处。	(1)全面擦拭工作场所、墙面、顶棚、照明、排风及其他附属装置； (2)室内消毒或根据验证情况决定消毒周期。
一万级区	(1)清除并清洗废物贮器，并以消毒剂擦洗； (2)以消毒剂擦拭门窗、地面、室内用具及设备外壁； (3)以消毒剂擦拭墙面及其附属装置上的污迹。	以消毒清洁剂擦拭室内一切表面，包括墙面及顶棚。	(1)室内消毒或根据验证情况决定消毒周期； (2)根据测试数据更换通风过滤介质。

4.45　洁净区空气灭菌标准管理规程

文件名称：	洁净区空气灭菌标准管理规程		
文件编号：	XX/SMP-SC030		
起　　草：　　年　月　日		修　　订：	
审　　核：　　年　月　日		审　　核：	
批　　准：　　年　月　日		批　　准：	年　月　日
执行日期：　　年　月　日		执行日期：	年　月　日
编订依据：2010 年版《GMP》			
编订部门：生产部		颁发部门：生产部	
分发部门：生产部、质量部			

目的:建立洁净区空气灭菌管理制度,确保洁净区空气达到相应的洁净级别。

范围:洁净区空气灭菌。

责任人:洁净区操作人员、QA 质监员。

内容:

1. 洁净区除按有关清洁卫生管理制度和清洁规程对厂房设施清洁消毒之外,还须进行空气灭菌。

2. 30 万级、10 万级洁净区应在每周一生产结束,清场检查合格后,开启臭氧消毒器,通过送风管道送入洁净室,进行消毒一小时。

3. 30 万级、10 万级洁净区应每周三生产结束后,用化学气体熏蒸消毒 12 小时以上。每次用一种消毒剂,与其他规定消毒剂每月交替使用,以防止产生耐药菌株。

4. 万级洁净区,应在每天生产清场结束检查合格后,开启臭氧消毒器,通过送风管道送入洁净室,进行消毒一小时。

5. 万级洁净区应每周一次化学气体熏蒸消毒,每次 12 小时以上。每次用一种消毒剂,与其他规定消毒剂每月交替使用。

6. 消毒剂应交替使用,交替周期为每一个月更换品种一次,以防产生耐药菌株。

7. 空气消毒剂的名称及浓度:

7.1 物理消毒:臭氧发生器

7.2 化学气体熏蒸消毒:

25% 氨水:8 ~ 10ml/m^3 开排风吹 15min。

丙二醇:1ml/m^3 与过氧乙酸配合使用。

乳酸:2ml/m^3 加温熏蒸 12 小时以上。

4.47　生产用具、容器清洁标准管理规程

文件名称:	生产用具、容器清洁标准管理规程		
文件编号:	XX/SMP-SC032		
起　草: 　年　月　日		修　订:	
审　核: 　年　月　日		审　核:	
批　准: 　年　月　日		批　准:	年　月　日
执行日期: 　年　月　日		执行日期:	年　月　日
编订依据:2010 年版《GMP》			
编订部门:生产部		颁发部门:生产部	
分发部门:质量部、生产部			

目的:建立生产用具、容器清洁管理规定,保障不污染产品。

范围:车间生产用的各类用具、容器的清洁管理。

责任人:操作人员,QA 质监员 。

内容:

1. 生产中使用的各种用具、容器(如:盆、勺、棒、桶、修理工具等)应清洁,表面不得有异物、遗留物。容器、工具等使用后应立即按其清洁 SOP 清洗干净,并进行消毒,不得有遗留斑迹及清洁剂、消毒剂的残留物。

2. 生产中使用的各种用具、容器的清洁 SOP 应包括下面内容:清洁周期 ,清洁方法,使用的清洁剂或消毒剂,使用的清洁工具,清洁工具的清洁方法和存放地点。

3. 清洁完成的生产器具、容器应指定位置沥干。沥干后的器具、容器都应盖严, 容器应倒放。

4. 清洁完的用具、容器,应存放在洁净区的指定位置,并挂上醒目的卫生状态标志。

5. 用具、容器清洁完成后应作相应的记录。

6. 已清洁沥干的器具、容器到下一次使用的间隔时间,不能超过三天,超过三天则要按清洁 SOP 进行清洁才能使用。

4.50 外来人员进入洁净区标准管理规程

文件名称:	外来人员进入洁净区标准管理规程		
文件编号:	XX/SMP-SC035		
起　　草:	年　月　日	修　　订:	
审　　核:	年　月　日	审　　核:	
批　　准:	年　月　日	批　　准:	年　月　日
执行日期:	年　月　日	执行日期:	年　月　日
编订依据:2010 年版《GMP》			
编订部门:生产部		颁发部门:生产部	
分发部门:质量部、生产部			

目的:建立外来人员进入洁净区的管理规定,对外来人员进入提供管理依据。

范围:同意进入洁净区的所有外来人员。

责任人:车间管理人员、生产部经理 、QA 质监员。

内容:

1. 正常进入洁净区的人员须是该区域的生产操作人员,与该区域有关的质量、生产技术管理人员,及经培训考核合格的维修、辅助人员

2. 临时外来人员进入洁净区,须经生产部经理填写《外来人员进入洁净区审批单》,并经生产技术副总签字批准后,方可进入。

3. 进入洁净区的临时外来人员,必须接受车间质检员的监督和指导。

4. 进入洁净区的临时外来人员按《人员进人洁净区操作程序》并着相应洁净区工作服。

5. 一次进入的人数不得超过 6 人。

6. 进入洁净区的临时外来人员,应由车间做好登记工作。

4.53 洁净区地漏清洁卫生标准管理规程

文件名称:	洁净区地漏清洁卫生标准管理规程		
文件编号:	XX/SMP-SC038		
起　　草:	年　月　日	修　　订:	
审　　核:	年　月　日	审　　核:	
批　　准:	年　月　日	批　　准:	年　月　日
执行日期:	年　月　日	执行日期:	年　月　日
编订依据:2010 年版《GMP》			
编订部门:生产部		颁发部门:生产部	
分发部门:质量部、生产部			

目的:建立洁净区地漏清洁卫生的管理制度,确保地漏的清洁卫生。

范围:适用于洁净区地漏清洁卫生的管理。

责任人:生产部管理人员、洁净区操作人员、QA 质监员。

内容:

1. 洁净区地漏采用不锈钢制作,其结构应附多孔盖板。

2. 洁净区地漏清洁、消毒应制定相应操作规程。

3. 及时清除地面所有脏物以保证地漏畅通。

4.54　生产计划标准管理规程

文件名称：	生产计划标准管理规程		
文件编号：	XX/SMP-SC039		
起　　草：	年　月　日	修　　订：	
审　　核：	年　月　日	审　　核：	
批　　准：	年　月　日	批　　准：	年　月　日
执行日期：	年　月　日	执行日期：	年　月　日
编订依据：2010 年版《GMP》			
编订部门：生产部		颁发部门：生产部	
分发部门：总工办、生产部、质量部、工程部、物资部、销售部			

目的：本标准规定了本公司生产计划的标准管理规程，保障生产的合理性与质量的可靠性。

范围：本标准适用于本公司生产计划的管理。

责任人：生产部经理、销售部经理、物资部经理、工程部经理、质量部经理及各车间主任。

内容：

1. 销售部经理根据次月市场预测情况于本月 20 日编制次月需货计划，报公司主管领导批准后上报总工程师。

2. 物资部计划员于 26 日上午向生产部提供本月月末产品库存量。

3. 生产部经理根据下月需货计划及本月月末产品库存量，于 26 日编制次月生产计划。

4. 制订生产计划后，经公司主管领导审核批准，并下达至工程部、质量部、物资部。工程部要保证设备的正常运行，确保生产任务的实施；物资部要保质保量购进各种物料，确保生产计划的实施；质量部及时配合生产部门加强生产全过程的监控，确保产品符合质量要求。

5. 各车间主任根据生产部下达的生产计划组织实施，并及时反馈计划实施的情况。

4.57　生产过程标准管理规程

文件名称：	生产过程标准管理规程		
文件编号：	XX/SMP-SC042		
起　　草：	年　月　日	修　　订：	
审　　核：	年　月　日	审　　核：	
批　　准：	年　月　日	批　　准：	年　月　日
执行日期：	年　月　日	执行日期：	年　月　日
编订依据：2010 年版《GMP》			
编订部门：生产部		颁发部门：生产部	
分发部门：总工办、生产部、质量部			

目的：加强生产过程标准管理规程，确保整个生产过程始终处于可控状态，严防差错、污染及混淆，确保产品质量。

范围：本标准适用于本公司任何品种的生产过程管理。

责任人：生产部经理、车间主任、车间技术员、车间质检员、QA 主任、QA 质监员、班长。

内容:

1. 生产前准备

1.1 生产操作开始前,应由专人对生产准备情况进行检查。

1.2 生产操作开始前,操作人员必须对工艺卫生、设备状况等进行检查。检查内容如下:

1.2.1 检查生产场所是否符合该区域清洁卫生要求。

1.2.2 更换生产品种及规格前是否经清场,相应的清场者、复核者是否签字。未取得"清场合格证"或当天生产时间超过了清场所规定的有效期则不得进行生产。

1.2.3 对设备状况进行严格检查,检查合格挂上相应的状态标示牌后方可使用。对正在检修或停用的设备应挂上明显的状态标志。

1.2.4 对生产用计量器具、度量衡器以及测定、测试仪器、仪表应进行必要的检查及定期校正,超过检定期限的不得使用。

1.2.5 检查生产用记录是否备齐。

1.2.6 设备、工具、容器清洗是否符合标准。

1.2.7 核对所用原辅料、包装材料、中间体品名、批号、数量等内容是否与生产指令或包装指令相符,并应有检验合格证,盛装容器要有明显标志。

1.3 各工序向仓库、车间中间站领取的原辅料、中间产品、包装材料时,应有专人验收、记录登帐并办理交接手续。

2. 工艺管理

2.1 生产全过程必须严格执行工艺规程、岗位操作法,不得任意更改。

2.2 非无菌药品的液体制剂的配制、过滤、灌封等过程的时间间隔要有明确的规定,应在规定时间内完成。

2.3 直接接触药品的包装材料、设备容器的清洗、干燥、灭菌应有规定使用时间。

2.4 计量、称量和投料要有人复查,操作人、复核人均应签字。

2.5 对检测耗时较长的中间体以及中药制剂生产中所需贵重、毒性药材和中药饮片应监控投料,并有记录,操作者、复核者和监控者均应签字。

2.6 生产过程中的中间体应按工艺规程规定的质量标准作为上下工序交接验收的依据。存放的中间体亦应按"待验"、"合格"、"不合格"分区码放,有明显的状态标记,不合格者不得流入下工序。

2.7 生产过程应按工艺、质量控制要点进行工艺查证,防止差错和混淆。

2.7.1 不同产品品种、规格的生产操作不得在同一操作间同时进行。

2.7.2 品种、规格相同而批号不同在同一室操作时或有数条包装同时进行包装时,应采取有效隔离措施。

2.8 生产中发生异常情况,应按生产偏差管理的有关规定及时处理、报告和记录。

2.9 生产中真实详细、准确、及时做好记录,管理员复核签字。

4.59 清洁工具标准管理规程

<table>
<tr><td>文件名称:</td><td colspan="3">清洁工具标准管理规程</td></tr>
<tr><td>文件编号:</td><td colspan="3">XX/SMP-SC044</td></tr>
<tr><td>起　草:</td><td>年　月　日</td><td>修　订:</td><td></td></tr>
<tr><td>审　核:</td><td>年　月　日</td><td>审　核:</td><td></td></tr>
<tr><td>批　准:</td><td>年　月　日</td><td>批　准:</td><td>年　月　日</td></tr>
<tr><td>执行日期:</td><td>年　月　日</td><td>执行日期:</td><td>年　月　日</td></tr>
<tr><td colspan="4">编订依据:2010 年版《GMP》</td></tr>
<tr><td colspan="2">编订部门:生产部</td><td colspan="2">颁发部门:生产部</td></tr>
<tr><td colspan="4">分发部门:总工办、生产部、质量部</td></tr>
</table>

目的:建立合理的车间清洁工具管理,确保生产区的卫生条件符合规定,防止交叉污染。

范围:本标准适用于本公司车间清洁工具的管理。

责任人:车间主任、车间技术员、车间质检员、班长、操作人员、清洁工、QA 质监员。

内容:

1. 本规程所指清洁工具为车间洁净区和一般生产区使用的清洁工具,包括拖把、扫把、抹布、板刷、垃圾铲、水桶、垃圾桶。

2. 清洁工具进入洁净区前,必须洗净工具表面的灰尘,进入洁净区的清洁工具消毒后按规定程序进入。清洁工具进入一般生产区前,必须洗净工具表面的灰尘,清洁干净后放入指定的清洁工具暂存间内。

3. 洁净区清洁工具的管理

3.1 洁净区清洁工具是洁净区内专用清洁工具,不得在非洁净区域使用。

3.2 本区域清洁用的抹布、拖把应每月更换一次。

3.3 本区域清洁工具每周用消毒剂消毒一次,消毒剂类型每半月更换一次。

4. 清洁工具必须定点、定位存放在清洁工具存放架上,自然晾干,决不能随地乱放或混放。

4.1 清洁工具上面应有可区别的标志、专岗专用,决不能混用即各工序应使用专门的清洁工具互相不得混用、借用:

(1) 设备清洁用抹布为黄色;

(2) 设备消毒用抹布为白色;

(3) 清洁天花板、墙壁、门窗抹布为蓝色;

(4) 清洁地板用抹布为紫色;

(5) 清洁地漏用抹布为黑色;

(6) 清洁生产工具及模具用抹布为淡蓝色;

4.2 一般生产区清洁工具的管理

4.2.1 一般生产区清洁工具是本区内专用清洁工具,不得拿到本区以外的区域使用。

4.2.2 本区使用的清洁用抹布、拖把应每两月更换一次。

4.2.3 本区清洁工具每月用消毒剂消毒一次。

4.3 清洁工具选材:拖把、抹布为纯棉材料,应不掉纤维。

4.61　车间标签、说明书标准管理规程

文件名称:	车间标签、说明书标准管理规程		
文件编号:	XX/SMP-SC046		
起　　草:	年　月　日	修　　订:	
审　　核:	年　月　日	审　　核:	
批　　准:	年　月　日	批　　准:	年　月　日
执行日期:	年　月　日	执行日期:	年　月　日
编订依据:2010 年版《GMP》			
编订部门:生产部		颁发部门:生产部	
分发部门:生产部、质量部、物资部			

目的:实行严格的标签、说明书的标准管理规程,做到标签、说明书领、用有数,保证其不得外流。

范围:本标准适用于本公司车间标签、使用说明书领用、存储、发放、使用、销毁的管理。

责任人:车间技术管理员、标签管理员、物料管理员、班长、操作人员、车间质检员。

内容:

1. 药品标签、使用说明书应按批包装指令由车间物料管理员领取,仓库标签、使用说明书保管员按标签、使用说明书领料单上的数量准确发放。

2. 车间物料管理员在领取标签、使用说明书时,应按包装指令所要求的数量、品名、规格、批号认真核对并检查标签、使用说明书上所印刷的字迹及图案是否清晰、不褪色。

3. 领、发料人均应在标签、使用说明书领料单上签字。车间物料转运员配合车间物料管理员共同将包装物送到外包材暂存间。

4. 领取后的标签、使用说明书交标签管理员后按品种、规格、批号分类,专库(专柜)存放,挂上货位卡注明物料品名、批号、规格、数量,并上锁管理,

做到数量准确,帐、卡、物相符。

5. 使用时应由专人向标签管理员限额领取,根据打码指令、包装指令限额计数发放,并填写标签、使用说明书领用记录。

6. 标签、使用说明书的使用数、残损数、剩余数之和与领用数应相符,如发生差额时,应查明差额原因,写出偏差报告。

7. 不合格标签、使用说明书不得退回厂家,应妥善处理,及时销毁。

8. 外包装车间打印有批号的残损标签或剩余标签不得退回仓库、不得涂改或改为他用,应按规定指定两人负责销毁,并做好销毁记录。

9. 印有品名、商标和与使用说明书内容相同的包装材料应视同标签、使用说明书管理。

4.63 卫生状态标志标准管理规程

文件名称:	卫生状态标志标准管理规程		
文件编号:	XX/SMP-SC048		
起　　草:	年　月　日	修　　订:	
审　　核:	年　月　日	审　　核:	
批　　准:	年　月　日	批　　准:	年　月　日
执行日期:	年　月　日	执行日期:	年　月　日
编订依据:2010 年版《GMP》			
编订部门:生产部		颁发部门:质量部	
分发部门:质量部、生产部			

目的:使生产过程中的工艺卫生处于监控状态,保障药品质量。

范围:适用于生产区工艺卫生状态标志的管理。

责任人:操作人员、QA 质监员。

内容:

1. 洁净区在入口处必须有“洁净区”的明显标志。

2. 洁净区生产完毕应按有关程序立即进行清洁,清洁完毕后应挂上“已清洁”牌。

3. 容器、用具使用完毕后应按《生产用具、容器清洁管理规定》进行清洁,清洁完毕后,放到指定的位置,并挂上“已清洁”牌。

4. 一切清洁卫生工具,使用后应及时集中在洁具清洁间进行清洁,并按照《清洁卫生工具的使用、清洁、存放操作规程》清洗。清洗好的清洁卫生用具,放入洁具间内,挂上“已清洁”牌。

5. 未标明“已清洁”牌的清洁卫生用具不得使用。

4.65 生产指令标准管理规程

文件名称:	生产指令标准管理规程		
文件编号:	XX/SMP-SC050		
起　　草:	年　月　日	修　　订:	
审　　核:	年　月　日	审　　核:	
批　　准:	年　月　日	批　　准:	年　月　日
执行日期:	年　月　日	执行日期:	年　月　日
编订依据:2010 年版《GMP》			
编订部门:生产部		颁发部门:生产部	
分发部门:总工办、生产部、质量部			

目的：建立生产指令管理标准操作规程，有效地对生产下达准确无误的指令，给各岗位的生产操作提供依据，确保生产过程根据生产指令进行。

范围：一个批次产品的生产全过程。

责任人：岗位操作工，车间质检员，车间主任，生产部经理，质量部经理。

内容：

1. 车间《批生产指令》的下达程序

1.1 市场部提供市场需求情况；

1.2 物资部提供原辅料、包装材料供应情况；

1.3 工程部提供设备、公用工程、自控工程情况；

1.4 质量部提供原辅料、包装材料检验情况；

1.5 生产部根据以上信息，严格按照"生产工艺规程"需求，并结合"生产计划"规定的品种和批次计划下达车间《批生产指令》，填写发放记录；

1.6 生产部将《批生产指令》下达给指定车间，与"生产工艺规程"不符合的《批生产指令》须经生产部经理和质量部经理双方同意签字后方可执行，否则绝不能执行。

2. 岗位《批生产指令》的下达程序：

车间主任根据车间《批生产指令》、当日生产情况、各中间品质量情况和各岗位具体情况下达岗位《批生产指令》，填写发放记录。

3. 岗位《批生产指令》的执行：

3.1 质量部QA质监员凭岗位《批生产指令》到岗位执行《发放生产许可证标准操作规程》，填写记录。符合条件的发放《生产许可证》，否则整改合格后发放《生产许可证》；

3.2 各岗位操作工根据岗位《批生产指令》要求领取原辅料、包装材料、中间品；

3.3 各岗位操作工根据岗位《批生产指令》中所列标准操作规程和清洁规程目录进行生产操作和清场；

3.4 车间质检员、车间主任要认真检查、监督岗位操作工是否遵照岗位《批生产指令》内容执行，不得有违背岗位《批生产指令》的操作出现。如有特殊情况，依次报车间主任、生产部经理和质量管部经理审批，经批准后方可执行；

3.5 岗位生产结束后，生产指令应归入岗位批生产记录上。

3.6 批生产指令随批生产记录经车间主任审查合格签字后，交生产部经理。

3.7 生产部经理对以上文件审查无误签字后交质量部。

4.69　生产状态标志标准管理规程

文件名称：	生产状态标志标准管理规程		
文件编号：	XX/SMP-SC054		
起　草： 　年　月　日		修　订：	
审　核： 　年　月　日		审　核：	
批　准： 　年　月　日		批　准： 　年　月　日	
执行日期： 　年　月　日		执行日期： 　年　月　日	
编订依据：2010年版《GMP》			
编订部门：生产部		颁发部门：生产部	
分发部门：总工办、生产部、质量部			

目的：使生产现场及暂存间合理有序，杜绝安全事故及质量事故的发生。

范围：本标准适用于本公司所有设备、管道、容器、操作间、中间站的状态标志的管理

责任人：车间主任、QA质监员、生产技术管理员、中间站管理员、班长、操作工。

内容：

4.1 状态标志的分类：分为生产场所、物料、设备、容器、器具状态标志。

4.2 生产运行状态标志：应标明正在生产的情况，内容包括正在生产的品名、规格、产品批号、数量、生产日期等。

4.3 生产设备状态标志：设备标志分为“正在运行”、“完好”、“备用”、“待修”和“维修中”五种，对已损坏报废的设备，应及时从生产线上清除。对设备状况进行严格检查，正在检修、停用、正在使用的设备应挂上相应的状态标志。

4.4 生产物料状态标志：物料标志分为“待验”、“合格”、“不合格”三种。生产中的物料应贴上标签，标签内容包括“物料名称”、“批号”、“规格”、“数量”。

4.5 生产卫生状态标志：卫生状态标志分为“已清洁”、“待清洁”三种。生产前、后，生产线、设备、容器等均应有卫生状态标志。

4.6 生产清场状态标志：清场状态标志分为“待清场”、“正在清场”、“已清场”三种。各工序每次清场前后，应挂上相应的状态标志。

4.7 生产中使用及暂存的物料、操作间、设备、容器具及管道均应有状态标志，无状态标志的物料、操作间及设备不得使用。根据不同的生产状态，必须按以上规定随时挂上相应的状态标志，以提示操作人员目前区域、设备、容器所处的状态。状态标志应统一管理。

4.8 设备标志分为运行中（绿色），已清洁标志（绿色）、待清洁标志（红色）；容器标志分为已清洁标志（绿色）、待清洁标志（红色）；物料标志分为待检标志（黄色），合格标志（绿色），不合格标志（红色）；生产场所标志分为运行标志（绿色），已清洁标志（绿色），正在清洁标志（黄色）、待清洁标志（红色）等。生产运行标志至少标明所生产品种的品名、规格、产品批号、批量、操作日期。

4.9 状态标志的使用

4.9.1 生产运行状态标志用于正在进行生产的操作间，标明当日该岗位生产状态，该运行标志应在岗位清场合格后，每次生产前由车间班长填写。

4.9.2“清场合格”标志用于各工序每次清场合格后，由 QA 监控员签字后发放，“待清场”标志、“正在清场”标志由该清场班组的班长挂在相应的区域。

4.9.3 物料标志用于车间中间站物料的管理，标明某种物料目前所处状态，只有标明合格状态的物料方能使用和流入下一工序。

4.9.4 设备标志用于生产设备和公用工程设备，生产时对设备作好明显的状态标志，标明某种设备正处于“完好”、“运行中”、“备用”、“待清洗”、“待检修”或“维修中”的状态。

4.10 生产使用的固定设备应挂好固定设备状态标志。

4.11 生产使用的主要管道应标明管内流体名称和流动方向。

4.71 生产计划、生产指令的下达标准操作规程

文件名称：	生产计划、生产指令的下达标准操作规程		
文件编号：	XX/SOP-SC001		
起　　草：	年　月　日	修　　订：	
审　　核：	年　月　日	审　　核：	
批　　准：	年　月　日	批　　准：	年　月　日
执行日期：	年　月　日	执行日期：	年　月　日
编订依据：2010 年版《GMP》			
编订部门：生产部		颁发部门：生产部	
分发部门：质量部、生产部、物资部、总工办。			

目的：建立生产计划、生产指令的下达标准操作规程，规范其下达程序。

范围：生产计划、批生产指令、生产通知单及批包装指令的下达程序。

责任人：市场部经理、物资部经理、生产副总、生产部经理、车间主任、操作人员。

内容：

1. 生产计划由市场部生产计划制定人根据市

场销售情况起草，填写《生产计划表》，经总经理批准后执行。一般在上月20日确定下个月生产计划。

2. 生产计划要明确各个品种的生产数量，具体到“件”数。

3. 生产计划要求送公司有关领导，发到公司有关部门。

4. 当生产计划有变更时出要以书面通知有关领导和有关部门。

5. 生产副总根据公司生产计划和车间的生产能力制订车间的生产计划，下达到生产部。生产部应根据车间的生产计划填写《批生产指令》发到有关车间。同时每一个产品须发放下列已给定批号的记录文件：批生产指令、批包装指令、批生产记录、领料单(4份)等。考虑到备料、领料所需时间，记录文件一般提前二天发放。

6. 车间主任或车间技术员根据批生产指令做出每天生产安排，并提前一天填写将生产产品的《车间生产通知单》和相关批生产记录下达给相应工序的班组长。各工序操作人员必须严格执行指令，认真填写记录。

7. 对符合工艺规程要求，完成生产全过程并检验合格的中间产品，车间主任或车间技术员填写《批包装指令》在包装前下达给相应包装工序的组长。

8. 车间物料员凭生产通知单填写《物料领料单》。

9. 车间主任根据生产指令或批包装指令审查填写物料领料单中物料的品名、批号、规格、数量。确认无误，签字批准。

10. 车间物料员持《物料领料单》到仓库限额领用原辅料、包装材料，并严格按生产通知单的要求组织操作工进行操作。

6. 生产操作完毕，班组长将所有与操作有关的文件及记录附于批生产记录中，上交给车间技术员审核。

7. 车间技术员整理后上交车间主任，经主任审核无误签字后，送交质量部审核并存档。

4.73 开工前生产准备标准操作规程

文件名称：	开工前生产准备标准操作规程		
文件编号：	XX/SOP-SC003		
起　草：	年　月　日	修　订：	
审　核：	年　月　日	审　核：	
批　准：	年　月　日	批　准：	年　月　日
执行日期：	年　月　日	执行日期：	年　月　日
编订依据：2010年版《GMP》			
编订部门：生产部		颁发部门：生产部	
分发部门：质量部、生产部			

目的：建立开工前生产准备操作规程，使生产活动在有秩序的状态下进行，以防止出现差错与混淆。

范围：适用于开工前生产准备的操作。

责任人：生产车间相应岗位操作人员、QA质监员。

内容：

1. 车间物料员根据生产部下达的生产指令，开具领料单准备领料。

2. 配料人员，按照生产工艺处方和岗位SOP，以及生产记录，对岗位SOP进行温习，配料员对其中需要计算的投料量提前进行计算、复核。同时准备对生产工具进行洁净、消毒处理。

3. 生产用物料按《物料领料、暂存标准操作规程》进入车间，用料岗位协同物料员与送料人员对所领物料品名、规格、数量进行核对无误后，交换签字，存于暂存间。

4. 相应工序的操作人员，各自对其生产场地，生产设备做生产前的消毒处理，并检查洁净区内的温湿度是否控制在规定范围内，同时熟悉相应的工艺操作程序，准备好相应的生产容器具。

5. 配料人员，根据批生产指令和生产工艺规程要求，并按事先算好的处方投料量，在现场QA的监督下，进行称量，按复核程序进行复核。

6. 称量好的物料分别置洁净容器内储存备用，并有明显的状态标记。

7. 正式投料前，QA质监员应对生产工艺处方，设备卫生环境状态，做最后一次检查确认，检查无误后给各主要岗位发给“生产许可证”，方可进行投料生产。并按生产工艺规程及关键质量控制点的要求进行工序的操作。

4.75 生产废弃物处理标准操作规程

文件名称：	生产废弃物处理标准操作规程		
文件编号：	XX/SOP-SC005		
起　草：	年　月　日	修　订：	
审　核：	年　月　日	审　核：	
批　准：	年　月　日	批　准：	年　月　日
执行日期：	年　月　日	执行日期：	年　月　日
编订依据：2010年版《GMP》			
编订部门：生产部		颁发部门：生产部	
分发部门：质量部、生产部			

目的：建立生产废弃物处理操作规程，及时地将各种废气物带离场地，有效地防止污染。

范围：适用于生产车间、生产废弃物的处理操作。

责任人：各工序操作人员、清洁员、QA质监员。

内容：

1. 一般生产区废弃物处理程序。

1.1 一般生产区清洁袋的发放，由管理人员于每日8:00时准时发放至各工序，同时将清洁袋的袋口翻开包住清洁桶口，便于投入废弃物，然后随手盖好该桶盖。

1.2 中药提取的药渣，出渣后用专用小斗车送至药渣专用堆放场，8小时之内清除出厂。

1.3 各生产车间操作人员、清洁人员在清理各自卫生时，对于所产生的各类废弃物应及时放入清洁袋，并及时盖好清洁桶盖，以免造成污染。

2. 洁净区废弃物处理程序。

2.1 洁净区废弃物处理，应尽量减少进出、减少污染原则，由各工序清洁人员在下午下班后，将每个清洁袋扎好口后装入大清洁袋内，通过洁净区物流通道逆向传出。

2.2 各车间各工序生产区所收集的卫生袋，统一旋转在厂内规定存放区内，由专职清洁员按时运往垃圾处理场。

3. 生产车间管理人员应随时检查车间和其他部位废弃物处理情况，如发现有未清理干净的垃圾遗留物，应立即组织有关人员进行处理。

4. 可利用废弃物处理。

4.1 原、辅、包装材料的外包装纸箱，由专职清洁员集中收集整理，送物资回收部门收购。

4.2 破损、报废的包装材料，如外包装、中包装、小包装、标签、说明书等，先撕毁，再分类整理，最后送物资回收部门收购。

4.3 破损玻璃瓶，装入适当容器中，可集中回收给玻璃制品厂利用。

4.4 铁桶、废塑料桶、编织袋、麻袋等应分类整理，送物资回收部门回收。

4.5 以旧换新的旧工作服等，可利用做搞卫生的擦布或送物资回收部门。

4.6 煎煮、提取的中药渣可做有机肥料处理。

5. 公司不能利用的废弃物不准乱丢乱放，应集中到指定的垃圾处，垃圾存放处的垃圾应每天处理、清运一次，不得无故堆放。

4.79 产品包装标准操作规程

文件名称:	产品包装标准操作规程		
文件编号:	XX/SOP-SC009		
起　草:	年　月　日	修　订:	
审　核:	年　月　日	审　核:	
批　准:	年　月　日	批　准:	年　月　日
执行日期:	年　月　日	执行日期:	年　月　日
编订依据:2010 年版《GMP》			
编订部门:生产部		颁发部门:生产部	
分发部门:质量部、生产部。			

目的:规范产品的包装操作,使其产品在包装过程规范化,防止差错和混淆,保证产品质量。

范围:所有需要包装产品

责任人:包装操作人员、车间技术员、包装班长、QA 质监员 。

内容:

1. 准备工作。

1.1 根据批包装指令领取所需包装材料,放置暂存间。

1.2 班前穿戴好工作服,进入生产现场。

1.3 复查上次清场结果,有清场合格证副本才能进行包装。检查设备是否挂有“清洁”及“设备完好”的标示牌。检查电是否正常。

1.4 根据批包装指令在操作间门上挂上生产状态标志牌,写明产品名称、批号、规格、数量、操作人和生产日期。

1.5 填写“中间产品交接单”从待包间领出合格中间体(需办理交接单),并核对品名、批号、规格、数量。

2. 准备包装材料

2.1 折说明书:从上、下二分之一处对折后成长方形,再沿长方形对折且露出“××说明书”字样。

2.2 准备药盒、纸箱、药瓶等:按《打印批号标准操作规程》将药盒、纸箱等打印好批号、有效期、生产日期。

2.3 准备纸箱: 将打印好批号、有效期、生产日期的纸箱底部用封口胶封口,放入一张垫纸板。

3. 包装操作

3.1 装盒:将中间体产品按产品包装规格装入小盒。

3.2 装说明书:将一张折好的说明书装入药盒中。

3.3 封药盒:一个小盒里面放一瓶同包装规格的中间体产品和一张同包装规格的说明书后,立即封好药盒。

3.4 装箱:按装箱规格正向有序地装入大箱中,核实数量准确无误后装入合格证、检验报告书,盖上一张垫板,将箱口用封口胶封住。

3.5 在装箱时,认真检查是否有少装或漏装等现象,并在此箱内放一张产品合格证,上面注明产品名称、规格、批号、装箱人工号等。并经质监员检查合格后封箱。

4. 拼箱操作

4.1 包装前检查上批生产是否有成品零头,如果上批产品有成品零头,先将此成品零头装入上批小盒,然后装入中盒或纸箱中。

4.2 在箱内放入合格证,并在合格证上打上该产品的两个批号后,装入箱内。

4.3 在外纸箱上的应打上拼箱产品的两个批号。

4.4 拼箱产品仅限于相邻两个批号的产品,并且是同规格、同品种的产品。

4.5 不同批号拼箱要有拼箱标志。详细做好拼箱的记录。

4.6 捆包:捆包应整齐、牢固、美观、振摇不得有松动,数量不得有短缺,除拼箱外,箱内不得混入其他品种。箱体及封条粘接处应平整牢固、不得开裂。捆包后将成品暂置指定位置,待包装结束后,统一将成品计数入库。

5. 结束工作。

5.1 将剩余的包装材料按退库程序全部退库，残损的标签、说明书按《不合格品标准操作程序》执行。

5.2 填写生产记录，擦去生产状态标志牌上填写的内容。

5.3 按《清场标准操作规程》进行清场。

5.4 经 QA 质监员检查清场合格后，发给《清场合格证》，在操作间门上挂上“已清场”标志牌。

5.5 清场完毕，填写清场原始记录。

5.6 下班前关灯，关门。

4.80 配液岗位标准操作规程

文件名称：	配液岗位标准操作规程		
文件编号：	XX/SOP-SC010		
起　　草：　　　　年　月　日		修　　订：	
审　　核：　　　　年　月　日		审　　核：	
批　　准：　　　　年　月　日		批　　准：	年　月　日
执行日期：　　　　年　月　日		执行日期：	年　月　日
编订依据：2010 年版《GMP》			
编订部门：生产部		颁发部门：生产部	
分发部门：生产部、质量部			

目的：建立液体制剂称量、配料岗位标准操规程，保证产品符合工艺要求。

范围：液体制剂称量、配料岗位。

责任人：技术员、操作人员、QA 质监员。

内容：

1. 生产准备：

1.1 生产前岗位操作人员，检查生产作业场地、设备等是否按清场操作程序清场，生产场所是否洁净，设备内外、生产使用的工具、容器具是否干净、清洁，是否有“已清洁”状态标志牌，是否有 QA 签发的“清场合格证”和“生产许可证”。

1.2 药液配料罐、缓冲罐、储液罐、过滤系统、输料管道等，按各自清洁程序进行清洁，再用臭氧灭菌处理。

1.3 岗位人员根据下发的“批生产指令单”到暂存间领取存放于暂存间的原辅料，同时复核检查物料名称、批号、数量，按原辅料、暂存间交接程序规定，办理有关手续。

1.4 检查计量器是否清洁，计量范围是否符合规定、是否有周检合格证并在校期内。

1.4 正式生产前，岗位人员做最后检查，给操作间门挂上状态标志牌，方可进行生产。

2 主要技术参数

2.1 生产能力：过滤泵　3T/h

2.2 容积：2.5m^3

3. 操作：

3.1 设备及操作间内挂上设备运行状态标志及生产状态标志。

3.2 原料是经过检验合格的中药提取液，在运输过程中注意轻取轻放，勿使沉淀泛起。

3.3 装有药液的洁净容器桶搬运称量过程中应轻放，并检查滤液澄明度应符合要求。称量并做好记录。

3.4 用输送泵将洁净容器桶的药液抽送至缓冲罐内，直至缓冲罐抽满。

3.5 打开缓冲罐下口球阀和配料罐的进料球阀，用泵通过 0.4μm 过滤器将药液从缓冲罐抽到配料罐后，再加入 50% 乙醇及辅料进行混合至规定量后，启动搅拌器进行搅拌至均匀（搅拌时间为 20 分钟）。

3.6 搅拌至均匀后，停止搅拌，然后打开配料罐的排料阀门和储液罐进料阀门，启动过滤器进行过滤，将药液通过 0.2μm 的过滤器循环过滤 10 分钟后，停止过滤泵进行过滤，关闭配料罐的排料阀门和储液罐进料阀门，打开储液罐的取样阀门，取药液检查药液澄明度（用带盖试管 50ml 盛满两支）符合要求后，再打开配料罐的排料阀门和储液罐进料阀门，启动过滤器进行过滤，过滤完毕，储液罐应密闭，罐上应附有状态标志，注明产品名称、批号、数量、规格、生产日期、操作人等内容。交中间站管理人员，办理交接手续。

3.7 中间站管理人员填写中间体请验单，送质量部请检，检验合格后方可交下工序。

3.8 在配料过程中加入辅料、检查药液澄明度等操作均有人复核，填写生产原始记录，记录上操作者、复核者均签名。

3.9 生产结束，填写生产记录。

4. 质量控制要求：

4.1 检查药液的澄明度是否符合要求。

4.2 操作过程中检查管道是否有漏夜等现象。

4.3 检查药液色泽是否符合规定。

5. 操作结束：

5.1 清洗与清场：

5.1.1 按清洁消毒规程清洗消毒设备、容器、工具、场地等。

5.1.2 按《清场标准操作规程》进行清场。

5.1.3 填写清洁与清场记录，并经清场负责人、QA 质监员复查后签名发给清场合格证。

5.2 填写清场记录。

6. 异常情况的处理：

6.1 管道如有漏气，应按规定更换处理，过滤装置如密封不好，如有漏气，按规定程序更换后，灭菌使用。

6.2 如发现有其他异常情况，应按《偏差及异常情况的处理程序》及时处理。

7. 安全和劳动保护

7.1 电机、电闸、设备开关等处不允许用水冲洗，以防发生故障和触电事故。

7.2 不能用湿手开、关电源。

7.3 配液罐清洗后应及时关闭下水阀门，以防漏药。

7.4 工作结束时，应仔细检查各阀门是否关闭，应及时关闭。断电时先切断真空泵与减压系统的关系，然后切断电源，以防止泵油进入减压系统。

7.5 设备发生故障，必须停车修理。

4.81　一般生产区清洁卫生标准操作规程

文件名称：	一般生产区清洁卫生标准操作规程		
文件编号：	XX/SOP-SC015		
起　草：	年　月　日	修　订：	
审　核：	年　月　日	审　核：	
批　准：	年　月　日	批　准：	年　月　日
执行日期：	年　月　日	执行日期：	年　月　日
编订依据：2010 年版《GMP》			
编订部门：生产部		颁发部门：生产部	
分发部门：工程部、质量部、办公室、生产部			

目的：建立一般生产区清洁卫生规程，确保卫生达到要求。

范围：无洁净度要求区域（包括车间一般生产区、配电房、化验室等）的地面、墙面、门窗、顶棚及生产设施、桌、椅、柜等。

责任人：各岗位操作人员、锅炉工、工作人员、清洁工、QA 质监员。

内容：

1. 地面、桌、椅、柜、生产设施。

1.1 清洁周期：每天一次。

1.2 清洁用水：饮用水。

1.3 清洁工具：地拖、水桶、扫把、抹布、垃圾铲、垃圾桶。

1.4 清洁方法：

1.4.1 用扫帚扫除地面垃圾，用洁净拖布擦洗地面至无灰尘、无积水。

1.4.2 用湿抹布擦拭室内的桌、椅、柜、工作台及设施表面。

1.4.3 垃圾桶内的垃圾倒入规定的垃圾站。

1.5 清洁标准:不留污迹、光亮、无尘、无垃圾、设施见本色。

2. 墙面、门窗、顶棚、灯罩及生产设施。

2.1 清洁周期:每周清洗一次(顶棚每月一次)。

2.2 清洁用水:饮用水。

2.3 清洁工具:水桶、扫把、抹布、垃圾铲、垃圾桶。

2.4 清洁方法:

2.4.1 用专用洁净的扫帚扫刷顶棚。

2.4.2 用洁净抹布擦净生产设施。

2.4.3 用洁净抹布擦洗墙面、门窗、灯罩。

2.5 清洁标准:窗明壁亮,无污迹,无灰尘、设施见本色。

3. 清洁程序:先物后地,先内后外,先上后下。

4. 清洁用具用后清洁,放回指定位置。

4.82 洁净区清洁卫生标准操作规程

文件名称:	洁净区清洁卫生标准操作规程		
文件编号:	XX/SOP-SC016		
起　　草: 　年　月　日		修　　订:	
审　　核: 　年　月　日		审　　核:	
批　　准: 　年　月　日		批　　准:	年　月　日
执行日期: 　年　月　日		执行日期:	年　月　日
编订依据:2010 年版《GMP》			
编订部门:生产部		颁发部门:生产部	
分发部门:质量部、生产部			

目的:规范洁净区清洁消毒操作,使洁净区卫生达到卫生标准,有效地防止污染。

范围:洁净区各操作间、功能间、走道、缓冲设施等天花、门、窗、地面、墙面的清洁。

责任人:各岗位操作者、清洁工、QA 质监员。

内容:

1. 清洁周期:每天生产结束(如有必要,可在生产前进行)、更换品种或换批号时。

2. 消毒周期:三十万、十万级洁净区每周一次,一万级洁净区每天一次。

3. 清洁用水:纯化水。

4. 清洁工具:塑料扫帚、毛刷、抹布、海绵地拖。

5. 清洁剂:洗洁精、液体肥皂。

6. 消毒剂:3-5% 来苏、1% 苯酚、75% 乙醇、0.1% 新洁尔灭。

7. 清洁、消毒方法:

7.1 每天用湿抹布擦拭门、窗、墙面,设备表面。每周除清洁以上内容外,还应包括天花板、灯具、送风口、排风口等设施。三十万级、十万级洁净区每周,一万级洁净区每天用湿抹布蘸消毒剂擦拭门、窗、墙面、设备表面,10 分钟后用纯化水擦拭清除消毒剂,至少二次。

7.2 地面用湿地拖湿润后,用扫帚轻轻扫尽地面垃圾。

7.3 用海绵地拖洗刷地面三遍,至无污物、无积水,用毛刷蘸清洁剂洗刷洗手池,用纯化水冲洗至无泡沫。三十万级、十万级洁净区每周,一万级洁净区每天用海绵地拖蘸消毒剂洗刷已清洁的地面、洗涤池等、10 分钟后用纯化水洗去消毒剂至少二次。

7.4 空间消毒按《洁净区臭氧空气灭菌操作规程》进行,并记录于《洁净区空气灭菌操作记录》。

8. 清洁标准:门、窗、墙壁、天花、公用设施见本色、无浮尘、无霉斑、无污迹;地面洁净、无积水、无杂物、无污迹。

9. 清洁程序:先物后地、先内后外、先上后下、先拆后洗、先零后整、先清洁后消毒的原。

10. 消毒剂每月更换一次。

11. 清洁完毕,填写《洁净区清洁消毒记录》,在房外挂上“已清洁”状态标志牌。

12. 清洁工具的清洁和存放:执行《清洁卫生工具的使用、清洁、存放标准操作程序》。

4.84　洁净区公用设施清洁卫生标准操作规程

文件名称：	洁净区公用设施清洁卫生标准操作规程		
文件编号：	XX/SOP-SC018		
起　草：	年　月　日	修　订：	
审　核：	年　月　日	审　核：	
批　准：	年　月　日	批　准：	年　月　日
执行日期：	年　月　日	执行日期：	年　月　日
编订依据：2010 年版《GMP》			
编订部门：生产部		颁发部门：生产部	
分发部门：生产部、质量部			

目的：建立洁净区公用设施清洁消毒程序，维护洁净区洁净度。

范围：洁净区公用设施清洗、消毒。

责任人：清洁工、使用者、QA 质监员。

内容：

1. 洁净区公用设施是指洁净区内生产、清洁用辅助设施（如：电话、架梯、小凳、踏步、小推车、湿度计、压差计、洗手池、泡手桶、更衣柜、自动烘手器等）。

1.1 清洁周期：三十万级、十万级区每周一次，一万级区每天一次。

2. 清洁剂：纯化水

3. 消毒周期：每三天一次。停产后启用前。

4. 消毒剂：75% 酒精、0.1% 新洁尔灭液。

5. 清洁工具：抹布、桶、毛刷。

6. 清洁、消毒方法：

6.1 每天下班前用湿抹布擦拭设施各部位表面。

6.2 用毛刷刷洗洗手池、泡手桶，至少三次。

6.3 按规定消毒周期用抹布浸消毒液擦拭设施各部位进行消毒，毛刷蘸消毒液洗刷洗手池。

7. 消毒液的配制和使用执行《消毒剂配制标准操作规程》

8. 清洁标准：目测设施内、外表面光洁、见本色。

9. 清洁工具清洗及存放：执行《清洁卫生工具的使用、清洁、存放标准操作程序》。

10. 清洁完毕填写《洁净区设施清洁记录》、《清洁卫生工具清洁记录》。

4.85　缓冲间、传递窗清洁、消毒标准操作规程

文件名称：	缓冲间、传递窗清洁、消毒标准操作规程		
文件编号：	XX/SOP-SC019		
起　草：	年　月　日	修　订：	
审　核：	年　月　日	审　核：	
批　准：	年　月　日	批　准：	年　月　日
执行日期：	年　月　日	执行日期：	年　月　日
编订依据：2010 年版《GMP》			
编订部门：生产部		颁发部门：生产部	
分发部门：生产部、质量部			

目的：建立缓冲间、传递窗的清洁、消毒规程，防止污染。

范围：适用缓冲间、传递窗的清洁、消毒。

责任人：操作人员，QA 质监员。

内容：

1. 清洁周期：

1.1 每天一次（班后）。

1.2 特殊情况随时按本规程清洁消毒。

2. 清洁工具：抹布、拖把、毛刷、橡胶手套、清洁盆。

3. 清洁剂：洗洁精、液体肥皂。

4. 消毒剂：0.1% 新洁尔灭溶液、75% 乙醇溶液。

5. 缓冲间清洁、消毒方法：

5.1 使用后用毛刷刷净脏物。

5.2 用清洁的湿抹布擦拭缓冲间墙面一遍，将尘埃、污物等抹干净，擦的方向应由洁净级别高的房间向洁净级别低的房间方向擦，地面用洁净的湿拖把清洁二遍，方向同上。

5.3 有污迹处用清洁剂擦洗清除。

5.4 将清洁的抹布用消毒剂浸泡 5 分钟后扭干擦拭缓冲间墙面，地面用消毒剂浸泡的清洁拖把拖一遍消毒。

6 传递窗清洁、消毒方法：

6.1 使用后用毛刷刷净脏物。

6.2 用清洁的湿抹布擦拭传递窗里面一遍，将尘埃、污物等抹干净，擦的方向应由洁净级别高的房间向洁净级别低的房间方向擦拭，然后再用抹布擦拭传递窗外面，遵循从里到外的原则。

6.3 将清洁的抹布用消毒剂浸泡 5 分钟后扭干擦拭传递窗，对传递窗进行消毒遵循从里到外的原则。

7 清洁消毒后，经质监员检查清洁合格，贴挂"已清洁"状态标志。

8 使用前紫外灯照射消毒 30 分钟。

9 清洁标准：目测缓冲间、传递窗表面无可见污垢及污迹。

10 清洁工具清洗及存放：执行《清洁卫生工具的使用、清洁、存放标准操作程序》。

11 清洁完毕填写记录。

4.86 地漏的使用、清洁、消毒标准操作规程

<table>
<tr><td>文件名称：</td><td colspan="3">地漏的使用、清洁、消毒标准操作规程</td></tr>
<tr><td>文件编号：</td><td colspan="3">XX/SOP-SC020</td></tr>
<tr><td>起　草：</td><td>年　月　日</td><td>修　订：</td><td></td></tr>
<tr><td>审　核：</td><td>年　月　日</td><td>审　核：</td><td></td></tr>
<tr><td>批　准：</td><td>年　月　日</td><td>批　准：</td><td>年　月　日</td></tr>
<tr><td>执行日期：</td><td>年　月　日</td><td>执行日期：</td><td>年　月　日</td></tr>
<tr><td colspan="4">编订依据：2010 年版《GMP》</td></tr>
<tr><td colspan="2">编订部门：生产部</td><td colspan="2">颁发部门：生产部</td></tr>
<tr><td colspan="4">分发部门：质量部、生产部</td></tr>
</table>

目的：建立地漏使用、清洁、消毒标准操作规程。

范围：所有地漏。

责任人：使用者、QA 质监员。

内容：

1. 地漏的使用。

1.1 地漏是清场时用来排水的。

1.2 地漏不用时，必须封住（采用水封或盖封）。

1.3 所有地漏须设有水封，并有盖。

1.4 需排水时，先旋开地漏盖，待排完水后，用适量饮用水冲洗立即盖住。

2. 地漏的清洁。

2.1 一般生产区地漏的清洁。

2.1.1 清洁周期：每周一次。

2.1.2 清洁用水：饮用水。

2.1.3 清洁剂：洗洁精。

2.1.4 清洁方法：

2.1.4.1 拆开地漏盖。

2.1.4.2 先用饮用水冲洗盖和槽。

2.1.4.3 带上胶手套用钢丝球擦洗，如不能擦去脏物，则沾清洁剂擦洗。

2.1.4.4 用饮用水冲洗。

2.1.4.5 清洁标准：无污物、无油腻。

2.2 洁净区地漏的清洁。

2.2.1 清洁周期：每天一次。

2.2.2 清洁用水：纯化水。

2.2.3 清洁剂：洗洁精。

2.2.4 清洁方法：

2.2.4.1 拆开地漏盖。

2.2.4.2 用纯化水冲洗盖和槽。

2.2.4.3 带上橡皮手套用钢丝球擦洗地漏内部周围表面。

2.2.4.4 再用纯化水冲洗。

2.2.5 清洁标准：无污物，无油腻，见本色。

3. 地漏的消毒：

3.1 消毒周期：一般生产区每周一次；洁净生产区停产三天以上时应重新清洗消毒，生产时每天一次。

3.2 消毒剂：0.1% 新洁尔灭，75% 酒精。

3.3 消毒剂更换周期：一周。

3.4 消毒方法：

3.4.1 旋紧地漏盖。

3.4.2 倒入约 1000ml 消毒剂浸泡地漏，约 10 分钟后蘸取消毒剂，抹洗地漏水封槽、滤网及面盖板。

3.4.4 水封槽内注入约 1000ml 消毒剂，形成水封。

3.4.5 盖上滤网及面盖板。

3.5 清洁标准：无污物，见本色。

4. 消毒液的配制和使用执行《消毒剂配制操作规程》

5. 清洁卫生工具清洗及存放：执行《清洁卫生工具的使用、清洁、存放标准操作程序》。

6. 清洁完毕填写《洁净区设施清洁记录》。

4.89　生产用具、容器清洗、消毒标准操作规程

文件名称：	生产用具、容器清洗、消毒标准操作规程		
文件编号：	XX/SOP-SC023		
起　　草：	年　月　日	修　　订：	
审　　核：	年　月　日	审　　核：	
批　　准：	年　月　日	批　　准：	年　月　日
执行日期：	年　月　日	执行日期：	年　月　日
编订依据：2010 年版《GMP》			
编订部门：生产部		颁发部门：生产部	
分发部门：生产部、质量部			

目的：建立生产用具、容器清洗、消毒标准操作规程，确保生产区卫生符合 GMP 要求。

范围：生产用具、容器。

责任人：各班班长、容器使用者、QA 质监员。

内容：

1. 清洗、消毒周期：每天二次（生产前、后）。

2. 清洁用水：纯化水。

3. 消毒剂：75% 乙醇。

4. 清洁工具：毛刷、抹布。

5. 清洁消毒方法：

5.1 盆、桶等容器类生产结束后，用纯化水顺时针方向淋洗内壁，边淋洗边用毛刷刷洗，洗去药液至无污物、见本色。生产前，再用纯化水冲洗干净后用 75% 乙醇消毒。生产用具生产结束后，用纯化水淋洗至无附着物后，生产前用纯化水冲洗后，75% 乙醇消毒。洗净后的硬质用具沥去余水，生产前再用纯化水冲洗，75% 乙醇消毒。

5.2 清洁用小轮车每次用后，用纯化水清洗干净。每周用消毒剂喷 1～2 次。

5.3 爬梯用完后，先用干净的抹布擦拭干净后，再用有消毒剂的抹布擦拭消毒。

6. 清洁工具的管理：

6.1 岗位区与公共区的清洁工具分开，并有明显标志。

6.2 清洁工具贮于清洗间，并有明显标志。

6. 洁净标准：不得有污迹、附着物、光亮、内外壁见本色。

7. 填写《生产用具、容器清洁记录》

4.91 人员进出洁净区标准操作规程

文件名称：	人员进出洁净区标准操作规程		
文件编号：	XX/SOP-SC025		
起　草：	年　月　日	修　订：	
审　核：	年　月　日	审　核：	
批　准：	年　月　日	批　准：	年　月　日
执行日期：	年　月　日	执行日期：	年　月　日
编订依据：2010年版《GMP》			
编订部门：生产部		颁发部门：生产部	
分发部门：质量部、生产部、工程部			

目的：建立人员进出车间洁净区的标准净化程序，防止人员对洁净区产生污染。

范围：人员进出洁净区。

责任人：凡进入洁净区所有人员

内容：

1. 正常进入洁净区的人员须是该区域的生产操作人员和该区域有关的生产、质量管理人员，及经培训考核合格的维修、辅助人员。

2. 进入一般生产区：

2.1 放置个人物品：人员进入车间大厅后，把雨具等杂物放置在雨具存放间。

2.2 更鞋：面向进门处，坐在更鞋柜上，脱下室外所穿鞋，放入更鞋柜外侧鞋柜中，然后侧身、抬起双脚转180°，面向车间入口方，从更鞋柜内侧取出一般生产区用工作鞋穿上。

2.3 洗手：进入洗手间，开启洗手池上阀门，用流出饮用水润湿双手，用清洁剂搓洗双手至净。

2.4 更衣：进入更衣室，脱去外衣，从各自更衣柜中取出一般生产区工作服换上，戴好工作帽，出更衣间经走道进入各自工作岗位。

3. 进入十万级、三十万级洁净区

3.1 人员按程序2进入车间经走道进入洁净区更鞋间。

3.2 更鞋：面向进门处，坐在更鞋柜上，脱下一般区用工作鞋，放入外侧鞋柜中，然后侧身抬起双脚转180°面向洁净区，从鞋柜内侧取出三十万、十万级洁净区用工作鞋穿上，进入一更，脱下一般区工作服，放入相应更衣柜中。

3.3 洗手：进入洗手间，开启洗手池上阀门，用流出饮用水润湿双手，用清洁剂搓洗双手至净。

3.4 更衣：

3.4.1 按编号取下洁净工作服，检查工作服颜色，确认属于所规定的洁净区域，打开并仔细检查包内的衣物及附件。

3.4.2 先戴上帽子，确保将所有的头发均放入帽子内，不得外露。再戴上口罩，将口、鼻全部遮住。

3.4.3 穿好洁净工作服（穿衣时应注意不要让洁净工作服碰到地板上），将拉链完全拉上，并将洁净工作衣扎进洁净工作裤里面。

3.4.4 进入缓冲间，在更衣镜前检查洁净工作服穿戴是否合适。

3.5 手消毒：按《手清洗、消毒操作规程》中有关手消毒的程序消毒手。手消毒烘干后，进入十万、三十万级生产区工作岗位。

4. 进入一万级洁净区

4.1 人员按程序2进入车间经走道进入洁净区更鞋间。

4.2 更鞋：面向进门处，坐在更鞋柜上，脱下一般区用工作鞋，放入外侧鞋柜中，然后侧身抬起双脚转180°面向洁净区，从鞋柜内侧取出万级洁净区用工作鞋穿上，进入一更，脱下一般区工作服，放入相应更衣柜中。

4.3 洗手：进入洗手间，开启洗手池上阀门，用流出饮用水润湿双手，用清洁剂搓洗双手至净。

4.4 按编号取下一万级洁净工作服，检查工作服颜色，确认属于所规定的洁净区域，打开并仔细检查包内的衣物及附件。

4.5 戴上口罩，将口、鼻完全遮住，应确保将所有的头发均放入头罩内，不得外露。

4.6 穿好洁净工作服(穿衣时应注意不要让洁净工作服碰到地板上)，将拉链完全拉上。

4.7 进入缓冲间，在更衣镜前检查洁净工作服穿戴是否合适。

4.8 手消毒：按《手清洗、消毒操作规程》中有关手消毒的程序消毒手。手消毒后，进入一万级生产区工作岗位。

5. 离开洁净区时，按进入洁净区的逆向顺序更衣，将工作服换下，集中放置，统一收集、洗涤。

6. 洁净区除生产人员外，进入洁净区的人员不得超过6人。

4.92 物料进出洁净区标准操作规程

文件名称：	物料进出洁净区标准操作规程		
文件编号：	XX/SOP-SC026		
起　草：	年　月　日	修　订：	
审　核：	年　月　日	审　核：	
批　准：	年　月　日	批　准：	年　月　日
执行日期：	年　月　日	执行日期：	年　月　日
编订依据：2010年版《GMP》			
编订部门：生产部		颁发部门：生产部	
分发部门：质量部、生产部			

目的：建立物料进入洁净区的程序，使物料按规定程序进入洁净区，防止物料对洁净区产生污染。

范围：适用所有物料进入洁净区。

责任人：物料运送人员、QA质监员、物料员

内容：

1. 洁净区域的物料是指该区域内生产、维修、清洁等活动中所需的原辅料、包装材料、中间体、维修工具、配件、周转容器等。

2. 消毒剂：75%酒精、0.1%新洁尔灭。

3. 清洗剂：洗洁精、无磷洗衣粉。

4. 清洗工具：抹布、毛刷、喷雾器。

5. 物料进入洁净区程序：

5.1 有外包装、不能用水冲洗的物料(如内包装材料)。

5.1.1 将物料运至缓冲间或拆包间，用吸尘机吸去表面灰尘，拆去外包装或表面清洁，将外包装物装于废物桶内，移出缓冲间或拆包间。

5.1.2 用干净抹布擦拭物料内包装(如塑料袋装)表面，用纯化水搓洗抹布拧干，重复擦拭3次。

5.1.3 用湿抹布蘸消毒剂擦拭内包装材料表面，约5分钟后。

5.1.4 打开缓冲间一侧门或拆包间传递窗一侧门，放入物料，关闭门。再打开另一侧门，洁净区人员取出物料，送至内包装暂存间，存放垫板上堆码整齐。

5.2 可以用水冲洗的物料(如塑料桶、塑料框)

5.2.1 物料置准备室洗涤槽中，用纯化水、抹布或毛刷冲洗物料表面灰尘、脏物。

5.2.2 用消毒剂喷洒或浸泡物料5分钟以上。

5.2.3 纯化水冲净消毒剂，擦干。

5.2.4 打开缓冲间一侧门或拆包间传递窗一侧门，放入物料，关闭门。再打开另一侧门，洁净区人员取出物料，送至使用工序。

5.3 工具、备品、配件、小型设备等

5.3.1 用抹布擦去物料表面污垢或锈，擦不净的污垢蘸清洁剂擦拭，再用搓净的湿抹布将清洁剂擦净。

5.3.2 用抹布蘸消毒剂全面擦拭物料。

5.3.3 把小件物料盛装在同法清洁、消毒后的不锈钢或搪瓷托盘中。

5.3.4 打开缓冲间一侧门或拆包间传递窗一侧门，放入物料，关闭门。再打开另一侧门，洁净区人员取出物料，送至使用工序。

5.3.5 不用的维修工具、容器等物料，应及时通过物流通道传出洁净区外。

5.4 材质上不能用消毒剂消毒的物料。

5.4.1 有外包装者拆除外包装用抹布擦拭物料或内包装物表面灰尘等脏物。

5.4.2 开启缓冲间、准备室内紫外灯照射已擦净的物品 20 分钟。

5.4.3 关闭紫外灯。约 10 分钟后，操作人员按 5.3.4 程序把物品送入洁净室。

5.5 新启用清洁卫生工具（拖把、抹布、塑料扫帚、不锈钢撮箕、垃圾桶、毛刷等）

5.5.1 硬质类卫生工具（如撮箕、垃圾桶等），用纯化水冲洗表面至净，沥干。

5.5.1.1 在工具表面喷雾消毒剂，停留 5 分钟以上。

5.5.1.2 用纯化水完全冲净消毒剂，擦干。

5.5.1.3 打开缓冲间一侧门或拆包间传递窗一侧门，放入物料，关闭门。再打开另一侧门，洁净区人员取出物料，送至使用工序。

5.5.2 毛刷、拖把、毛巾、扫帚等用纯化水充分冲洗、搓洗、拧干，将物料浸泡在消毒液中不少于 5 分钟后，拧干，再用纯化水搓洗去消毒液后，拧干。

5.5.3 用浸有消毒剂的抹布擦拭对清洁卫生工具把手部位进行消毒。

5.5.4 打开缓冲间一侧门或拆包间传递窗一侧门，放入物料，关闭门。再打开另一侧门，洁净区人员取出物料，送至使用工序间。

6 退库物料外出洁净区程序：

6.1 岗位操作工待生产结束后对需退库的物料进行称量、点数，用双层洁净袋包装扎口并贴上标签（内容包括：品名、物料批号、规格、数量、操作人、日期）后，在物料暂存卡上填写相关内容。

6.2 岗位操作工打开物料传递窗内侧门，进入后关门，然后打开传递窗外侧门。

6.3 岗位操作工在不许跨出传递窗的前提下，将物料交物料员清点后装入相应外包装并封口后，由物料员复核开退库单交车间主任签字后交车间搬运工运到库房，执行物料退库相关规程。

4.95 洁净区工作服的清洗、保存、收发标准操作规程

文件名称：	洁净区工作服的清洗、保存、收发标准操作规程		
文件编号：	XX/SOP-SC029		
起　　草： 年　月　日		修　　订：	
审　　核： 年　月　日		审　　核：	
批　　准： 年　月　日		批　　准：	年　月　日
执行日期： 年　月　日		执行日期：	年　月　日
编订依据：2010 年版《GMP》			
编订部门：生产部		颁发部门：生产部	
分发部门：工程部、质量部、生产部			

目的：建立洁净区工作服的清洁、存放、收发标准操作规程，使其洁净区工作服的清洁、存放、收发规范化。

范围：工作服、工作帽、工作鞋。

责任人：洗衣工、QA 质监员。

内容：

1. 清洗剂：洗衣液
2. 清洗用水：纯化水
3. 清洗频次：超过有效期或换品种时。
4. 清洗工具：洗衣机、干衣机。
5. 工作服、工作帽清洗方法。

5.1 每次洗 5 套工作服。

5.2 每套工作服用 5ml

5.3 检查洗衣机地线是否接好，放下排水管，插上电源。

5.4 用进水管连接纯化水龙头与机上进水管，将注水转换手柄置于“洗涤桶”处。

5.5 加入清洗剂、纯化水溶解。

5.5 加入衣物浸泡 10 分钟。

5.6 把排水转换手柄置于“洗涤”处。

5.7 把水流转换旋钮和洗涤定时器定置预定位置。

5.8 将洗涤定时器旋钮定至5分钟位置。

5.9 洗涤时间到后，将衣物取出，置脱水桶中脱水1分钟。

5.10 将脱水后的衣物放入洗涤桶中。

5.11 将水位调节手柄置于中—高水位，然后进水。

5.12 将洗涤定时器旋钮旋至所需位置，进行漂洗。

5.13 纯化水漂洗3次，每次2分钟。

5.14 漂洗后的衣物脱水1分钟。

5.15 脱水后的衣物放入干衣机。

5.16 插上干衣机电源。

5.17 将加热选择开关置于低热档。

5.18 将烘干定时旋钮旋至180分钟位置，干衣机开始工作。

5.19 将烘干的衣物取出。

6. 工作鞋清洗方法：

6.1 用纯化水、毛刷冲洗干净工作鞋上污迹，沥干。

6.2 在清洗池中配制好消毒剂后，将工作鞋全部浸泡在消毒液中不少于5分钟。

6.3 放掉消毒液

6.4 用纯化水冲洗工作鞋。

6.5 拎出鞋子置架上晾干，待用。

7. 消毒：

7.1 方法1：洁净区工作服在清洗前用消毒剂浸泡30分钟，用纯化水冲净消毒剂后，从5.1项开始清洗。

7.2 方法2：洁净区工作服清洗烘干后，放入消毒柜里面，开启臭氧对洁净服进行灭菌处理，灭菌时间为45分钟。

8. 标准：干燥、无污迹。

9. 保存

9.1 叠好，放入清洁塑料袋内。

9.2 放入存衣柜。

10. 收发

10.1 收发时间：当天工作结束后（或次日开始工作前）。

10.2 由洗衣工将清洁工衣袋依次挂在衣钩上，同时收去待洗工衣。

11. 填写《洁净工作服清洁记录》、《洁净工作服收发记录》。

4.96 人员进出非洁净区标准操作规程

文件名称：	人员进出非洁净区标准操作规程		
文件编号：	XX/SOP-SC030		
起　草：	年　月　日	修　订：	
审　核：	年　月　日	审　核：	
批　准：	年　月　日	批　准：	年　月　日
执行日期：	年　月　日	执行日期：	年　月　日
编订依据：2010年版《GMP》			
编订部门：生产部		颁发部门：生产部	
分发部门：总工、生产部、质量部、工程部、物资部			

目的：建立人员进出非洁净区标准操作规程，使其规范性、一致性，防止因人员卫生情况影响药品质量。

范围：进出非洁净区的所有人员。

责任人：生产技术管理员、QA质监员、进出非洁净区的所有人员。

内容：

1. 进入非洁净区和洁净区的人员，一律不得携带私人物品，不得佩带首饰，不得化装，不得留长甲。

1.1 进入一般生产区前，首先在车间大厅处的更鞋柜处换上一更鞋，脱去自身所穿的鞋子并放在外一则的鞋柜内。

1.2 进入一更室换上一更服。

2. 一更服的穿着顺序：戴上帽子——→穿上一更服（白大褂）；若是一更服有裤子的（非白大褂）则穿着顺序为：戴上帽子——→穿上一更服——→穿一更裤，并把一更衣的下缘扎在一更裤内。

3. 穿着好后，再次在穿衣镜前检查一次穿着是否规范得体，进入洗手间，，洗手应洗到手腕部位，洗掉手上所有污物，烘干双手，进入一般区公用走道，然后再进入一般生产区。

4. 在此整个过程应注意出入的门应随时保持关闭。

5. 进入一般生产区的整个流程图为：换上一更鞋──→进入一更区──→戴上一更帽──→换上一更服(──→穿一更裤)──→洗手──→进入一般区公共走道──→进入一般生产区。

6. 出一般生产区的程序与进时相反。

7. 进入一般生产区的人员，应严格遵守各种制度，禁止其行为随心所欲。

4.99 洁净区清洁工具标准操作规程

文件名称：	洁净区清洁工具标准操作规程		
文件编号：	XX/SOP-SC033		
起　　草：	年　月　日	修　　订：	
审　　核：	年　月　日	审　　核：	
批　　准：	年　月　日	批　　准：	年　月　日
执行日期：	年　月　日	执行日期：	年　月　日
编订依据：2010 年版《GMP》			
编订部门：生产部		颁发部门：生产部	
分发部门：总工、生产部、质量部、			

目的：建立洁净区使用清洁工具的标准操作规程，确保清洁符合 GMP 要求。

范围：塑料扫把、白色/蓝色抹布、专用拖把。

责任人：操作工、清洁工、QA 质监员。

内容：

1. 塑料扫把：先将需清洁的地面用水浇湿，再用塑料扫把清扫，清扫过程中用力应适度，避免弧度过大。

2. 白色/蓝色抹布：抹布蘸湿后拧干，每次使用面积 1 ~ 2 ㎡（注：禁止往复擦拭）。

然后对折使用，即将擦拭过的一面对折朝内，对折两次后更换抹布，使用过的抹布搓洗至洗涤用水清亮、干净后再使用。

3. 专用拖把：专用拖把蘸湿后拧干，每次使用面积 5 ~ 10 ㎡（注：禁止往复拖地）。使用后对拖把进行清洗至洗涤用水清亮后再使用。

4.107 中间产品交接标准操作规程

文件名称：	中间产品交接标准操作规程		
文件编号：	XX/SOP-SC041		
起　草：	年　月　日	修　订：	
审　核：	年　月　日	审　核：	
批　准：	年　月　日	批　准：	年　月　日
执行日期：	年　月　日	执行日期：	年　月　日
编订依据：2010 年版《GMP》			
编制部门：生产部		颁发部门：生产部	
分发部门：生产部、质量部、物资部、总工办			

目的：建立合格中间品流转到下一个工序的标准操作规程，有效地防止污染和差错。

范围：所有经中间品暂存间进入下一个工序的中间品。

责任人：岗位操作工、QA 质监员、中间站管理员。

内容：

1. 中间站管理员获得该批中间产品的检验合格报告单后，将该批中间品的状态标志由待检改为合格的状态标志。

2. QA 质监员获得该批中间产品的检验合格报告单后，通过各关键控制点检查符合条件，开具该批中间产品的《中间体合格证》，合格证上应注明：品名、批号、数量、工序等。

3. 在完成某一单元操作后的中间产品，操作人员应以适当的容器盛放（需密闭的应按工艺要求执行）。并在容器上标明中间产品名称、批号、规格、数量、生产日期、主要质量标准的检测结果、操作人等字样。连同中间产品一道向下工序交接，或存入中间站。4 下道工序操作人员（或中间站暂存间管理人员）按产品窗口外或容器中的周转卡上标明的内容，逐一进行检查核对，尤其对中间产品的质量情况重点进行核对，发现有疑问者请质量部门确认。

5. 双方对中间产品确认无误后在交接记录上签字。主要中间产品的交接应在现场 QA 的监督下进行，QA 亦应在记录上签字。

6. 在联动线上流动的中间产品，上下工序操作人的交接方式，以中间产品到达下工序分段进行检查，即开始达到时的质量状况。运行中的有关情况，结束时的数量与质量情况进行交接，交接双方应在批记录上签字。

7. 下道工序岗位操作工在获得《清场合格证》、《岗位批生产指令》、《生产许可证》后，进入中间产品暂存间，首先检查中间品检验合格报告单，确认该批中间产品的状态是否为合格标志，然后将中间品的状态标志中内容分别与《中间体合格证》上内容一一核对，并对其数量进行核对，核对无误后，在中间站管理员的陪同下将其中间产品推出暂存间用于生产。

8. 填写中间产品交接记录。

4.110　外包岗位标准操作规程

<table>
<tr><td>文件名称：</td><td colspan="3">外包岗位标准操作规程</td></tr>
<tr><td>文件编号：</td><td colspan="3">XX/SOP-SC044</td></tr>
<tr><td>起　　草：</td><td>年　月　日</td><td>修　　订：</td><td></td></tr>
<tr><td>审　　核：</td><td>年　月　日</td><td>审　　核：</td><td></td></tr>
<tr><td>批　　准：</td><td>年　月　日</td><td>批　　准：</td><td>年　月　日</td></tr>
<tr><td>执行日期：</td><td>年　月　日</td><td>执行日期：</td><td>年　月　日</td></tr>
<tr><td colspan="4">编订依据：2010 年版《GMP》规定</td></tr>
<tr><td colspan="2">编订部门：生产部</td><td colspan="2">颁发部门：质量部</td></tr>
<tr><td colspan="4">分发部门：质量部、生产部。</td></tr>
</table>

目的：规范产品的包装操作。

范围：产品包装岗位。

责任人：包装操作人员、车间技术员、包装班长、质监员 。

内容：

1. 准备工作

1.1 根据批包装指令领取所需包装材料，放置暂存间。

1.2 班前穿戴好工作服，进入生产现场。

1.3 复查上次清场结果，有清场合格证副本才能进行包装。检查设备是否挂有“清洁”及“设备良好”的标示牌。检查电是否正常。

1.4 根据批包装指令在操作间门上挂上生产状态标志牌，写明产品名称、批号、规格、数量和生产日期。

1.5 填写“中间产品交接单”从待包间领出合格半成品（需办理交接单），并核对品名、批号、规格、数量。

2. 准备包装材料

2.1 折说明书：从上、下三分之一处对折后成长方形，再沿长方形对折且露出“××说明书”字样。

2.2 准备药盒、纸箱等：按《打印批号标准操作规程》将药盒、纸箱等打印好批号、有效期、生产日期。

2.3 准备纸箱：将打印好批号、有效期、生产日期的纸箱底部用封口胶封口，放入一张垫纸板。

3. 包装操作。

3.1 装盒：将半成品按产品包装规格装入小盒。

3.2 装说明书。将一张折好的说明书装入药盒中。

3.3 封药盒:

3.4 装箱:按装箱规格正向有序地装入大箱中,核实数量准确无误后装入合格证、检验报告书,盖上一张垫板,将箱口用封口胶封住。

3.5 在装箱时,认真检查是否有少装现象,并在此纸箱上写上自己的工号。并经质监员检查合格后封箱。

4. 拼箱操作

4.1 包装前检查上批生产是否有成品零头,若有先将此成品零头装入小盒,装入大盒或纸箱中。

4.2 在箱内放入合格证,并在合格证上打上该产品的两个批号后,装入箱内。

4.3 在外纸箱上的标签上打上该产品的两个批号,并贴在外纸箱上

4.4 不同批号拼箱要贴上拼箱标志。详细做好拼箱的记录。

4.6 捆包:捆包后将成品暂置指定位置,待包装结束后,统一将成品计数入库。

5. 结束工作。

5.1 将剩余、残损的标签、说明书按《不合格品管理制度》执行。

5.2 填写生产记录,擦去生产状态标志牌上填写的内容。

5.3 按《清场操作规程》清场,填写清场原始记录。

5.4 经 QA 质监员检查清场合格后,发给《清场合格证》,在操作间门上挂上“已清场”标志牌

5.5 下班前关灯,关门。

5.6 填写生产记录。

4.111 成品大箱封口、捆扎标准操作规程

文件名称:	成品大箱封口、捆扎标准操作规程		
文件编号:	XX/SOP-SC045		
起　草:	年　月　日	修　订:	
审　核:	年　月　日	审　核:	
批　准:	年　月　日	批　准:	年　月　日
执行日期:	年　月　日	执行日期:	年　月　日
编订依据:2010 年版《GMP》			
编制部门:生产部		颁发部门:生产部	
分发部门:生产部、质量部			

目的:建立成品大箱封口、捆扎标准操作规程,有封口、捆扎的规范性。

范围:成品大箱封口、捆扎。

责任人:捆扎工、QA 质监员。

内容:

1. 当外包装包装结束,QA 监控员检查其已包装的成品符合规定及大箱的包装材料合格后,由外包装班班长通知捆扎工对大箱进行封口、捆扎。

2. 大箱封口前捆扎工先向大箱内检查箱内是否放有《成品合格证》、装箱数量是否准确等,如箱内没放《成品合格证》及有其他不符情况时应立即向 QA 监控员及车间管理员举报。

3. 将捆扎机、封口机接通电源,捆扎机需预热 10 分钟,并挂上“运行中”标志牌。

4. 先将成品大箱入至封口机上,向大箱中放入一张成品合格证后进行封口,将大箱两面的纸板合拢对齐封口胶的中间位置,推入封口机进行封口。

5. 封口完毕后,移至捆扎机上,在大箱的两端捆扎打包带。

6. 将大箱的一端(面对捆扎工的一面)对齐在捆扎机上的靠近捆扎工的把手进行捆扎。捆扎完毕后将另一端向前拉进,对准捆扎机上的另一把手进行捆扎,大箱上捆扎的打包带位置离大箱两端边缘应一致,不得倾斜,大约 10cm 左右,捆扎完毕。

7. 封口、捆扎完毕后,将成品堆放在指定位置,关闭电源,进行清场。并放上“完好”“已清洁”标志牌。

8. 及时、真实填写相关记录。

4.121　药品批生产记录(含4.121至4.139项)

4.123　批生产指令

XXXX药业有限公司

批生产指令

产品名称			
起　草　人		日　　期	年　月　日
审　核　人		日　　期	年　月　日
批　准　人		日　　期	年　月　日

________车间

从______年____月____日起,请按____________工艺规程组织生产。规格__________;批号______________;批量____________。

指令依据					
原辅、内包材定额量					
物料名称	单位	数量	物料名称	单位	数量
备注					

4.128　磨粉岗位原始记录

XXXX药业有限公司

磨粉岗位原始记录

品名		规格		批号	
批　量		磨粉筛目数		生产日期	年　月　日

物料名称	领取数量(kg)	磨粉收得量(kg)	物料收率计算及结论:
合　计			

续表

备注：							
操作人		复核人		车间负责人		QA 质监员	

4.130 中间产品交接单

XXXX 药业有限公司
中间产品交接单

品　名		批　号	
规　格		毛　重	
皮　重		净　重	
盛装容器		控制项目	
交料岗位		交料人	
接料岗位		接 料 人	
交接时间		QA 质监员	
备　注			

4.131 请　验　单

XXXX 药业有限公司
请验单

品　名		规　格	
批　号		数　量	
请验部门		请验项目	
请验者		请验日期	
备注：			

第一联生产部

XXXX 药业有限公司
请验单

品　名		规　格	
批　号		数　量	
请验部门		请验项目	
请验者		请验日期	
备注：			

第二联质量部

4.133 生产计划表

XXXX 药业有限公司

生产计划表

名　称	规　格	单　位	计划产量	计划批次	备　注

计划部门： 年　月　日	主管负责人意见： 年　月　日	总经理意见： 年　月　日

4.134 胶囊充填、抛光岗位原始记录

XXXX 药业有限公司

胶囊充填、抛光岗位原始记录

品名		批　号		规　格		班次	
室内温度	℃	室内相对湿度	%	产量 Kg(万粒)		批量	
装量差异		空胶囊平均粒重	g				
生产日期	年　月　日	装量范围	g ~　g				
胶囊充填范围		g ~　g/粒		平均粒重	mg		
颗粒使用情况							
领用量	kg	实用量	kg	余料量	kg	尾料量	kg
尾粉去向							

续表

领用人			发料人				
空心胶囊使用及生产情况							
生产厂家		批　号		规　格		色　泽	
领用量	kg 折　万粒	实用量	kg 折　万粒	结余量	kg 折　万粒		
损耗数	kg 折　万粒	领用人		发料人			
抛光情况检查							
实际产量	kg，　共　桶						

$$\text{物料平衡率计算}=\frac{\text{填充胶囊量+尾粉量+残粉量+空心胶囊结余量+残囊量}}{\text{颗粒领用量+空心胶囊总领量}}\times 100\%$$

续表

备注：							
操作人		复核人		车间负责人		QA 质监员	

4.137 外包装材料记录

XXXX 药业有限公司
外包装材料记录

年		材料名称	领取数	实用数	报废数		备注
月	日						
累计							

4.139 批包装指令

XXXX 药业有限公司
批包装指令

产品名称			
起草人		日期	年　月　日
审核人		日期	年　月　日
批准人		日期	年　月　日

包装工序：

__________，批号为__________，理论产量____件。经质量部检验合格，同意包装。请按____________的包装规格要求及以下日期、批号进行包装。

生产日期：　年　月　日
有效期至：　年　月　日
批　号：

外包装材料定额量

包材名称	单位	数量	包材名称	单位	数量

备注	

4.141　洁净区清洁消毒记录

XXXX 药业有限公司
洁净区清洁消毒记录

工序名称：

日　期	清洁和消毒	门、窗、墙面	天花、公用设施	地面	清洁剂	消毒剂	清洁人	检查人

4.142　传递窗(传递柜)清洁消毒记录

XXXX 药业有限公司
传递窗(传递柜)清洁消毒记录

清洁日期	所在位置	使用清洁剂		使用消毒剂		清洁人
		清洁剂名称	使用量	消毒剂名称	使用量	

清洁消毒方法：

4.144　清洁卫生工具清洁消毒记录

XXXX 药业有限公司
清洁卫生工具清洁消毒记录

部门：

日　期	工具名称	清洁剂	消毒剂	存放地点	操作人

清洁消毒方法：

5 质 量 部

5.1 质量部工作职责

文件名称:	质量部工作职责		
文件编号:	XX/RY-ZL001		
起　　草:	年　月　日	修　　订:	
审　　核:	年　月　日	审　　核:	
批　　准:	年　月　日	批　　准:	年　月　日
执行日期:	年　月　日	执行日期:	年　月　日
编订依据:2010 年版《GMP》			
编订部门:质量部		颁发部门:质量部	
分发部门:人事行政部、质量部			

目的:制定质量部工作职责,加强公司质量管理,保障产品质量。

范围:本标准适用于本公司质量部。

责任人:质量部全员。

内容:

1. 制定和修订物料、中间体和成品的内控标准和检验操作规程,制定取样和留样制度。

2. 制定检验用设备、仪器、试剂、试液、标准品(或对照品)、滴定液、培养基等管理办法。

3. 决定物料和中间体的使用。

4. 审核成品发放前批生产记录,决定成品发放。

5. 审核不合格品处理程序。

6. 有权对与药品质量有关的一切人和事物进行监督。

7. 对物料、中间体、成品和退货产品进行取样、检验、留样,并出具检验报告。

8. 监测洁净室(区)的尘埃粒子数和微生物数。

9. 评价原料、中间体及成品的质量稳定性,为确定物料贮存期、药品有效期提供数据。

10. 制定质量管理和检验人员的职责。

5.2 质量部经理岗位职责

文件名称:	质量部经理岗位职责		
文件编号:	XX/RY-ZL002		
起　　草:	年　月　日	修　　订:	
审　　核:	年　月　日	审　　核:	
批　　准:	年　月　日	批　　准:	年　月　日
执行日期:	年　月　日	执行日期:	年　月　日
编订依据:2010 年版《GMP》			
编订部门:质量部		颁发部门:质量部	
分发部门:质量部、人事行政部			

目的:建立质量部经理岗位职责,明确质量部经理工作内容。

范围:本标准适用于质量部经理的工作。

责任人:质量部经理。

内容：

1. 负责质量部质量检验、质量管理的全面工作，保证贴有本公司标签的出厂产品的生产全过程符合 GMP 要求。

2. 负责制定公司 GMP 自检计划并组织实施，对检查结果及时向总经理报告并通报有关部门，必要时组织召开会议讨论改进措施。

3. 负责对不合格的物料、中间体、成品处理程序审核的批准。

4. 授权 QA 主任审核成品发放前批生产记录，决定成品发放。

5. 负责公司物料、中间体、成品质量标准的制定和审核。

6. 组织制定本部门各项管理规程和操作规程及记录，负责公司 GMP 文件的审核和初步批准，负责检查和监督 SOP 的实施情况。

7. 负责质量检验和质量管理人员的专业技术培训工作，参与对公司各级人员按 GMP 要求进行培训和考核工作。

8. 参与对主要物料供应商质量保证体系进行评估。

9. 负责组织访问用户以及用户来电来信咨询意见的回复和记录，主持召开公司每月质量分析会，就质量检验、质量管理，产品质量、用户反映及改进措施发布会议纪要并报告总工及有关部门。

10. 负责组织、协调、审核公司药品生产的验证工作。

11. 负责制定质量检验、质量管理人员和产品管理人员的岗位素质，保证他们正常开展工作，并对他们的工作检查考核。

12. 负责对新产品的试制，工艺改进的计划及结论进行审核。

13. 负责药品不良反应监测报告制度的审核，用户药品质量投诉和药品不良反应的调查处理，对药品不良反应和药品生产出现的重大质量问题，负责及时向药品监督管理部门报告，并接受监督、管理和指导。

14. 负责制定产品质量指标升级计划并付诸实施及其资料申报。

15. 负责完成公司领导交办的其他工作。

5.3　质量部 QA 办工作职责

文件名称：	质量部 QA 办工作职责		
文件编号：	XX/RY-ZL003		
起　草： 年　月　日		修　订：	
审　核： 年　月　日		审　核：	
批　准： 年　月　日		批　准：	年　月　日
执行日期： 年　月　日		执行日期：	年　月　日
编订依据：2010 年版《GMP》			
编订部门：质量部		颁发部门：质量部	
分发部门：质量部、人事行政部			

目的：建立质量部 QA 办工作职责，明确 QA 办管理职能。

范围：本标准适用于质量部 QA 办的工作。

责任人：质量部 QA 办全员。

内容：

1. 负责物料、中间体和成品质量标准的制定、修订工作。

2. 负责生产全过程监控检查，并对检查发现的问题提出处理意见。

3. 负责决定物料和中间体的使用和成品的发放。

4. 负责审核不合格物料、中间体和成品的处理程序。

5. 负责原料（中药材）、中间体和成品的质量稳定性试验工作，确定物料和中间体的贮存期、成品的有效期。

6. 负责制定本科质量管理人员的岗位职责。

7. 负责会同公司物资部、生产部等对主要物料供应商质量体系进行评估。

8. 负责对用户的药品质量投诉进行记录和调查处理。

9. 负责向药品监督管理部门报告药品生产重大质量问题。

10. 负责协助质量部经理定期组织自检。

11. 负责对公司产品的留样管理工作。

12. 负责产品质量统计、分析、资料上报和用户接待、来电、来函的答复并记录。

13. 负责审核校对药品的包装(标签、使用说明书、小盒等)的内容、式样、文字底稿和清样。

14. 负责协同质量部定期召开公司质量分析会议,制定质量改进措施,起草会议纪要。

15. 负责产品质量档案的建立和管理。

16. 负责完成公司上级领导交办的其他工作。

5.4 QA 主任岗位职责

文件名称:	QA 主任岗位职责		
文件编号:	XX/RY-ZL004		
起　　草:	年　月　日	修　　订:	
审　　核:	年　月　日	审　　核:	
批　　准:	年　月　日	批　　准:	年　月　日
执行日期:	年　月　日	执行日期:	年　月　日
编订依据:2010 年版《GMP》			
编订部门:质量部		颁发部门:质量部	
分发部门:质量部、人事行政部			

目的:建立 QA 主任岗位职责,明确 QA 主任岗位工作内容。

范围:本标准适用于质量部 QA 主任的工作。

责任人:QA 主任。

内容:

1. 负责质量部 QA 的全面工作,并保证其工作正常进行。

2. 负责制定和修订物料、中间体、成品的质量标准。

3. 负责按 GMP 要求组织制定各项质量管理规程和岗位 SOP 以及相关记录等。

4. 负责从物料购入到成品销售、用户反映全过程的质量监控工作,保证生产全过程符合 GMP 要求。

5. 负责决定物料、中间体的使用和车间各工序生产许可证发放的审核、批准。

6. 负责成品发放前批生产记录的审核和《成品放行通知单》的批准。

7. 负责制订和修订退货产品、收回产品和不合格品的处理程序,并负责跟踪检查和监督。

8. 负责定期安排省、市监测管理部门对工艺用水和洁净区环境进行监测、报告。

9. 负责制定物料、中间体、成品留样管理制度以及物料、中间体、成品的质量稳定性试验规程,为确定物料、中间体的贮存期、成品的有效期提供数据。

10. 参与主要物料供应商质量体系的评估工作。

11. 参与用户的药品质量投诉的调查处理工作,负责用户来信来电咨询意见的处理和记录。

12. 负责质量事故的分析、处理和报告。

13. 负责对质量管理人员的 GMP 知识和业务技术培训,并对其工作进行指导、检查和考核。

14. 负责产品质量档案的建立、使用、保管等工作。

15. 协助质量部经理召开公司质量分析会,向主管领导汇报生产全过程质量监控情况,制定质量管理目标,起草会议纪要。

16. 负责对厂区、库区和生产区进行日常巡回检查,对一切违反质量管理规程和 SOP 的人和事有阻止、改正和处理的权力和责任。

17. 负责产品质量月、年报的统计上报,负责审核药品标签、使用说明书和包装材料与药品监督管理部门批准的内容、式样、文字相一致。

18. 负责完成质量部经理交办的其他相关工作。

5.5 质量部 QC 办工作职责

文件名称：	质量部 QC 办工作职责		
文件编号：	XX/RY-ZL005		
起　草：	年　月　日	修　订：	
审　核：	年　月　日	审　核：	
批　准：	年　月　日	批　准：	年　月　日
执行日期：	年　月　日	执行日期：	年　月　日
编订依据：2010 年版《GMP》			
编订部门：质量部		颁发部门：质量部	
分发部门：质量部、人事行政部			

目的：建立质量检验科工作职责，明确质量检验科工作内容。

范围：本标准适用于质量部 QC 办的工作。

责任人：质量部 QC 办全员。

内容：

1. 负责公司原料（中药材）、辅料、包装材料、中间体、成品、留样产品、试制新产品等的理化检验工作。

2. 负责公司各种产品的微生物检验工作。

3. 及时、准确完成检验工作，并出具检验报告书。检验工作包括取样、检品留样、检验（必要的复检）、检验记录及其复核和出具检验报告。

4. 负责洁净区尘埃粒子数及微生物数的定期监测工作。

5. 负责工艺水（饮用水、纯化水）的定期监测工作。

6. 负责制定取样、检验（复验）、检验记录及其复核，出具检验报告的管理规程和 SOP，并付诸实施。

7. 负责制定检测用仪器、设备、试剂、标准品（对照品）、标准液、滴定液、剧毒试剂、检定菌、培养基等的管理规程，并按规定进行管理有相应的记录、台帐。

8. 负责制定中药标本管理规程，建立中药（材）标本室，有相应的记录、台帐。

9. 负责制定检验人员的岗位职责、培训计划和考核规程，并保其工作正常进行，接受上级药品检测部门的业务指导，负责检验人员的自培及考核工作。

10. 负责检验仪器、设备的校验工作。

11. 完成质量部安排的其他检验工作，包括设备部、生产部的中央空调系统，设备清洁，新产品的工艺验证，老产品的再验证工作。

12. 制定质检科安全卫生管理规程，确保检验工作符合要求。

13. 检验工作重要问题要向主管领导报告，每月向质量部书面报告本月检验工作重点并参加质量分析会。

14. 质量检验记录保存至药品有效期后一年。

15. 负责完成公司上级领导交办的其他工作。

5.6 QC 主任岗位职责

文件名称：	质量部 QC 主任岗位职责		
文件编号：	XX/RY-ZL006		
起　草：	年　月　日	修　订：	
审　核：	年　月　日	审　核：	
批　准：	年　月　日	批　准：	年　月　日
执行日期：	年　月　日	执行日期：	年　月　日
编订依据：2010 年版《GMP》			
编订部门：质量部		颁发部门：质量部	
分发部门：质量部、人事行政部			

目的:建立质量检验科主任岗位职责,明确 QC 主任岗位工作内容。

范围:本标准适用于质量部 QC 主任的工作。

责任人:质量部 QC 主任。

内容:

1. 主持质量检验科日常工作,负责组织实施对原料、辅料(工艺用水)、包装材料、中间体、成品、新产品进行取样、检验(留样、复检)并出具检验报告。

2. 负责制定取样、检验(留样、复检)及其记录和复核,出具检验报告等各项管理规程和 SOP 并组织实施,确保各项检验工作及时、准确、无误。

3. 负责检验报告的审批,参加公司月质量分析会,向主管领导报告主要质量检验情况。

4. 负责制定检验用试剂、剧毒试剂、试液、标准品(对照品)、标准液、滴定液、检定菌、培养基等管理规程,并组织实施,有相应的记录。

5. 负责制定检验仪器、设备、计量器具的管理规程,实行专人管理,定期校验,确保其适用范围,精度和状态符合要求,有明显的合格标志和相应的记录。

6. 制定工艺用水和洁净区尘粒数及微生物数监测管理规程和监测 SOP 有相应的记录和报告。

7. 建立中药标本室,制定中药标本室管理规程,为药材性状鉴定提供保证。

8. 制定微生物检定室、无菌室管理规程和检验 SOP,并有相应的记录和报告。

9. 制定检验人员培训计划,负责对检验人员进行 GMP 和专业技术培训,使检验人员具有良好的质量意识、基础理论知识和实际操作技能。

10. 负责保证其各项工作的顺利进行;负责制定对质量检验人员的考核管理规程,通过日常检查和定期考核来评价检验人员的职业道德、质量意识、工作责任心、业务技术水平及工作能力,有权对检验人员按规定进行奖励或处罚。

11. 负责制定本科人员的安全卫生管理规程,并由专人负责,确保工作环境安全、卫生、整洁。

12. 负责对质量标准、管理规程、SOP 及检验原始记录、报告书等的存档、保管。检验记录及其报告书按批号保存至有效期后一年。

13. 负责完成质量部经理安排的其他有关工作。

5.10 标化管理员岗位职责

文件名称:	标化管理员岗位职责		
文件编号:	XX/RY-ZL010		
起　草:	年　月　日	修　订:	
审　核:	年　月　日	审　核:	
批　准:	年　月　日	批　准:	年　月　日
执行日期:	年　月　日	执行日期:	年　月　日
编订依据:2010 年版《GMP》			
编订部门:质量部		颁发部门:质量部	
分发部门:质量部、人事行政部			

目的:建立标化管理员岗位职责,明确其工作内容。

范围:本标准适用于标化管理员的工作。

责任人:标化管理员。

内容:

1. QC 主任指定专人负责质检科检验用试剂、标准品、对照品、标准液、滴定液的管理。

2. 负责根据检验要求编制采购试剂、标准品申请单,写明规格、级别、数量、使用时间、用途,由质检科科长复核,质量部经理审核。

3. 负责检验室用试剂、标准品按采购申请进行验收,应准确无误,检查包装口应严密,瓶签文字应清晰,完好,否则不予接收使用。

4. 负责试剂、标准品、对照品、滴定液的分类保管,建立分类帐目,按品种要求储存,记录试剂室温、湿度(温度 20℃±5℃,相对湿度 50%~75%),不合要求时应采取措施。

5. 负责试液、标准液的配制复核、滴定液的配制、标定、复标工作。

6. 负责试剂、标准品、对照品、标准液、滴定液的发放，做好发放记录。

7. 标化管理员应有良好的职业道德和工作责任心，能掌握特殊试剂的化学性能，做到安全保管，并接受检查和考核。

5.13　检验记录、报告单复核员岗位职责

文件名称：	检验记录、报告单复核员岗位职责		
文件编号：	XX/RY-ZL013		
起　　草：	年　月　日	修　　订：	
审　　核：	年　月　日	审　　核：	
批　　准：	年　月　日	批　　准：	年　月　日
执行日期：	年　月　日	执行日期：	年　月　日
编订依据：2010 年版《GMP》			
编订部门：质量部		颁发部门：质量部	
分发部门：质量部、质量检验科			

目的：建立检验记录、报告单复核员岗位职责，明确其工作内容。

范围：本标准适用于检验记录、报告单复核员。

责任人：检验记录、报告单复核员。

内容：

1. 复核员由 QC 主任指定有关检验人员担任，负责检验原始记录（包括试液、标准液、滴定液配制记录）、检验报告等复核工作。

2. 复核员必须学习并准确掌握原料、辅料、包装材料、中间体、成品、新产品等的质量标准以及各类管理规程和 SOP。

3. 复核员必须严格按检验原始记录复核规程进行复核。

4. 领导在检查工作中发现属复核内容范畴的项目发生错误由复核员负责；属操作差错由检验员负责。

5. 复核员复核原始记录、报告书时，符合要求，复核员签名，否则要求检验员按要求改正后再复核签名；发现有影响结果的差错应立即通检验员并报告 QC 主任，以便立即复检或采取其他措施。

6. 复核工作应在规定的时限内即检验员递交原始记录、报告书后 24 小时内完成。

7. 复核员应经 GMP 和专业技术培训，具有良好的职业道德，有扎实的检验专业基础知识和实际操作技能，熟悉并能胜任复核员工作。

5.14　检验标准管理规程

文件名称：	检验标准管理规程		
文件编号：	XX/SMP-QC001		
起　　草：	年　月　日	修　　订：	
审　　核：	年　月　日	审　　核：	
批　　准：	年　月　日	批　　准：	年　月　日
执行日期：	年　月　日	执行日期：	年　月　日
编订依据：2010 年版《GMP》			
编订部门：质量部		颁发部门：质量部	
分发部门：质量部、总工办			

目的：为使本部门常规检验管理科学、规范，检验工作开展有序、操作规范，特制定本规程。

范围：适用于质量部的检验工作。

责任人：QC；QC 主任、质量部经理。

内容：

1. 取样

1.1 取样人员必须严守取样标准管理规程，严格按取样标准操作规程进行，对本职工作要有高度的责任感和科学求实的态度。

1.2 所取样品经核实无误后，将编号、取样记录、留样台帐、样品等应及时送各检验室，并保存好留样，做好标识。

2. 检验管理规程

2.1 检验人员应严格遵守各项管理规程和操作规程，对本职工作有高度的责任感和科学求实的态度。

2.2 收到检品后，由专人进行核对并妥善保管，按时间顺序进行检验。

2.3 检验员收到检品后，根据检验项目全面熟悉质量标准，并按操作规程做好充分准备工作，再开始进行检验。

2.4 原始记录必须具有原始性、真实性，并按规定的要求详细的逐项进行记录，不得遗漏或省略，如写错应划去重写并签字，不得涂改，更不允许捏造数字，并妥善保存原始记录，检验员应签字并对操作过程、检验数据及结果负责。

2.5 不得无故积压检品，如有特殊原因影响时，应报告部门主任。

2.6 在检验过程中，不得擅离职守，如有特殊原因确需离开时，必须委托他人代管，以免发生意外。

2.7 检验结束后，做好清场、清洁及消毒工作。

2.8 检验室必须保持清洁，不得大声喧哗。

5.17 检验记录复核标准管理规程

文件名称：	检验记录复核标准管理规程		
文件编号：	XX/SMP-QC004		
起　　草：	年　月　日	修　　订：	
审　　核：	年　月　日	审　　核：	
批　　准：	年　月　日	批　　准：	年　月　日
执行日期：	年　月　日	执行日期：	年　月　日
编订依据：2010 年版《GMP》			
编订部门：质量部		颁发部门：质量部	
分发部门：质量部			

目的：建立检验记录复核标准管理规程，确保检验数据真实可靠，检验结果准确无误。

范围：适用于检验记录的复核。

责任人：质量部相关人员。

内容：

1. 检验记录必须进行复核，检验者进行填写后，由 QC 办另一人进行复核。

2. 检验记录首先检查填写是否按规程要求的统一格式填写，填写必须完整、字迹清楚、不得涂抹。

3. 复核检验过程的一切原始数据和现象，其中包括鉴别试验，测试数据及演算过程，结论意见，检验人签名等，确认检验结果无误后；复核人签名。

4. 检验记录结果复核存在一般书写错误，应查清原因及时予以纠正，签字认可。

5. 出现检验结果偏差，由另一检验员进行复检，并进行调查。

6. 复检、调查应及时，认真负责，记录应按文件管理要求填写归档。

5.18　检验报告书标准管理规程

文件名称：	检验报告书标准管理规程		
文件编号：	XX/SMP-QC005		
起　草：	年　月　日	修　订：	
审　核：	年　月　日	审　核：	
批　准：	年　月　日	批　准：	年　月　日
执行日期：	年　月　日	执行日期：	年　月　日
编订依据：2010年版《GMP》			
编订部门：质量部		颁发部门：质量部	
分发部门：质量部、物资部、生产部			

目的：建立检验报告书标准管理规程，使检验报告书出具及时、准确，规范。

范围：适用于质量部各类检验报告书的管理。

责任人：质量部经理、QC主任、QC人员、QA人员、QA主任。

内容：

1. 检验原始记录和检验报告书由检验员进行自检，复核人复核无误后签字交QC负责人。

2. QC负责人将原始记录和报告书进行审查，审查无误后交质量部经理。

3 质量部经理全面审核检验报告，批准签字后发放。

4. 检验报告单的填写

4.1 按检验报告书格式认真填写，报告单用电脑打印。

4.2 原辅料检验报告书一式二份，一份质量部留存，一份交物资部。

4.3 中间体检验报告书一式二份，一份质量部留存，一份交生产车间。

4.4 成品检验报告书一式三份，一份质量部留存，一份交物资部，一份交生产部。

5. 检验报告单经检验人、复核人、负责人分别签字后，并有专用质量章盖章后，方可生效。

6. 其他应严格按《检验文件书写管理规程》执行。

7. 检验报告及各项检验的原始记录及结果，是重要的技术资料，由质量部妥善保管，检验报告正本归档，检验报告副本则根据需要份数发放至各部门，作为成品及物料发放的依据。

8. 质量部对检验报告各项检验原始记录及结果规定保存期限，成品检验报告书（包括检验原始记录及相关记录）保存至该成品有效期后一年，原辅料、包材检验报告书（包括检验原始记录及相关记录）保存至使用该原辅料、包材的最后一批产品的有效期后一年。

9. 超过期限的检验报告书、检验原始记录及相关记录等应统一整理，经质量部经理批准后销毁。

5.20　检验差错事故处理标准管理规程

文件名称：	检验差错事故处理标准管理规程		
文件编号：	XX/SMP-QC007		
起　草：	年　月　日	修　订：	
审　核：	年　月　日	审　核：	
批　准：	年　月　日	批　准：	年　月　日
执行日期：	年　月　日	执行日期：	年　月　日
编订依据：2010年版《GMP》			
编订部门：质量部		颁发部门：质量部	
分发部门：质量部、总工办			

目的:建立检验差错事故处理标准管理规程,使处理及时、公正、准确。

范围:适用于质量部各类检验差错事故的处理。

责任人:质量部经理、QC 人员、QC 主任。

内容:

1. 检验操作者违反操作规程进行检验,影响检验结果的正确性或造成不良后果,根据结果的错误性质及造成影响的严重程度,可分类为"差错"与"事故"。

2. "差错"与"事故"的分类

2.1 差错

2.1.1 违反操作规程,造成检验结果不准确,尚未出本部门者;

2.1.2 违反仪器操作规程,造成仪器停转或损坏,未造成严重不良影响,本部门尚能维修者;

2.1.3 配制标准溶液不准确,影响检验结果的准确性,经本人或他人及时发现并纠正的;

2.1.4 违反操作规程,发生燃烧爆炸,但未造成工伤或严重损失;

2.1.5 丢失检品、重要技术资料,但未造成严重不良影响;

2.1.6 打字、校对错误,影响检验结果或报告结果未发到本部门以外者。

2.2 事故

2.2.1 工作不负责任,违反操作规程进行实验,结果错误,造成严重经济损失和不良影响者;

2.2.2 造成经济损失 1000 元以上或贵重仪器损坏,影响工作开展,不足千元亦按事故处理;

2.2.3 丢失检品、重要技术资料,造成严重后果者;

2.3"差错""事故"的处理

2.3.1 差错发生后,有关岗位人员应立即报告主管,质量部组织专题报告会议,由"差错"责任人做出口头或书面检查。

2.3.2 事故发生后,有关岗位人员立即报告主管,质量部调查经济损失情况,并根据事故责任人的认识态度,由质量部做出相应处罚。

5.21 理化检验室标准管理规程

文件名称:	理化检验室标准管理规程		
文件编号:	XX/SMP-QC008		
起　　草:	年　月　日	修　　订:	
审　　核:	年　月　日	审　　核:	
批　　准:	年　月　日	批　　准:	年　月　日
执行日期:	年　月　日	执行日期:	年　月　日
编订依据:2010 年版《GMP》			
编订部门:质量部		颁发部门:质量部	
分发部门:质量部、总工办			

目的:建立理化检验室标准管理规程,使理化检验室管理科学化、规范化。

范围:适用于质量部理化室的管理。

责任人:质量部 QC 人员、QC 主任。

内容:

1. 检验室应保持肃静、整洁,避免大声喧哗、闲谈和做与工作无关的事情,未经许可,不得将检品带出质量部。

2. 实验后,必须清理工作台面与桌面,将各种仪器清洗干净,试剂及其他物品均放回原来位置,如有短缺和损坏,应及时登记,并报告主管。

3. 易燃、易爆、剧毒及贵重试剂按实验室安全管理规程及试剂、剧毒试剂管理规程贮存使用,易燃易爆物品贮存于危险品库,剧毒、贵重试剂应双人双锁保管于专柜中。

4. 精密仪器专人保管,按安装、维修、保养、使用规程登记;仪器损坏(包括人为损坏及自然损坏)记录要详细,并报告保管人和主管。

5. 滴定液、试液、指示液的标签应整齐清洁,字迹清楚符合要求。

6. 过期作废试剂应按规定销毁。

7. 工作人员要爱护仪器、设施,如因不负责任损坏仪器及设施造成的损失,根据情节严重,部分或全部赔偿。

8. 检验人员应尽可能节约检品,不得私自拿用检品,剩余检品必须按留样管理规程贮存。

9. 检验操作过程中,检验人员必须穿工作衣,检验操作时有毒、害气体产生的应戴防护罩在毒气柜中进行操作,杜绝事故的发生。

10. 理化室全室人员应严格遵守安全管理规程,下班后检查门窗、水电等情况,无误后方可离开。

11. 实验操作因故中途停止(停水、停电或其他原因),应立即报告主管采取紧急处理措施。

5.23 实验室安全标准管理规程

文件名称:	实验室安全标准管理规程		
文件编号:	XX/SMP-QC010		
起　　草: 年 月 日		修　　订:	
审　　核: 年 月 日		审　　核:	
批　　准: 年 月 日		批　　准: 年 月 日	
执行日期: 年 月 日		执行日期: 年 月 日	
编订依据:2010 年版《GMP》			
编订部门:质量部		颁发部门:质量部	
分发部门:质量部、总工办			

目的:建立实验室安全标准管理规程,防止事故的发生。

范围:适用于质量部实验室的安全管理。

责任人: QC 人员,QC 主任、质量部经理。

内容:

1. 实验室每位检验人员应从思想上重视安全工作,以高度的责任心和严肃的工作态度,认真工作,严格执行各项标准管理规程及标准操作程序,杜绝事故的发生。

2. 检验人员应熟悉检验室及周围环境,了解水、电、汽控制阀的位置以及防护用具、消防器具的位置,一旦发生事故能够立即关闭阀门,采取措施避免事故的扩大。

3. 使用电器时,要谨防触电,不要用湿的手、物去接触电源开关,实验结束后应关闭电源。

4. 所有能产生刺激性、腐蚀性、恶臭及有毒气体的操作应在毒气柜中进行。

5. 剧毒试剂(如二氯化汞等)应严格保管,使用小心,不得进入口内或伤口内,操作完应认真洗手。

6. 检验室应保持安静,清洁,整齐,不得在检验室饮食。

7. 检验室的仪器设备在使用前必须熟悉性能和使用方法,在进行未知物料和性能不明的实验时,尽可能从小量开始,并作好安全防护措施。

8. 实验完毕,应将仪器清理干净,离开实验室时,应仔细检查并关闭水阀、气阀、电气开关。

附:安全常识

1. 防火防暴常识

1.1 检验室起火的原因

1.1.1 可燃的气体或液体药品因接触明火或在较高温度下燃烧。

1.1.2 能自燃的物质由于接触空气或长时间的氧化作用而燃烧。

1.1.3 化学反应(如金属钠和水的反映等)引起的燃烧和爆炸。

1.1.4 电火花引起的燃烧(如电热器材因接触不良而出现火花,导致附近可燃性气体着火)

1.2 灭火

1.2.1 起火后,立即切断电源熄灭所有火源,并移开附近的易燃物质,防止火势扩展,根据起火原因或火场周围环境采取不同的灭火措施。

1.2.2 对于初起的小火或开口容器上有燃着之火,可以用石棉板盖住,使空气不能入内而熄灭的方式,对于撒在地面上的液体燃烧可用灭火毡或较大的湿布盖熄(也可用沙土盖),但若火势较大时,应采用灭火器灭火。

2. 防毒常识

2.1 离开现场

离开现场，呼吸新鲜空气，松开衣服、静卧、保暖。如进入高浓度毒物抢救，抢救者必须注意个人防护。

2.2 危急病员紧急处理

2.2.1 呼吸困难者做人工呼吸，给氧或含二氧化碳 5%~7% 的氧气吸入。

2.2.2 心跳停止者进行体外心脏按压。

2.3 去污染

2.3.1 脱去被污染衣物

2.3.2 用大量的清水清洗

2.3.3 用大量清水、肥皂水清洗被污染皮肤。

2.3.4 如有外伤，做外伤急救处理。

2.3.5 立即送医院抢救。

3. 常见易燃易爆混合物

主要物质	相互作用物质	加速作用原因	危险性
发烟硝酸	有机物	相互作用	燃烧
高氯酸	乙醇及有机物	相互作用	爆炸
丙酮	过氧化氢	相互作用	爆炸
高锰酸钾	乙醇、乙醚、汽油等	浓硫酸	爆炸
锌粉	湿空气、水、酸	火花、火焰	爆炸
氨	氧化剂	捶击	爆炸

5.24 生物测定检查室标准管理规程

文件名称：	生物测定检查室标准管理规程		
文件编号：	XX/SMP-QC011		
起　　草： 年　月　日		修　　订：	
审　　核： 年　月　日		审　　核：	
批　　准： 年　月　日		批　　准：	年　月　日
执行日期： 年　月　日		执行日期：	年　月　日
编订依据：2010 年版《GMP》			
编订部门：质量部		颁发部门：质量部	
分发部门：质量部			

目的：建立生物测定检查室标准管理规程，确保检验结果的准确性和可靠性。

范围：适用于质量部生物测定检查室。

责任人：生测员，QC 主任、质量部经理。

内容：

1. 检查室应保持清洁、干燥，非工作人员严禁入内。

2. 每次试验前，应用消毒液擦拭工作台面，并开启紫外灯、净化工作台半小时以上，操作结束应及时清理工作台面，开启紫外灯照射半小时以上。

3. 实验用品须经高温灭菌后，装入指定的带盖的经高温灭菌的容器内放入传递窗，经紫外线照射半小时后，关闭紫外线 10 分钟后，经过缓冲间再进入生测室。

4. 进入生测室在更衣间换鞋、脱外衣、洗手，在缓冲间手消毒，穿无菌衣后方可进入。

5. 进入生测室后，进一步手消毒，戴无菌手套后方可操作。

6. 严禁灭菌器材和培养基污染，污染者严禁使用。

7. 在实验室发现污染性物质，污染工作台面和地面应立即处理，先用棉花吸取污染物，投入消毒液中(5% 来苏溶液)再以 5% 苯酚或来苏覆盖其上，半小时后进行擦洗。

8. 工作衣、帽、口罩遭受污染应立即脱掉，以高压灭菌后洗涤。

9. 废弃培养物置于消毒液桶中，以 121℃ 高压灭菌 30 分钟后洗涤，带菌试验用具以 5% 来苏浸泡 24 小时后，取出经 121℃ 高压灭菌 30 分钟后洗涤。

10. 接种环于每次使用前后，必须置火焰上进行烧灼灭菌，待灭菌冷却后方可接种。

11. 无菌衣、裤、帽、口罩、手套、鞋于每次使用后须经 121℃ 高压灭菌 30 分钟。

5.25　检验室环境“三废”处理标准管理规程

文件名称：	检验室“三废”处理标准管理规程		
文件编号：	XX/SMP-QC012		
起　草：	年　月　日	修　订：	
审　核：	年　月　日	审　核：	
批　准：	年　月　日	批　准：	年　月　日
执行日期：	年　月　日	执行日期：	年　月　日
编订依据：2010年版《GMP》			
编订部门：质量部		颁发部门：质量部	
分发部门：质量部			

目的：建立检验室“三废”处理标准管理规程，创造一个适宜的检验环境，确保“三废”及时处理。

范围：适用于质量部检验室“三废”的管理。

责任人：QC、QA、质量部经理。

内容：

1. 检验室环境条件要求

1.1 检验室温度　温度一般保持在15～30℃；

1.2 检验室湿度　相对湿度保持在45%～70%；

1.3 防震动：分析仪器等设施应放置在有防震设施的工作台上。

1.4 无菌实验室应严格密封。

1.5 接地电阻小于或等于4欧姆。

1.6 电源220V±5V、380V±5V　50Hz

1.7 设有灭火装置，并应经常检查，使其保持良好状态。

2. 检验室“三废”处理

2.1 废气：检验室应设有毒气柜和排气扇，对有毒气产生的实验应在毒气柜中进行。

2.2 废液：废酸废碱及实验过程中产生的废液应首先倒入废液器中，经中和去毒后，方可排放下水道。

2.3 致病菌及培养物和受污染器具：灭菌后将其倒弃和清洗，并做好灭菌记录。

5.26　检测仪器、设备标准管理规程

文件名称：	检测仪器、设备标准管理规程		
文件编号：	XX/SMP-QC013		
起　草：	年　月　日	修　订：	
审　核：	年　月　日	审　核：	
批　准：	年　月　日	批　准：	年　月　日
执行日期：	年　月　日	执行日期：	年　月　日
编订依据：2010年版《GMP》			
编订部门：质量部		颁发部门：质量部	
分发部门：质量部、总工办、工程部			

目的：建立检测仪器、设备标准管理规程，确保各种检测仪器、设备处于正常状态，从而达到及时准确完成检验任务。

范围：适用于实验分析检验用仪器、设备的管理。

责任人：QC、QA、QC主任、质量部经理。

内容：

1. 仪器设备的档案管理。

1.1 凡在规定金额(2000 元)以上的仪器、设备均应建立档案。

1.2 仪器设备的档案应设专人专柜管理。

1.3 建立完整的档案,对保证仪器设备正常使用,运行及保养和检修都是非常重要的。仪器设备档案一般分为原始档案和使用档案。

1.3.1 原始档案包括名称、型号、进厂编号、生产厂家,购进日期、价格、合同单,随机带来的全部资料(图纸、使用说明书操作维修指示、备品备件明细表、本厂检验单),开箱验收、安装、调试、验证等所有记录说明及参与人员名单,与生产厂家联系方式、电话、地址、联系人等。

1.3.2 使用档案包括入厂后计量校正记录及合格证,安装位置,每年一次的使用记录情况书面汇报,仪器设备的保养、维修、排除故障措施等记录,仪器设备书面操作规程。

1.4 仪器设备的档案原始资料持有者上交归档,不得存放于个人手中。

1.5 档案使用时需有借阅手续,严格管理。

2. 仪器设备的存放环境

2.1 精密仪器、大型设备应存放在单独的房间。存放室应避免阳光照射,保证仪器的光学系统正常。还应与化学检验室隔开,以防止腐蚀性气体、水气等腐蚀仪器设备。

2.2 精密仪器室应有恒温恒湿装置,保证室内温度在 15 ~25℃,相对湿度 45% ~65% 为宜。室内避光,通风良好,有防震、防尘设施。

2.3 在精密仪器室附近应配有消防器材,以保证发生火灾等意外事故时,随时取用补救。

2.4 天平及其他较精密仪器应设在防震、防潮、防腐蚀,避光的单独房间内,控制室温在 15 ~25℃,相对湿度 45% ~65% 。

2.5 烘箱、高温炉应放在不易燃烧水泥台或坚固的金属架上。

2.6 较大仪器应固定位置,不得任意搬动,并罩上仪器罩防尘;小型仪器可直接放在柜中。

3. 仪器设备的管理

3.1 分析用仪器的容量、灵敏度均应与所从事的分析操作相适应。如原有精确度经有关部门鉴定达不到要求,应及时检修、更换或报废。

3.2 所有仪器设备应安装完好,经过验证(校验),取得计量检定合格证后方可使用。否则不得使用。

3.3 精密仪器的保存应注意防潮,经常更换干燥剂以防止仪器生锈。对不经常使用的仪器应经常通电,以达到除湿目的。

3.4 各种精密仪器、设备均应制定书面使用手册。内容包括：

3.4.1 名称、型号、进厂编号,设备清洁与保养的负责人、实施人。

3.4.2 使用操作方法、步骤、注意事项。

3.4.3 清洁规程和保养规程,包括清洁保养内容、方法、步骤,所用设备、器具与溶剂等。

3.4.4 定期检定(校验)周期表。

3.5 使用人应熟悉操作规程和仪器设备性能,按操作规程进行操作,如实填写使用记录,仪器使用后,应进行清场工作,清场合格后方可离去。

3.6 无关人员严禁动用检测仪器,特殊情况需经质量部负责人批准。

3.7 精密仪器设备的拆卸,应经过规定的审批手续,未经批准不得私自拆卸。

3.8 用贵重材料(如铂、黄金、玛瑙)制成坩埚、乳钵等器由专人加锁保管,建立严格的领用规程。

3.9 仪器发生故障,由仪器管理员提出维修申请,报请主管领导,经批准后方可进行维修。维修人员必须是专业人员,其他任何人不可对仪器乱动乱拆,维修完毕,由维修人员填写维修记录,存入仪器档案。

3.10 对仪器、设备进行日常维护保养,并有保养记录。

3.11 依据国家计量法及实施细则,企业主管计量的部门对实验分析用计量仪器应定期校正或送出校正。无制造许可证标志的计量仪器、设备不得购入。

3.12 一般类计量仪器、仪表由本企业主管计量的部门检定,每年校验一次,属国家强检仪器、量具应到当地计量部门校正。合格后将计量合格证贴于仪器上方可使用,否则不准使用。

3.13 不得使用有故障的仪器、设备,应挂上待检修状态标志。

3.14 未经领导同意,外单位人员不得进精密仪器室。

3.15 仪器室内应保持整洁,根据卫生要求安排包干到个人,每天打扫卫生。

5.27　容量玻璃器具的校验标准管理规程

文件名称： 容量玻璃器具的校验标准管理规程	
文件编号： XX/SMP-QC014	
起　草： 年　月　日	修　订：
审　核： 年　月　日	审　核：
批　准： 年　月　日	批　准： 年　月　日
执行日期： 年　月　日	执行日期： 年　月　日
编订依据：中华人民共和国国家计量检定规程 JJG196-1990	
编订部门：质量部	颁发部门：质量部
分发部门：质量部	

目的：建立容量玻璃仪器的校验标准管理规程，规范容器玻璃仪器的校验。

范围：适用于容量玻璃仪器的校验。

责任人：QC 校验员、QC 主任。

内容：

1. 容量玻璃仪器是指在容量分析中需要很准确容积的玻璃仪器。它们在使用前需要校验，并记录签名，校验合格后贴上合格证，并规定使用期限；校验不合格者不得使用。常用的容量玻璃仪器有滴定管、移液管、容量瓶、量筒等。

2. 测定液体体积的基本单位是 ml。1ml 是指在真空中，1g 重的水在最大密度(3.98℃)以上时，水的密度随温度的升高而减少。不同温度下水的密度已准确测得，它为玻璃容器的体积校正提供了依据。玻璃容器的校正就是称量一定量的水，然后根据该温度时水的密度将重量换算成体积。

3. 检定条件

室温 20℃±5℃；室内温度变化不大于 1℃/h；水温与室温之差不得超过 2℃。

4. 检定项目：见下表

品名	滴定管	移液管	容量瓶	量筒和量杯	注射器
项目	1. 水的流出时间 2. 容量检定	1. 水的流出时间 2. 容量检定	容量检定	容量检定	容量检定

5. 检定方法

见"玻璃仪器校验标准操作程序"。

6. 检定周期

使用中的滴定管、移液管、移液管、量筒、量杯、注射器的检定周期为 3 年，其中用于

碱溶液的量器为 1 年。

7. 每只玻璃仪器应校正 2 次，即做平行试验 2 次。

5.29　试剂标准管理规程

文件名称： 试剂标准管理规程	
文件编号： XX/SMP-QC016	
起　草： 年　月　日	修　订：
审　核： 年　月　日	审　核：
批　准： 年　月　日	批　准： 年　月　日
执行日期： 年　月　日	执行日期： 年　月　日
编订依据：2010 年版《GMP》	
编订部门：质量部	颁发部门：质量部
分发部门：总工办、质量部、物资部。	

目的：建立试剂标准管理规程，保证检验用各种试剂的质量和贮存使用的安全。

范围：适用于质量检验用各种试剂的采购、贮存、使用。

责任人：QC、QA、物资部采购员。

内容：

1. 试剂的等级划分：除生化试剂与指示剂外，一般常用化学试剂分为基准试剂、优级纯、分析纯与化学纯四个等级。

2. 试剂的选用原则：

2.1 标定滴定液用基准试剂。

2.2 配制滴定液采用分析纯，但不经标定直接按称重计算浓度者，则应采用基准试剂。

2.3 配制杂质限度检查用的标准溶液，采用优级纯或分析纯。

2.4 配制试液、缓冲液等可采用分析纯或化学纯。

3. 试剂的采购与贮存管理

3.1 采购：应根据检验工作要求及需要量来确定采购试剂的等级及数量，在满足检验工作需要量的前提下，应保持贮存量少，贮存期短。

3.2 贮存：除须冷藏的试剂外，一般试剂应贮存在试剂库，试剂库应保持干燥、阴凉通风，应有专用的试剂柜，试剂柜在设计上应分层、分柜，柜门应严密，试剂柜应有明显的分类标志，并建立试剂台帐。

3.3 贮存分类

3.3.1 剧毒试剂按公司规定的管理规程贮存；

3.3.2 强腐蚀性试剂应存放在具有防腐蚀措施的试剂柜中；

3.3.3 强氧化剂、强还原剂应分开存放；

3.3.4 一般化学试剂应按酸、碱、盐、有机试剂、基准试剂、指示剂等进行分类分层存放；

4. 试剂的使用

4.1 试剂使用人员应全面了解各种试剂的性质和使用方法，以避免发生事故或污染试剂；

4.2 使用时应注意保护瓶外标签；如标签脱落或字迹模糊不清，应重新鉴别，确认后标示清楚，否则不得随便使用。

4.3 为保证试剂的纯度和质量，取用试剂绝对不能用手抓取，固体制剂用洁净药勺取用，液体试剂用洁净取样容器倒取，取用或倒出的试剂不能再倒回原瓶中。

4.4 打开易挥发的试剂瓶不可面对脸部，更不允许品尝试剂。

4.5 试剂使用完后应放回原处，不能放在工作台面上。

5.30 剧毒化学试剂（试药）管理规程

文件名称：	剧毒化学试剂（试药）管理规程		
文件编号：	XX/SMP-QC017		
起　草： 年 月 日		修　订：	
审　核： 年 月 日		审　核：	
批　准： 年 月 日		批　准： 年 月 日	
执行日期： 年 月 日		执行日期： 年 月 日	
编订依据：2010年版《GMP》			
编订部门：质量部		颁发部门：质量部	
分发部门：总工办、质量部、物资部。			

目的：建立剧毒化学试剂（试药）管理规程，加强剧毒试剂（药）的管理。

范围：适用于检验用剧毒试剂（药）的管理。

责任人：QC、剧毒试剂保管人、QC主任、质量部经理。

内容：

1. 化验室根据实际检验工作需要，制定出所需剧毒试剂（药）的购买计划，经质量部经理审核后，报总工批准购买。

2. 购进的剧毒试剂（药）由仓库办完入库手续后及时由化验室开票领出，仓库不应较长时间保存剧毒试剂（药）。

3. 化验室对领取的剧毒化学试剂，指定两人保管，保管人及时登入剧毒化学试剂台帐，专柜双锁保管。

4. 当检验需用剧毒化学试剂时,使用人根据所配试液的量,填写领用表,经 QC 主任审批后,在保管人处领取,称取时,应采用 1/1000 电子天平准确称取,保管人应监督、并复核。并在保管人的监控下将其配制成试液,领用人、发放人应在领用台帐上签字。

5. 质检科所存剧毒化学试剂(药)应定期盘点清查,盘点清查应在主任监督下进行,发现问题,应查明原因,必要时应追究保管人责任。

6. 剧毒化学试剂(药)专柜,在下班前应检查双锁是否锁牢,防止其意外丢失和人为的偷盗行为的发生。

5.32　玻璃量器使用标准管理规程

文件名称:	玻璃量器使用标准管理规程		
文件编号:	XX/SMP-QC019		
起　　草: 　　年　月　日		修　　订:	
审　　核: 　　年　月　日		审　　核:	
批　　准: 　　年　月　日		批　　准:	年　月　日
执行日期: 　　年　月　日		执行日期:	年　月　日
编订依据:2010 年版《GMP》			
编订部门:质量部		颁发部门:质量部	
分发部门:质量部			

目的:建立玻璃量器使用标准管理规程,规范其使用。

范围:适用于滴定管、量瓶、移液管、刻度吸管的使用管理。

责任人:质量部 QC 人员。

内容:

1. 滴定管:

1.1 种类:酸式滴定管、碱式滴定管、自动滴定装置。

1.2 适用范围:用碱液来滴定时,用碱式滴定管,用酸液来滴定时,用酸式滴定管。避免用错,造成测量误差及仪器损坏。

1.3 操作:严格按滴定管标准操作程序进行操作。

1.4 清洗:严格按玻璃仪器清洗标准操作程序进行清洗,自然沥干,不能在烘箱中高温烘烤,以免造成滴定管刻度不准确。

2. 容量瓶:

2.1 容量瓶主要用来把一定量的溶液(或固体溶质)稀释到一定体积,是用来精密配制溶液的容器,但不能作为贮存溶液用。如要储存需转移到试剂瓶中。

2.2 容量瓶有无色和棕色两种颜色,当配制的溶液或固体溶质需避光操作时,用棕色容量瓶。当需看稀释后的溶液溶解情况及澄明度情况,用无色容量瓶,当无限制要求时,两种均可。

2.3 操作:严格按容量瓶标准操作程序进行操作。

2.4 清洗:严格按容量瓶清洗标准操作程序进行操作。清洗完后,自然沥干,如需急用在烘箱中低温烘干,不可高温烘干,以免造成容量瓶容量不准。

3. 移液管:

3.1 常用的移液管有 1、2、5、10、20、25、50 及 100ml。

3.2 操作:严格按移液管标准操作程序进行操作。

3.3 清洗:严格按移液管清洗标准操作程序进行操作。

4. 刻度吸管

4.1 操作:严格按刻度吸管标准操作程序进行操作。

4.2 清洗:严格按玻璃仪器清洗标准操作程序进行操作。

5.35 培养基标准管理规程

文件名称:	培养基标准管理规程		
文件编号:	XX/SMP-QC022		
起　　草:	年　月　日	修　　订:	
审　　核:	年　月　日	审　　核:	
批　　准:	年　月　日	批　　准:	年　月　日
执行日期:	年　月　日	执行日期:	年　月　日
编订依据:2010 年版《GMP》			
编订部门:质量部		颁发部门:质量部	
分发部门:总工办、质量部			

目的:为确保培养基的质量符合生物检验要求,特制定本标准管理规程。

范围:适用于生物检验培养基的管理。

责任人:微生物检测人员、质监员。

内容:

1. 根据《中国药典》2000 年版规定及检验要求选择无菌检查和微生物限度检查专用培养基。

2. 培养基的制备按照《中国药典》2000 年版规定的方法进行配制,并按培养基灭菌标准操作程序进行灭菌。

3. 每次称量完毕,应立即密闭,避免培养基吸潮。

4. 固体培养基于阴凉干燥处密闭存放,新配制的液体培养基应存放于冰箱内(4~6℃),基础培养基应在 2 周内用完,生化鉴别用培养基应在一周内用完,选择性分离培养基应在当日用完。

5. 每次新购无菌检查培养基应按《中国药典》2000 版规定进行灵敏度检查确认符合要求后,方可用于检验。

6. 试验用培养基在使用前,必须做无菌检查,确认培养基灭菌彻底后,方可用于检验。

7. 各种培养基在试用前应尽量避免反复加热,以防止糖分、维生素、氨基酸等有效成分被破坏。

8. 培养基的制备应做好详细记录,以确保检验结果准确可靠。

5.36 洁净区(室)环境监测标准管理规程

文件名称:	洁净区(室)环境监测标准管理规程		
文件编号:	XX/SMP-QC023		
起　　草:	年　月　日	修　　订:	
审　　核:	年　月　日	审　　核:	
批　　准:	年　月　日	批　　准:	年　月　日
执行日期:	年　月　日	执行日期:	年　月　日
编订依据:2010 年版《GMP》			
编订部门:质量部		颁发部门:质量部	
分发部门:总工办、质量部、生产部			

目的：建立洁净区(室)环境监测标准管理规程，保证本公司洁净区(室)环境符合 GMP 要求。

范围：适用于本公司洁净区(室)环境的监测。

责任人：质监员、岗位操作人员。

内容：

1. 监测区域

1.1 三十万级

1.2 十万级区域

1.3 万级区域

1.4 100 级区

2. 测试器材

2.1 测试温湿度：温湿度计

2.2 测试风压：微压差计

2.3 洁净度测定用仪器：尘埃粒子计数器

2.4 沉降菌采样仪器：90mm 玻璃培养皿

3. 测试标准见附表，测试方法严格按各检测标准操作程序及各仪器标准操作规程执行。

4. 监测结果要如实记录，测试结果符合标准要求后方可用于生产，如测试结果不符合要求，应通知有关部门进行处理。

注：附洁净室监测表

洁净室监测表

内容 \ 区域			300 000 级区	100 000 级区	10 000 级区	100 级区
温湿度	监测方法		温度计、湿度计。如连续记录时，取高低平均值		温度计、湿度计。如连续记录时，取高低平均值	
	标　准		温度 18～26℃，相对湿度 45%～65%（特殊情况另定）		温度 20～24℃，相对湿度 45%～60%（特殊情况另定）	
	测定位置		室内		室内	
	测定频次		1 次/月		1 次/月	
空气压力	监测方法		微差压力计		微差压力计	
	标　准		>10Pa	>5Pa	>10Pa	>5Pa
	测定位置		室内及室外	不同空气洁净度等级的洁净室(区)之间以及洁净室(区)与非洁净室(区)之间	室内及室外	不同空气洁净度等级的洁净室(区)之间以及洁净室(区)与非洁净室(区)之间
	测定频次		1 次/月		1 次/月	
尘埃粒子	监测方法		按标准操作程序进行		按标准操作程序进行	
	标准	单位	个/m^3	个/m^3	个/m^3	个/m^3
		≥5μm	≤60 000	≤20 000	≤2000	0
		≥0.5μm	≤10 500 000	≤3 500 000	≤350 000	≤3500
	测定位置		关键操作点		通道、更衣室及关键操作点	
	测定频次		1 次/季度		1 次/月	
沉降菌	监测方法		按沉降菌检测标准操作程序		按沉降菌检测标准操作程序进行	
	标　准		≤15CFU/皿	≤10CFU/皿	≤3CFU/皿	≤1CFU/皿
	测定位置		关键操作点		关键操作点	
	测定频次		1 次/季度		1 次/月	1 次/月

5.37 洁净度检测异常的处理标准管理规程

文件名称:	洁净度检测异常的处理标准管理规程		
文件编号:	XX/SMP-QC024		
起　　草:	年　月　日	修　　订:	
审　　核:	年　月　日	审　　核:	
批　　准:	年　月　日	批　　准:	年　月　日
执行日期:	年　月　日	执行日期:	年　月　日
编订依据:2010 年版《GMP》			
编订部门:质量部		颁发部门:质量部	
分发部门:质量部、生产部			

目的:为及时处理洁净度检测异常情况,保证药品的生产质量,特制定本规程。

范围:适用于洁净区环境检测异常情况的处理。

责任人:质量部环境监测人员、生产部、质监员。

内容:

1. 质量部环境监测人员,根据环境监测计划进行检测,对洁净度检测超出正常控制范围的处理应按检验故障及结果超标处理规定进行调查。

2. 调查分检测过程和生产环境的分析确认。

3. 检测人员对检测过程中涉及的各个因素进行调查,以确认检测异常是否与检测仪器及检测操作相关。并通知质监员;质监员会同检测人员对检测过程调查分析并做出适当处理。

3.1 检查所用检测仪器是否正常,使用的操作方法是否正确。

3.2 确认检测操作有否违反操作要求及注意事项。

3.3 检查“检测及与检测准备相关的记录”,看是否有异常或可疑的信息。

4. 当确认检测异常系仪器故障及操作规范等原因导致,检测结果被确认无效并重新检测,以获得反映实际的数据。

5. 调查分析结果报质量部负责人进一步确认,如非检测因素导致检测异常,质量部经理组织质量人员,根据检测异常结果对生产环境进行分析。

5.1 检查人员、物料的进入是否符合“人、物流的程序及规定”要求。

5.2 检查洁净区的清洁是否按“洁净区清洁、消毒规程”进行。

5.3 检查易产尘设备及操作的污染状况。

5.4 检查空调系统的净化能力。

6. 质量部经理针对分析检查结果,组织质量人员进行会审后,查明原因,通知生产部安排人员,对影响洁净度的因素采取对应的措施进行处理,处理结束后通知环境检测人员重新进行测定,检测结果不稳定时,QA 检查人员应加强对现场环境的监控,环境监测的频次增加,直至环境洁净度检测正常、稳定,针对异常情况查清影响因素,并采取必要措施后方可进行生产。

5.38 菌种标准管理规程

文件名称:	菌种标准管理规程		
文件编号:	XX/SMP-QC025		
起　　草:	年　月　日	修　　订:	
审　　核:	年　月　日	审　　核:	
批　　准:	年　月　日	批　　准:	年　月　日
执行日期:	年　月　日	执行日期:	年　月　日
编订依据:2010 年版《GMP》			
编订部门:质量部		颁发部门:质量部	
分发部门:总工办、质量部			

目的：为确保菌种在贮存和传代过程中不衰退、不变异，始终保持原有菌种的各种生物特性，特制定本规程。

范围：适用于质量部生测室菌种的管理。

责任人：微生物检验人员、QC 主任、质量部经理。

内容：

1. 菌种在 36℃±1℃，经 18～24 小时培养后，作斜面仔细观察有无杂菌，必要时可作镜检，如有可疑，应立即废弃；

2. 每次传代的菌种应与原菌种的编号、名称、标识保持一致，并经专人复核无误后方可保管；

3. 菌种的每次传代应详细记录传种的数量及保管的总支数，并经常检查，不得丢失。

4. 菌种应置于 4～6℃的冰箱中保存，保存期间应经常检查冰箱内的温度、湿度及菌种的棉塞是否松动、生霉等，如有异常应及时处理。

5. 保存过程中应定期检查菌种的存活率、形态、生理生化特性与原有菌种生物特性是否保持一致，必要时可将菌种于琼脂分离一次，选择典型的菌落接种于斜面，培养并证明与原有菌种的生理生化特性完全一致，可代替原有菌种。

6. 菌种每月传代一次，每个菌种传代不超过 5 次。

7. 菌种的销毁：菌种到期必须销毁，并详细记录销毁日期及菌种名称、数量等。

5.40　菌检室清洁、消毒标准管理规程

文件名称：	菌检室清洁、消毒标准管理规程		
文件编号：	XX/SMP-QC027		
起　　草：	年　月　日	修　　订：	
审　　核：	年　月　日	审　　核：	
批　　准：	年　月　日	批　　准：	年　月　日
执行日期：	年　月　日	执行日期：	年　月　日
编订依据：2010 年版《GMP》			
编订部门：质量部		颁发部门：质量部	
分发部门：质量部			

目的：建立菌检室清洁、消毒管理操作规程，使菌检室符合卫生要求，保证检验质量。

范围：适用于菌检室及其超净工作台的清洁消毒管理。

责任人：菌检室操作人员

内容：

1. 清洁剂与消毒剂及其使用方法。

1.1 清洁剂有洗衣粉、液皂。

1.2 表面消毒剂有 0.1% 新洁尔灭溶液，75% 酒精。

1.3 用于空间消毒器有紫外灯、37%～40% 甲醛液、乳酸。

1.4 清洁剂与消毒剂按使用说明书准确配制（用纯水配制），并记录。

1.5 清洁剂与消毒剂应存放在清洗间。

1.6 消毒剂应交替使用，并记录。

2. 清洁消毒方法与次数。

2.1 菌检室包括缓冲间内的超净工作台、门窗、墙面、地面用具及其附属装置，设备外壁每天在操作前，操作结束后，进行 1 次清洁，消毒。

2.2 每星期六工作结束后先用灭菌的抹布，在消毒剂中润湿后，擦拭室内一切表面，包括墙面、照明和顶棚。

2.3 菌检室每次清洁后开启紫外灯消毒，并做记录。

2.4 每隔一个月进行一次空间消毒，并记录。

3. 空间消毒方法

3.1 用 37%～40% 甲醛（$30ml/m^3$）熏蒸 12～24 小时。

3.2 用乳酸（$1～1.5ml/m^3$）熏蒸 12 小时以上。

3.3 每隔一个月交换使用上述气体消毒剂。

4. 清洁程序的管理

4.1 清洁过程中本着先物后地,先内后外,先上后下,先拆后洗,先零后整的擦拭原则。

5. 清洁要求

5.1 目检各表面应光洁,无异物或污垢。

5.2 尘埃粒子,沉降菌进行检测,应达到标准。

6. 清洁工具的清洁及存放。

6.1 清洁工作结果后,清洁工具按"清洁规程"清洗、存放,挂已清洁状态标志。

5.41 原辅包材、成品和中间体检验标准管理规程

文件名称:	原辅包材、成品和中间体检验标准管理规程		
文件编号:	XX/SMP-QC028		
起　　草: 年　月　日		修　　订:	
审　　核: 年　月　日		审　　核:	
批　　准: 年　月　日		批　　准: 年　月　日	
执行日期: 年　月　日		执行日期: 年　月　日	
编订依据:2010 年版《GMP》			
编订部门:质量部		颁发部门:质量部	
分发部门:总工办、质量部、生产部、物资部			

目的:建立原辅包材、成品和中间体检验标准管理规程,确保检验及时、准确。

范围:适用原辅包材、成品和中间体的检验。

责任人:QA 人员、QC 人员、质量部经理。

内容:

1. 原辅包材

1.1 凡生产用的各种原辅料和包装材料入库前均应经过检验,不符合质量标准的不得入库。

1.2 库房人员填写请检单后,送 QA 办,QA 依据请检单内容填写取样证,并将取得样品及时送 QC 检验。

1.3 原辅料、包装材料取样应按《原辅料、包装材料取样标准操作规程》执行。

1.4 原辅料、包装材料检验应按相应的检验标准规程执行。并按相应的质量标准判定其合格与否。

1.5 各种检验应作好原始记录,在检验分析中做到五准确,即:取样、仪器、试剂、操作、计算等,记录准确,确保分析结果可靠、真实、有效。

1.6 原辅料、包装材料检验完毕后,及时填写检验报告书,经负责人审核签字后,盖上质检专用章,送交物资部。

2. 成品

2.1 出厂成品一律应由质量部按法定标准检测合格,出具成品放行审核单后方可出厂。

2.2 凡待验成品,车间负责人按规定填写请检单,QA 接到请检单后,按《成品取样标准操作规程》取样,并将取得的样品及时送 QC 室检验。

2.3 各种检验要求同 1.5。

2.4 质量部发送检验报告单,成品合格后方可放行。

3. 中间体

3.1 中间体应由车间填写"请检单"。QA 严格按《中间体取样标准操作规程》取样。取得样品应及时送 QC 室。

3.2 中间体取样点:二次过滤后,贮罐内取样。

3.3 中间体检验应按相应的检验标准规程进行。并按相应的质量标准判定其合格与否。中间体一律应由质量部按内控标准检测合格后,出具中间体合格报告书和签发合格证后方可流转到下一工序。

3.4 QC 应及时、准确进行检测,如实填写检验结果并及时发放检验报告单。

5.43　检验故障及结果超标处理标准管理规程

文件名称：	检验故障及结果超标处理标准管理规程		
文件编号：	XX/SMP-QC030		
起　草：	年　月　日	修　订：	
审　核：	年　月　日	审　核：	
批　准：	年　月　日	批　准：	年　月　日
执行日期：	年　月　日	执行日期：	年　月　日
编订依据：2010 年版《GMP》			
编订部门：质量部		颁发部门：质量部	
分发部门：总工办、质量部			

目的：建立检验故障及结果超标处理标准管理规程，使本部门检验工作顺利进行、检验结果准确可靠。

范围：适用于质量检验故障及结果超标的处理。

责任人：质量部人员。

内容：

1. 检验故障处理

1.1 检验操作过程中，由于意外停水、停电或其他外界干扰因素造成检验中断，检验人员立即报告主管，主管根据对检验结果的影响，作出重新从头开始试验或等外界条件恢复正常后继续检验的决定；

1.2 检验时，由于检验仪器故障或损坏，致使检验中断，检验者可用相同等级的仪器进行检验或等到仪器修复检定合格后重新进行检验；

1.3 检验过程中，由于操作失误无法得出完整数据者，所有检验数据作废，重新取样进行检验，检验报告书的检验结果以第二次检验数据为准，不得以两次数据拼凑报告；

1.4 不论何种原因引起的检验故障，均应做好原始记录。

1.5 由于检验失误造成检品不足，需增补取样。

2. 检验结果超标处理

2.1 检验结果超标后，检验员对检验操作过程中涉及的各种因素进行调查，以确认检验超标是否与检验或计算差错有关，若发现检验或计算错误，应做好记录并重新检验或计算，若检验员不能找出超标的原因，则应保留实验溶液并报告检验科主任。

2.2 检验负责人在收到检验超标的报告后，应及时按以下步骤调查分析原因并做出适当处理。

2.2.1 检查所用的实验溶液、实验样品及所用玻璃器皿是否正确，符合要求；

2.2.2 与检验员讨论分析方法，确认无操作及理解方面的问题；

2.2.3 检查包括图谱在内的原始数据，看是否有异常或可疑的信息；

2.2.4 检查仪器运行是否正常；

2.2.5 检查实验操作有无差错；

2.2.6 当有明显的证据表明系检验失误时，检验科主任应将超标结果判定无效并进行复检，以获得反映样品实际情况的数据。

2.3 当经确认非检验偏差造成结果超标时，则判定该批产品为不合格品，作不合格处理，但超标原因尚需继续调查时，复检作为一种调查手段，抽样及复检次数不再作限度。

2.4 为避免检验超标，防止连续出现同样差错的可能，一般要求调查活动应在超标结果产生后的20 个工作日内完成。

5.45 委托检测管理规程

文件名称：	委托检测管理规程		
文件编号：	XX/SMP-QC032		
起　　草：	年　月　日	修　　订：	
审　　核：	年　月　日	审　　核：	
批　　准：	年　月　日	批　　准：	年　月　日
执行日期：	年　月　日	执行日期：	年　月　日
编订依据：2010 年版《GMP》			
编订部门：质量部		颁发部门：质量部	
分发部门：总工办、质量部			

目的：建立委托检验管理规程，完成本公司所有检测项目。

范围：适用于本公司化验室不具备检测能力的检测项目。

责任人：QA 人员、QC 主管、质量部经理、总工。

内容：

1. 申请：QC 主管将需委托检测的项目报质量部，由质量部经理同意后，报总工批准。

2. 总工批准后，由质量部经理填写委托检验单，并签订《委托检验合同》，一式四份，一份留总工，一份留质量部，一份留委托检验单位，一份留化验室。

3. 检验单位：检验单位必须具备法定资格。

4. 委托检验合同，至少应包括以下几条：

4.1 甲方（委托方）申明委托检验原因，检验项目以及乙方（被委托方）的责任。

4.2 乙方（被委托方）应具备委托检验的资格，并应按合同要求及时出具检验报告单。

4.3 甲方应有积极配合乙方的责任。

5. 委托检验单：应包括品名、批号、数量、检验项目、送检日期、报告日期、检验单位，并有单位盖章等事项。

6. QA 人员按要求准时送样。

5.48 消毒剂的配制及使用标准管理规程

文件名称：	消毒剂的配制及使用标准管理规程		
文件编号：	XX/SMP-QC035		
起　　草：	年　月　日	修　　订：	
审　　核：	年　月　日	审　　核：	
批　　准：	年　月　日	批　　准：	年　月　日
执行日期：	年　月　日	执行日期：	年　月　日
编订依据：2010 年版《GMP》			
编订部门：质量部		颁发部门：质量部	
分发部门：质量部、生产部			

目的：建立消毒剂配制及使用标准管理规程，确保消毒剂配制及使用。

范围：适用于消毒剂的配制及使用。

责任人：质量部 QC 人员、QA 检查员、质量部经理。

内容

1. 消毒剂的配制

根据各部门所需消毒剂，由 QC 人员按“消毒剂配制标准操作程序”统一配制;统一发放。

2. 消毒剂的领用

各部门根据需求计划到质量部领取。

3. 建立消毒剂配制、领用记录;内容包括:消毒剂名称、配制浓度、配制日期、配制方法、配制数量、配制人、领用数量、领用日期、领用部门、领用人等。

4. 质量部和使用部门应定期对消毒剂的使用情况做一了解,防止消毒剂浪费和使用不当。

5.49　玻璃仪器清洁标准管理规程

文件名称:	玻璃仪器清洁标准管理规程		
文件编号:	XX/SMP-QC036		
起　草:	年　月　日	修　订:	
审　核:	年　月　日	审　核:	
批　准:	年　月　日	批　准:	年　月　日
执行日期:	年　月　日	执行日期:	年　月　日
编订依据:2010 年版《GMP》			
编订部门:质量部		颁发部门:质量部	
分发部门:质量部			

目的:建立玻璃仪器清洁标准管理规程,确保检验结果准确可靠。

范围:适用于质量检测用玻璃仪器的清洁。

责任人:QC 人员、QC 主任。

内容:

1. 使用的洗涤剂及冲洗水:液皂、重铬酸钾洗液、饮用水、纯化水。

2. 清洁对象:移液管、容量瓶、滴定管、试管、烧杯、锥形瓶、圆底烧瓶、玻璃棒等玻璃仪器。

3. 清洁方法:严格按“玻璃仪器清洁标准操作程序”进行清洁操作。

4. 干燥:

4.1 洗涤后的玻璃仪器,应倒置存放,自然晾干。

4.2 如急用时,用恒温鼓风干燥箱,用适宜温度干燥。

4.2.1 移液管、容量瓶、滴定管、刻度吸管于 30 ~ 40℃低温烘干、冷却后使用。

4.2.2 其他玻璃仪器于 60 ~ 70℃烘干,冷却后使用。

5.51　药用空心胶囊检验标准操作规程

文件名称:	空心胶囊检验标准操作规程		
文件编号:	XX/SOP-QC041-01		
起　草:	年　月　日	修　订:	
审　核:	年　月　日	审　核:	
批　准:	年　月　日	批　准:	年　月　日
执行日期:	年　月　日	执行日期:	年　月　日
编订依据:《中华人民共和国药典》2000 年版二部。			
编订部门:质量部		颁发部门:质量部	
分发部门:质量部			

目的:建立空心胶囊检验标准操作规程,作为空心胶囊质量检验的依据。

范围：本规程适用于本公司空心胶囊的检验。

责任人：QC 人员、QC 主任、质量部经理。

内容：

1. 试剂与试药

重铬酸钾、盐酸、鞣酸、钠石灰、石蕊试纸、滑石粉、硝酸镁、磷酸、碳酸氢钠。

2. 仪器与设备

圆柱形砝码、崩解仪、玻璃管（内径为 24mm，长为 200mm）、圆柱形砝码、长颈圆底烧瓶试管、纳氏比色管、水浴锅、坩埚、高温炉。

3. 检验项目

3.1 性状 本品呈圆筒状，由帽和体两节套合的质硬且具有弹性的空囊。囊体应光洁、色泽均匀、切口平整、无变形、无异臭。本品不透明。

3.2 鉴别

3.2.1 取本品 0.25g，加水 50ml，加热使溶解，放冷。取溶液 5ml，加重铬酸钾试液—稀盐酸（4∶1）的混合液数滴，即生成橙黄色絮状沉淀。

3.2.2 取鉴别 3.2.1 项下剩余的溶液 1ml，加水 50ml，摇匀，加鞣酸试液数滴，即发生浑浊。

3.2.3 取本品约 0.3g，置试管中，加钠石灰少许，加热，产生的气泡能使湿润的红色石蕊试纸变蓝色。

3.3 检查

3.3.1 松紧度 取本品 10 粒，用拇指和食指轻捏胶囊两端，旋转拔开，不得有粘结、变形或破裂，然后装满滑石粉，将帽、体套合，逐粒在 1m 的高度处直坠于厚度 2cm 的木板上，应不漏粉，如有少量漏粉，不得超过 2 粒。如超过，应另取 10 粒复试，均应符合规定。

3.3.2 脆碎度 取本品 50 粒，置表面皿中，移入盛有硝酸镁饱和溶液的干燥器内，置 25℃±1℃恒温 24 小时，取出，立即分别逐粒放入直立在木板（厚度 2cm）上的玻璃管（内径为 24mm，长为 200mm）内，将圆柱形砝码（材质为聚四氟乙烯、直径为 22mm、重 20g±0.1g）从玻璃管口处自由落下，视胶囊是否破裂，如有破裂，不得超过 15 粒。

3.3.3 崩解时限 取本品 6 粒，装满滑石粉，照《崩解时限检查标准操作规程》胶囊剂项下的方法检查，各粒均应在 10 分钟内全部溶化或崩解，如有 1 粒不能全部溶化或崩解，应另取 6 粒复试，均应符合规定。

干燥失重 取本品 1.0g，将帽、体分开，在 105℃干燥 6 小时，按恒重操作规程测定。减失的重量为 12.5%～17.4%。

3.3.4 亚硫酸盐（以 SO_2 计） 取本品 5.0g，置长颈圆底烧瓶中，加热水 100ml 使溶化，加磷酸 2ml 与碳酸氢钠 0.5g，即时连接冷凝管，以 0.1mol/L 碘溶液 15ml 为接收液，收集馏出液 50ml，加水至 100ml，摇匀，量取 50ml，置水浴上蒸发，随时补充水适量，蒸至溶液几乎无色，加水至 40ml，照《硫酸盐检查标准操作规程》检查，如显浑浊，与标准硫酸钾溶液 7.5ml 制成的对照液比较，不得更浓（0.02%）。

3.3.5 氯乙醇 取氯乙醇适量，精密称定，加正己烷溶解并定量稀释成每 1ml 约含 22μg 的溶液；精密量取 2ml，置盛有正己烷 24ml 的分液漏斗中，精密加水 2ml，振摇提取，取水溶液作为供试品溶液。照《气相色谱法标准操作规程》检查，用 15% 聚乙二醇-1500（或 10% 聚乙二醇-20M）柱，柱长 2m，在柱温 110℃下测定。供试品溶液中氯乙醇的峰面积或峰高不得超过对照溶液峰面积或峰高。

3.3.6 干燥失重 取本品 1.0g，将帽、体分开，在 105℃干燥 6 小时，减失重量应为 12.5%～17.5%。

3.3.7 炽灼残渣 取本品 1.0g，照《炽灼残渣测定法标准操作规程》测定，遗留残渣不得过 5.0%。

3.3.8 重金属 取炽灼残渣项下遗留的残渣，照《重金属检查标准操作规程》第二法检测，含重金属不得过百万分之五十。

3.3.9 黏度 取本品 4.5g，置已称定重量的 100ml 烧杯中，加温水 20ml，置 60℃水浴中搅拌，使溶化，取出烧杯，擦干外壁，加水使胶液总重量达到下列计算式的重量（含干燥品 15.0%），将胶液搅匀后倒入干燥的具塞锥形瓶中，密塞，置 40℃±0.1℃水浴中，约 10 分钟后，移至平氏黏度计内，照《黏度测定标准操作规程》第一法，（毛细管内径为 2.0mm）]测定，于 40℃±0.1℃水浴中测定，本品运动黏度不得低于 $60mm^2/s$。

胶液总重量(g)=(1-干燥失重)×4.50×100/15.0

3.3.10 微生物限度检查 照《微生物限度检查标准操作规程》检查。

细菌数　小于 500 个/g；

霉菌数　小于 50 个/g；

大肠杆菌　不得检出；

活　螨　不得检出。

4 检验操作完毕，及时填写检验记录，并根据检验结果对照质量标准进行判定，作出合格与否的结论。

5.53　纯化水检验标准操作规程

文件名称：纯化水检验标准操作规程	
文件编号：XX/SOP-QC049-01	
起　草：　年　月　日	修　订：
审　核：　年　月　日	审　核：
批　准：　年　月　日	批　准：　年　月　日
执行日期：　年　月　日	执行日期：　年　月　日
编订依据：《中华人民共和国药典》2005 年版二部。	
编订部门：质量部	颁发部门：质量部
分发部门：质量部	

目的：建立纯化水检验标准操作规程，作为纯化水质量检验的依据。

范围：本规程适用于本公司纯化水的检验。

责任人：QC 人员、QC 主任、质量部经理。

内容：

1. 试剂与试药

甲基红、溴麝香草酚蓝、硝酸、硝酸银、氯化钡、草酸铵、氯化钾、亚硝酸钠、二苯胺、硫酸、硝酸钾、对氨基苯磺酰胺、盐酸、盐酸萘乙二胺、碘化汞钾、氯化铵 氢氧化钙、高锰酸钾、硫代乙酰胺。

2. 仪器与设备

试管、纳氏比色管、水浴锅、蒸发皿、具塞量筒。

3. 检验项目

3.1 性状

本品为无色的澄清液体；无臭，无味。

3.2 检查

3.2.1 酸碱度　取本品 10ml，加甲基红指示液 2 滴，不得显红色；另取 10ml，加溴麝香草酚蓝指示液 5 滴，不得显蓝色。

3.2.2 氯化物、硫酸盐与钙盐　取本品，分置三支试管中，每管各 50ml。第一管中加硝酸 5 滴与硝酸银试液 1ml，第二管中加氯化钡试液 2ml，第三管中加草酸铵试液 2ml，均不得发生浑浊。

3.2.3 硝酸盐　取本品 5ml 置试管中，于冰浴中冷却，加 10% 氯化钾溶液 0.4ml 与 0.1% 二苯胺硫酸溶液 0.1ml，摇匀，缓缓滴加硫酸 5ml，摇匀，将试管于 50℃ 水浴中放置 15 分钟，溶液产生的蓝色与标准硝酸盐溶液[取硝酸钾 0.163g，加水溶解并稀释至 100ml，摇匀，精密量取 1ml，加水稀释成 100ml，再精密量取 10ml，加水稀释成 100ml，摇匀，即得(每 1ml 相当于 1μgNO_3)]0.3ml，加无硝酸盐的水 4.7ml，用同一方法处理后的颜色比较，不得更深(0.000 006%)。

3.2.4 亚硝酸盐　取本品 10ml，置纳氏管中，加对氨基苯磺酰胺的稀盐酸溶液(1→100)1ml 及盐酸萘乙二胺溶液(0.1→100)1ml，产生的粉红色，与标准亚硝酸盐溶液[取亚硝酸钠 0.750g(按干燥品计算)，加水溶解，稀释至 100ml，摇匀，精密量取 1ml，加水稀释成 100ml，摇匀，再精密量取 1ml，加水稀释成 50ml，摇匀，即得(每 1ml 相当于 1μgNO_2)]0.2ml，加无亚硝酸盐的水 9.8ml，用同一方法处理后的颜色比较，不得更深(0.000 002%)。

3.2.5 氨　取本品 50ml，加碱性碘化汞钾试液 2ml，放置 15 分钟；如显色，与氯化铵溶液(取氯化铵 31.5mg，加无氨水适量使溶解并稀释成 1000ml)1.5ml，加无氨水 48ml 与碱性碘化汞钾试液 2ml 制成的对照液比较，不得更深(0.000 03%)。

3.2.6 二氧化碳　取本品 25ml，置 50ml 具塞量筒中，加氢氧化钙试液 25ml，密塞振摇，放置，1 小时内不得发生浑浊。

3.2.7 易氧化物　取本品 100ml，加稀硫酸 10ml，煮沸后，加高锰酸钾滴定液(0.02mol/L)0.10ml，再煮沸 10 分钟，粉红色不得完全消失。

3.2.8 不挥发物　取本品 100ml，置 105℃ 恒重的蒸发皿中，在水浴上蒸干，并在 105℃ 干燥至恒重，遗留残渣不得过 1mg。

计算　遗留残渣(mg) = $(G_1-G_2)\times1000$

式中　G_1，蒸发皿和遗留残渣重(g)；

G_2，蒸发皿恒重重量(g)。

3.2.9 重金属　取本品 50ml，加水 18.5ml，蒸发至 20ml，放冷，加醋酸盐缓冲液(pH3.5)2ml 与水适量使成 25ml，加硫代乙酰胺试液

2ml,摇匀,放置2分钟,与标准铅溶液1.5ml加水18.5ml用同一方法处理后的颜色比较,不得更深(0.000 03%)。

3.2.10 微生物限度检查 照《微生物限度检查标准操作规程》检查。

细菌数:不得过50个/ml;

霉菌和酵母菌数:不得过10个/ml。

4. 检验操作完毕,及时填写检验记录,并根据检验结果对照质量标准进行判定,作出合格与否的结论。

5.56 封口签检验标准操作规程

文件名称:	封口签检验标准操作规程		
文件编号:	XX/SOP-QC052-01		
起　　草: 　年　月　日		修　　订:	
审　　核: 　年　月　日		审　　核:	
批　　准: 　年　月　日		批　　准:	年　月　日
执行日期: 　年　月　日		执行日期:	年　月　日
编订依据:2010年版《GMP》			
编订部门:质量部		颁发部门:质量部	
分发部门:质量部			

目的:建立封口签检验标准操作规程,作为封口签检验的依据。

范围:本规程适用于本公司外购的封口签的检验。

责任人:QC人员、QC主任、质量部经理。

内容:

1. 检查

1.1 性状

本品应为光身PE垫片。

1.2 规格

取本品10片,用游标卡尺分别量其直径,应21±0.5mm。

1.3 外观

本品应色泽均匀,无污染,杂质,无破损。

1.4 微生物限度检查

取本品10片,用无菌棉球分别擦拭后,洗于10ml生理盐水中,照《微生物限度检查标准操作规程(XX/SOP-QC046-01)》检查。

细菌数:不得过10个/ml;

霉菌和酵母菌数:小于10个/ml;

金黄色葡萄球菌、铜绿假单胞菌、梭菌:不得检出/ml。

2. 检验操作完毕,及时填写检验记录,并根据检验结果对照质量标准进行判定,作出合格与否的结论。

5.59 说明书检验标准操作规程

文件名称:	说明书检验标准操作规程		
文件编号:	XX/SOP-QC057-01		
起　　草: 　年　月　日		修　　订:	
审　　核: 　年　月　日		审　　核:	
批　　准: 　年　月　日		批　　准:	年　月　日
执行日期: 　年　月　日		执行日期:	年　月　日
编订依据:2010年版《GMP》			
编订部门:质量部		颁发部门:质量部	
分发部门:质量部			

目的:建立说明书检验标准操作规程,作为说明书检验的依据。

范围:本标准适用于本公司外购说明书的检验。

责任人:QC 人员、QC 主任、质量部经理。

内容:

1. 检查

1.1 外观

本品表面应整洁,无污染;截切位置准确、整齐,无毛边、残缺。

1.2 文字内容及图案

本品各个侧面,文字、字母、图案、符号应无错漏。

1.3 印刷质量

本品各个侧面,文字、商标印刷应清晰、端正,排版适中。版面无错位,无花斑,无倒印现象。没有错误字意,不允许存在明显的条杠;同批及不同批应无明显色差。用棉布擦拭文字图案,应清晰可辨。

1.4 纸质

纸质应为进口双胶纸。

1.5 规格尺寸

用直尺测量长、宽、高,各尺寸均应在偏差范围内。

2. 注意事项

每批说明书需与标准样张进行核对。

3. 检验操作完毕,及时填写检验记录,并根据检验结果对照质量标准进行判定,作出合格与否的结论。

5.62 小盒检验标准操作规程

文件名称:	小盒检验标准操作规程		
文件编号:	XX/SOP-QC060-01		
起　草: 年 月 日		修　订:	
审　核: 年 月 日		审　核:	
批　准: 年 月 日		批　准: 年 月 日	
执行日期: 年 月 日		执行日期: 年 月 日	
编订依据:2010 年版《GMP》			
编订部门:质量部		颁发部门:质量部	
分发部门:质量部			

目的:建立小盒检验标准操作规程,作为小盒检验的依据。

范围:本标准适用于本公司外购小盒的检验。

责任人:QC 人员、QC 主任、质量部经理。

内容:

1. 检查

1.1 外观

本品应光洁、色泽均匀;沙眼、变形、色斑、花斑、油污不允许有。应无积灰、霉迹、污迹、虫蛀、异臭等。压痕应清晰,不得有断裂现象。盒底与盒盖表面应平整、无明显凹凸现象。粘合处不应有脱胶和严重的相互粘结现象。

1.2 文字内容及图案

本品文字、图案应无错漏。应与标准样张一致。

1.3 印刷质量

字迹、图案应清晰、端正,排版位置适中。版面无错位、无花斑、无倒印现象。同批及不同批产品应无明显色差。

1.4 纸质

纸质应符合标准规定。

1.5 墨水擦拭试验

用干棉布擦拭文字,应仍清晰可辨。

1.6 规格尺寸

用直尺测量长、宽、高,各尺寸均应在偏差范围内。

2. 注意事项

每批产品需与标准样张进行核对。

3. 检验操作完毕,及时填写检验记录,并根据检验结果对照质量标准进行判定,作出合格与否的结论。

5.81 净化工作台标准操作程序

文件名称：	净化工作台标准操作程序		
文件编号：	XX/SOP-QC095-01		
起　草：	年　月　日	修　订：	
审　核：	年　月　日	审　核：	
批　准：	年　月　日	批　准：	年　月　日
执行日期：	年　月　日	执行日期：	年　月　日
编订部门：质量部		颁发部门：质量部	
分发部门：质量部			

目的：建立净化工作台标准操作程序，使其使用规范化。

范围：适用于质保部检测室净化工作台的操作。

责任人：QC 人员、QC 主任、质量部经理。

内容：

1. 使用工作台时，应提前 1 小时打开紫外灯灭菌处理净化工作区工作台表面积累的微生物；30 分钟后关闭杀菌灯。启动送风机。

2. 使用前必须对工作台周围环境及空气进行净化处理，认真进行清洁工作，并采用紫外线灭菌法进行灭菌处理。

3. 净化工作区内严禁存入不必要的物品，以保持洁净气流流型不受干扰。

4. 操作人员进入超净工作区前，必须在缓冲间按规定穿戴衣、裤、帽子、口罩等，并尽量避免明显导致气流流动的动作。

5. 每月用风速计测量一次工作区平均风速，如发现不符合技术标准，应调节调压器手柄，改变风机输入电压，使工作台处于最佳状况。

6. 工作完毕后，用 0.1% 新洁尔灭擦拭净化工作台面，关闭送风机，打开紫外灯灭菌 30 分钟，最后关闭电源。

5.86 酸度计标准操作程序

文件名称：	酸度计标准操作程序		
文件编号：	XX/SOP-QC100-01		
起　草：	年　月　日	修　订：	
审　核：	年　月　日	审　核：	
批　准：	年　月　日	批　准：	年　月　日
执行日期：	年　月　日	执行日期：	年　月　日
编订部门：质量部		颁发部门：质量部	
分发部门：质量部			

目的：建立酸度计标准操作程序，使其使用规范化。

范围：适用于酸度计的操作。

责任人：QC 人员、QC 主任、质量部经理。

内容：

1. 接通电源，打开开关按钮。

2. 校准温度：检查所测溶液温度与 pH 计设定温度是否一致，若不一致，输入被测溶液的温度值。

3. 电极准备：将保温帽从电极头处拧去并将橡皮帽从填液孔上移走，用蒸馏水或标准缓冲液冲洗电极头，最后用水将滤纸吸干。

4. 校对电极：使用与被测样品 pH 值接近的缓

冲液定位,再用另一种 PH 值差约 3 个的标准缓冲液核对一次,误差应不超过±0.02pH 单位。

5. 使用前冲洗电极,用纯化水或供试液洗涤电极,再用滤纸将水吸干。

6. 测定样品:按规定将供试品溶解将供试品溶液移至小烧杯中,将电极头插入烧杯溶液中。

7. 使用后清洗电极:取出电极并用纯化水充分洗涤,用滤纸将水吸尽。

8. 存放电极:将电极头套入保温帽中将橡皮帽杆插入填液孔中。

9. 关闭开关钮,拔去电源。

10. 注意事项

10.1 新电极必须在 pH=4 或 pH=7 缓冲液中过夜,但不能使用纯水或蒸馏水。

10.2 用滤纸吸干电极时,勿擦拭电极,以免产生极化和迟缓现象。

10.3 小心使用电极,勿用作搅拌器,拿放切勿接触电极膜。

10.4 测定小体积样品时,确保液体能浸没电极头。

10.5 勿使电极填充液干涸。

10.6 勿使用超过保质期的标准缓冲液,勿将用过的溶液倒回瓶中,发现缓冲液有浑浊或沉淀现象时,勿继续使用。

10.7 配制标准缓冲液与溶解供试品的水,应使用新沸过的冷蒸馏水。

5.87　滴定管、量瓶、移液管、刻度吸管标准操作程序

文件名称:	滴定管、量瓶、移液管、刻度吸管标准操作程序		
文件编号:	XX/SOP-QC101-01		
起　草: 　年　月　日		修　订:	
审　核: 　年　月　日		审　核:	
批　准: 　年　月　日		批　准:	年　月　日
执行日期: 　年　月　日		执行日期:	年　月　日
编订部门:质量部		颁发部门:质量部	
分发部门:质量部			

目的:建立滴定管、量瓶、移液管、刻度吸管的标准操作程序,确保测量结果的准确性。

范围:适用于滴定管、量瓶、移液管、刻度吸管的使用。

责任人:QC 人员、QC 主任、质量部经理。

内容:

1. 容量仪器的使用方法很重要,使用方法不正确,即使很正确的容量仪器,也会得到不正确的测量结果。

2. 在容量分析中,用来准确测量溶液体积的滴定管、移液管、刻度吸管和量瓶,仪器上应注有温度、容量和刻度。

3. 滴定管的使用方法:

3.1 滴定管是在滴定时用来测定自管内流出溶液的体积。它是由具有准确刻度的细长玻璃管及开关组成。

3.2 在容量分析滴定时,若消耗滴定液在 25ml 以上可以用 50ml 滴定管,10ml 以上者可用 25ml 滴定管,在 10ml 以下宜用 10ml 或 10ml 以下滴定管。根据消耗量多少来选择一支适当大小滴定管,以减少滴定时体积的测量误差。

4. 滴定管的种类:

酸式滴定管、碱式滴定管、自动滴定装置。

5. 使用前的准备:

5.1 在装溶液前,须将滴定管洗净,使水自然沥干(内壁应不挂水珠),先用少量滴定液洗涤三次(每次约 5~10ml),除去残留在管壁和下端管尖内的水,以防装入溶液被水稀释。

5.2 滴定液最好从贮液瓶中直接倒入滴定管,尽量避免用另一器皿传递,以免浓度改变或造成污染。

5.3 滴定液装入滴定管应该超过标准零刻度以上,滴定管底端的气泡必须排除。再调整溶液的液面至刻度零处,即可进行滴定。在滴定管上扣一个 10ml 或 5ml 的小烧杯,以减少溶液挥发和污染。

6. 注意事项

6.1 滴定管在装满溶液后，管外壁的溶液要擦干。手持滴定管时，避免用手心紧握装有溶液部分的管壁，以免造成误差。

6.2 每次滴定时最好从刻度零开始，以使每次测定结果能抵消滴定管的刻度误差。

6.3 滴定时液体的滴入速度，每秒钟放 3～4 滴为宜，滴定将到终点时，滴入速度要更慢一些。

6.4 最妥善的使用方法必须与校正滴定管时采用同样的操作方法。

7 容量瓶（量瓶）的使用方法

7.1 容量瓶主要用来把一定量的溶液（或固体溶质）稀释到一定体积，常见的容量瓶容积有 10ml、25ml、50ml、100ml、200ml、250ml、500ml、1000ml。

7.2 在把溶液装入瓶内时，必须注意弯液面最低处恰与瓶颈上的刻度相切，观察时眼睛位置也应与液面刻度同水平面上，否则会引起测量体积不准确。容量瓶有无色、棕色两种，应注意使用方法。

7.3 容量瓶是用来精密配制一定体积的溶液的，配好后的溶液如需保存，应转移到试剂瓶中，不要用于贮存溶液，其空的容量瓶也不应在烘箱中烘烤。

8. 移液管的使用方法

8.1 常用的移液管有 1、2、5、10、20、25、50 及 100ml。

8.2 将管洗净，将水沥干备用。用时取洗净晾干的移液管用待量取的溶液少许洗涤 2 次，然后，以右手拇指及中指轻拿管径标线以上的地方，将移液管插入供试品溶液液面下约 1cm 时，左手拿橡皮吸耳球轻轻将溶液吸上，眼睛注意正在上升的液面的位置，移液管应随容器内液面下降而下降，至液面上升至刻度标线以上时，迅速用右手食指，堵住管口。

8.3 取出移液管，用滤纸条擦干移液管下端外壁，并使与地面垂直，稍微松开右手食指，使液体缓缓下降，此时视线应平视刻度线，直到弯曲面与刻度线相切，立即按紧食指，使液体不再流出，并使出口尖端接触容器外壁，以除去底端外残留溶液。

8.4 再将移液管移入准备接受溶液的容器中，使其尖端接触器壁，使容器微斜，而使移液管直立，然后放松右手食指，使溶液自由地顺壁流下。待全部流尽后，大肚移液管一般等 15 秒钟拿出，此时移液管尖端仍残留一滴液体，不可吹出，直管直接吹出。

8.5 最妥善的使用方法与校正移液管操作方法相同。

9 刻度吸管使用方法

9.1 用于量取体积不需要十分准确的溶液，常用的有 1、2、5、10、20、25ml 等。

9.2 它有全部吹出，到刻度线为止两种形式。

9.3 量取时，最好选用略大于量取量的刻度吸管，读数的方法与移液管相同。

5.90 菌检用具清洁标准操作程序

文件名称：	菌检用具清洁标准操作程序		
文件编号：	XX/SOP-QC104-01		
起　草：	年　月　日	修　订：	
审　核：	年　月　日	审　核：	
批　准：	年　月　日	批　准：	年　月　日
执行日期：	年　月　日	执行日期：	年　月　日
编订部门：质量部		颁发部门：质量部	
分发部门：质量部			

目的：建立菌检用具清洁标准操作程序，确保菌检用具符合检验要求。

范围：适用于菌检用具的清洁操作。

责任人：生测人员、QC 主任、质量部经理。

内容：

1. 清洁频率：每次使用后及进洁净区前。
2. 清洁地点：清洁间。
3. 清洁用工具、水桶、擦布。
4. 清洁方法：

4.1 以清洗桶盛饮用水（占容量的 2/3 为度），

置将清洁的推车旁侧，洁净擦布以饮用水漂洗干净，拧干备用。

4.2 以清洗后的洁净擦布从上到下、由里到外的方法对推车进行擦拭。擦拭时，由前边由侧擦拭到外侧，两侧及内侧由前向后擦至底部，遇有较难清洁的污迹时，以擦洗布蘸取少量洗衣粉对该部位进行擦拭，除去污迹。以用饮用水清洗过的擦洗布置换掉皂液，再按三十万级最后一次用纯化水，万级区最后一次用注射用水进行擦拭清洁干净。

4.3 擦拭过程中，洁净擦布应不断于清洗物中进行清洁，且在清洗水颜色稍有改变时，即行更换，以确保清洁效果。

5. 清洁工具使用后的清洁与存放。

5.1 擦洗布置饮用水冲刷状态下，搓洗擦洗布各个部位洁净无污物，按三十万级用纯化水，万级用注射用水进行1分钟冲洗，拧去残留水，置消毒液中浸泡5分钟后，拧干，置洁具室指定位置存放。

5.2 清洗桶：将清洁桶于饮用水冲洗状态下，以洁净擦布按从内到外的顺序螺旋式擦洗到洁净无污物且不挂水珠，最后一遍擦洗，按规定要求进行，以在消毒液中浸泡过的擦布对清洗桶进行擦拭消毒，置存放架上倒置存放。

5.92　洁净(区)室沉降菌测试标准操作程序

文件名称：	洁净(区)室沉降菌测试标准操作程序		
文件编号：	XX/SOP-QC106-01		
起　草：	年　月　日	修　订：	
审　核：	年　月　日	审　核：	
批　准：	年　月　日	批　准：	年　月　日
执行日期：	年　月　日	执行日期：	年　月　日
编订部门：质量部		颁发部门：质量部	
分发部门：质量部			

目的：建立洁净(区)室沉降菌测试标准操作程序，使测定更规范。

范围：适用于洁净室沉降菌的测定。

责任人：生测人员、QC主任、质量部经理。

内容：

1. 测试状态及要求。

1.1 测试状态：静态测试和动态测试。

1.2 测试要求：测试工作应在整个空调系统运行半小时后进行。

2. 测试仪器

2.1 Φ90mm玻璃培养皿。

2.2 肉汤琼脂培养基

2.3 热压灭菌器

2.4 电热干燥箱

2.5 生化培养箱

3. 测试前的准备

3.1 培养皿：取测试用培养皿，以中性清洁液清洗干净，置3%稀盐酸溶液中浸泡12小时，捞出后以饮用水冲洗数次，再以注射用水冲洗2次至清洁，干燥，捆扎好后于160℃干热灭菌2小时；

3.2 培养基：根据测试需要称取一定量的干燥培养基，溶于一定量蒸馏水中，加热溶解，115℃热压灭菌30分钟；

3.3 注皿：取已灭菌的培养皿和培养基(冷却至约50℃)移置至百级层流罩下，将培养基按每皿20ml，倾注入培养皿，并转动培养皿至培养基水平放平台上待凝。

3.4 干燥：琼脂培养基凝固后，在净化台上开盖倒置2~3h，使平板干燥；

3.5 将上述培养基倒置于生化培养箱中于30~35℃培养18h，均不得长菌。

3.6 测试用器材应消毒(灭菌)后进入洁净室。

4. 测试地点：

4.1 关键控制点及有代表性的地方。

4.2 远离紫外线灯2m以上。

4.3 距周围墙壁30cm以上的地板为宜。

4.4 测试点数目及平皿数目的确定：最低采样点数按下表规定，每点采样均不得少于3个。

最低限度采样点数

面积(m²)	洁净度级别		
	百级	万级	30 万级
<10	3	2	2
10～20	4	2	2
20～40	8	2	2
40～100	16	4	3

注:面积指房间面积。

4.5 测试采样时间:采样点开盖暴露 30 分钟。

4.6 测试培养:取上述无菌培养基开盖暴露于测试点一定时间(30 分钟),立即加盖,

倒置于生化培养箱 30～35℃培养 48h 后计数,并如实填写测试记录和报告。

4.7 结果计算:平均菌落数 $M=\frac{M_1+M_2+\cdots+Mn}{n}$

5.96 消毒液配制标准操作程序

文件名称:	消毒剂配制标准操作程序		
文件编号:	XX/SOP-QC110-01		
起　草:	年　月　日	修　订:	
审　核:	年　月　日	审　核:	
批　准:	年　月　日	批　准:	年　月　日
执行日期:	年　月　日	执行日期:	年　月　日
编订部门:质量部		颁发部门:质量部	
分发部门:质量部			

目的:建立消毒剂配制标准操作程序,确保消毒剂配制的准确性。

范围:适用于消毒剂的配制。

责任人:消毒剂配制员、QC 主任、质量部经理。

内容:

1. 试剂:95% 乙醇、5% 新洁尔灭、30% 双氧水溶液、丙醇、乳酸。

2. 方法

2.1 75% 乙醇配制:取 7895ml 95% 的乙醇,加入纯水至 10000ml,用粗玻璃棒搅匀即可。

2.2 0.1% 新洁尔灭的配制:取 200ml 5% 的新洁尔灭溶液加水至 10000ml,用粗玻璃棒搅匀即可。

2.3 0.2% 新洁尔灭的配制:取 400ml 5% 的新洁尔灭溶液加水至 10000ml,用粗玻璃棒搅匀即可。

2.4 2% 新洁尔灭配制:取 5% 新洁尔灭溶液 4000ml,加入纯水至 10000ml,用粗玻璃棒搅匀即可。

2.5 3% 双氧水的配制:取 30% 双氧水溶液 1000ml,加水至 10000ml,粗玻璃棒搅匀即可。

2.6 10% 丙二醇的配制:取丙二醇液 1000ml,加水至 10000ml,用粗玻璃棒搅多即可。

2.7 10% 乳酸液的配制:取乳酸 1200ml,加水至 10000ml,用粗玻璃棒搅匀即可。

2.8 2% 甲酚皂:取 400ml 5% 的甲酚皂溶液加水至 10000ml,用玻璃棒搅匀即可。

5.97 微生物限度检查室清洁、消毒标准操作程序

文件名称:	微生物限度检查室清洁、消毒标准操作程序		
文件编号:	XX/SOP-QC111-01		
起　草:	年　月　日	修　订:	
审　核:	年　月　日	审　核:	
批　准:	年　月　日	批　准:	年　月　日
执行日期:	年　月　日	执行日期:	年　月　日
编订部门:质量部		颁发部门:质量部	
分发部门:质量部			

目的:建立微生物限度检查室清洁、消毒标准操作程序;确保洁净区符合卫生要求。

范围:适用于本公司质检科微生物限度检查室及其室内各种用具的清洁和消毒。

责任人:生测人员、QC 主任、质量部经理。

内容:

1. 微生物检查室内设施设备的清洁消毒。

1.1 范围:地面、墙面、门窗、顶棚、净化工作台面、水浴锅、微波炉各种用具。

1.2 消毒方法:湿热消毒、化学试剂消毒。

1.3 试剂:乙醇、新洁尔灭。

1.4 方法:

1.4.1 消毒试剂配制:按要求配制 75% 乙醇或 0.1% 新洁尔灭 4000ml(临用时新配)。

1.4.2 使用频次:75% 乙醇和 0.1% 新洁尔灭交替使用,使用周期为一个月。

1.4.3 使用工具:可拆卸或拖把和不掉毛的抹布洗净、烘干、包好、灭菌后使用,清洁工具须专用。

1.4.4 清洁操作:用清洁后的抹布蘸取新配制的消毒液擦拭顶棚、门、窗、墙面、净化工作台、仪器及外露电线,用灭菌后的拖把蘸取消毒液擦洗地面。

2. 微生物限度检查室空间的消毒。

2.1 范围:微生物限度检查室内的空气。

2.2 试剂及设备:甲醛、紫外灯。

2.3 消毒方法:化学试剂法(甲醛)、射线(紫外灯照射)。

2.3.1 甲醛熏蒸法:

2.3.1.1 计算房间体积,按 $10g/m^3$ 的比例称出甲醛。

2.3.1.2 将甲醛倒入平皿中,将平皿放置于水浴锅中,锅中注入水,平皿中加入高锰酸钾($2\sim3g/m^3$),使其蒸发成气体。

2.3.1.3 灭菌流程:空调器停止运转→甲醛气体蒸发扩散(约 30 分钟)→启动空调循环 20 分钟→停止空调→甲醛熏蒸消毒时间不少于 8h→房间排气→用新鲜空气置换约 2h→恢复正常。

2.3.1.4 甲醛气体残留量以进入房间不刺激眼睛为度,人体感觉舒适。

2.3.1.5 在微生物限度检查室的净化空气,经紫外照射灭菌后,洁净度级别仍不符合要求时,使用此方法对空气灭菌。

2.3.2 紫外灯照射法

2.3.2.1 在微生物限度检查室的地面、墙面、台面等清洁完毕后,打开紫外灯照射 20 分钟。

2.3.2.2 关闭紫外灯,稍等片刻,让臭氧消散,方可进行实验操作。

3. 各种用具的清洁与消毒

3.1 无菌衣服的清洁与消毒

3.1.1 仪器:高压蒸汽消毒器

3.1.2 操作:严格按仪器标准操作说明书进行操作。

3.1.3 方法

3.1.3.1 使用过的无菌服,在洁净洗衣间单独洗涤,烘干,放入塑料袋内,扎紧袋口用牛皮纸包好,扎紧。

3.1.3.2 将包扎好的无菌服放在 121℃ ±0.5℃ 的高压蒸汽消毒器内灭菌 30 秒。

3.1.3.3 灭菌完毕后,将无菌服于缓冲区内脱外包,放在微生物限度检查更衣室位置备用。

4. 拖把、抹布的清洁与消毒

4.1 消毒剂:0.1% 新洁尔灭溶液,75% 乙醇。

4.2 使用过的拖把、抹布用水冲洗干净后,在 0.1% 新洁尔灭溶液或 75% 乙醇中浸泡 10 分钟拧干后烘干,用一次性塑料袋装好封口,放在定点位置备用。

4.3 两种消毒液使用方法:交替使用,使用周期为一个月。

4.4 检查用固定用具的清洁与消毒。

4.4.1 固定用具包括台秤、记号笔、试管架、酒精灯、温湿度表、吸耳球、镊子等。

4.4.2 温湿度表内用纯化水,并定期更换。

4.4.3 镊子用 75℃ 乙醇棉球擦拭干净后,在酒精灯上灼烧。

4.5 清洁、消毒周期表

区域		清洁、消毒频率
微生物限度检查室墙、顶棚窗、门		每月一次
微生物限度检查室地面、台面、仪器及其外露电线		每班一次
空气消毒	甲醛熏蒸	不定期
	紫外照射	每班前、后二次
无菌服		每班一次
拖把及抹布		每班一次
微生物限度检查固定用具		每月一次

5.100 崩解时限检查法标准操作程序

文件名称:	崩解时限检查法标准操作程序		
文件编号:	XX/SOP-QC114-01		
起　　草:	年　月　日	修　　订:	
审　　核:	年　月　日	审　　核:	
批　　准:	年　月　日	批　　准:	年　月　日
执行日期:	年　月　日	执行日期:	年　月　日
编订部门:质量部		颁发部门:质量部	
分发部门:质量部			

目的:建立崩解时限检查法标准操作程序,规范仪器操作。

范围:适用于崩解时限检查法的操作。

责任人:QC 人员、QC 主任、质量部经理。

内容:

1.1 仪器装置

1.1.1 采用升降式崩解仪,主要结构为一能升降的金属支架与下端镶有筛网的吊篮,并附有挡板。

1.1.2 升降的金属支架上下移动距离为 55mm ±2mm,往返频率为每分钟 30 ~ 32 次。

1.1.3 吊篮　玻璃管 6 根,管长 77.5mm ± 2.5mm;内径 21.5mm,壁厚 2mm;透明塑料板 2 块,直径 90mm,厚 6mm,板面有 6 个孔,孔径 26mm;不锈钢板 1 块(放在上面一块塑料板上),直径 90mm,厚 1mm,板面有 6 个孔,孔径 22mm;不锈钢丝筛网 1 张(放在下面一块塑料板下),直径 90mm,筛孔内径 2.0mm;以及不锈钢轴 1 根(固定在上面一块塑料板与不锈钢板上),长 80mm。将上述玻璃管 6 根垂直于 2 块塑料板的孔中,并用 3 只螺丝将不锈钢板、塑料板和不锈钢丝筛网固定,即得。

1.1.4 挡板　为一平整光滑的透明塑料块,相对密度 1.18 ~ 1.20,直径 20.7mm±0.15mm,

厚 9.5mm ± 0.15mm;挡板共有 5 个孔,孔径 2mm,中央 1 个孔,其余 4 个孔距中心 6mm,各孔间距相等;挡板侧边有 4 个等距离的 V 形槽,V 形槽上端宽 9.5mm,深 2.55mm,底部开口处的宽与深度均为 1.6mm。

1.2 检查法　将吊篮通过上端的不锈钢轴悬挂于金属支架上,浸入 1000ml 烧杯中,并调节吊篮位置使其下降时筛网距烧杯底部 25mm,烧杯内盛有温度为 37℃ ±1℃ 的水,调节水位高度使吊篮上升时筛网在水面下 25mm 处。

1.2.1 片剂

除另有规定外,取供试品 6 片,分别置上述吊篮的玻璃管中,加挡板,启动崩解仪进行检查,药材原粉片各片均应在 30 分钟内全部崩解;浸膏(半浸膏)片、糖衣片各片均应在 1 小时内全部崩解。如有 1 片不能完全崩解,应另取 6 片复试,均应符合规定。

薄膜衣片按上述装置与方法检查,可改在盐酸溶液(9→1000)中进行检查,应在 1 小时内全部崩解。如有 1 片不能完全崩解,应另取 6 片复试,均应符合规定。

肠溶衣片,按上述装置与方法检查,先在盐酸溶液(9→1000)中检查 2 小时,每片均不得有裂缝、崩解或软化现象;继将吊篮取出,用少量水洗涤后,每管各加挡板一块,

再按上述方法在磷酸盐缓冲液(pH6.8)中进行检查,1 小时内应全部崩解。如有 1 片不能完全崩解,应另取 6 片复试,均应符合规定。

泡腾片取 1 片,置 250ml 烧杯中,烧杯内盛有 200ml 水,水温为 15 ~ 25℃,有许多气泡放出,当片剂或碎片周围的气体停止逸出时,片剂应崩解、溶解或分散在水中,无聚集的颗粒剩留,除另有规定外,按上述方法检查 6 片,各片均应在 5 分钟内崩解。

凡含有药材浸膏、树脂、油脂或大量糊化淀粉的片剂,如有小部分颗粒状物未通过筛网,但已软化无硬心者,可作合格论。

1.2.2 胶囊剂

硬胶囊剂或软胶囊剂,除另有规定外,取供试品 6 粒,按上述装置与方法(漂浮在液面的胶囊剂

可加挡板)检查。硬胶囊剂应在30分钟内全部崩解并通过筛网(囊壳碎片除外)。如有1粒不能完全崩解,应另取6粒按上述方法复试,均应符合规定。

5.113　质量否决标准管理规程

文件名称:	质量否决标准管理规程		
文件编号:	XX/ SMP-QA001		
起　　草:	年　月　日	修　　订:	
审　　核:	年　月　日	审　　核:	
批　　准:	年　月　日	批　　准:	年　月　日
执行日期:	年　月　日	执行日期:	年　月　日
编订依据:2010年版《GMP》			
编订部门:质量部		颁发部门:质量部	
分发部门:总经理、总工办、质量部、生产部、物资部、市场部			

目的:建立质量否决权标准管理规程,确保药品质量。

范围:适用于生产全过程的质量管理。

责任人:总经理、总工、质量部负责人、生产部、物资部、市场部。

内容:

1. 总经理授权总工负责公司质量工作,并授予质量部质量否决权。

2. 对不合格原辅料,有权禁止投产。

3. 对不合格包装材料及容器,有权禁止使用。

4. 对不合格的中间体有权制止投入下道工序。

5. 对包装不符合要求的产品有权提出返工。

6. 对返回药品,如经检验不合格有权禁止重新销售。

7. 对不合格产品有权制止出厂。

8. 对产品在质量问题上与领导有分歧意见时,有权向上级有关部门反映,如无书面指示,有权不执行。

5.117　质量事故标准管理规程

文件名称:	质量事故标准管理规程		
文件编号:	XX/ SMP -QA005		
起　　草:	年　月　日	修　　订:	
审　　核:	年　月　日	审　　核:	
批　　准:	年　月　日	批　　准:	年　月　日
执行日期:	年　月　日	执行日期:	年　月　日
编订依据:2010年版《GMP》			
编订部门:质量部		颁发部门:质量部	
分发部门:总经理、总工办、质量部、生产部、物资部、市场部			

目的:建立质量事故的管理规程,使质量事故的处理标准化、规范化。

范围:本标准适用于本公司质量事故的处理。

责任人:质量事故直接负责人、质量事故发生单位负责人、质量部经理。

内容:

1. 定义

质量事故:中间体、成品不符合法定或企业内控标准,原料或产品等因保管不善,包装不良而变质的事故。

2. 质量事故的划分

2.1 重大质量事故

2.1.1 因质量问题造成损失价值在5万元以上者(含5万元),(包括在企业负责期内的退货和索赔)。

2.1.2 严重威胁用药患者生命安全者。

2.1.3 对公司的形象和声誉影响极坏者。

2.2 一般质量事故:因质量问题一次造成损失价值在5000~50000元者。

3. 质量事故报告工作程序

3.1 事故第一发现者应立即向主管负责人和有关部门报告,节假日向公司值班员报告,然后逐级上报。

3.2 发生事故的单位或部门负责人应先口头向质量部报告事故情况,并尽快填写事故报告,报送公司有关部门。一般事故不超过24小时,重大事故不超过5小时。4.4.3 发生重大质量事故,质量部应在3日内写出事故调查报告,于15日内报上级主管部门。内容:事故发生原因、性质、经过、处理情况与结果、损失金额和数量、改进措施等。

4. 事故现场紧急处理工作程序

4.1 事故发现者或事故发生部门必须立即采取补救措施,防止事故蔓延扩大。

4.2 凡不能或不知道采取何种补救办法时,应立即向主管部门请示,按下达指令处理。

4.3 发生重大质量事故时,公司领导及主管部门负责人应亲临现场指挥抢救,必要时设警戒线。

4.4 发现者或部门应注意保护现场和有关凭证。

5. 事故的调查和惩处

5.1 一般事故或重大未遂事故由事故部门负责人组织调查分析。

5.2 重大事故由公司领导组织有关部门进行调查分析取证,协助上级部门做好调查取证工作。

5.3 调查内容:品名、规格、批号、事故发生时间、第一发现者姓名、事故类型、性质、采取的补救措施,事故原因、损失价值、现场检查情况等。

5.4 组织事故鉴定委员会对事故的性质、类型、进行及时鉴定,做出结论。

5.5 原始资料要归档。如现场检查记录、及时鉴定、化验记录、结果和报告书,旁证资料等。

5.6 一般事故负责者由所在部门提出处理意见,报技术质量副总批准,视情节处以罚款、处分、调离工作岗位、开除留用、开除等处罚。

5.7 重大质量事故由调查组织提出处理意见,总经理签署意见,报上级主管部门批准,并向药品监督管理部门报告。

5.8 重大责任事故须追究直接责任者的刑事责任,提交司法机关处理。

5.9 破坏或伪造事故现场、隐瞒或谎报事故者或事故发生后不采取应有的措施,导致事故扩大者,按有关规定做出相应处理,直至追究刑事责任。

5.118 质量管理系统规程

文件名称:	质量管理系统规程		
文件编号:	XX/SMP -QA006		
起　　草:	年　月　日	修　　订:	
审　　核:	年　月　日	审　　核:	
批　　准:	年　月　日	批　　准:	年　月　日
执行日期:	年　月　日	执行日期:	年　月　日
编订依据:2010年版《GMP》			
编订部门:质量部		颁发部门:质量部	
分发部门:总工办、质量部、生产部、物资部			

目的:为明确质量管理系统的组织机构,人员要求及系统的职责,并说明本系统的各项管理活动,特制定本规程。

范围:适用于物料供应、储存、生产的全过程及质量管理过程。

责任人:总工、质量部、生产部、物资部。

内容:

1. 组织机构

本系统由总工担任企业质量管理负责人,下设质量部,具体分管药品质量管理工作,质量部下 QA 办和 QC 办,设 QA 主任和 QC 主任分管质量管理及各检验室的工作。

2. 人员要求

2.1 总工应具有医药或相关专业大专以上学历有药品生产和质量管理经验,对 GMP 规范实施及产品质量负责。

2.2 质量部经理应具有医药相关专业大专以上学历,有药品生产和质量管理的实践经验,有能力对药品生产和质量管理中的实际问题,作出正确的判断和处理。

2.3 质量管理 QA 人员应具有中专以上学历,有医药生产的基础知识,掌握生产过程中的工艺要点,能对生产中的问题作出正确判断。

2.4 质量检验 QC 人员应具有中专以上学历,具有基础理论知识和实际操作技能,应经

过培训考试持上岗证,并定期考核。

3. 职责

3.1 制定和修订物料、中间体和成品的内控质量标准和检验标准操作规程,制定取样和留样规程和标准操作规程。

3.2 制定检验用设备、仪器、试剂、试液、滴定液、培养基等管理办法,设备、仪器的标准操作程序及滴定液和培养基的配制标准操作规程。

3.3 对物料、中间体和成品进行取样、检验、留样、并出具检验报告。

3.4 决定物料和中间体的使用。

3.5 审核成品发放前批生产记录,决定成品发放。

3.6 核发清场合格证。

3.7 监测洁净区尘粒数和微生物数。

3.8 评估物料、中间体和成品的质量稳定性为确定物料存放期和药品有效期,提供理论数据。

3.9 主要原辅料供应厂商的审计评估。

4. 管理活动

质量管理部的管理活动是在总工领导下进行,质量管理部有权按照各项管理规程定期对物料、生产环节和洁净环境等进行质量检查,质量监督员对生产进行跟班质量检查,并对发现的问题及时解决,并由质量部负责对中间体的质量按标准规定进行抽样检验,决定是否投入下道工序的生产。

5.124　质量分析标准管理规程

文件名称: 质量分析标准管理规程	
文件编号: XX/ SMP -QA012	
起　　草:　　年　月　日	修　　订:
审　　核:　　年　月　日	审　　核:
批　　准:　　年　月　日	批　　准:　　年　月　日
执行日期:　　年　月　日	执行日期:　　年　月　日
编订依据:2010 年版《GMP》	
编订部门:质量部	颁发部门:质量部
分发部门:总工办、质量部、生产部	

目的:为使产品质量分析规范、合理,特制定本规程对产品质量水平加以比较、

分析、评估以考察生产工艺的状况,为各项改进措施提供依据。

范围:适用于本公司一切与生产、质量有关问题的分析管理。

责任人:质量部人员、生产部人员、总工。

内容:

1. 班组每周召开一次质量分析会,会议做好记录,将会议内容和处理结果整理成文,以书面形式交车间主任。会议的主要内容应包括:

1.1 通报本周生产的产品质量情况。

1.2 对存在的质量问题或质量隐患的产品，进行重点分析、讨论，提出解决办法，避免质量事故的发生。

1.3 总结本班组工艺操作及岗位操作等生产、质量管理文件的执行情况。

2. 生产部一般每月召开一次质量分析总结会，遇较严重的质量问题，应及时召开质量分析会，会议由生产部经理主持。会议做好记录，将会议内容和处理结果以书面形式及时交质量部。其主要内容应包括：

2.1 通报原辅料、包装材料、中间产品、成品质量情况。

2.2 对有质量问题的产品，重点分析，找出存在的问题及质量隐患情况，并进行解决，或提出整改措施，报质量部审批。

2.3 对管理文件的执行情况，进行分析、总结。

3. 厂级质量分析总结会一般每季度召开一次，参加人员为主管领导、及各部门负责人，由总工主持，质量部作会议记录。质量分析总结会结束后，质量部应及时整理会议纪要，报公司领导及送至参加会议的各部门、单位，各部门、单位应按会议纪要要求执行相关内容。会议的主要内容应包括：

3.1 各部门、单位负责人通报该季度质量情况；

3.2 质量部通报该季度原辅料、包装材料质量情况及生产质量控制情况，通报用户反映、投诉、退货及药检所抽查情况，通报上一季度质量分析总结会决议落实情况，总结该季度质量工作存在问题及部署下期质量工作重点。

3.3 参会人员针对存在的质量问题分析讨论，逐一提出解决处理办法，并将各项责任落实到人，限期完成。

4. 各级质量分析会必须如期召开，并有书面总结交质量部存档。对不如期召开会议的，或会议只追究形式，而未按会议主要内容进行落实的，或未达到效果的，追究负责人的有关责任。

5.125 质量统计报告标准管理规程

文件名称：	质量统计报告标准管理规程		
文件编号：	XX/SMP-QA013		
起　　草：	年　月　日	修　　订：	
审　　核：	年　月　日	审　　核：	
批　　准：	年　月　日	批　　准：	年　月　日
执行日期：	年　月　日	执行日期：	年　月　日
编订依据：2010年版《GMP》			
编订部门：质量部		颁发部门：质量部	
分发部门：总工办、质量部、生产部			

目的：建立质量统计报告管理规程，使质量统计报告标准管理标准化、规范化。

范围：本标准适用于本公司的产品质量统计管理。

责任人：QC主任、QA、质量部经理。

内容：

1. QC室主任每月25日前将本月原辅料、包装材料、中间体、成品质量检验台帐审核后交质量部经理。台帐记录包括：品名、规格、批号、数量、检验日期、报告单号、检验项目及检验结果、检验结论、备注等内容。

2. QA质量审核员将本月成品质量审核记录汇总、确认后交质量部经理。

3. QA质量审核员每月25日前将本月偏差处理记录、生产事故处理记录、用户投诉及处理情况、自检完成情况等分别汇总，报质量部经理。

4. 质量部经理对上述数据仔细审核后，进行统计与分析，并与历史水平进行比较与分析，填写成品质量月报表、中间体质量月报表、原辅料质量月报表、包装材料月报表，并书面写出上月生产事故，用户投诉及自检等情况。5日内完成。

5. 质量部经理于本月技术质量分析会上汇报质量统计情况。

6. 原件归档保存，保存5年。

5.126 供应商标准管理规程

文件名称：	供应商标准管理规程
文件编号：	XX/SMP-QA014
起　草：　　年　月　日	修　订：
审　核：　　年　月　日	审　核：
批　准：　　年　月　日	批　准：　　年　月　日
执行日期：　　年　月　日	执行日期：　　年　月　日
编订依据：2010年版《GMP》	
编订部门：质量部	颁发部门：质量部
分发部门：物资部、质量部	

目的：本标准规定了本公司供应商的产品质量、供货能力、质量保证体系的考察以及出现质量问题后处理等标准管理规程。

范围：适用于本公司原辅材料、包装材料、中药材供应商的管理。

责任人：质量部经理、QA主任、物资部经理、物料采购员。

内容：

1. 供应商应具备的条件是：① 有营业执照和生产许可证或经营许可证；② 厂房设施与设备能符合物料生产和质量要求；③ 其生产过程与质量保证体系完善；④ 产品包装符合要求，质量稳定，信誉良好。经质量部审计合格后，建立供货单位档案，由专人管理。

2. 审计供应商“营业执照”、“生产许可证”、“经营许可证”是否在有效期内。

3. 中药材按质量标准购入，产地保持相对固定。

4. 了解供应商继续供货的能力，是否影响公司下年度供货计划。

5. 了解供应商产品质量变化情况，了解其生产工艺条件是否有所变化。

5.1 生产中发现物料质量有变化时，及时向供应商查询。

5.2 供应商生产工艺条件有变化时，应主动向我公司报告。

6. 考察供应商质量保证体系及保证供货能力，反映于《供应商基本情况调查表》中。

7. 将本公司在使用物料中常发生的问题以书面形式转达给供应商，以求改进。

8. 了解该品种物料同类供应商情况，通过产品订货会、市场调研等方式，为开发新的供应商作准备。

9. 了解本公司同一物料几家供应商质量对比情况，决定下年度采购方向。

10. 对于供应商提供的物料出现质量问题，经质量部确认后，按《供应商审计标准管理规程》执行。

11. 供应商变更

11.1 为保证货源稳定，或在质量、价格上有选择的余地，每一种原辅料、包装材料必须选择两家以上的供应商；

11.2 在更换或选择新供应商时，应先将新供应商资料送质量部审核；

11.3 采购员应主动与新供应商联系，按照《供应商审计标准管理规程》安排考察，并联系选择考察日期.

11.4 检查人应写出考察审计报告并经质量部经理、物资部经理审核签字，合格则允许供货，成为合格供应商；若有轻微缺陷，待改进后才能允许供货；若有严重缺陷或缺陷难以改进，则不能批准为合格供应商；

12. 供应商定期回访

12.1 QA主任、物资部经理和采购员应每年对主要供应厂家访问一次，有特殊情况时可提前或延后进行；

12.2 访问时应现场观察供应厂家的厂房、设备、仪器、设施、环境、人员素质、质量保证体系及管理情况，回公司后写出书面报告，保存于质量部、技术综合部；

12.3 当供应商发生重大变化或在供货质量出现不稳定趋势时应及时或重新审计；

12.3.1 出现质量问题时；

12.3.2 产品质量出现不稳定趋势时；

12.3.3 原料、工艺、设备发生重大变化时；

12.3.4 生产场所变更时；

12.3.5 企业隶属关系、管理人员发生重大变化时。

5.129　标签、说明书的设计、审核标准管理规程

文件名称：	标签、说明书的设计、审核标准管理规程		
文件编号：	XX/SMP-QA017		
起　　草：	年　月　日	修　　订：	
审　　核：	年　月　日	审　　核：	
批　　准：	年　月　日	批　　准：	年　月　日
执行日期：	年　月　日	执行日期：	年　月　日
编订依据：2010 年版《GMP》			
编订部门：质量部		颁发部门：质量部	
分发部门：总工办、物资部、质量部			

目的：建立标签、说明书的设计、审核标准管理规程，规范标签、说明书的设计、审

核管理。

范围：适用于标签、说明书以及和标签、说明书相同内容的内外包装的设计、审核的管理。

责任人：总工、质量部经理。

内容：

1. 职责：标签、说明书的设计由总工办负责；其审查由质量部负责。审查合格后的模板方可交印刷厂商进行印刷。

2. 设计要求：标签、说明书的设计要与药品监督管理部门批准的内容、式样、文字相一致，不得超越已批准的范围。不同产品的标签、说明书的排版、色彩要有明显的区别，版面布局简洁、明快。

3. 审查内容：

3.1 审查标签、说明书的内容是否符合药品管理法的要求。

3.2 审查是否与药品监督管理部门批准的内容、式样、文字相一致。

3.3 审查所制造的模板是否与设计要求相一致。

3.4 审查内容中任何一条不符合要求的，都不能交于印刷厂商印刷。

5.131　变更控制标准管理规程

文件名称：	变更控制标准管理规程		
文件编号：	XX/SMP-QA019		
起　　草：	年　月　日	修　　订：	
审　　核：	年　月　日	审　　核：	
批　　准：	年　月　日	批　　准：	年　月　日
执行日期：	年　月　日	执行日期：	年　月　日
编订依据：2010 年版《GMP》			
编订部门：质量部		颁发部门：质量部	
分发部门：总工办、质量部、生产部、物资部、工程部			

目的：建立变更控制管理规程，使变更控制管理规范化、标准化。

范围：本标准适用于本公司的变更控制管理。

责任人：技术员、车间主任、QA、质量部经理。

内容：

1. 变更范围

1.1 原辅料种类、数量和来源的变更。

1.2 生产工艺的变更。

1.3 设备变更或主要零部件的变更。

1.4 系统（空气净化系统、水系统等）的变更。

1.5 管理标准、质量标准、标准操作程序等文件的变更。

2. 变更控制的原则：有批准，有依据。

2.1 本公司一切生产质量管理活动必须严格遵照经批准的最新版工艺规程和管理规程、操作程序、质量标准执行。

2.2 所有变更必须履行变更批准程序，按变更控制管理规程执行。

3. 变更的依据：

3.1 小试。

3.2 中试。

3.3 文献资料。

3.4 工艺、设备等验证。

4. 文件变更的控制程序，执行文件管理规程。

5. 变更批准程序：

5.1 当确实需要变更时，必须由变更部门拟定变更方案，列出变更原因、依据及可能影响到的设备、材料、工艺等，报总工办初审。

5.2 影响小、范围窄的变更报总工办终审、批准。

5.3 影响大、范围宽的变更，总工办组织生产部、设备部、质量部等有关部门相关人员讨论变更的必要性和可靠性。

5.4 总工办综合各部门意见，必要时组织有关部门进行验证。

5.5 初审批准后，总工对变更方案进行终审和批准，做出批准、不批准、或一定条件下批准的决定。

6. 变更的实施：

6.1 变更的实施必须遵照批准的变更方案，QA监控员监督变更的执行。

6.2 变更部门将变更实施情况及结果详细记录，写出书面报告，交总工办审核后，归档保存。

6.3 档案管理员检查变更是否会引起的其他文件的变更并及时做出调整。

5.133　岗位质量检查标准管理规程

文件名称：	岗位质量检查标准管理规程		
文件编号：	XX/SMP-QA021		
起　草：	年　月　日	修　订：	
审　核：	年　月　日	审　核：	
批　准：	年　月　日	批　准：	年　月　日
执行日期：	年　月　日	执行日期：	年　月　日
编订依据：2010年版《GMP》			
编订部门：质量部		颁发部门：质量部	
分发部门：总工办、质量部、生产部			

目的：建立岗位质量检查标准管理规程，加强过程控制的管理，保证产品质量。

范围：适用于各岗位质量检查的管理。

责任人：质量部QA检查员、质量部经理、车间质检员。

内容：

1. 职责：车间QA检查员有执行岗位质量检查的责任，质量部QA检查员、质量部负责人有进行抽查的责任。

2. 现场检查：严格按各岗位质量检查标准操作程序进行操作。检查应按各岗位质量检查项目逐条认真检查。检查完后应作详细记录，对不符合GMP规范要求及生产工艺要求的，应及时通知现场生产主管人员，及时改正不规范操作。对已造成质量影响的产品及时返工或作其他处理。

3. 清场检查:严格按各岗位清场质量检查标准操作程序进行操作。检查应按各岗位清场检查项目逐条认真检查。检查完后应作详细的清场检查记录,对不符合 GMP 规范要求及清场要求的,应通知生产主管重新清场直至检查全部合格。检查合格后由质量部 QA 检查员统一发放清场合格证。有清场合格证方可进行下一批产品的生产。

5.134《GMP》自检标准管理规程

文件名称:	《GMP》自检标准管理规程		
文件编号:	XX/SMP-QA022		
起　　草: 　　年　月　日		修　　订:	
审　　核: 　　年　月　日		审　　核:	
批　　准: 　　年　月　日		批　　准:	年　月　日
执行日期: 　　年　月　日		执行日期:	年　月　日
编订依据:2010 年版《GMP》			
编订部门:质量部		颁发部门:质量部	
分发部门:总经理、总工办、质量部、生产部、物资部、市场部、工程部、人事部			

目的:使本公司《GMP》自检工作有组织、有计划按标准实施,确保产品生产全过程

始终如一的得到控制,从而保证产品质量安全、有效,符合《GMP》要求。

范围:适用于本公司《GMP》自检的管理。

责任人:本公司各部门。

内容:

1. 自检组织与实施方法。

1.1 公司组成由总工为主任,生产副总为副主任;生产部长、质量部长、工程部长、物资部长为委员的《GMP》自检管理委员会。负责公司自检计划的制订方案和报告的审批,及时对被检部门执行《规范》情况作出正确判断。并根据情况,给需自查整改部门补发《规范》自查整改通知书。

1.2 公司每年至少全面自检 1 次。

1.3 特殊情况如发生重大质量事故时,也可随时组织检查,其检查内容可根据需要由自检管理委员会临时决定。检查人员,也可由自检委员会主任在委员会成员中临时指派,组成检查小组实施检查。

1.4 检查组组长组织编写《GMP》自检细则,自检细则内容包括:自检部门、自检项目、

评定标准。

1.5 公司年度自检由自检委员会安排年度自检日程,明确检查人员任务分工。

1.6 自检细则和日程安排于检查前一周下发给自检小组成员和复检部门,作好自检准备。

1.7 在部门自检时,部门负责人首先向检查人员汇报本部门 GMP 实施情况和存在问题,然后检查人员按照任务分工进行现场检查,询问适当的问题,观察实施结果,收集客观证据,作好自检记录。

1.8 自检后应根据自检记录编制自检报告,内容包括:自检项目、自检结果、对所检部门评价的结论、改进措施和预防措施等。报告报自检委员会批准。

1.9 自检报告及自检记录由质量部归档保存。保存期为 5 年。

1.10 自检工作完成后,自检委员会应适时抽派专人,随时了解改进措施和预防措施的落实情况及改进结果,形成书面报告,部门自检报告交公司实施 GMP 自检主管部门,《公司自检报告》向总经理汇报。

2. 自检内容的编制依据:

2.1 药品生产质量管理规范(1998 年修订)及其附录(GMP)。

2.2 药品经营质量管理规范(GSP)。

2.3 药品 GMP 认证检查评定标准(试行)。

3. 自检范围及内容:

3.1 生产部

3.1.1 生产工艺规程的执行。

3.1.2 岗位操作 SOP 的执行。

3.1.3 工艺质量监控。

3.1.4 不合格品的处理。

3.1.5 工艺用水的储存、分配和使用。

3.1.6 环境卫生和工艺卫生。

3.1.7 原辅包材的领取和使用。

3.1.8 设备运行记录的填写。

3.1.9 批生产记录的填写(包括状态标志)。

3.2 物资部

3.2.1 基本设施维护(含衡器校验)。

3.2.2 原辅料、成品入库程序及帐目。

3.2.3 原辅料、成品存放及保管。

3.2.4 原辅料、成品存放出库程序及帐目。

3.2.5 不合格品、退货品的管理。

3.2.6 标签、说明书的发放和管理(含即有用标签,文字相同的中盒)。

3.2.7 状态标记、帐、卡、凭证配挂与填写。

3.3 质量部

3.3.1 基本设施维护(含仪器校验)。

3.3.2 质量标准的执行。

3.3.3 检验 SOP 的执行。

3.3.4 检验记录及化验报告单。

3.3.5 验证报告。

3.3.6 标准品的管理。

3.3.7 用户投诉管理。

3.3.8 物料供应商的有关评估。

3.3.9 产品稳定性考察计划及结果。

3.3.10 文件的归档、领用与借阅、颁布与回收管理

3.4 总工办

3.4.1 文件制订、修订管理。

3.4.2 验证报告的管理。

3.4.3 自检报告的管理。

3.5 设备部

3.5.1 设备档案的管理。

3.5.2 空气净化系统管理规程执行。

3.5.3 HVAC 系统的 SOP 执行。

3.5.4 工艺用水系统工艺管理规程的执行。

3.5.5 工艺用水系统管理 SOP 的执行。

3.5.6 设备的维修与保养。

3.5.7 计量器具、仪表的校验。

3.6 市场部

3.6.1 销售记录及台帐填写。

3.6.2 退货记录。

3.7 人事行政部

3.7.1 职工健康档案的管理。

3.7.2 职工健康管理 SMP 的执行情况。

3.7.3 厂区环境卫生情况。

3.7.4 职工培训计划。

3.7.5 新进厂员工的培训情况。

3.7.6 调岗位职工的培训情况。

5.137　成品放行审核标准管理规程

文件名称:	成品放行审核标准管理规程		
文件编号:	XX/SMP-QA025		
起　　草:	年　月　日	修　　订:	
审　　核:	年　月　日	审　　核:	
批　　准:	年　月　日	批　　准:	年　月　日
执行日期:	年　月　日	执行日期:	年　月　日
编订依据:2010 年版《GMP》			
编订部门:质量部		颁发部门:质量部	
分发部门:总工办、质量部、生产部、物资部			

目的:建立成品放行审核标准管理规程,确保流入市场的产品质量。

范围:适用于成品放行审核的管理。

责任人:质量部经理、生产部部长、QA。

内容:

1. 每批成品放行前,质量部要收集评价一切与该批成品相关的生产、包装检测记录和检测报告,经审核无误后方可签名放行,否则不予放行。

2. 成品放行前审核工作首先由生产部部长担任,授权人应熟悉 GMP,且具有相当的药学专业知识和实践经验。

3. 生产部申请放行的成品首先由生产部部长

对该产品相关的制造、包装文件进行审核，审核内容包括：

3.1 起始物料有合格报告。

3.2 生产过程符合GMP要求，符合工艺主配方要求，操作执行标准的SOP操作程序。

3.3 批生产记录、批包装记录填写正确、完整无误，各项均符合规定要求。

3.4 有物料平衡单并符合规定限度。

3.5 如发生偏差，执行偏差处理程序，处理措施正确无误，手续齐全，符合要求。

4. 生产部部长审核无误后，将审核结果填写在成品放行审核单上并签名。

5. 将成品放行审核单及批生产记录、批包装记录交质量部经理审核。

6. 质量部经理负责审核的内容包括：

6.1 现场监测记录完整、准确无误与批生产记录、批包装记录各项一致无误。

6.2 配料：称量过程经复核人复核无误并签字。

6.3 各生产工序检查记录完整、准确无误。

6.4 中间体(中间体)检验报告单完整准确无误。

6.5 物料平衡在规定的范围内，产生偏差的部分严格执行偏差处理程序，处理措施正确无误，确认可以保证产品质量。

6.6 成品取样执行标准的取样操作程序，取样符合要求。

6.7 成品检验执行标准的检验操作程序，检验记录完整准确，复核人复核无误。

6.8 内外包装与实物相符。

7. 质量部授权人审核批生产记录、批包装记录无误后，填写成品放行审核单连同成品检验报告单一并交质量部负责人。

8. 质量部负责人对成品的放行审核单与成品检验报告单进一步审核无误后签名放行，上述各项有错误者不得放行。

9. 有成品检验报告单和成品放行审核单合格者方可入库，否则不予入库。

5.139 成品使用期限标准管理规程

<table>
<tr><td>文件名称：</td><td colspan="3">成品使用期限标准管理规程</td></tr>
<tr><td>文件编号：</td><td colspan="3">XX/SMP-QA027</td></tr>
<tr><td>起　　草：</td><td>年　月　日</td><td>修　　订：</td><td></td></tr>
<tr><td>审　　核：</td><td>年　月　日</td><td>审　　核：</td><td></td></tr>
<tr><td>批　　准：</td><td>年　月　日</td><td>批　　准：</td><td>年　月　日</td></tr>
<tr><td>执行日期：</td><td>年　月　日</td><td>执行日期：</td><td>年　月　日</td></tr>
<tr><td colspan="4">编订依据：2010年版《GMP》</td></tr>
<tr><td colspan="2">编订部门：质量部</td><td colspan="2">颁发部门：质量部</td></tr>
<tr><td colspan="4">分发部门：总工办、质量部、生产部、物资部、市场部</td></tr>
</table>

目的：建立成品使用期限管理规程，监督在库贮存成品及售出成品具有预期的稳定性，确保发现问题及时采取措施予以纠正。

范围：适用于本公司在库贮存及售出成品的贮存管理。

责任人：成品库房保管员、QA监控员、销售人员 。

内容：

1. 成品使用期限

1.1 有药品监督管理部门批准的有效期(使用期限)的正式产品执行批文标准。

1.2 新开发、研究品种，由研制人员根据稳定性试验结果提出使用期限，在药品试行标准转正时报卫生行政部门批准。执行批准使用期限。

1.3 在使用期限内经检验发现产品不合格，并与稳定性有关，应由研制人员或有关人员对使用期限重修提出修改申请，报药品监督管理部门审批。按批准后的使用期限执行。

2. 效期产品、使用期产品执行其仓储规定，过期不得销售。

3. 超过效期产品必须销毁，执行销毁管理规程。

5.145　洁净区环境监测标准管理规程

文件名称：	洁净区环境监测标准管理规程		
文件编号：	XX/ SMP-QA033		
起　　草：	年　月　日	修　　订：	
审　　核：	年　月　日	审　　核：	
批　　准：	年　月　日	批　　准：	年　月　日
执行日期：	年　月　日	执行日期：	年　月　日
编订依据：2010 年版《GMP》			
编订部门：质量部		颁发部门：质量部	
分发部门：质量部、工程部、生产部			

目的：建立洁净区环境监测标准管理规程，使洁净区环境管理规范化、标准化。

范围：本标准适用于本公司洁净区的环境监测。

责任人：QC 检验员、QA 监控员、质量部经理。

内容：

为保证洁净区的洁净度，必须对洁净区进行定期监测。

1. 洁净区的压差监测

1.1 监测频率：每天 1 次。

1.2 监测方法：由净化空调系统管理员、每日记录各监控点的压差指示（压差表须有校验合格证且在有效期内）。

1.3 监控点：

1.3.1 洁净区与非洁净区之间。

1.3.2 不同等级洁净区之间。

1.3.3 需特殊控制的区域之间。（如：产尘较大的操作室与其他洁净区域之间）

1.4 监测要求：不同等级洁净区之间静压差，产尘较大洁净区与其他洁净区之间静压差一般应大于 5Pa 即 0.5 毫米汞柱，洁净区与非洁净区之间静压差大于 10Pa，即 1 毫米汞柱。

2. 洁净室内温湿度监测

2.1 监测频率：

2.1.1 车间各工序操作人员每班对各主要操作间进行温湿度监测与记录。

2.1.2 质量部 QA 监控员每月进行一次监测。

2.2 监测方法：

2.2.1 用温湿度计进行监测。

2.4 要求：温度应控制在 18～26℃，相对湿度应控制在 45%～65% 之间。

3. 洁净区的洁净度监测

3.1 监测频次：测定频次一般为每季度一次。

3.2 监测方法：测定仪器采用尘埃粒子计数器。

3.3 监测范围：洁净区内各操作间。

3.4 监测要求：药品生产洁净室（区）的空气洁净度分为四个等级，见下表：

洁净室级别	尘粒最大允许数（个/m^3）		微生物最大允许数	
	0.5μm	5μm	浮游菌（个/m^3）	沉降菌（个/皿）
100 级	3 500	0	5	1
10 000 级	350 000	2 000	100	3
100 000 级	3 500 000	20 000	500	10
300 000 级	10 500 000	60 000	—	15

4. 沉降菌测定

4.1 监测频次：每季度一次。

4.2 监控方法：采用平板（培养皿）测定，参见《洁净式（区）沉降菌测定标准操作规程》。

4.3 监测范围：洁净区各操作室。

4.4 要求：见 3.4 表。

5.147 合格证发放标准管理规程

文件名称：	合格证发放标准管理规程		
文件编号：	XX/ SMP -QA035		
起　　草：	年　月　日	修　　订：	
审　　核：	年　月　日	审　　核：	
批　　准：	年　月　日	批　　准：	年　月　日
执行日期：	年　月　日	执行日期：	年　月　日
编订依据：2010 年版《GMP》			
编订部门：质量部		颁发部门：质量部	
分发部门：质量部、生产部、物资部			

目的：本标准规定了本公司合格证发放标准管理规程。使产品合格证发放规范、准确。

范围：本标准适用于本公司产品合格证的发放管理。

责任人：QA、车间生产人员、仓库包管员

内容：

1. 合格证的分类

1.1“清场合格证”为白底黑字，用于生产操作间清场合格的现场标示。其内容包括：品名、工序、批号、清场日期、清场效期、质量检查员签名。正本附入本批生产记录中，副本作为下批次的开工凭证。

1.2“合格证”为绿底黑色，用于物料、中间体的合格标示，其内容包括品名、批号、检验单号、QA 质量审核员签名及日期。

1.3 成品装箱单(合格证)为白底黑字，用于成品的合格标示，其内容包括品名、批号、工号、检验单号、QA 质量审核员签名及日期。

2. 合格证的发放

2.1 每一批次药品生产结束后，生产操作人员对操作间的设备、容器、工具、地面、墙、窗等进行清洁。清洁结束后，由 QA 现场监控员或授权的车间质检员检查合格，填写本批次的清场合格证，然后发放，挂清场合格标示。

2.2 清场合格证作为本批次生产凭证由生产操作员归在批生产记录里，未取得“清场合格证”不得进行另一品种或同一品种不同规格或批次的生产。

2.3 清洁合格标示由现场质量检查员分别挂于清洁合格的容器具和设备，作为已清洁的标示，没有清洁合格标示或在清洁合格效期外的容器和设备不得使用。

2.4 物料经质量部检测合格，开具检验合格报告书后，由 QA 质量审核员填写合格证，盖上质监专用印章，然后交于库房保管员，由库房保管员负责贴于物料的外包装上。无合格证的原辅料不得出库。

2.5 成品经质量部检测合格，开具检验合格报告书后，由 QA 质量审核员填写装箱单(合格证)，盖上质监专用印章，然后交于外包装箱员，由外包装箱员负责放入成品外箱内，无装箱单(合格证)的成品不得出厂。

5.149 不合格品报告及处理标准管理规程

文件名称：	不合格品报告及处理标准管理规程		
文件编号：	XX/ SMP -QA037		
起　　草：	年　月　日	修　　订：	
审　　核：	年　月　日	审　　核：	
批　　准：	年　月　日	批　　准：	年　月　日
执行日期：	年　月　日	执行日期：	年　月　日
编订依据：2010 年版《GMP》			
编订部门：质量部		颁发部门：质量部	
分发部门：质量部、生产部、物资部			

目的：建立不合格品报告及处理标准操作程序，使不合格品报告处理工作规范化、标准化。

范围：本标准适用于本公司所有不合格物料。

责任人：QA现场监控员、车间物料管理员、仓库保管员、QA主任、质量部部长。

内容：

1. 车间不合格品的报告及处理

1.1 QA现场监控员现场监控时，发现物料破包、受潮、霉变或其他明显不符合质量标准时，立即停止放行，同时详细记录情况，报告QA主任作出进一步处理。

1.2 待检物料或中间体、成品经质量部检验不合格时，质量部应及时发放检验报告书及不合格证，贴于不合格物料上，挂上醒目的不合格状态标记，报告车间负责人及时处理。

1.3 当发现不合格品投入生产，或流入下一道工序时，应立即停止生产，报告车间负责人。

1.4 发现不合格品的部门应及时填写《车间不合格品处理报告单》，交质量部作出处理意见并存档。

1.5 可以作返工处理的药品必须在QA现场监控员的监督下进行重新加工。

1.6 药品内在质量不合格的药品（如含量不足、混淆、交叉污染等原因）必须销毁，执行《销毁标准管理规程》。

2. 仓库不合格品的报告及处理

2.1 收料初检时，如发现破包、受潮、霉变材料或其他明显不符合标准的物料，不准许入库，并报告物资部供应科联系退货，仓库保管员做好退货记录。

2.2 质量部检验不合格的物料，仓库保管员接到不合格物料检验报告书和不合格证后，将其移入不合格区并用红色带围住，贴上不合格证，挂上醒目的红色不合格状态标记。

2.3 仓库保管员应及时上报主管领导，通知物资部供应科联系退货，并做好退货记录。

2.4 不能退货的物料，物资部应会同质量部通知供应商作销毁处理。

2.5 经检验不合格的成品按《不合格中间体、成品监控标准管理规程》管理。

5.150　销毁标准管理规程

文件名称：	销毁标准管理规程		
文件编号：	XX/ SMP-QA038		
起　　草：	年　月　日	修　　订：	
审　　核：	年　月　日	审　　核：	
批　　准：	年　月　日	批　　准：	年　月　日
执行日期：	年　月　日	执行日期：	年　月　日
编订依据：2010年版《GMP》			
编订部门：质量部		颁发部门：质量部	
分发部门：总工办、生产部、质量部、物资部			

目的：建立不合格品销毁管理规程，规范不合格品销毁工作

范围：适用于需销毁的不合格的原辅料、包装材料、退货产品、生产尾料、中间体、成品。

责任人：总工、质量部经理、生产部经理、物资部经理、QA。

内容：

1. 需销毁的不合格原料、辅料、包装材料、退货产品、生产尾料、中间体、成品由各部门部门提出申请，填写《不合格品销毁单》，报质保部审核、总经理批准后方可执行销毁。

2.《不合格品销毁单》一式二份，执行部门和质量部各一份。

3. 不合格品销毁处理方法：

3.1 对报废的退回产品、原辅料、成品、中间体、生产尾料等脱去外包装后进行焚烧或深埋，深埋至少1.5米深。

3.2 对报废的退回的包装材料特别是标签、说明书、合格证、印有文字的内包装材料进行烧毁。

4.3.3 销毁方式或地点有可能对环境造成影响的，必须征得当地环保部门的同意。

4. 销毁执行现场要有质量部质量监督员在现场监销，监督整个销毁过程符合要求，并由质量监

督员作好销毁监督记录，存档备查。

5. 销毁执行部门要建立《不合格品销毁记录》，经质量部质量监督员审核无误后签名保存。销毁记录保存至销毁日期后三年。

5.152 状态标志编制标准管理规程

文件名称：	状态标志编制标准管理规程		
文件编号：	XX/SMP-QA040		
起　　草：	年　月　日	修　　订：	
审　　核：	年　月　日	审　　核：	
批　　准：	年　月　日	批　　准：	年　月　日
执行日期：	年　月　日	执行日期：	年　月　日
编订依据：2010 年版《GMP》			
编订部门：质量部		颁发部门：质量部	
分发部门：质量部、生产部、物资部			

目的：建立状态标记编制规范，防止差错和混淆，使状态标记编制规范化、标准化。

范围：本标准规定了状态标记的编制规范，使其编制规范化、标准化，防止差错和混淆。

责任人：QA、车间生产人员、仓库包管员

内容：

下表所示为药品生产各环节常用基本状态标记要求。

	状态词	色标	状态词含义
质量控制（物料、成品、中间体）	待验	黄色	等待检验
	待查	白色	待做出处理决定
	合格	绿色	放行使用或销售
	不合格	红色	不能使用或销售
设备控制	完好、清洁	绿色	运转正常，清洁，可以进行下一个品种的生产
	故障（待修）	红色	等待维修、不允许使用
	待保养（待清洁）	红色	等待保养，不允许使用
过程控制（注明批号）	生产许可	绿色	作业条件合格，同意生产、过程处于控制之下
	停止使用	红色	作业条件不合格，不允许生产

5.156 药品不良反应监测报告管理规程

文件名称：	药品不良反应监测报告管理规程		
文件编号：	XX/SMP-QA044		
起　　草：	年　月　日	修　　订：	
审　　核：	年　月　日	审　　核：	
批　　准：	年　月　日	批　　准：	年　月　日
执行日期：	年　月　日	执行日期：	年　月　日
编订依据：2010 年版《GMP》			
编订部门：质量部		颁发部门：质量部	
分发部门：总工办、质量部、市场部			

目的:为使药品不良反应的信息及时反馈,贮存和分析,做出客观评价,提出临床

合理用药,淘汰疗效不确切、毒副作用大的药品,特制定本管理规程。

范围:本公司生产的一切药品品种。

责任人:质量部经理、市场部内勤、QA。

内容:

1. 不良反应的定义

在药品的正常用法用量情况下,人体出现的由用药引起的不良或有害的反应,或药品应用于人体后所出现的使用目的之外的对人体不利作用的总称。

2. 药品不良反应的监测范围

2.1 所有危及生命、致残直至丧失劳动能力或死亡的不良反应;

2.2 新药投产使用后发生的各种不良反应;

2.3 疑为药品所致的突变、癌变、畸形;

2.4 各种类型的过敏反应;

2.5 药品依赖性,特别是尚未列入麻醉药品、精神药品管制范围的药品;

2.6 疑为药品间相互作用导致的不良反应;

2.7 因药品质量或稳定性关系而引起的不良反应;

2.8 其他一切意外的不良反应。

3. 监测制度

3.1 由质量部负责本企业药品不良反应具体监测工作;

3.2 质量部应经常派员考察本单位所生产经营的药品的质量、疗效和不良反应,并对用户提出的药品质量投诉和药品不良反应进行详细记录和调查处理;

3.3 质量部必须经常性的收集、考察、并向当地药监局呈报本企业产品上市后的不良反应情况,包括对重点产品的不良反应情况,组织专题的流行病学调查;

3.4 质量部要承担企业药品不良反应监测工作的法律责任,并把药品组分、服用方法、剂量、注意事项,及可能发生的不良反应等在包装或说明书上写清楚;

3.5 质量部对于下列可疑的药物不良反应必须在发现后15天内呈报当地药品监督管理部门。

3.5.1 药品使用说明书内没有列入的严重反应;

3.5.2 药品使用说明书内列入的严重反应,但发生率有明显增加的。

3.6 对于轻微程度的不良反应或说明书内已列入但发生率没有明显增加的严重反应,也必须随时收集、统计、定期呈报。新药在批准后的前3年每季度报告1次,三年以后每年呈报1次。

4. 药品不良反应监测报告范围:

4.1 公司上市5年以内的药品和列为国家重点监测的药品,报告该药品引起的所有可疑不良反应。

4.2 公司上市5年以上的药品,主要报告该药品引起的严重、罕见或新的不良反应。

5.157　产品紧急收回管理规程

文件名称:	产品紧急收回管理规程		
文件编号:	XX/SMP-QA045		
起　　草: 　　年　月　日		修　　订:	
审　　核: 　　年　月　日		审　　核:	
批　　准: 　　年　月　日		批　　准: 　　年　月　日	
执行日期: 　　年　月　日		执行日期: 　　年　月　日	
编订依据:2010年版《GMP》			
编订部门:质量部		颁发部门:质量部	
分发部门:质量部、市场部、物资部			

目的:建立产品在紧急情况下的收回和管理,确保产品质量。

范围:适用于在紧急情况下的产品收回的管理。

责任人:质量部经理、市场部内勤、QA 人员、仓库包管员。

内容:

1. 当国家法规、法令涉及某产品的紧急收回或某产品某批号存在严重质量隐患时,

依本规程规定紧急收回。

2. 质量部确定某产品或批号为紧急收回产品时,应立即查找批生产记录有关成品库

卡,调出成品库卡同市场部销售记录台帐对照,在第一时间通知有关代理商或经销商,对该(批号)产品及时就地封存,已销售的产品要做好统计,对封存产品要及时收回公司,等待进一步处理意见。

3. 若为某批号产品紧急收回时,质量部应组织专门人员,对相关批号产品进行调查和再取样,确认相关批号产品无质量问题时,方可继续销售。

4. 对仍有未售出产品时,未销售产品就地封存,待重新确认,方可决定是否发货。

5.158 产品退货及处理标准管理规程

文件名称:	产品退货及处理标准管理规程		
文件编号:	XX/SMP-QA046		
起　　草:	年　月　日	修　　订:	
审　　核:	年　月　日	审　　核:	
批　　准:	年　月　日	批　　准:	年　月　日
执行日期:	年　月　日	执行日期:	年　月　日
编订依据:2010 年版《GMP》			
编订部门:质量部		颁发部门:质量部	
分发部门:总工办、质量部、市场部、物资部			

目的:为规范产品退货及退货处理规定,避免发生差错,特制定本规程。

范围:适用于本公司产品因各种原因造成的退货及退货处理规定。

责任人:市场部、质量部相关人员、成品库管员。

内容:

1. 产品退货规定

1.1 产品一经售出,无正当理由,一律不得退货。

1.2 因各种原因退回或收回的产品都要经过销售渠道。

1.3 市场部门接到退货通知后,提出退货申请,填写退货申请单,经部门主管核准,报公司领导及质量部。

1.4 质量部门应积极配合销售部门调查分析退货原因、协商是否退货及退货办法。

1.5 对同意退货或决定收回的产品,销售部门要严格按照产品退货或收回的书面程序进行退货或产品收回。

2. 退货处理规定

2.1 凡同意退货或收回的产品应在库房指定地点存放,并设明显标志。

2.2 所有退回产品,库管人员要检查销售记录,仔细核对产品的品名、规格、批号、数量,并做详细记录,建立台帐,经办人签字后,同时向质量部提出“退回产品处理申请”。

2.3 质量部应及时检查退(收)回产品,必要时进行抽检,出具检验报告,根据检查结果及检验报告,提出“退货处理报告”,登记“退回产品处理台帐”。

2.4 因质量原因收回或经检查存在内在质量问题的产品应在质量部的监督下销毁,涉及其他批号时一并销毁。

2.5 非产品质量原因退货及经质量部检验确认无质量问题的产品,并且未超出有效期的产品,由质量部会同市场部协商处理。

5.161　取样标准管理规程

文件名称：	取样标准管理规程		
文件编号：	XX/SMP-QA049		
起　　草：	年　月　日	修　　订：	
审　　核：	年　月　日	审　　核：	
批　　准：	年　月　日	批　　准：	年　月　日
执行日期：	年　月　日	执行日期：	年　月　日
编订依据：2010年版《GMP》			
编订部门：质量部		颁发部门：质量部	
分发部门：总工办、质量部、生产部、物资部			

目的：建立取样标准管理规程，使取样科学规范化。

范围：适用于原辅料、包装材料、中间体及成品的取样。

责任人：QA、QC、取样员、质监人员。

内容：

1. 总则

1.1 样品的科学取样是保证质检结果准确可靠的前提，必取严格按取样标准操作规程进行取样。

1.2 请验部门在做出初验后，出具请检单，请检单填写必须规范，否则抽样人员有权拒绝取样。

1.3 原辅料、包装材料初验合格后，由仓库保管员填写"请检单"，中间体、待包装品、成品由各车间指定人员按规定填写"请检单"，"请检单"一式两联，第一联通知取样员取样，第二联留存。

1.4 抽样人员收到请检单后应及时取样，取样时，注意核对样品与请检单一致，并保证所取样品，具有代表性，取样后及时贴上取样证。

1.5 岗位监督抽检按检验规定要求取样。

2. 取样环境

2.1 原辅料、内包装材料的取样在仓库取样车内进行取样。

2.2 其他包装材料在仓储区取样。

2.3 中间体取样在车间中间站取样。

2.4 岗位质量检测取样在各生产岗位。

2.5 成品的取样在车间外包间取样。

3. 取样人员

3.1 原辅料、包装材料、成品由质量部QA人员取样。

3.2 中间体由QA人员直接在车间中间站取样。

3.3 岗位检查用样品由质监人员和岗位人员取样。

4. 取样工具：剪刀、不锈钢勺、取样管、自封袋、玻璃瓶等。

4.1 取样工具应按规定的清洁规程进行清洁、贮藏；保证使用时对样品不造成污染。

4.2 取样工具不能与所取样品发生反应，影响样品质量。

5. 取样时间与取样量

5.1 取样时间原辅料、包装材料无特殊情况在收到请检单2日内进行取样，成品在装箱前进行取样，中间体在灌封前和灌封后外包装前进行取样，岗位检查抽样，按检验规定要求取样。

5.2 取样量

5.2.1 原辅料、包材

按批取样，总件数为n，当$n \leqslant 3$时，每件取样；当$3<n<300$时，抽样件数为$\sqrt{n}+1$；当$n>300$时，抽样件数为$\frac{\sqrt{n}}{2}+1$。原辅料取样量以3倍全检量为宜，包材取样量满足检验与留样要求即可，具体详见检验标准操作规程。需要留样观察的样品，取样量可适当增加，以满足留样观察期间测试所需。

5.2.2 中药材

按批取样，药材总包件在100件以下的，取样5件；100～1000件的，按5%取样；超过1000件的，超过部分按比例1%取样；不足5件的，逐件取样。

5.2.3 中间体、成品取样按中间体、成品检验标准操作规程中规定的量进行取样。

5.2.4 若检验失败或增加样品的留样量时，按增补留样的方式获得，保证产品的留样量。

6. 取样记录：取样后必须填写取样记录，内容包括取样日期、品名、规格、批号、数量、取样件数、来源，必要的取样说明，取样人签名等。

5.164 质量部检验工作标准操作规程

文件名称：	质量部检验工作标准操作规程		
文件编号：	XX/SOP-QA001		
起　草：	年　月　日	修　订：	
审　核：	年　月　日	审　核：	
批　准：	年　月　日	批　准：	年　月　日
执行日期：	年　月　日	执行日期：	年　月　日
编订依据：2010 年版《GMP》			
编订部门：质量部		颁发部门：质量部	
分发部门：质量部			

目的：建立质量部检验工作标准操作规程，使质量部检验工作程序化、标准化。

范围：本标准适用于本公司质量部检验工作管理。

责任人：QA 人员、QC 人员、QC 主任、质量部经理。

内容：

1. 取样员接到物资部或生产部发出的原辅料、中间体、成品请检单后，根据请检单严格按"取样标准操作规程"、"留样管理规程"取样。

2. 取样后在取样证上填写有关样品的品名、批号、取样日期和实际取样数量等内容，附被取样品上（要求每件附取样证）。

3. 取样员将所取样品进行分类，留样样品送交留样观察室管理员，检验样品及请检单送交 QC 主任。

4. QC 主任接到样品后应及时将样品和请检单分发至 QC 检验员。

5. QC 检验员根据请检单的要求按相应品种的质量标准和检验操作规程进行检验，并填写批检验记录，连同原始检验记录和图谱，送 QC 主任复核。

6. QC 主任逐项复核批检验记录和图谱，如无偏差，签名后送至质量部 QA 办。

7. QA 人员根据检验记录的结论出具检验报告书，报质量部经理审核后，将检验报告书和合格证（或不合格证）交库房管理员或生产部物料管理员。

8. 以上过程必须在规定的时间内完成，有微生物限度检查项目的检验周期为 3 ~ 6 天，无微生物限度检查和含量测定的检验周期为 3 天。无微生物限度检查但有含量检查的检验周期为 2 天。（该规定只实用于无复检情况，如复检，则需延长检验周期）

5.165 企业内控标准的制定、修改、审核、批准标准操作规程

文件名称：	企业内控标准的制定、修改、审核、批准标准操作规程		
文件编号：	XX/SOP -QA002		
起　草：	年　月　日	修　订：	
审　核：	年　月　日	审　核：	
批　准：	年　月　日	批　准：	年　月　日
执行日期：	年　月　日	执行日期：	年　月　日
编订依据：2010 年版《GMP》			
编订部门：质量部		颁发部门：质量部	
分发部门：质量部、总工办			

目的：建立企业内控标准的制定、修改、审核、批准标准操作规程，确保药品质量，使公司生产的药品在法定标准的基础上进一步提高。

范围：适用于原辅料、包装材料、中间体、成品企业内控标准的制定、修改、审核和批准。

责任人：质量部经理、QA、总工。

内容：

1. 企业内控标准由质量部经理根据法定标准及近两年来产品的质量情况统计分析表来制定，并在法定标准的基础上有一定提高。

2. 质量部门将制定的内控标准草案会同生产部、总工办进行讨论，提出修改意见，形成共同认可的公司内控标准初步方案。

3. 将已经过质量部、总工办、生产部门讨论修改过的内控标准方案交质量部经理审核、总工程师批准。

4. 由质量部经理将总工批准签发的药品内控标准以技术文件的形式发到公司各有关部门，并规定新标准执行日期即旧标准作废日期。

5. 内控标准需修改时，由提出者填写“技术文件修改申请表”交质量部审核，按 2-4 规定进行审核、批准、生效。

5.171　成品取样标准操作规程

文件名称：	成品取样标准操作规程		
文件编号：	XX/SOP-QA008		
起　　草：	年　月　日	修　　订：	
审　　核：	年　月　日	审　　核：	
批　　准：	年　月　日	批　　准：	年　月　日
执行日期：	年　月　日	执行日期：	年　月　日
编订依据：2010 年版《GMP》			
编订部门：质量部		颁发部门：质量部	
分发部门：质量部			

目的：建立成品的取样操作规程，使成品的取样操作规范化、标准化.

范围：适用于本公司成品的取样。

责任人：取样员、QC 主任、质量部经理。

内容：

1. 取样前准备工作

1.1 质量部取样人员收到车间物料统计员请检单后，做好以下工作：

1.1.1 根据请检单上的品名、规格、数量件数、请验目的等计算取样样本数、取样量，原则如下（n 为成品总包件数）：

$n \leqslant 3$　　每件均抽

$n \leqslant 300$　　$\sqrt{n}+1$

$n > 300$　　$\frac{\sqrt{n}}{2}+1$

1.1.2 取样量至少为一次全检量的 3 倍。

1.2 到请检单上的地点取样。为便于生产管理及产品销售，根据生产的理论件数确定取样量后，直接从外包装线上分时段抽取样品（在外包装的前、中、后三个包装过程取样）。

2. 取样结束

2.1 取样员贴上取样证并填写取样记录。

2.2 将样品交 QC 主任，进行分样。

5.173 纯化水取样标准操作规程

文件名称:	纯化水取样标准操作规程		
文件编号:	XX/SOP-QA010		
起　草:	年　月　日	修　订:	
审　核:	年　月　日	审　核:	
批　准:	年　月　日	批　准:	年　月　日
执行日期:	年　月　日	执行日期:	年　月　日
编订依据:2010 年版《GMP》			
编订部门:质量部		颁发部门:质量部	
分发部门:质量部			

目的:建立纯化水的取样操作规程 ,使纯化水的取样操作规范化、标准化。

范围:适用于本公司纯化水的取样。

责任人:取样员 、QC 主任、质量部经理。

内容:

1. 由取样人员按规定时间进行取样。(每个取样口每月至少取样 1 次)

2. 在同一个水源,同一个时间采取几个水样时,用作细菌学检验的水样应先采取,避免采样点被污染。

3. 带上取样工具(消毒棉球)和盛装样品的带塞无菌三角瓶到指定地点取样。

3.1 取样工具:

3.1.1 广口瓶(1500ml 供理化检验取样用)。

3.1.2 经灭菌的具塞锥形瓶(250ml 供微生物检查用)。

3.1.375% 酒精棉球。

3.2 取样步骤:

3.2.1 取样周期:按《纯化水定期监测制度》规定。

3.2.2 取样点:按《纯化水定期监测制度》规定。

3.3 取样方法:

3.3.1 放水冲洗取样口 10 秒钟后采样,用广口瓶接取样点之水,冲洗瓶内 3 次,装取所需水量,密封。

3.3.2 供微生物学检查的样品:用 75% 酒精棉擦拭取样点水阀表面两遍进行消毒, 打开水阀,放流 10 秒, 调节阀门,调整至适宜流量。用 75% 酒精棉消毒手部及广口瓶外表, 用广口瓶接取样点之水,冲洗瓶内 3 次,装取所需水量,密封。用做微生物学检验的样品,一般从取样到检验不应超过 2 小时。条件不允许立即检验时,应冷藏保存,但保存时间不能超过 6 小时。

4. 取样结束

取样员填写取样记录;将样品交 QC 主任,进行分样。

5.176 成品审核放行标准操作规程

文件名称:	成品审核放行标准操作规程		
文件编号:	XX/SOP-QA013		
起　草:	年　月　日	修　订:	
审　核:	年　月　日	审　核:	
批　准:	年　月　日	批　准:	年　月　日
执行日期:	年　月　日	执行日期:	年　月　日
编订依据:2010 年版《GMP》			
编订部门:质量部		颁发部门:质量部	
分发部门:质量部			

目的：建立一个成品审核放行的操作规程，使审核放行规范化、标准化。

范围：适用于本公司的成品审核放行。

责任人：质量部经理、QA、QA主任。

内容：

1. 审核标准

1.1 成品质量审核由质量部QA负责成品审核放行工作。

1.2 审核人需严格按本规程进行成品的审核，审核项目完整、无误。

1.3 成品完成的三天内，生产部必须将批生产记录、批包装记录，交给质量部，质量审核人员须一天内进行审核。

1.4 审核内容

1.4.1 起始物料有合格报告书。

1.4.2 生产过程符合GMP要求，符合工艺、主配方要求。操作执行批准的标准操作程序。

1.4.3 批生产记录、批包装记录填写正确，完整无误，各项均符合规定要求。

1.4.4 物料平衡，符合规定限度。

1.4.5 生产过程如有偏差，是否执行《偏差处理规程》，处理措施正确无误，手续齐备，符合要求。

1.4.6 现场监控记录完整，准确无误，与批生产记录、批包装记录各项一致无误。

1.4.7 生产流转准确无误。

1.4.8 半成品检验合格报告单完整、正确、无误。

1.4.9 成品取样执行批准的取样规程，取样符合要求。

1.4.10 成品检验执行批准的质量标准和标准操作程序。

1.4.11 检验记录完整、准确，复核人复核无误，遇特殊情况有详细书面说明和批准手续。

2. 放行程序

2.1 审核人员对以上内容审核无误后，填写成品放行审核单。

2.2 质量部经理批准

质量部经理对成品放行审核单与检验报告书进一步审核无误，符合规定标准后，在报告书上签名放行。

2.3 QA审核人员将检验合格报告书发放至库房管理员及车间物料统计员，仓库管理员及车间统计物料员办理入库手续后方可放行出库。

3. 凡上述各项有误者不准放行。

5.177 不合格原辅料、包装材料的处理标准操作规程

<table>
<tr><td>文件名称：</td><td colspan="3">不合格原辅料、包装材料的处理标准操作规程</td></tr>
<tr><td>文件编号：</td><td colspan="3">XX/SOP -QA014</td></tr>
<tr><td>起　草：</td><td>年　月　日</td><td>修　订：</td><td></td></tr>
<tr><td>审　核：</td><td>年　月　日</td><td>审　核：</td><td></td></tr>
<tr><td>批　准：</td><td>年　月　日</td><td>批　准：</td><td>年　月　日</td></tr>
<tr><td>执行日期：</td><td>年　月　日</td><td>执行日期：</td><td>年　月　日</td></tr>
<tr><td colspan="4">编订依据：2010年版《GMP》</td></tr>
<tr><td colspan="2">编订部门：质量部</td><td colspan="2">颁发部门：质量部</td></tr>
<tr><td colspan="4">分发部门：质量部、物资部</td></tr>
</table>

目的：建立不合格原辅料、包装材料的处理标准操作规程，防止不合格物料流入生产及使用环节中。

范围：适用于公司所有不合格原辅料、包装材料的处理。

责任人：仓库保管员、QA、质量部经理。

内容：

1. 当公司购入的原辅料、包装材料、经公司质量部检验不符合所要求的质量标准时，按下列程序处理：

1.1 QC将检验原始记录和不合格品检验报告单送质量部QA审核评价。

1.2 质量部 QA 对照物料出厂报告单、质量标准审核检验原始记录、不合格品检验报告单,做出“拒绝使用”和“销毁处理”结论,审核原则为“原辅料、包装材料质量标准”及“原辅料、包装材料质量检验标准操作程序”,并报质量部经理审核签署意见,报总工程师批准。

1.3 QA 检查员将处理结论及标识牌送有关部门。

1.4 对“拒绝使用”和“销毁”的原辅料、包装材料在 QA 检查员和仓库保管员的监督下,由搬运人员将物料移至不合格品区,由 QA 检查员挂上“拒绝使用”或“销毁”标识牌。

1.5 对“拒绝使用”的原辅料和包装材料由物料部及时联系供应商办理退货手续。在五个工作日内处理完成。

1.6 对“销毁”的原辅料和包装材料由物资部通知供应商,在 QA 检查员监督下销毁,

并做好销毁记录。执行人和监督销毁人分别签字确认。

5.179 设备清洁监测取样标准操作规程

文件名称:	设备清洁监测取样标准操作规程		
文件编号:	XX/SOP-QA016		
起　　草:	年　月　日	修　　订:	
审　　核:	年　月　日	审　　核:	
批　　准:	年　月　日	批　　准:	年　月　日
执行日期:	年　月　日	执行日期:	年　月　日
编订依据:2010 年版《GMP》			
编订部门:质量部		颁发部门:质量部	
分发部门:质量部			

目的:建立设备清洁监测取样标准操作规程,作为设备清洁监测取样的依据。

范围:本规程适用于本公司设备清洁监测的取样。

责任人:QC 检验人员、QA 监控员

内容:

1. 取样前准备工作

1.1 质量管理部取样人员收到操作工检验通知单后,做好以下准备工作:

1.1.1 准备取样器具及辅助工具(均为清洁用具)。

1.1.2 到规定地点取样。

1.1.3 核对状态标记,设备为已清洁状态。

1.1.4 按取样原则随机规定取样点(关键点),并对其取样。

2. 取样

2.1 取样地点:设备安装操作间

2.2 取样程序

2.2.1 用取样器具对设备生产关键部位进行取样。

2.2.2 将样品放于样品盛装容器内,封口,做好标记(设备名称、型号)。

2.2.3 填写取样记录,内容包括,设备名称、型号、取样时间,取样地点、取样人。

3. 取样结束:对样品进行检验。

4. 取样器具的清洗。

4.1 用饮用水冲洗,放入盛有洗洁精水溶液中浸泡 30 分钟。

4.2 用适宜的毛刷刷洗数次,用饮用水冲洗至无泡沫。

4.3 以纯水荡洗三遍,晾干。

4.4 干燥后,置 121℃30 分钟灭菌,烘干备用。

5.180 工艺用水质量监控标准操作规程

文件名称：	工艺用水质量监控标准操作规程		
文件编号：	XX/SOP-QA017		
起　草：	年　月　日	修　订：	
审　核：	年　月　日	审　核：	
批　准：	年　月　日	批　准：	年　月　日
执行日期：	年　月　日	执行日期：	年　月　日
编订依据：2010 年版《GMP》			
编订部门：质量部		颁发部门：质量部	
分发部门：质量部、工程部			

目的：建立工艺用水质量监控标准操作规程，使工艺用水质量监控标准化、规范化。

范围：适用于本公司工艺用水的质量监控。

责任人：QA 监控员、制水员、QC 检验员。

内容：

1. 监控频次：1 次/日。

2. 监控内容：

2.1 质量部的取样检验

2.1.1 监控人：QC 检验员。

2.1.2 检验频次

饮用水全检半年一次，微生物检查每月一次，纯化水全检每周一次。

2.1.3 取样点：二级水贮水罐出水口及车间各用水点。

2.1.4 检验项目及方法：全检，按纯化水检验操作规程及饮用水检验操作执行。

2.1.5 全部项目检验合格后出具检验合格报告书，批准供应及使用。否则不准供应和使用。

2.1.6 节假日或生产使用部门停工三天以上的，在开工前应取样检测。

2.1.7 发生异常情况或不合格时，应增加监控频次或缩短取样时间。

2.2 制水过程监控

2.2.1 监控人：QA 监控员

2.2.2 监控频次：1 ~ 2 次/日。

2.2.3 监控内容：

——操作环境是否整洁、有序。

——操作人员的操作是否执行软水处理标准操作程序与纯水系统标准操作程序。

——水质是否按规定进行水质分析，检测记录是否完整，水质是否合格。

——水处理系统是否按批准的纯水系统检修、维护保养标准操作程序进行清洁、消毒。

——水处理系统运行记录、清洁记录等是否完整。

2.3 水质日常监控

2.3.1 监控人：制水站水质化验员。

2.3.2 监控频次：2 次/日。

2.3.3 监控内容

酸碱度　取本品 10ml，加甲基红指示液 2 滴，不得显红色；另取 10ml，加溴麝香草酚蓝指示液 5 滴，不得显蓝色。

氯化物、硫酸盐与钙盐　取本品，分置三支试管中，每管各 50ml。第一管中加硝酸 5 滴与硝酸银试液 1ml，第二管中加氯化钡试液 2ml，第三管中加草酸铵试液 2ml，均不得发生浑浊。

5.184 成品质量监控标准操作规程

文件名称:	成品质量监控标准操作规程		
文件编号:	XX/SOP-QA022		
起　　草: 　　年　月　日		修　　订:	
审　　核: 　　年　月　日		审　　核:	
批　　准: 　　年　月　日		批　　准:	年　月　日
执行日期: 　　年　月　日		执行日期:	年　月　日
编订依据:2010 年版《GMP》			
编订部门:质量部		颁发部门:质量部	
分发部门:质量部			

目的:建立成品质量监控标准操作规程,使成品质量监控标准化、规范化。

范围:适用于本公司成品的质量监控。

责任人:QA 监控员。

内容:

1. 监控频次:1 ~2 次/日。

2. 成品的入库检查:

2.1 检查成品入库单与实物是否一致。

2.2 外包装是否完好、清洁。

2.3 在质量部审核合格发放成品合格报告书前,是否将成品置于待检区,挂黄色“待验”标示牌。

2.4 检查成品出入库记录,外包装标记、数量应与入库凭单一致,与实物状态标记相符。

3. 成品的贮存检查

3.1 检查成品库库房是否完好,照明、通风是否完好,检查温度,湿度记录,抽查实际温湿度,均应符合贮存条件。一般成品库温度宜<30℃,相对湿度宜<75% 。

3.2 库区卫生整洁、干净。

3.3 成品分类、分批、分区置于托板上,堆放整齐。五距(墙距、灯距、顶距、垛距、

底距)合理,有效防止污染。

3.4 状态标示正确:绿色/合格,红色/不合格,黄色/待检。

3.5 效期产品:状态标示醒目,当距有效期尚有一年时,填《催促销售通知单》。不合格品,退货成品须有醒目的状态标记。

3.6 成品在质量部审核合格,批准放行前应置于待验状态贮存,不得出厂。

3.7 特殊药品、贵重药品、剧毒药品均应分库、分区(柜)保存,应双人双锁保管。

3.8 检查成品货位卡是否完整,填写是否正确,抽查帐、卡、物是否一致。

3.9 检查防虫、防鼠记录以及防虫、防鼠设施是否完好。

4. 成品的发放监控

4.1 复核出库成品与成品提货单的一致性,外包装完好,贵重药品、剧毒药品双人发货、双人复核,分别签名。

4.2 有质量部发放的成品合格报告书方可放行,否则不准出厂。

4.3 按先进先出的原则发放。

4.4 每批均有销售记录,并按规定要求填写,内容包括产品名称、规格、批号、数量、入库量、发放量、结存量、零头发货去向,且详细、真实、准确。

4.5 内包装破损的药品禁止销售。

4.6 不合格品不准出厂销售。

4.7 过期药品不准出厂销售,执行批准的销毁标准管理规程。

5. 质量部 QA 监控员对以上所有的检查均要记录并存档。对检查不合格项目发放限期整改通知书,一式两份,一份留存于监控记录背面,仓库保管员接到限期整改通知书后应立即整改, QA 监控员审核并再次检查直至合格。

5.185　车间原辅料暂存室现场监控标准操作规程

文件名称：	车间原辅料暂存室现场监控标准操作规程		
文件编号：	XX/SOP-QA023		
起　草：	年　月　日	修　订：	
审　核：	年　月　日	审　核：	
批　准：	年　月　日	批　准：	年　月　日
执行日期：	年　月　日	执行日期：	年　月　日
编订依据：2010年版《GMP》			
编订部门：质量部		颁发部门：质量部	
分发部门：质量部、生产部			

目的：建立车间原辅料暂存室现场监控标准操作规程，使车间原辅料暂存室现场监控标准化、规范化。

范围：适用于本公司生产车间原辅料暂存室的监控管理。

责任人：QA监控员、技术员。

内容：

1. 监控频次：1～2次/日。

2. 监控内容：

2.1 原辅料暂存室环境是否干净整洁。

2.2 抽查温湿度：温度应处于18～26℃范围内，相对湿度应处于45～65%范围内。

2.3 物料是否按生产指令限额领取和发放。

2.4 暂存室物料是否检验合格，有质量部检验合格报告书，且在使用期限内。

2.5 物料内包装是否完好、密封，是否按规定置于清洁的桶内，然后放在清洁的备料架上。

2.6 物料是否分类、分批号存放，整齐有序。

2.7 状态标记应符合规定：绿色/合格、红色/不合格、黄色/待检。

2.8 物料货位卡是否填写清晰、正确，抽查账、卡、物是否一致。

2.9 物料的发放是否执行先进先出的原则，正常情况下物料在车间暂存时间不得超过3天。

3. 质量部QA监控员对以上所有的检查均要记录并存档。对检查不合格项目发放限期整改通知书，一式两份，一份留存于监控记录背面，物料统计员接到限期整改通知单后应立即整改，写整改实施报告交QA监控员审核并再次检查直至合格。

5.189　外包装现场监控标准操作规程

文件名称：	外包装现场监控标准操作规程		
文件编号：	XX/SOP-QA031		
起　草：	年　月　日	修　订：	
审　核：	年　月　日	审　核：	
批　准：	年　月　日	批　准：	年　月　日
执行日期：	年　月　日	执行日期：	年　月　日
编订依据：2010年版《GMP》			
编订部门：质量部		颁发部门：质量部	
分发部门：质量部			

目的:建立外包装现场监控标准操作规程,使外包装现场监控标准化、规范化,确保生产包装质量。

范围:适用于本公司外包装的现场监控。

责任人:QA 监控员

内容:

1. 监控频次:3 ~4 次/日。

2. 开工前检查

2.1 生产区:干净、整洁,有清场合格证,且在清场效期内。

2.2 生产区设备:清洁,有完好状态标示。

2.3 容器、器具:清洁。

2.4 操作人员:工装整齐、洁净(平整无破损,穿戴符合人员出入生产区标准操作程序),个人卫生符合要求。

2.5 生产指令:正确无误。

2.6 无前次生产遗留物及与本批次无关的记录和杂物。

2.7 包装材料标示清楚,与生产指令一致,有质量部检验合格证,码放整齐。

2.8 计量器具:有校验合格证,并在有效期内。

以上各项检查均符合规定要求,QA 监控员记录检查结果并发放生产许可证,准许开工生产。否则不准开工生产。

3. 过程监控

3.1 标签、说明书是否凭批包装指令计数领用,领用人核对并签名。

3.2 操作控制:执行工艺规程及相应操作规程。

3.3 生产现场的物料:标示正确、清楚(包括品名、规格、批号、数量等),放置整齐。随机抽查重量标记是否与实物相符。

3.4 生产现场卫生:整洁有序,不得将废弃物随地乱扔。

3.5 标签:检查标签发放单(接收、发放、退回、破损、销毁、不合格数量等)。检查标签实用量是否与包装指令相同。

3.6 包装材料:配套(与包装指令),实物正确性,文字内容,印刷色泽、尺寸、材质等,操作者在使用中须逐一检查,印有与标签相同内容的包装材料视同标签管理。

3.7 同一外包间同时进行同品种不同规格的包装时,必须有有效隔断,不得混淆。

3.8 批号打印:清晰,正确。

3.9 包装操作:操作人员在包装过程中应逐一检查待包装品有无缺、漏、残,标签、说明书及包材是否正确。抽查包装数量是否正确,外观是否整洁。

3.10 打包:外观整洁,捆扎结实,逐箱检查是否有缺漏。

3.11 生产偏差:执行偏差处理管理规程,并有记录。

3.12 原始记录:填写真实、准确、完整、及时。

4. 清场检查

4.1 物料:彻底清除所有剩余物料,办理退库手续,生产现场不得有任何上批遗留物。报废包装材料是否按规定及时销毁并记录。

4.2 设备:清洁,状态标记正确、清楚。

4.3 容器:清洁,码放整齐。

4.4 地面、墙面、台面、门窗、工具等:清洁。

4.5 清场符合要求,清场记录完整、正确。QA 监控员审核检查结果,并在《清场记录》上签字,发放《清场合格证》,否则不准使用并令其限期整改。

5.194 取样车标准操作规程

文件名称:	取样车标准操作规程		
文件编号:	XX/SOP-QA036		
起　草:	年　月　日	修　订:	
审　核:	年　月　日	审　核:	
批　准:	年　月　日	批　准:	年　月　日
执行日期:	年　月　日	执行日期:	年　月　日
编订依据:2010 年版《GMP》			
编订部门:质量部		编订部门:质量部	
分发部门:质量部、物资部			

目的:建立取样车操作规程,使取样车操作规范化、标准化.

范围:本标准适用于本公司取样车。

责任人:取样员、QA主任、QC主任、质量部经理。

内容:

1. 打开取样车物料进口,将取样器具放置规定位置。

2. 将物料放入取样车内,根据物料高度调整垫板至适宜位置,关闭物料进口。

3. 插上电源,启动空气过滤器,吹风10分钟,开启照明灯。

4. 取样员由取样处进行取样,样品封口,放入样品出口;密封物料取样口。

5. 关闭空气过滤器、照明灯。

6. 打开取样车物料进口,取出物料,关闭物料出口;由取样车样品出口取出样品。

7. 每周用75%乙醇(0.1%新洁尔灭溶液)消毒。

5.195　取样车清洁标准操作规程

文件名称:	取样车清洁标准操作规程		
文件编号:	XX/SOP-QA037		
起　草:	年　月　日	修　订:	
审　核:	年　月　日	审　核:	
批　准:	年　月　日	批　准:	年　月　日
执行日期:	年　月　日	执行日期:	年　月　日
编订依据:2010年版《GMP》			
编订部门:质量部		颁发部门:质量部	
分发部门:质量部、物资部			

目的:建立取样车清洁标准操作规程,确保取样车环境符合取样要求。

范围:适用于取样车清洁。

责任人:取样员、QC人员、QC主任、质量部经理。

内容:

1. 清洁方法:

1.1 清除残留在车内的物料。

1.2 用洁净抹布分别蘸饮用水、纯化水擦干净取样车的内表面、车遮帘等。

1.3 用75%乙醇对取样车内表面层流罩进行擦拭。

1.4 再用饮用水、纯化水分别清洗取样车的外表面。

1.5 开启风机自净。经QA检查确认。

1.6 挂“已清洁”状态标志牌。

5.196 粉碎现场监控标准操作规程

文件名称:	粉碎现场监控标准操作规程		
文件编号:	XX/SOP-QA038		
起　草:	年　月　日	修　订:	
审　核:	年　月　日	审　核:	
批　准:	年　月　日	批　准:	年　月　日
执行日期:	年　月　日	执行日期:	年　月　日
编订依据:2010年版《GMP》			
编订部门:质量部		颁发部门:质量部	
分发部门:质量部			

目的：建立粉碎现场监控的操作规程，使粉碎现场监控标准化、规范化。

范围：适用于本公司粉碎工序的现场监控。

责任人：QA 监控员

内容：

1. 监控频次：3～4 次/日。

2. 开工前检查

2.1 生产区：干净、整洁，有清场合格证。

2.2 生产区设备：清洁，有完好状态标示。

2.3 容器、器具：清洁。

2.4 操作人员：工装整齐（平整、完好，穿戴符合人员进出生产区标准操作程序中有关规定）、洁净，个人卫生符合要求（不化妆、不留指甲、不佩带饰物、手表等）。

2.5 生产指令：正确无误。

2.6 无前次生产遗留物及与本批次无关的记录和杂物。

2.7 物料标示清楚，与生产指令一致，有质量部检验合格证，放置整齐有序。

2.8 计量器具：有校验合格证，并在使用期内。

以上各项检查均符合规定要求，QA 监控员记录检查结果并在批生产记录上签字准许开工生产。否则不准开工生产。

3. 过程监控

3.1 物料称量：一个人称，另一个人对品名、规格、批号、数量等进行复核。

3.2 操作控制：执行工艺规程及粉碎岗位操作规程等。

3.3 生产现场的物料：标示正确、清楚，整齐有序。随机抽查物料标示是否与实物相符

3.4 生产现场卫生：注意维持现场的清洁，不得有物料散落地面、设备上，发现散落物料或污染及时清洁。

3.5 人员操作卫生：不得大声喧哗，不得敞门操作，不得摘下口罩操作或说话。应避免剧烈运动，动作应轻缓，不得裸手直接接触药物。

3.6 粉碎

3.6.1 检查筛网规格是否符合生产工艺要求。

3.6.2 检查排风除尘装置的运行是否正常。

3.6.3 中间体：检查过筛后细粉的色泽与粒度是否均匀，无异物，无团块。

3.7 生产偏差：执行偏差处理管理规程，并有记录。

3.8 原始记录：填写真实、准确、完整、及时。

4. 清场检查

4.1 物料：按其类别分别存放于适当位置，外包装清洁，状态标示正确（包括品名、规格、批号、数量、总件数等）。

4.2 设备：清洁，状态标示正确、清楚。

4.3 容器：清洁，存放于容器间。

4.4 地面、墙面、台面、门窗、工具等：清洁。

4.5 清场符合要求，清场记录完整、正确。QA 监控员记录检查结果，发放清场合格证，否则不准使用并令其限期整改。

5.197 胶囊填充、抛光现场监控标准操作规程

文件名称：	胶囊填充、抛光现场监控标准操作规程		
文件编号：	XX/SOP-QA042		
起　　草：	年　月　日	修　　订：	
审　　核：	年　月　日	审　　核：	
批　　准：	年　月　日	批　　准：	年　月　日
执行日期：	年　月　日	执行日期：	年　月　日
编订依据：2010 年版《GMP》			
编订部门：质量部		颁发部门：质量部	
分发部门：质量部			

目的：建立胶囊填充、抛光现场监控的操作规程，使胶囊填充、抛光现场监控标准化、规范化。

范围：适用于本公司胶囊填充、抛光工序的现场监控。

责任人：QA 监控员

内容：

1. 监控频次：3～4 次/日。

2. 开工前检查

2.1 生产区：干净、整洁，有清场合格证。

2.2 生产区设备：清洁，有完好状态标示。

2.3 容器、器具：清洁。

2.4 操作人员：工装整齐（平整、完好，穿戴符合人员进出生产区标准操作程序中有关规定）、洁净，个人卫生符合要求（不化妆、不留指甲、不佩带饰物、手表等）。

2.5 生产指令：正确无误。

2.6 无前次生产遗留物及与本批次无关的记录和杂物。

2.7 物料标示清楚，与生产指令一致，有质量部检验合格证，放置整齐有序。

2.8 计量器具：有校验合格证，并在使用期内。

以上各项检查均符合规定要求，QA 监控员记录检查结果并在批生产记录上签字准许开工生产。否则不准开工生产。

3. 过程监控

3.1 物料称量：一个人称，另一个人对品名、规格、批号、数量等进行复核。

3.2 操作控制：执行工艺规程及粉碎岗位操作规程等。

3.3 生产现场的物料：标示正确、清楚，整齐有序。随机抽查物料标示是否与实物相符

3.4 生产现场卫生：注意维持现场的清洁，不得有物料散落地面、设备上，发现散落物料或污染及时清洁。

3.5 人员操作卫生：不得大声喧哗，不得敞门操作，不得摘下口罩操作或说话。应避免剧烈运动，动作应轻缓，不得裸手直接接触药物。

3.6 胶囊填充、抛光

3.6.1 装量差异：每 1 小时抽查 1-2 次，每次抽 10 粒胶囊，分别称重，重量超出标示量±7.5% 的不超过 2 粒，并不得有 1 粒超出标示量的±10%。

3.6.2 外观：随机抽查胶囊是否光洁，无杂色斑点，无劈裂，无粘连，无漏粉。

3.7 生产偏差：执行偏差处理管理规程，并有记录。

3.8 原始记录：填写真实、准确、完整、及时。

4. 清场检查

4.1 物料：按其类别分别存放于适当位置，外包装清洁，状态标示正确（包括品名、规格、批号、数量、总件数等）。

4.2 设备：清洁，状态标示正确、清楚。

4.3 容器：清洁，存放于容器间。

4.4 地面、墙面、台面、门窗、工具等：清洁。

4.5 清场符合要求，清场记录完整、正确。QA 监控员记录检查结果，发放清场合格证，否则不准使用并令其限期整改。

5.206 标签、说明书及包材质量监控记录

标签、说明书及包材质量监控记录（贮存与发放）

日期：＿＿＿＿年＿＿月＿＿日　　　至＿＿＿＿年＿＿月＿＿日　　　编号：

<table>
<tr><th colspan="2" rowspan="2">序号</th><th rowspan="2">检查项目</th><th colspan="14">检查记录</th></tr>
<tr><th colspan="2">星期一</th><th colspan="2">星期二</th><th colspan="2">星期三</th><th colspan="2">星期四</th><th colspan="2">星期五</th><th colspan="2">星期六</th><th colspan="2">星期日</th></tr>
<tr><td>贮存</td><td>1</td><td>标签、说明书是否单独存放，专人保管。（印有与标签内容相同的包材是否按标签管理。）</td><td></td><td></td><td></td><td></td><td></td><td></td><td></td><td></td><td></td><td></td><td></td><td></td><td></td><td></td></tr>
</table>

续表

序号		检查项目	检查记录													
			星期一		星期二		星期三		星期四		星期五		星期六		星期日	
贮存	2	环境是否干净、整洁，通风是否良好。	□	□	□	□	□	□	□	□	□	□	□	□	□	□
	3	抽查现场温湿度。(贮存温度：≤30℃，相对湿度≤70%。)	□	□	□	□	□	□	□	□	□	□	□	□	□	□
	4	物料是否整齐码放于托板上(或柜子中)，间距是否合理，有效防止混淆。	□	□	□	□	□	□	□	□	□	□	□	□	□	□
	5	状态标记是否符合要求：绿色/合格，红色/不合格。	□	□	□	□	□	□	□	□	□	□	□	□	□	□
	6	外包装是否清洁。	□	□	□	□	□	□	□	□	□	□	□	□	□	□
	7	物料是否请验，取样证和取样数是否符合取样方案，是否定期复验。	□	□	□	□	□	□	□	□	□	□	□	□	□	□
	8	抽查物料帐、卡、物是否一致。	□	□	□	□	□	□	□	□	□	□	□	□	□	□
	9	防虫、防鼠、防霉变措施的执行。	□	□	□	□	□	□	□	□	□	□	□	□	□	□
发放	1	是否经质量部抽查合格。	□	□	□	□	□	□	□	□	□	□	□	□	□	□
	2	是否执行先进先出的原则。	□	□	□	□	□	□	□	□	□	□	□	□	□	□
检查结论																
QA 质监员																
备注			检查符合规定打“√”，检查不符合规定打“×”。													

审核：

5.210 成品质量月报

成品质量月报

成品名称	本月计划		本月完成		累计		备注
	合格品	不合格品	合格品	不合格品	合格品	不合格品	
质量简况							

负责人：　　　　　　　　　　　　　　　　　　　　制表人：

5.217　用户投诉处理记录

用户投诉记录

编号	日期	姓名	性别	年龄	药品名称	电话	通讯地址	邮编	投诉内容

5.218　自检报告

XXXX 药业有限公司
自检报告

<table>
<tr><td>检查部门</td><td></td><td>检查日期</td><td></td><td>自检负责人</td><td></td><td>报告日期</td><td></td></tr>
<tr><td>自检人员</td><td colspan="7"></td></tr>
<tr><td>项目</td><td colspan="3">整改内容</td><td>负责部门</td><td>整改期限</td><td colspan="2">整改完成情况</td></tr>
<tr><td></td><td colspan="3"></td><td></td><td></td><td colspan="2"></td></tr>
<tr><td colspan="8">备注：</td></tr>
</table>

审核：

5.219　质量部自检记录

XXXX 药业有限公司
自检记录

<table>
<tr><td>自检部门</td><td></td><td>自检日期</td><td></td><td>自检人</td><td colspan="2"></td></tr>
<tr><td rowspan="2">自检项目</td><td colspan="3">内容</td><td colspan="3">自检结果</td></tr>
<tr><td colspan="3"></td><td colspan="3"></td></tr>
<tr><td rowspan="2">预防整改措施</td><td colspan="3" rowspan="2"></td><td>评价</td><td colspan="2"></td></tr>
<tr><td>结论</td><td colspan="2">部门主管：
日期：</td></tr>
</table>

6 财 务 部

6.1 财务部工作职责

文件名称:	财务部工作职责		
文件编号:	XX/RY-CW001		
起　　草:	年　月　日	修　　订:	
审　　核:	年　月　日	审　　核:	
批　　准:	年　月　日	批　　准:	年　月　日
执行日期:	年　月　日	执行日期:	年　月　日
编订依据:2010 年版《GMP》			
编订部门:财务部		颁发部门:财务部	
分发部门:财务部、人事行政部			

目的:明确财务部工作职责,使公司的财务管理工作规范进行。

范围:适用于公司财务部经理。

责任人:财务部经理。

内容:

1. 根据公司发展需要科学的规划,组织筹划和供应各项资金。

2. 严格控制生产、经营全过程的成本费用。

3. 组织资金的回收、加快资产运转速度。

4. 监督检查公司的各项财务活动和财务计划的执行情况。

5. 全面正确反应财务状况、财务成果。

6. 贯彻执行国家政策、法律、法规、监督遵守财务制度、财经纪律,保证公司财产及资金完整。

7. 按照企业财务制度,制定公司的财务内部管理,财务核算方法和财务核算程序;

8. 组织资金供应,合理节约使用资金,提高资金的利用效果,满足生产经营活动的资金需要;

9. 真实反映财务结果,发现违反财经律、财务制度的问 ,及时纠正、对拒绝不接受意见的报请总经理处理。

10. 定期分析财务指标的完成情况,指出管理的漏洞,提出改善经营管理的建议和措施;

11. 参加经营管理会议,运用财务核算资料,每季定期分析经济结果,为领导提供可靠信息,预测经济前景,当好参谋。

7 市 场 部

7.1 市场部工作职责

文件名称:	市场部工作职责		
文件编号:	XX/RY-XS001		
起　　草:	年　月　日	修　　订:	
审　　核:	年　月　日	审　　核:	
批　　准:	年　月　日	批　　准:	年　月　日
执行日期:	年　月　日	执行日期:	年　月　日
编订依据:2010 年版《GMP》			
编订部门:市场部		颁发部门:市场部	
分发部门:市场部、人事行政部			

目的:建立市场部工作职责;明确部门职能和工作权限范围。

范围:适用于市场部全体员工。

责任人:市场部全员。

内容:

1. 制定、执行市场调查方案,监控市场动向,收集竞争产品资料,做出市场分析,为公司领导制定销售策略和经费决策提供依据。

2. 负责草拟公司产品的整体销售计划,监控销售计划的执行情况。

3. 依据公司整体销售计划合理确定产品市场需要量、经销商的储备量,编制产品生产供应计划。

4. 协助销售代表对经销商进行甄选;控制产品销售渠道。

5. 负责发出产品、应收帐款、库存产品的原始台帐登记。及时报出各核算期的各种销售帐务报表。

6. 监督销售人员的回款目标完成情况,控制应收帐款信用额度的使用;与销售人员、经销商核对帐目,保证公司货、款清晰,防止呆帐。

7. 建立公司的品牌形象,提高公司知名度,收集媒介信息,协调媒介关系,监控、评估媒介计划的执行情况及发布效果。

8. 制定产品促销方案,监控方案的实施情况及评估效果。

9. 负责公司产品销售的资料管理,包括客户资料、产品资料、销售人员资料的管理。

10. 负责产品成品、退货的储存、调运、处理工作,严格按照GMP规范做好仓储的管理。

11. 负责的产品售后的服务工作,及时处理市场的反馈信息,更好地满足客户需求,以提高企业竞争能力。

12. 协调各级市场的销售活动。

13. 完成领导交办的其他工作。

7.6　市场部销售人员岗位职责

文件名称:	市场部销售人员岗位职责		
文件编号:	XX/RY-XS 006		
起　　草:	年　月　日	修　　订:	
审　　核:	年　月　日	审　　核:	
批　　准:	年　月　日	批　　准:	年　月　日
执行日期:	年　月　日	执行日期:	年　月　日
编订依据:2010年版《GMP》			
编订部门:市场部		颁发部门:市场部	
分发部门:市场部、人事行政部			

目的:建立市场部销售人员岗位职责;明确其职责。

范围:适用于销售人员。

责任人:销售人员。

内容:

1. 受地区销售经理领导,完成本地的产品销售目标。

2. 甄选本地经销商,培养本地的大客户(经销商)。

3. 定期拜访重点客户。

4. 接受权限范围内的客户订单,签订合同;办理发货、收款事宜。

5. 执行既定的销售及回款计划,并反馈执行情况。

6. 根据实际情况,对客户信用额度进行报批。收集客户资料,完善客户管理程序。

7. 协助公司策划人员进行市场调研工作。

8. 及时反馈客户、消费者的信息;受权处理突发事件。

9. 负责市场内的其他相关销售事宜及完成领导交办的其他工作。

7.7 市场部医学顾问岗位职责

文件名称:	市场部医学顾问岗位职责		
文件编号:	XX/RY-XS 007		
起　　草:	年　月　日	修　　订:	
审　　核:	年　月　日	审　　核:	
批　　准:	年　月　日	批　　准:	年　月　日
执行日期:	年　月　日	执行日期:	年　月　日
编订依据:2010 年版《GMP》			
编订部门:市场部		颁发部门:市场部	
分发部门:市场部、人事行政部			

目的:建立市场部医学顾问的岗位职责,使医学顾问的工作规范化、标准化。

范围:适用于医学顾问。

责任人:医学顾问。

内容:

1. 设置目的

负责公司产品宣传、推广、学术资料编制,产品知识培训及售后服务。

2. 任职资格与经验要求

2.1 具有医药学本科以上学历或主治医师(主管药剂师)以上职称。

2.2 从事医药工作 5 年以上,并有丰富的医学临床经验。

1.3 有较强的语言、文字表达能力。思维敏捷,善于发现问题,有指导、组织、协调

能力。

3. 直接上级

市场部经理。

4. 关键工作结果要求

4.1 负责公司推广产品的学术活动及资料编制。

4.2 负责撰写公司产品"宣传彩页"、"用药指南"、"宣传折页"等宣传资料文稿,并提出设计意见。

1.3 根据客户反馈产品信息,配合市场营销的需要对公司产品相关宣传资料进行修改。

1.4 负责新员工及各市场业务员的产品知识培训及临床医学专业知识指导。

1.5 热情接待客户或公司各市场业务员的来访、来信、来电,以电话或书信的形式,认真、正确全面回答提出的问题。

4.6 负责产品投诉案件的登记,立即报质量部 QA 主任。

4.7 负责产品投诉处理过程中客户投诉药物副作用或不良反应等病情变化的追踪、记录。以及向客户转达最后处理意见。

4.8 负责典型病例的收集、整理、汇总。

4.9 负责现有产品及新产品开发的市场调研,制定市场调查方案,并向总工及相关部门提交市场调研报告。

4.10 完成部门经理安排的各项工作和临时任务。

7.8 销售合同使用管理规定

文件名称:	销售合同使用管理规定		
文件编号:	XX/SMP-XS001		
起　　草:	年　月　日	修　　订:	
审　　核:	年　月　日	审　　核:	
批　　准:	年　月　日	批　　准:	年　月　日
执行日期:	年　月　日	执行日期:	年　月　日
编订依据:2010 年版《GMP》			
编订部门:市场部		颁发部门:市场部	
分发部门:市场部			

目的:建立销售合同使用管理规定,规范销售合同的管理。

范围:销售合同使用。

责任人:各级销售人员。

内容:

1.《销售合同》是销售人员代表公司与客户签订的供货协议,是公司向客户供货及客户验收货物结算货款的凭证。因此,每一个被受权的销售人员都应严肃对待合同的签订。

2.《销售合同》的使用流程:

被受权的销售人员提出申请→市场部审批→发放、记录(销售内勤)→签订合同(销售人员)→通知按合同发货(销售人员)→返回合同原件(销售内勤)→整理归档(销售内勤)

3. 只有被公司受权的销售人员,才有按受权权限领用《销售合同》的权利。任何无受权的人员均无权使用本公司《销售合同》。公司对无受权人员签订的《销售合同》不予认可,由发生的任何债权债务均与公司无关。

4. 被受权的销售人员按自身所辖区域的销售情况向市场部提出领用申请,由市场部根据其实际情况批准领用。

5. 每一份发出的合同都应有相关的记录,内容包括:合同号、发出时间、领用人、合同签订执行时间、合同签订单位、品种规格、数量、价格、合同原件返回时间、归档时间。

6. 销售人员按合同条款、公司销售政策与客户签订《销售合同》。初次签订合同时应向对方索取药品经营企业许可证复印件、企业法人营业执照(副本)复印件及其他能证明代理商资质的证明文件复印件,并加盖单位公章。索取的资料交公司市场部销售内勤建立客户档案。

7. 销售人员以《销售合同》复印件、传真件及《发货通知单》向公司销售内勤申请发货。

8. 销售人员签订的《销售合同》应将所有项目填写完整不得有缺项,有缺项的合同视同作废。

9. 销售人员应妥善保管好《销售合同》,每月月底将当月《销售合同》已执行完毕的原件返回销售内勤,由销售内勤登记整理归档保存。

10. 因各种原因作废的《销售合同》应填报报废清单。

11. 销售人员每次领用《销售合同》时,应确定上一次领用的《销售合同》都已返回原件。如有缺项,销售内勤有权暂不发放新的《销售合同》直至补齐为止。由此产生的一切后果由销售人员自行负责。

12. 销售内勤对归档保存的《销售合同》定期按市场、按时间、按客户整理,并按规定的档案保存期限保存。当销售市场需查询相关资料时应能及时提供信息。

7.9 销售记录存档管理制度

文件名称:	销售记录存档管理制度		
文件编号:	XX/SMP-XS002		
起　草:	年　月　日	修　订:	
审　核:	年　月　日	审　核:	
批　准:	年　月　日	批　准:	年　月　日
执行日期:	年　月　日	执行日期:	年　月　日
编订依据:2010 年版《GMP》			
编订部门:市场部		颁发部门:市场部	
分发部门:市场部			

目的:建立销售记录存档管理制度。

范围:销售记录存档管理。

责任人:销售内勤。

内容:

1. 销售业务的发生做好每一笔销售的记录。内容包括:客户名称、发出品种、规格、批号、数量、单价、总金额、发货地址、邮编、收货人、联系电话、销售人员。

2. 每笔销售都应有与之相对应原始凭单。即《发货单》、《销售合同》、《样品申请单》、货运部门的单据及对方接收回执等。

3. 销售记录的归档保存期为有效期后一年。未规定有效期的药品，其销售记录须保存三年。

4. 完整的销售记录能追查出每批货物的售出情况，必要时能及时全部追回。

7.13 用户来信来访接待管理规定

文件名称：	用户来信来访接待管理制度		
文件编号：	XX/SMP-XS006		
起　　草：	年　月　日	修　　订：	
审　　核：	年　月　日	审　　核：	
批　　准：	年　月　日	批　　准：	年　月　日
执行日期：	年　月　日	执行日期：	年　月　日
编订依据：2010 年版《GMP》			
编订部门：市场部		颁发部门：市场部	
分发部门：市场部、技术开发部、生产部、质量部			

目的：规定了公司用户来信来访接待的管理办法。

范围：适用于公司产品的售后服务。

责任人：市场部经理、技术开发部经理、生产部经理、质量部经理。

内容：

1. 对于客户的来信来访应迅速、确实地处理，以满足客户并得到客户的信赖，进而以达到改善品质的目的。

2. 市场部负责受理用户的来信来访，分类登记情况并填写《来信来访接待处理单》。按投诉抱怨内容分送相关部门。市场部销售人员负有用户访问和征求用户产品质量意见的任务，并应定期向领导和有关部门汇报。

3. 质量部负责对产品质量的检验分析工作。

4. 生产部负责对产品生产包装短少、破损的赔偿处理。

5. 医学部负有协助市场部对于产品的用法、药物反应、禁忌证等产品使用情况的解释工作。

6. 各部门根据处理单上的投诉项目、不良程度、出货日期、使用情况、客户要求等资料，决定处理方法。对相关内容不尽了解的事项可请求有关部门、人员协助调查或提供资料。

7. 被请求协办的有关部门及人员，应尽快查明予以回复不得拖延。

8. 因限于公司本身的设备或能力无法处理的投诉抱怨，应委托专业机构代为检验或分析并追踪进度。及时向用户反馈情况。

9. 对来信来访的登记记录归档保存期至药品有效期后一年，无有效期的保存三年。

7.14 产品销售记录及存档记录

XXXX 药业有限公司

产品销售记录

编码：XX/RD-XS001

发货日期	收货单位及地址	产品名称	规格	剂型	数量	批号	发货方式

7.15　产品退货处理单

XXXX 药业有限公司

产 品 退 货 处 理 单

编码：编码：XX/RD-XS002

市　　场		时　间：　　　　年　　　月　　　日		
退货原因：				
退货品种	规格	数量	外观状态	备注
处　　　理				
市场部：		质量部：		
审批：				
仓库：				

7.19　发货单

XXXX 药业有限公司

发　货　单

编码：XX/RD-XS006

发货单号：————————

订 单 号：————————　　　　年　　月　　日

发货单位名称：

发 货 地 址：

收货人：

联系电话：

序号	品名	规格	单位	数量	发运方式	货运单号

发货时间：　　　　年　　月　　日

仓库管理员：　　　　　　　　　　　发货员：

注：本单一式三联，分别由仓库、财务、销售内勤保存。

7.20 来信来访接待处理单

XXXX 药业有限公司

来信来访接待处理单

编码:XX/RD-XS007

<table>
<tr><td>来源</td><td colspan="4"></td></tr>
<tr><td>时间</td><td></td><td>市场负责人</td><td colspan="2"></td></tr>
<tr><td>项
目</td><td colspan="4"></td></tr>
<tr><td>使用反应状况</td><td>反应轻微□</td><td>重度反应□</td><td colspan="2">严重事故□</td></tr>
<tr><td>原因分析</td><td colspan="2"></td><td>责
任</td><td>□使用者
□制造者
□
□</td></tr>
<tr><td rowspan="2">处理</td><td colspan="4">应急措施:</td></tr>
<tr><td colspan="4">防止再发生的措施:</td></tr>
<tr><td>上级指示</td><td colspan="4"></td></tr>
</table>

7.21 退货记录

XXXX 药业有限公司

产品退货回收记录

编码:XX/RD-XS008

<table>
<tr><td rowspan="2">退货品名</td><td rowspan="2">规格</td><td rowspan="2">数量</td><td rowspan="2">批号</td><td rowspan="2">退货单位(回收)</td><td colspan="2">退货回收日期</td><td rowspan="2">原因</td><td rowspan="2">处理意见</td></tr>
<tr><td colspan="2">年　月　日</td></tr>
<tr><td></td><td></td><td></td><td></td><td></td><td></td><td></td><td></td><td></td></tr>
<tr><td></td><td></td><td></td><td></td><td></td><td></td><td></td><td></td><td></td></tr>
<tr><td></td><td></td><td></td><td></td><td></td><td></td><td></td><td></td><td></td></tr>
</table>